Knaur

Von Hans Herbert von Arnim sind außerdem erschienen:

Demokratie ohne Volk
Der Staat als Beute
Der Staat sind wir!
Die Partei, der Abgeordnete und das Geld
Diener vieler Herren
Staat ohne Diener

Über den Autor:

Hans Herbert von Arnim wurde 1939 geboren und studierte Jura und Volkswirtschaft. Anschließend stand er zehn Jahre lang dem Karl-Bräuer-Institut des Bundes der Steuerzahler vor. Heute unterrichtet er als Professor an der Deutschen Hochschule für Verwaltungswissenschaften in Speyer. Seine Bücher *Staat ohne Diener* und *Diener vieler Herren* waren Bestseller.

Hans Herbert von Arnim

Fetter Bauch regiert nicht gern

Die politische Klasse –
selbstbezogen und abgehoben

Knaur

Besuchen Sie uns im Internet:
www.droemer-knaur.de

Durchgesehene und mit einem aktuellen Vorwort versehene
Taschenbuchausgabe Juni 1999
Droemersche Verlagsanstalt Th. Knaur Nachf., München
© Copyright 1997 by Kindler Verlag GmbH, München.
Alle Rechte vorbehalten. Das Werk darf – auch teilweise – nur mit
Genehmigung des Verlages wiedergegeben werden.
Umschlaggestaltung: Agentur Zero, München
Satz: Ventura Publisher im Verlag
Druck und Bindung: Ebner Ulm
Printed in Germany
ISBN 3-426-77385-6

Den 68 Gesprächs- und Korrespondenzpartnern
aus Wissenschaft und Politik gewidmet, die eine frühe
Fassung des Manuskriptes kommentiert und dem Verfasser
Mut gemacht haben, die Thematik dieses Buches in
grundsätzliche Fragen hinein zu erweitern.

Inhalt

Vorwort 13

Einleitung: Die Eigeninteressen der politischen Klasse
drohen alle Reformbewegungen zu ersticken 19

1 Die politische Klasse 29

Die »politische Klasse« – ein Begriff macht Karriere 37

Politik als Hauptberuf 40
   Wie viele Personen leben von der Politik? 43
   Kosten der politischen Führung 48

Im Zentrum des Staates: Die politische Klasse
und ihre Elite 50
   Die Besonderheit der politischen Klasse 51
   Der innere und der äußere Kreis der politischen Elite 55
   Die Interessen der Politiker als treibende Kräfte 57

Das Interesse an Macht und Einkommen
und das Gemeinwohlgebot 59
   Die Triebfedern der politischen Elite
   und der politischen Klasse 59
   Der »politische Unternehmer« 62
   Uneigennützige Diener des Staates? 65
   Die Spielregeln des Systems 69

2 Die Berufsinteressen der politischen Klasse ... 73

Entscheidungen in eigener Sache 82
Überversorgt 88
Aufgebläht 101

Einlaß nur für Mitglieder: Wettbewerbsverzerrungen 109
   Die beherrschende Rolle der Parteien bei der
   Rekrutierung der Abgeordneten 109

Gründe für die bisherige Vernachlässigung der Thematik... 113
  Auf dem Parteiticket ins Parlament 116
  Die Ochsentour 119
  Beamte bevorzugt 121
  Lobbyisten haben es leichter 122
  Einmal Abgeordneter – immer Abgeordneter 123
  Fazit: Wettbewerb und Leistung spielen keine Rolle 134
  Von Ministern und Seiteneinsteigern 136
  Beamte: Zunehmend das Parteibuch in der Tasche 138
  Etablierte Parteien unter sich 139

Das Auswahlverfahren bestimmt die Qualität der Politiker ... 145
Organisierte Verantwortungslosigkeit 155
Zu lang: Politiker auf Lebenszeit 160
Falsch motiviert: Leben *von* der Politik statt *für* die Politik? .. 164
Stimmt nicht: Je höher das Einkommen, desto besser
und unabhängiger der Abgeordnete 170
  Seiteneinsteiger oder
  Fängt man mit Geld die gewitztesten Mäuse? 171
  Klüngel kontra Außenseiter 171
  Seiteneinsteiger haben Besseres zu tun 173
  Der Mythos von der Unabhängigkeit der Volksvertreter ... 175
  Zwischenbilanz: Diätenerhöhungen sind kontraproduktiv .. 178
  So tun als ob: Der idealisierte Abgeordnete 178

3 Das Machtinteresse der politischen Elite.... 181

Sind die demokratischen Institutionen noch zeitgemäß? 183

Machtwille: Der Funktionsverlust der Institutionen 190
  Blockadeinstrument Bundesrat 190
  Landesparlamente – bedeutungslos, aber voll bezahlt 194
  Fazit: Das Eigeninteresse an Macht und Posten triumphiert . 197

Die politische Elite: Elefanten im Porzellanladen 199
  Koalitionsgepoker 200
  Der Bundesrat: Absprachen zwischen Regierung
  und Opposition 202
  Entmachtung von Parlament und Regierung 203
  Fraktionszwang: Die Negation des freien Mandats 205

Inhalt 9

Abgeordnetenfrust 207
Lobbyverbänden in die Arme getrieben 209
Entmachtung der Parteien 209
Regierungsabsprachen 210
Bewertung: Die Misere ist institutionell bedingt 211

4 Die Symbiose von politischer Klasse und öffentlichem Dienst 213

Zwei grundverschiedene Typen: Abgeordnete und Beamte ... 217
  Der Abgeordnetenstatus: Rechte ohne Pflichten 217
  Abgeordnete brauchen kein Diplom 221
  Beamte wahren Recht – Parlamentarier schöpfen Recht ... 223
  Fachlich qualifiziert muß nur der Beamte sein 223
  Beamte auf Lebenszeit – Abgeordnete auf Zeit 224
  Abgeordnete werden bloß entschädigt –
  Beamte voll alimentiert 225
  Unparteiische Beamte – parteiliche Abgeordnete 226
  Machtkenntnis versus Fachkenntnis 227

Die Verquickung von Politik und Verwaltung 231
  Öffentliche Bedienstete in den Parteien 231
  Verbeamtung der Parlamente und Regierungen 232
  Bundestag und Landesparlamente 232
  Eine lange Tradition: Beamtenparlamente 232
  Verbeamtung des Parlamentarischen Rats 234
  Verbeamtung der Regierungen 234
  Ämterpatronage im öffentlichen Dienst 234
  Gründe für die wechselseitige Durchdringung 238

Verquickt, verstrickt und abgenickt 242
  Die Übermacht der Beamten im Parlamentarischen Rat
  und das Grundgesetz 243
  Wenn im Parlament lauter Beamte sitzen 244
  Im Parlament entscheiden Beamte in eigener Sache 244
  Besoldungs- und Versorgungsgesetze:
  von Beamten gemacht 245
  Die Ohnmacht des Staates gegenüber der ÖTV 249
  Abgeordnete: Bezahlung nach dem Vorbild der Beamten ... 252

Politik und Verwaltung: »Kontrolle« im
gegenseitigen Einvernehmen 257
Keine Kontrolle der Verwaltung durch die Politik 257
Kein Gegengewicht zur Politik: die Verwaltung 262
Unterwanderung der verwaltungsinternen Hierarchie 263
Änderungen der Denkweise 263
Reformunfähigkeit von Verwaltung
und öffentlichem Dienst 264

5 Hand in Hand mit Lobbyisten 267

Der Bundestag: von Lobbyisten durchsetzt 269
Abgeordnete: Bestechung freigestellt 275
Lobbyverbände sind normal – Korruption auch? 282
Verfassungsgericht und Bundesbank: gesondert von
Parteien und Verbänden 286

Blockierte Reformen – unbewältigte Probleme 290
   Vereinfachung des Rechts – hoffnungslos 290
   Steuerreform – gescheitert 291
   Arbeitslosigkeit – keine Perspektive 294

Erst Politisierung schafft den nötigen Handlungsdruck 299

6 Politische Klasse ohne Kontrolle 303

Die Regeln des Kampfs um Macht und Posten 307
   Die offene Flanke der Verfassung 310
   Recht und Wirklichkeit klaffen auseinander 312

Die Regeln als Spielball der Machtpolitik 314
   Entscheidung in eigener Sache 315
   Wegfall der Oppositionskontrolle 315
   Zum Begriff des »politischen Kartells« 320
   Begrenzte Kontrolle durch die Öffentlichkeit 321
   Verschlimmbesserung durch
   Sachverständigenkommissionen 324
   Schwächung der parteiinternen Kontrolle 329

Inhalt

Die Abgehobenheit der politischen Klasse oder
Das »Je näher, desto ferner«-Gesetz 334
Bewertung: Die politische Klasse hebelt
demokratische Grundsätze aus 338
   Gewaltenvereinigung statt Gewaltenteilung 338
   Verkehrung der vertikalen Gewaltenteilung 340
   Auf Kollisionskurs zum Rechtsstaatsprinzip oder
   Das »Gesetz unrichtiger Entscheidungen« 342
   Aushebelung des Demokratieprinzips 343

Konstruktionsmangel im Zentrum der Demokratie 346

»Kartell-Parteien« 351
   Die Herrschenden kontrollieren die Beherrschten 351
   Nicht die Demokratie sollte sich den Parteien anpassen 353

Die Parteien als Volksersatz 355
Gegengewicht Verfassungsgericht? 360
Bleibendes Unbehagen 373

7 Das Ende der Lähmung 375

Die Schlüsselrolle des Volkes 377
   Entmachtung des Volkes – Allmacht der
   politischen Klasse 378
   Das vermutete Einverständnis des Volkes
   als Maßstab 383
   Der Wertewandel als Bewußtseinsverstärker 385
   Reformblockade durch Eigeninteressen der
   politischen Klasse................................... 387

Volksentscheide als Anstoß von
Verfassungsreformen 390
Herstellung echter Wahlmöglichkeiten 395
Beispiele für Systemänderungen 397
   Direktwahl des Regierungschefs 397
   Mehrheitsbildendes und wettbewerbsförderndes
   Wahlrecht 401
   Verhältniswahl oder Mehrheitswahl? 402

Vorzüge der Mehrheitswahl 404
Möglichkeiten der Durchsetzung 408

Auffassungswandel in der Staatsrechtslehre 412
Ansatzpunkte für Reformen auf Bundesebene:
Verfassungsgebung durch das Volk 414

Anhang 417

Anmerkungen 419

Vorwort

Nach dem Erscheinen der gebundenen Ausgabe dieses Buches im Oktober 1997 bin ich mit Reaktionen geradezu überschüttet worden. Besonders gefreut hat mich die Zustimmung problemoffener Praktiker, die meine Analyse der politischen Lage in Deutschland weitgehend bestätigten.[1] Ganz anders dagegen der ehemalige Bundesminister Gerhard Stoltenberg (CDU), der vor dem versammelten Bundestag geradezu haßerfüllt versuchte, das Buch niederzumachen und den Autor in eine extreme Ecke zu stellen – ohne auch nur mit einem Wort auf den Inhalt des Buches einzugehen –, und dabei in diesem Punkt die uneingeschränkte Zustimmung seines SPD-Kontrahenten fand.[2] Hier zeigt sich, wie schwer Politikern in der Praxis die Einsicht fällt, daß Demokratie Kritik braucht, auch in pointierter Form[3] und in Grundsatzfragen, und daß ihre einzigartige Erneuerungsfähigkeit geradezu auf der verfassungsmäßigen Freiheit beruht, Mißstände des Gemeinwesens öffentlich anzuprangern.[4] Im übrigen wird in Zukunft kein Politiker mehr bereits in der Verwendung des Begriffs »politische Klasse« einen »populistischen« oder gar feindseligen Angriff auf die bundesdeutsche Politikerkaste sehen können, seitdem nun auch der frühere Bundeskanzler Helmut Schmidt ebendiesen Begriff in den Mittelpunkt seines neuen Buches stellt und in vielen Punkten zu ähnlichen Bewertungen gelangt.[5]

Gefreut hat den Autor natürlich auch das Lob von Journalisten, die bestätigen, daß er sein Ziel, schwierige Zusammenhänge klar darzustellen, erreicht hat; so wenn ein Rezensent hervorhebt, der Autor entwirre »die Fäden an eindrucksvollen Beispielen«, es handle sich um ein Buch »zur Besinnung für alle mündigen Bürger«,[6] oder wenn es in einer Besprechung heißt,

»Arnims Durchleuchtung unseres Parteienstaates« sei »beste politische Aufklärung«.[7]

Der Titel des Buches erwies sich als so eingängig, daß er gelegentlich sogar dem »Volksmund« zugeschrieben wurde.[8] Wenn andererseits bisweilen moniert wurde, der Titel decke den Inhalt des Buches nicht ab und müsse richtiger heißen »Fetter Bauch regiert nicht *gut*«,[9] so mag man darüber trefflich streiten. Versteht man unter »Regieren« nicht nur das Innehaben der Macht, sondern auch Führen und Entscheiden, halte ich den Titel nach wie vor für treffend. In jedem Fall haben Buchtitel ihre eigene Logik, und die Botschaft des Buches wurde ja allseits verstanden.

In der Sache handelt das Buch von den Triebkräften, welche Politiker motivieren, und den verfassungsrechtlichen Institutionen, innerhalb derer sie tätig werden. Es überprüft die Institutionen darauf, ob sie – entsprechend den Grundgedanken des Verfassungsstaats – noch in der Lage sind, die Akteure in eine für die Gesamtheit förderliche Richtung zu lenken, sie also zum (guten) »Regieren« zu veranlassen. Eine Hauptthese des Buches geht dahin, daß Politiker nicht nur an das Gemeinwohl denken, sondern auch an sich selbst, und im Kollisionsfall meist ihren Eigeninteressen Vorrang geben. Diese Einstellung mag bis zu einem gewissen Grad menschlich sein, und sie wäre vielleicht auch gar nicht so schlimm, gäbe es jemanden, der unsere Politiker wirksam unter Kontrolle hielte. Doch genau daran fehlt es: Die politische Klasse stellt die Regeln des Erwerbs von Macht, Posten und Geld ja selbst auf und verfügt damit – als einzige Berufsgruppe überhaupt – über die Bedingungen der eigenen Existenz. Darin liegt eine Art neuzeitliche Souveränität, die allerdings nicht Handlungsfähigkeit schafft, sondern im Ergebnis eher das Gegenteil. Gewiß gibt es auch in vielen anderen Bereichen eigeninteressenbedingte Verkrustungen und Handlungsblockaden,[10] aber im Bereich der Politik sind sie doppelt gefährlich. Die Politik unterscheidet sich dadurch von anderen Bereichen, daß sie Macht in Recht verwandeln und für alle anderen Akteure bindende Regeln setzen kann, deren Einhaltung notfalls mit dem staatlichen Gewaltmonopol durchgesetzt wird. Deshalb übertragen sich Fehlentwicklungen in diesem Feld in alle anderen Bereiche und erschüttern so die Legitimität des ganzen Systems.[11] Das Buch zeigt, wie die konkurrierenden Machtinteressen der politischen Elite und die übergreifenden Berufs- und Versorgungsinteressen der politischen Klasse die Institutionen unserer Verfassung im Laufe der Zeit geprägt und nötige Reformen verhindert haben – ein Thema, das auch sonst vielfach diskutiert wurde: Vier Monate nach Erscheinen des Buches wurde das Wort »Reformblockade« zum »Wort des Jahres 1997« gekürt.

Entgegen der üblichen Pauschalkritik an politischen Parteien sind in Wahrheit nicht die Parteien als Ganze die eigentlichen Verantwortlichen für die behandelten Fehlentwicklungen, sondern nur eine zahlenmäßig sehr viel kleinere Gruppe von etwa 17 000 Personen, die von der Politik lebt, unmittelbar an den Hebeln der Staatsmacht sitzt und von den eigenen Parteien nicht mehr ausreichend kontrolliert werden kann. Auch die verbreitete These, »die Parteien« würden durch die Bürokratie, die Verbände und die Medien in Schach gehalten, diese seien sozusagen Gegengewichte, die »die Parteien« begrenzten und ihre Allmacht verhinderten, geht an der Wirklichkeit vorbei, weil es gar nicht um die Parteien als Ganze geht, sondern um die politische Klasse, die sich mit anderen Akteuren in der Bürokratie, in den Verbänden und den Medien vermischt und verzahnt. Durch die Querverflechtungen verbreitet die politische Klasse ihre Basis und ihren Einfluß und unterläuft die scheinbar noch bestehenden Kontrollmöglichkeiten.

Es geht nicht darum, einzelnen Akteuren Vorwürfe zu machen, sondern um das System organisierter Verantwortungslosigkeit, wenngleich die Akteure in ihrer Summe auch für Fehlentwicklungen des Systems und für ausbleibende Systemreformen verantwortlich sind. So recht Bundespräsident Herzog hat, wenn er umfassende Reformen in einzelnen Politikbereichen anmahnt, am dringendsten sind Reformen des politischen Systems selbst. Daß zentrale Mängel in der politischen Willensbildung der Bundesrepublik in Systemfehlern ihre Ursache haben, hat neuerdings auch der Bundespräsident selbst hervorgehoben[12] (siehe aber noch S. 19 ff.).

Die Eigeninteressen der Politiker können sich nur deshalb weitgehend unkontrolliert entfalten, weil das Volk entmachtet ist. Der Allmacht der politischen Klasse entspricht die Ohnmacht der Bürger. Hier müssen dann aber auch Reformen ansetzen. Es gilt, jenes Mißverhältnis umzukehren und das Volk wieder in seine Rechte einzusetzen. Die in diesem Buch skizzierten Reformvorschläge liegen ganz auf dieser Linie und sollen allesamt dazu beitragen, die politische Klasse enger an das Volk zurückzubinden.[13]

Solange man unterstellt hat, Amtsträger würden sich stets am Gemeinwohl orientieren (wie es die Verfassungen ja auch von ihnen verlangen), schien die enge Bindung an das Volk, seinen Willen und seine Interessen entbehrlich. Denn gemäß dieser Lebenslüge der repräsentativen Demokratie schienen Repräsentanten ihre Freiheit ohnehin für das Volk einzusetzen und Politik in seinem Interesse zu machen. Läßt man dieses Dogma dagegen fallen und räumt ein, daß in der Praxis das politische Eigeninteresse dominiert, verändert der den Repräsentanten gewährte Freiraum unterderhand seine Funktion und begünstigt nunmehr perverse Konsequenzen. Denn er ermöglicht jetzt den Repräsentanten, ihren Eigeninteressen um so unkontrollierter zu frönen.

Der Titel des Buches zielt nicht unmittelbar auf bestimmte Personen, auch nicht auf Helmut Kohl, obwohl er die Fäden der parteiinternen Macht lange Zeit so virtuos zog, daß man geradezu vom »System Kohl« sprach. Gleichwohl, die Aktualität des Buches hat nach dem Bonner Regierungswechsel vom

Herbst 1998 eher noch zugenommen. Mit Schröder ist ein Mann Bundeskanzler geworden, für den die Macht ganz offen im Vordergrund steht. Man denke nur an das Bild vom an der Pforte des Kanzleramts rüttelnden jungen Schröder: »Ich will hier rein!« Für Lafontaine galt das nicht minder: Einen Tag nach der Hessenwahl 1999 gab er den Plan vom »Doppel-Paß« auf, und im Hinblick auf die anstehenden Landtagswahlen im Osten macht er die PDS offiziell salonfähig – beides unübersehbar aus reinem Machtkalkül. Inhalte traten dabei zurück. Die neue Regierung und beide sie tragenden Parteien waren inhaltlich auf die Machtübernahme offenbar völlig unvorbereitet. Wie die Konzeptionslosigkeit und Widersprüchlichkeit ihrer Politik in den ersten Monaten nach der Wahl zeigt, haben sie die sechzehn Jahre Opposition programmatisch in gar keiner Weise genutzt. Daraus hat Lafontaine mit seinem Rücktritt dann auch die Konsequenzen gezogen.

Anschauungsmaterial für die Thesen dieses Buches geben besonders die Grünen, deren Spitzenpolitikern seit ihrer Beteiligung an der Regierung die Eigeninteressen geradezu aus allen Poren platzen. Sie lassen sich in unwürdiger Weise vorführen, ohne die Koalitionsfrage zu stellen, nur um die Macht nicht zu gefährden (so zum Beispiel als Bundeskanzler Schröder Gespräche mit der Atomwirtschaft führte und davon den zuständigen Bundesminister Jürgen Trittin gezielt ausschloß). Sie werfen bisher hochgehaltene Grundsätze weg wie zu eng gewordene Kleider (so etwa die Trennung von Ministeramt und Parlamentsmandat), weil sie den Versorgungswünschen der Berufspolitiker Fischer und Trittin zuwiderlaufen. Ähnliches konnte man bei Grünen-Politikern beobachten, die schon länger ein staatliches Amt innehaben, so bei Antje Vollmer, die 1995 als Vizepräsidentin des Bundestags die (schließlich gescheiterte) Grundgesetzänderung zur Erhöhung und Ankoppelung der Bundesdiäten an die Gehälter von Bundesrichtern (siehe S. 75 ff.) mit einer Polemik verteidigt hatte,[14] wie sie für

Konvertiten typisch ist. Derselbe merkwürdige Einstellungswandel zeigte sich in den Ländern, in denen die Grünen schon länger mitregieren. So strichen die grünen Spitzenpolitiker, die das hessische Umweltministerium in schneller Folge (und aus nicht gerade besonders ehrenhaften Gründen) verlassen mußten, Überversorgungen ein, die sie früher selbst verdammt hatten: die beiden Umweltministerinnen Iris Blaul und Margarete Nimsch und der Staatssekretär Johannes Schädler. Und die beiden grünen Minister in Nordrhein-Westfalen Dr. Michael Vesper und Bärbel Höhn wollen plötzlich von ihrer eigenen Kritik zu früheren Oppositionszeiten nichts mehr wissen: Im Mai 1999 haben beide (nach nur drei Jahren und zehn Monaten Ministerzeit) eine Versorgungsanwartschaft von über 14 000 Mark monatlich (= 63 Prozent ihres Ministergehaltes) erworben.[15] Das Schielen nach der Riesenversorgung hat sogar Auswirkungen auf die hohe Politik: Der Wunsch der beiden grünen Minister, ihr Versorgungsschäfchen ins trockene zu bringen, soll nach Vermutungen von Insidern dazu beigetragen haben, daß es über Garzweiler II nicht zum Bruch der rot-grünen Koalition kam. Gerade bei den Grünen, die diese Tatbestände früher immer kritisiert haben, bestätigt sich also die Kernthese dieses Buches von der Dominanz von Eigeninteressen der Politiker schlagend.

Speyer, im März 1999 *Hans Herbert von Arnim*

Einleitung:
Die Eigeninteressen der politischen Klasse drohen alle Reformbestrebungen zu ersticken

Bundespräsident Roman Herzog hielt im Frühjahr 1997 in Berlin eine vielbeachtete Rede, in der er die Erstarrung von Politik und Gesellschaft rügt und die Menschen auffordert, Mut und Kraft für einen Neuanfang zu sammeln und die zahlreichen aufgestauten Reformen voranzubringen.[1] In dieser Rede benennt Herzog ausdrücklich eine Fülle von anstehenden Reformen, betont aber, das eigentliche Problem sei nicht die Klärung, welche Reformen erforderlich seien, sondern ihre politische *Durchsetzung.* »Wir haben kein Erkenntnisproblem, sondern ein Umsetzungsproblem.«[2] Um so mehr überrascht es, daß er es unterläßt, nach den tieferen Ursachen der politischen Umsetzungsschwäche zu fragen. Hätte er es getan, wäre er sehr schnell auf die Eigeninteressen der politischen Klasse nach Macht, Posten, Geld und Status gestoßen, die sich wie eine Lehmschicht über jegliche Reformen legen und alle Innovationsbestrebungen zu ersticken drohen. Er wäre dann auch sehr schnell darauf gekommen, daß viele unserer überkommenen verfassungsrechtlichen Institutionen nicht mehr auf die heutigen politischen Gegebenheiten passen, weil sie nicht in der Lage sind, jene Eigeninteressen der politischen Klasse in eine für uns alle förderliche Richtung zu lenken.

Der Bundespräsident macht bereits im Ansatz einen in der Publizistik und in politischen Diskussionen verbreiteten Denkfehler. Er versäumt es, auf die tatsächlichen Bedingungen des Handelns einzugehen, die jedem einzelnen Menschen, also auch dem Politiker, vorgegeben sind und die er nicht verändern kann. Er muß sich an sie halten, wenn er reüssieren und nicht – heroisch zwar, aber erfolglos – untergehen will. Damit läßt

Herzog die »Spielregeln« außer acht, die die Spieler befolgen *müssen*, wenn sie gewinnen wollen. Er verlangt von den Politikern praktisch, ihre Interessen zu verleugnen und ihnen zuwiderzuhandeln. Gegen den Strich der Eigeninteressen gebürstete bloße Appelle haben aber noch kaum jemals gefruchtet. Das ist auch die eigentliche Ursache, warum Herzogs Rede – trotz allseitigem Kopfnicken – letztlich folgenlos blieb. Hätte Herzog dagegen die inneren Motive der Akteure, die sie wie ein starker Motor vorwärtstreiben, und die Institutionen, innerhalb derer sie handeln müssen, einbezogen und in Rechnung gestellt, so hätte dies zwangsläufig die weitere Frage nach der Eignung unserer überkommenen Institutionen provoziert, die ihnen zugeordneten Funktionen überhaupt noch zu erfüllen, und damit auch die Frage nach *institutionellen* Änderungen und ihrer Durchsetzung. So recht der Bundespräsident hat, wenn er umfassende Reformen anmahnt, so sind doch Reformen des politischen Systems selbst am dringendsten. Von der Leistungsfähigkeit unseres politischen Systems hängt sehr viel mehr ab, als ihre öffentliche und leider zum Teil auch wissenschaftliche Nichtbehandlung glauben macht. Man pflegt – genau wie Herzog – zu sehr auf individuelles Versagen abzuheben und den Schwarzen Peter herumzureichen: von den Bürgern zu den Politikern und von diesen zurück zu den Bürgern und von beiden zu den Medien, statt – viel grundsätzlicher – die *System*frage zu stellen.

Auch der Bundespräsident appelliert bloß an den guten Willen, wenn er denen, die an der defizitären »Lebens- und Reformfähigkeit unseres ›Systems‹« zu verzweifeln drohen, zuruft: »Wenn ihr schon ›dem System‹ nicht mehr traut, dann traut euch doch wenigstens selbst etwas zu!«[3] – so, als ob der einzelne die ihn einengenden Bedingungen seines Handelns durch »Mut«, »Kraft« und »Bereitschaft« wettmachen könnte.

Daß man mit den Reformen ganz oben, nämlich an den politischen Institutionen selbst, ansetzen muß, zeigen bereits einige wenige Beispiele. So beschwört der Bundespräsident die Notwendigkeit einer grundlegenden Verwaltungsreform[4] und stellt Neuseeland als leuchtendes Beispiel hin, wie »man aus alten, ineffizienten Strukturen« eine moderne Verwaltung aufbauen kann.[5] Doch wie soll man von unseren aufgeblähten Landesparlamenten, die nicht einmal sich selbst reformieren können, durchgreifende Reformen der Verwaltung (die in den Ländern ihr Schwergewicht hat) erwarten? Wie sollen unsere verbeamteten Parlamente, in die – im Gegensatz zu Neuseeland – auch öffentliche Bedienstete gewählt werden können, die für solche Reformen nötige Distanz gegenüber der Verwaltung aufbringen?

Der Bundespräsident rügt, die Interessengruppen drängten sich zu sehr in den Vordergrund und machten Reformen fast unmöglich.[6] Aber ist es nicht so, daß Funktionäre von der möglichst wirkungsvollen Vertretung ihrer Verbandsinteressen leben und deshalb nach dem Gesetz, unter dem sie angetreten sind, gar nicht anders können, als die von ihnen vertretenen Interessen in den Vordergrund zu schieben? Es muß deshalb darauf ankommen, die *Politik insgesamt* unabhängiger von den organisierten Interessen zu machen. Wie aber soll das möglich sein, wenn es unter den Bundestagsabgeordneten selbst von Interessenvertretern nur so wimmelt und diese ihre Unabhängigkeit ganz legal gegen Geld verkaufen können?

Der Bundespräsident kritisiert mit Recht, die »Vorteilssuche des einzelnen zu Lasten der Gemeinschaft« sei »geradezu ein Volkssport geworden«.[7] Die politische Klasse aber erwähnt er mit keinem Wort, obwohl sie als Interessengruppe in eigener Sache solche »Vorteilssuche zu Lasten der Gemeinschaft« ebenfalls praktiziert und das ganze System und seine Legitimität an dieser Stelle besonders empfindlich und verletzlich ist, denn die politische Klasse hat ja die besten Möglichkeiten, ihre Interessen besonders reibungslos durchzusetzen und gegen Angriffe zu verteidigen. So schaltete die Bonner Politik einfach

»auf stur«, als Anfang 1997 herauskam, daß eine große Zahl von Politikern zweier Herren Diener ist und ungerechtfertigte Doppelalimentationen erhält. Fragen des *Spiegel* und anderer Presseorgane nach solchen Doppelbezügen wurden schlicht nicht beantwortet.

Das Kernproblem besteht darin, daß die politische Klasse selbst über die Bedingungen ihrer Existenz entscheidet: über die Regeln des Erwerbs und Behalts von Macht und Posten und über deren Ausstattung; sie kann also die Barrieren selbst abbauen, die ihr eigentlich den Weg verstellen sollen.

Wenn der Bundespräsident »alle, wirklich alle Besitzstände« »auf den Prüfstand« stellen will,[8] hätte er die politische Klasse nicht unerwähnt lassen dürfen, die besonders ausgeprägte Privilegien besitzt. Ihre Privilegien sind besonders heikel, weil der Wunsch, sie beizubehalten, der politischen Klasse auch die Kraft nimmt, beim Abbau von Besitzständen *anderer* wirklich durchzugreifen.

- Wie soll, um ein aktuelles Beispiel zu nennen, ein Parlament, dessen Angehörige und dessen Parteien eine Vielzahl von gewichtigen steuerlichen Vergünstigungen genießen, die innere Freiheit gewinnen, sich für eine Steuerreform stark zu machen, deren Kern in der Beseitigung aller Sondervorteile liegt? Und in der Tat: Eine der ersten Festlegungen zur geplanten Steuerreform, die die Parteigremien im Herbst 1996 trafen, war, die Steuervergünstigungen von Abgeordneten und Parteien nicht anzutasten. Bei der amerikanischen Steuerreform von 1986 hingegen waren die Parteien vorangegangen und hatten die Steuervergünstigungen auf Zuwendungen an sich selbst beseitigt. Sie hatten erkannt, daß es solcher Signale von oben bedarf, um einer durchgreifenden Steuerreform zum Durchbruch zu verhelfen.

- Wie soll, um ein zweites Beispiel zu nennen, die politische Klasse die erforderlichen Einschränkungen bei der Altersversorgung der Rentner und Beamten vornehmen und sie an die geänderte Alterspyramide der Bevölkerung anpassen, wenn sie vorher ihre eigene Überversorgung abgesichert hat?

Eines der größten Hindernisse für die erforderlichen Reformen dürfte in den Köpfen der Verantwortlichen selbst liegen, die wissen, daß bei solchen Reformen unweigerlich ihre eigenen Privilegien zur Sprache kommen. Die Privilegierung der politischen Klasse fängt allerdings beim Bundespräsidenten selbst an, der als einziger Politiker nach Ablauf seines Amts Anspruch auf eine Altersversorgung von 100 Prozent seiner Aktivenbezüge hat. Hätte er von sich aus auf die überzogenen Teile seiner Versorgung verzichtet (wie er auch schon mehrmals auf die Erhöhung seines laufenden Gehalts verzichtet hat), wäre das ein treffliches Signal auch für andere Politiker und die Bürger insgesamt, von übertriebenem Besitzstandsdenken zu lassen. Was für ein Paukenschlag wäre es gewesen, wenn Herzog derartiges in seiner Berliner Rede angekündigt hätte! Dann hätte er mit der von ihm selbst eingeforderten Vorbildfunktion der Elite und der demokratischen Führung wirklich ernst gemacht. Die zentrale Frage ist natürlich, welche Kräfte als Gegengewicht in Betracht kommen, um die Eigeninteressen der politischen Klasse unter Kontrolle zu halten. In der Demokratie gibt es letztlich nur eine Kraft, die bei Mißbräuchen der Machthaber eingreifen und sie zur Raison bringen kann: das Volk selbst. Um so mißlicher ist es, daß die Bürger in unserer Demokratie so wenig zu sagen haben. Erhielten die Bürger mehr Einfluß, bräuchte dies keineswegs auf Kosten der Handlungsfähigkeit der Politiker zu gehen, im Gegenteil: Es gibt in Deutschland keine handlungsfähigeren Politiker als die direkt von den Bürgern gewählten süddeutschen Bürgermeister – eine Einrichtung, die in den vergangenen Jahren, wenn auch da und dort mit erheblichen Abstrichen, auch in den Gemeinden und Städten aller anderen Länder eingeführt worden ist. Dieses Beispiel unterstreicht zugleich: Man muß, wenn man mehr Handlungsfähigkeit schaffen will, an die Institutionen der politischen Willensbildung ran.

Erweiterte Möglichkeiten der Bürgerpartizipation wären auch aus anderen Gründen außerordentlich förderlich. Der Bundespräsident hat ja völlig recht, wenn er feststellt, bei der Jugend sei erheblich mehr Bereitschaft vorhanden, »sich für die Gemeinschaft einzusetzen«, als gemeinhin angenommen.[9] Er versäumt es aber, gleichzeitig darauf hinzuweisen, daß die Menschen, und erst recht die Jugend, dort, wo sie sich einsetzen, auch mitbestimmen wollen und daß es an eben dieser Möglichkeit in den zentralen Institutionen für *politische* Mitwirkung, den Parteien, bisher meist gerade fehlt.

Der Bundespräsident warnt auch mit Recht davor, »die Vernunft- und Einsichtsfähigkeit der Bürger« zu unterschätzen. Die Bürger honorierten einen »klaren Kurs«, so daß die Elite gut daran täte, den Bürgern »reinen Wein« einzuschenken.[10] Wie sehr dies zutrifft, bestätigen Beispiele wie das folgende: Das rigorose Programm zur Sanierung der Finanzen der Stadt Offenbach stammt von dem ersten direkt gewählten Oberbürgermeister, Gerhardt Grandtke, der trotz (oder wegen) dieses Programms mit einer Mehrheit von 60 Prozent gewählt wurde.[11] Das läßt den Schluß zu: Das Volk ist keineswegs der »dumme Lümmel«, als den es viele gern hinstellen wollen, sondern kann auch unangenehme Wahrheiten vertragen. In der Tat ist die Verantwortungsbereitschaft der durch Bildungsexplosion und Wertewandel mündiger gewordenen Deutschen gewachsen. Doch auch in diesem wichtigen Punkt stehen wiederum die Institutionen dagegen. Haben die Bürger in politischen Dingen ohnehin fast nichts zu sagen, warum sollten ihre Repräsentanten ihnen dann »reinen Wein« einschenken? Will man das in der zunehmenden Mündigkeit steckende große Potential aktivieren, setzt dies voraus, daß die Menschen auch

institutionell in die Verantwortung genommen und in die Lage versetzt werden, wirklich politisch mitbestimmen zu können.
Der Bundespräsident betont die Bedeutung von Leitbildern und weist darauf hin, daß die Alten und Erfahrenen die Jugend nur überzeugen könnten, »wenn wir ihnen unsere eigene Verantwortung glaubhaft« vorlebten.[12] Er appelliert an die Eliten, sie müßten sich »durch Leistung, Entscheidungswillen und ihre Rolle als Vorbild rechtfertigen«.[13] Doch wie soll dies in einem politischen System geschehen, in dem eine Art organisierte politische Verantwortungslosigkeit herrscht und in dem der Zugang zur politischen Klasse mit Verantwortung und Leistung wenig zu tun hat? Die Partizipationsdefizite der Bürger sind nichts anderes als die Kehrseite der unkontrollierten Dominanz der Eigeninteressen der politischen Klasse. Für die jüngere Generation kommt hinzu, daß ihre eigene spätere Altersversorgung nicht mehr gesichert ist – aus bekannten demographischen Gründen. Zugleich erhält sie täglich Anschauungsunterricht darin, wie die politische Klasse ihre Versorgungsschäfchen ins trockene bringt, ohne irgendwelche Beiträge dafür zu leisten. Das schafft eine brisante politisch-psychologische Mischung, die nicht gerade geeignet ist, das Vertrauen in die politische Klasse zu fördern. Von einem Vorbild für die Jugend zu sprechen grenzt dann schon an Hohn.
Wenn der Bundespräsident davor zurückscheut, im wahren Sinne des Wortes »radikal« an die eigentlichen Wurzeln unserer Reformschwäche zu gehen, spielt wohl auch die Furcht mit, er könnte bei deutlicher Nennung von Roß und Reiter eine Gegenattacke der angesprochenen Politiker auslösen, wie sie sein Vorgänger Richard von Weizsäcker aushalten mußte, als er 1992 die Parteien und ihre Führungen direkt anging und ihnen vorwarf, sie seien »machtversessen auf den Wahlsieg und machtvergessen bei der Wahrnehmung der inhaltlichen und konzeptionellen politischen Führungsaufgabe«.[14] Auch wenn der einzelne Politiker sich an die bestehenden Institutionen an-

passen muß (was auch Weizsäcker zuwenig beachtete), so ist die politische Klasse als Ganzes doch dafür verantwortlich, wenn erforderliche institutionelle Änderungen nicht vorgenommen, sondern aus Eigeninteressen abgeblockt werden, und insofern traf Weizsäckers Kritik die Richtigen. Die Empfindlichkeit der politischen Klasse gegen Kritik ist jedenfalls kein Grund, die Problematik nicht in voller Breite öffentlich zu diskutieren.

Wie sehr die Aussage des Bundespräsidenten, »daß einzelne Gruppen durch die kompromißlose Verteidigung ihrer Sonderinteressen längst überfällige Entscheidungen blockieren«,[15] auf die politische Klasse selbst paßt, belegt kaum ein Ereignis besser als das Bonner Diätenspektakel des Jahres 1995. Die massive Aufbesserung der Finanzen der Bundestagsabgeordneten war das zeitlich erste und in den Augen der Bonner politischen Klasse offenbar wichtigste Vorhaben der ganzen Legislaturperiode. Der alles andere überragende Stellenwert dieses Vorhabens in eigener Sache, das geschickt hinter dem vielversprechenden Begriff »Parlamentsreform« versteckt wurde, spiegelte sich darin wider, daß die politische Klasse bereit war, die für die ganze Parlamentsarbeit wichtigste Zeit, nämlich das Jahr unmittelbar nach den Bundestagswahlen, für die Verbesserung ihres eigenen finanziellen Status einzusetzen und damit sozusagen zu »verfrühstücken«. Besonders die für die Bonner Sacharbeit so kostbaren vier Monate nach den ersten Parlamentsferien von September bis Dezember 1995 blieben dadurch für alle anderen Vorhaben blockiert. Das trug dazu bei, daß die wirklich wichtigen Reformen, etwa die Steuerreform, so lange aufgeschoben wurden, daß sie jetzt in den Sog der nächsten Bundestagswahlen kommen, so daß schließlich fast gar nichts mehr geht. Politische Beobachter der derzeitigen bundesdeutschen Politikblockade fragen entgeistert, warum die zentralen Reformen nicht früher angepackt wurden, sondern erst zu einer Zeit, wo der Wahlkampf schon seine Schatten vorauswirft. Die

Erklärung liegt darin, daß die politische Klasse die für die Bonner Sacharbeit wichtigsten zeitlichen Filetstücke der Legislaturperiode von vornherein für ihre eigennützigen Ziele reserviert hat. Den eigenen Bauch zu füllen war wichtiger als die Regierungsfähigkeit aufrechtzuerhalten.

Aus der Sicht der politischen Klasse war dies allerdings konsequent: Hätte man die Verbesserung des eigenen Status nicht vorgezogen, wären auch die unterschiedlichen Maßstäbe, die die politische Klasse einerseits bei der »Reform« ihres eigenen Status, andererseits bei den allgemeinen Reformen anlegte, nicht mehr zu verheimlichen gewesen: Draufsatteln für sich selbst, Einschränkungen dagegen für alle anderen.

Die rücksichtslose Priorität für die Eigeninteressen der politischen Klasse zeigt sich auch in den Ländern. Zu einem negativen Symbol ist die Diätenerhöhung in Brandenburg geworden, einem der ärmsten Länder der Bundesrepublik. Die dortige politische Klasse hat Anfang 1997 – entgegen dem Votum der zuständigen Sachverständigenkommission – ihre eigenen Bezüge in drei Schritten um 22 Prozent erhöht. Finanz- und wirtschaftspolitisch ist das das falscheste Signal, das man sich überhaupt vorstellen kann.

Die Systemfrage wird uns Deutschen auch von außen immer mehr gestellt werden. Im Zuge des globalen Wettbewerbs werden in Zukunft die politischen Systeme zunehmend nicht nur im Hinblick auf ihre Legitimität, sondern auch und erst recht in bezug auf ihre Leistungsfähigkeit überprüft und verglichen werden. Ein gutes politisches System als Voraussetzung guter Politik wird immer mehr als elementarer »Standortvorteil« erkannt. Wenn es darum geht, die nötigen Anpassungen an globale Herausforderungen vorzunehmen, zum Beispiel die Sozialversicherungssysteme auf die geänderte Zusammensetzung der Bevölkerung abzustimmen, das Steuersystem, die anderen Rechtssysteme und die Verwaltung auf die internationalen Anforderungen zuzuschneiden, wird Reform- und Durchsetzungsfähigkeit der Politik in immer stärkerem Maße gefragt sein. Die Politikwissenschaft hat den Zusammenhang zwischen unterschiedlichen konstitutionellen und institutionellen Arrangements und der Leistungsfähigkeit von Demokratien bisher weitgehend vernachlässigt.[16] Traktiert wurde allenfalls die längst beantwortete Frage, ob Institutionen überhaupt einen Einfluß haben können (»Do institutions matter?«), statt zur systematischen Erforschung der genauen Zusammenhänge, also der Fragen nach dem Wie, Wann und Inwieweit, überzugehen. Die zentralen und immer noch wachsenden wirtschaftlichen Probleme – wie zum Beispiel die zunehmende Arbeitslosigkeit, von deren Lösung auch die Legitimierung der politischen Entscheidungssysteme ganz wesentlich abhängt – werden in Zukunft die Frage der Leistungs- und Reformfähigkeit politischer Systeme immer mehr in den Mittelpunkt der Diskussion rücken. Internationale Vergleiche über die institutionellen Voraussetzungen einer allgemein sichtbaren und erfolgreichen Politik, die die notwendigen wirtschaftlich-sozialen Anpassungen zu bewältigen in der Lage ist, werden mit der Effizienzfrage die Systeme immer stärker auch mit der Legitimitätsfrage konfrontieren.

Die ersten Anzeichen dafür, daß die Frage nach der Leistungsfähigkeit des politischen Systems zunehmend gestellt wird, zeigen sich in der Bundesrepublik bereits sehr deutlich: Am entschiedensten hat die Arbeitsgemeinschaft Selbständiger Unternehmer die Frage der Reform unseres politischen Systems zur Standortfrage erklärt,[17] aber auch andere Spitzen der Wirtschaft – wie jüngst der Präsident des Bundesverbands der Deutschen Industrie Hans-Olaf Henkel, der als Antwort auf »die politisch-institutionellen Unzulänglichkeiten« ein »Political Reengineering« fordert – thematisieren diese Frage.[18]

1
Die politische Klasse

Die moderne Demokratie hat durch die politischen Parteien einen unerhörten Strukturwandel erfahren. Daraus ist der Parteienstaat heutiger Prägung hervorgegangen. Diese Feststellung ist heute Allgemeingut.[1] Doch fehlt bisher vielfach noch die Erkenntnis, daß sich hinter dem Einheitsbegriff »Parteien« höchst Unterschiedliches verbirgt. Spricht man vom Parteienstaat, geht man meist undifferenziert und pauschal von *den Parteien* aus.[2] In Wahrheit unterscheiden sich die Parteien nicht nur voneinander (zum Beispiel die FDP von der SPD). Auch jede einzelne Partei ist kein monolithischer Block.

Daß die übliche Betrachtung *der* Parteien viel zu pauschal ist, um wichtige Fragen und Probleme wirklich in den Blick und in den analytischen Griff zu bekommen, wurde 1992 bei der Parteienkritik des Bundespräsidenten Richard von Weizsäcker und Helmut Kohls Reaktion darauf besonders deutlich. Weizsäcker hatte den »Parteien und Parteiführungen« vorgeworfen, sie seien »machtversessen auf den Wahlsieg und machtvergessen bei der Wahrnehmung der inhaltlichen und konzeptionellen politischen Führungsaufgaben«.[3] Der Berufspolitiker sei »ein Generalist mit dem Spezialwissen, wie man politische Gegner bekämpft ... Der Hauptaspekt des ›erlernten‹ Berufs unserer Politiker« bestehe »in der Unterstützung dessen, was die Partei will, damit sie einen nominiert, möglichst weit oben in den Listen, und in der behutsamen Sicherung ihrer Gefolgschaft, wenn man oben ist«. Man lerne, »wie man die Konkurrenz der anderen Parteien abwehrt und sich gegen die Wettbewerber im eigenen Lager durchsetzt«.[4]

Weizsäcker versäumte es aber, zwischen den verschiedenen

Gruppierungen *innerhalb* der Parteien deutlich zu unterscheiden und ganz klarzumachen, daß seine Kritik nicht die breiten Schichten der Parteimitglieder betraf, die weder von der Politik leben noch nennenswerten politischen Einfluß besitzen, sondern oft selbst zu den schärfsten Kritikern von Mißständen und Fehlentwicklungen des Parteienstaats gehören. Diese Unschärfe des Bundespräsidenten hinsichtlich der Adressaten seiner Kritik nutzten die Betroffenen, insbesondere der Bundesvorsitzende der CDU und Bundeskanzler Helmut Kohl, bei ihrer Erwiderung auf die Kritik Weizsäckers gezielt aus. Kohl berief zu Zeugen seiner Verteidigung ausdrücklich Hunderttausende von Parteimitgliedern, die »vor allem im Bereich der eigenen Stadt oder Gemeinde« ehrenamtlich ein Mandat wahrnehmen und »aus Überzeugung Geld und Freizeit im Interesse des Gemeinwohls« opferten. »Allein um dieser engagierten Bürgerinnen und Bürger willen« verbiete »sich jede pauschale Herabsetzung ›der‹ Parteien«.[5] Von den »zweieinhalb Millionen Menschen in Deutschland, die einer Partei angehören, handle es sich »bei den wenigsten ... um hauptamtlich Tätige«. Kohl suchte also durch die Betonung der Rolle der einfachen Mitglieder und des ehrenamtlichen Engagements die Führungsriegen der Parteien, auf die Weizsäckers Kritik ursprünglich gemünzt war, »aus der Schußlinie« zu nehmen und statt dessen diejenigen Gruppen innerhalb der Parteien hervorzukehren, auf welche die Kritik Weizsäckers in der Tat am wenigsten paßte: die »Männer und Frauen ... die einfach ... da sind, mitmachen, ihre kleinen Pflichten tun. Sie haben nie etwas durch die Parteien erstrebt oder erreicht, aber sie haben, das geht manchmal in unserem Lande durch Familiengenerationen, sich dazugerechnet.«[6]

In Wahrheit waren diese Teile der Parteien, also die zwei Millionen einfachen Mitglieder und die Hunderttausende ehrenamtlich Tätigen, von Weizsäckers Kritik an den Parteien gar nicht gemeint gewesen, und seine Kritik war in der Öffentlichkeit auch durchaus richtig verstanden worden. Das wurde nicht zuletzt daran deutlich, daß große Teile der Presse Helmut Kohl selbst als eigentlichen Adressaten der Kritik, ja geradezu als Personifizierung des kritisierten Politikertyps festmachen zu können meinten.[7] Die Kritik Weizsäckers zielte auf die »Parteiführungen« und generell auf die hauptberuflichen Politiker, also auf die Personenkreise, die wir in diesem Buch als »politische Elite« und »politische Klasse« bezeichnen.

Sieht man genauer hin, so räumt auch Kohl spezifische Probleme der politischen Klasse ein, wenn er schreibt:

»Es gibt in allen Parteien Mißstände – auch ›Filz‹, ›Verbonzung‹ und so manche Verkrustung; viele werden gerade deswegen auch politisch aktiv, um solchen Entwicklungen entgegenzutreten. In diesem Sinn ist die Parteienkritik oft innerhalb der Parteien am stärksten. Ich habe mich stets dafür eingesetzt – und dies im Rahmen meiner Möglichkeiten als Landes- und Bundespolitiker immer wieder durchgesetzt –, daß auch sogenannte ›Seiteneinsteiger‹ auf allen Ebenen eine Chance erhalten. Nach meiner Überzeugung darf insbesondere die Auswahl der Abgeordneten nicht allein von persönlichen Beziehungen, der Zugehörigkeit zu bestimmten innerparteilichen Vereinigungen und Gremien oder der Dauer der Parteimitgliedschaft abhängig sein.«[8]

Einige Probleme der Parteien (»auch ›Filz‹, ›Verbonzung‹ und so manche Verkrustung« und Mängel bei der Auswahl der Abgeordneten innerhalb der Parteien) werden von Kohl also durchaus bestätigt, auch wenn diese Äußerungen – angesichts des Gewichts des Themas und der heftigen öffentlichen Diskussion über die Probleme der Parteien und des Parteienstaats – viel zu knapp gerieten und über eine bloße Problemumschreibung nicht hinausgingen. Andere Probleme allerdings, nämlich die, die mit mangelnder Führung zusammenhängen und deshalb direkt die politische Elite, also zuvörderst Kohl selbst, betreffen (Weizsäcker: »Wahrnehmung der inhaltlichen und konzeptionellen politischen Führungsaufgaben«), wurden dagegen – bewußt – übergangen.

An der Art, wie Kohl sich gegen Weizsäckers Kritik verteidigte, wird deutlich: Die mangelnde Differenzierung *innerhalb* der Parteien hat auch eine verschleiernde Funktion: Die politische Klasse und die politische Elite benutzen »die Parteien« ganz gezielt – erstere, um ihre eigenen Berufsinteressen, letztere, um ihre Machtinteressen dahinter zu verstecken. Beide Gruppierungen mißbrauchen »die Parteien«, insbesondere die vielen nur zahlenden Mitglieder und ehrenamtlich Tätigen, sozusagen als Schutzschild, um ihre Eigeninteressen zu verdecken. Sie schieben bewußt oder unbewußt die unterschiedlichsten Formen von Gemeinwohlrhetorik, also »politische Formeln«, vor, die die Zusammenhänge vernebeln und die klare Herausarbeitung der Berufsinteressen der politischen Klasse und der Regierungsinteressen der politischen Elite erschweren. Klarheit über die wahre Interessenlage der Akteure und die sie bewegenden Motive aber ist erste Voraussetzung jeder unvoreingenommenen Analyse.

Die Auseinandersetzung zwischen Weizsäcker und Kohl unterstreicht, daß es innerhalb der Parteien ganz unterschiedliche Gliederungen und Gruppierungen mit unterschiedlichen Funktionen und Interessen und mit höchst unterschiedlichem Einfluß gibt. Dabei gehen fortschrittliche Politikwissenschaftler von einem weiten Parteibegriff aus, der neben den Parteien im engeren juristischen Sinn auch die Parlamentsabgeordneten und ihre Fraktionen, die Regierungsmitglieder und die Parteistiftungen umfaßt.[9] Innerhalb dieses weiten Parteienbegriffs interessieren uns in diesem Buch vor allem zwei innerparteiliche Unterscheidungen:

- Erstens die Unterscheidung zwischen gewöhnlichen Parteimitgliedern und hauptamtlichen Politikern. Mit letzteren sind solche Personen gemeint, die *von* der Politik leben. Man könnte – angesichts der Dominanz der Parteien in Staaten wie der Bundesrepublik Deutschland – auch sagen, daß sie von der *Partei* leben, in dem Sinne, daß sie ihrer Partei die Stelle verdanken, aus der ihr Einkommen fließt.[10] Dazu gehören nicht nur hauptberufliche Parteifunktionäre, die ihr Gehalt unmittelbar von ihrer Partei beziehen – Max Weber sprach noch von »Parteibeamten« –, sondern auch Parlamentsabgeordnete, Regierungsmitglieder und politische Beamte, die ihre Bezüge mittelbar ihrer Partei verdanken. Diese Gruppierung hauptberuflicher Politiker, die von der Politik leben und ihrer jeweiligen Partei direkt oder indirekt ihren Status verdanken, bezeichnen wir in diesem Buch als »politische Klasse«, unabhängig davon, welcher Partei sie angehören. Der Begriff »Klasse« bringt zum Ausdruck, daß ihre Angehörigen professionalisierte Politiker sind, die gleichgerichtete Berufsinteressen haben und somit eine gesonderte Interessengruppe bilden.

- Innerhalb der politischen Klasse ist aber wieder – und das ist die zweite Unterscheidung – nach dem Grad des politischen *Einflusses* zu differenzieren. Wenn es auch schwierig ist, scharfe Grenzen zu ziehen, so ist es doch offensichtlich, daß es innerhalb der politischen Klasse gewaltige Unterschiede hinsichtlich der Machtverteilung gibt. Insofern unterscheiden wir zwischen der »politischen Elite«, in deren Händen sich die Macht konzentriert, einerseits und der sonstigen politischen Klasse andererseits. Wir werden diese Begriffe später noch genauer bestimmen; schon hier wird aber deutlich, daß mit dem Begriff »politische Elite« nicht die Behauptung verbunden ist, ihre Mitglieder müßten notwendigerweise besondere moralische, praktische oder intellektuelle Qualitäten besitzen, eine Bedeutung, die im allgemeinen Sprachgebrauch häufig mit dem Begriff »Elite« verbunden wird. Für unsere Begriffsbildung kommt es vielmehr allein auf das Maß an Macht an, über das die Betreffenden verfügen.

Der juristische Begriff der Parteien ist also einerseits zu eng, weil er nicht auch Regierungsmitglieder, Abgeordnete, politische Beamte, Fraktionen und Parteistiftungen sowie deren Mitarbeiter mit umfaßt, andererseits zu weit, weil er innerhalb der Parteien nicht streng unterscheidet zwischen politischer Elite, politischer Klasse und sonstigen Parteimitgliedern.

»Die politische Klasse« – ein Begriff macht Karriere

Der Begriff »politische Klasse« geht auf den italienischen Staatswissenschaftler Gaetano Mosca[11] und den Wirtschaftswissenschaftler und Soziologen Vilfredo Pareto[12] zurück. Seit einiger Zeit erfährt er in journalistischen Beiträgen eine steile Karriere und erlebt auch in der Fachliteratur eine ausgesprochene Renaissance. Politikwissenschaftliche Veröffentlichungen zu diesem Thema haben seit Anfang der neunziger Jahre Hochkonjunktur.[13] Das kann nicht überraschen und hängt mit dem Trend zur Professionalisierung der Politik zusammen. In den vergangenen dreißig Jahren hat nicht nur die Höhe des Soldes der Politiker,[14] ihrer Versorgung und Amtsausstattung, sondern auch die Zahl der besoldeten Ämter in bisher nie gekanntem Umfang zugenommen. Ebenso zugenommen hat aber auch die kritische öffentliche Diskussion dieser Entwicklung, wobei die Kritik ihre besondere Durchschlagskraft nicht zuletzt dem Umstand verdankt, daß die Berufspolitiker nicht nur passiv Begünstigte der anschwellenden Politikerfinanzierung, sondern auch ihre treibenden Akteure sind und dafür einmalig gute Bedingungen vorfinden: sitzen sie doch selbst an den Hebeln der Staatsmacht und können ihre Schlüsselstellung auch für die Förderung der eigenen Belange einsetzen – eine Konstellation, die ihrerseits nicht ohne Einfluß auf die Höhe ihrer Besoldung und die Zahl ihrer Stellen geblieben ist. Art und Umfang der Bezahlung der politischen Klasse und die Entscheidungsmechanismen (»Selbstbedienung«) sind inzwischen zu einem öffentlichen Thema geworden.

Die eigentlich »zuständige« Politikwissenschaft hatte an dieser Diskussion, die von Außenseitern der Disziplin vorwärtsgebracht worden war, lange wenig Anteil,[15] sowohl bei der Erforschung der empirischen als auch der theoretischen Grundlagen.[16] Hier scheint sich inzwischen eine Wende anzubahnen. Die Reaktivierung des Begriffs »politische Klasse« kann durchaus als methodisch-begrifflicher Versuch der Politikwissenschaft interpretiert werden, die Thematik einzufangen und einen Bezugspunkt für einschlägige wissenschaftliche Forschungen und Diskussionen zu schaffen. Dies ist sehr zu begrüßen. Zugrunde liegt die nun nicht mehr zu verdrängende Erkenntnis, daß es innerhalb der Parteien eine eigene Berufsgruppe mit bestimmten Interessen gibt, die allen Berufspolitikern über die Grenzen zwischen den etablierten Parteien und über die Grenzen des bundesdeutschen Föderalismus hinweg eigen sind. Es geht also um Berufsinteressen, die den Politikern der Regierungs- *und* der etablierten Oppositionsparteien im Bund, in den Ländern, den Gemeinden *und* in Europa in mehr oder weniger gleicher Weise gemeinsam sind. Kennzeichnend ist weiter, daß diese partei- und föderalismusübergreifenden Eigeninteressen insofern einen besonderen Charakter haben, als die politische Klasse wie keine andere Berufsgruppe in der Lage ist, ihren eigenen rechtlichen Status in Gesetzen und Haushaltsplänen selbst festzulegen und abzusichern.

Der Begriff »politische Klasse« liefert – mit den Worten zweier Autoren, die jüngst für die endgültige Etablierung dieses Begriffs in der Politikwissenschaft plädiert haben – eine Kategorie, mit deren Hilfe zentrale, aber bisher vernachlässigte Fragen zum Gegenstand von Untersuchungen gemacht werden können: die Rolle der Politiker, die »als Akteure mit eigenen Partikularinteressen« und als »Agenten in eigener Sache« besonders großen Einfluß auf die »Ausgestaltung ihres beruflichen Umfeldes« besitzen. Damit könne »jener Beitrag zur Krise der repräsentativen Demokratie« benannt und gegenüber anderen Faktoren abgrenzbar werden, den die Berufspolitiker – »eben bei der Wahrnehmung ihrer Interessen und nicht bei der politischen Steuerung von Wirtschaft und Gesellschaft« – leisteten.[17]

Bisher beschränkt sich die Diskussion in der Politikwissenschaft allerdings auf einzelne Teilbereiche des umfassenden Problemkomplexes. Vernachlässigt werden dabei vor allem vier wichtige Aspekte:

- die Auswirkungen der Rekrutierungsbedingungen auf die Qualität, die Leistung und Verantwortungsbereitschaft der politischen Klasse und damit auf ihre Fähigkeit, zur Lösung der politischen Probleme beizutragen,
- der Zusammenhang zwischen der Besoldung und den Bedingungen der Rekrutierung der politischen Klasse,
- die Rolle des Machtinteresses und
- die Bedeutung der rechtlichen Institutionen.

Zusammengefaßt: Es fehlt ein Ansatz, der auch nach den Rückwirkungen fragt, welche die Verfolgung eigener Macht- und Berufsinteressen auf die Wahrnehmung der den Politikern anvertrauten Belange des Gemeinwesens hat. Hier herrscht noch die vorwissenschaftlich-naive Auffassung vor, je höher man die Besoldung (und Versorgung) der Politiker bemesse, desto qualifizierter und unabhängiger von wirtschaftlich-finanziellen Pressionen (und damit um so handlungsfähiger) werde die politische Klasse.

In diesem Buch wird versucht, auch jene offenen Fragen nicht auszusparen und die bisher fehlenden Zusammenhänge herzustellen. Dies geschieht, um auf die nach Auffassung des Verfassers wirklich zentralen Fragen aufmerksam zu machen, Lösungsvorschläge zu erörtern, und nicht zuletzt, um weitere Forschungen herauszufordern.

Politik als Hauptberuf

Unter der politischen Klasse im bundesdeutschen Parteienstaat verstehen wir in diesem Buch die Gesamtheit derjenigen, die »von der Politik leben« (Max Weber) und die diese Position der Politik, das heißt vor allem den Parteien, verdanken.[18] Die meisten der hier angesprochenen Positionen sind formal zwar Staatsämter. Da aber die Parteien den Staat durchdringen und beherrschen, sind in Wahrheit *sie* es, die die Positionen vergeben. Dabei umfaßt der Begriff »politische Klasse« nach unserem Verständnis hauptberufliche Politiker ohne Rücksicht darauf, ob sie nur auf Zeit oder auf Dauer von der Politik leben – ungeachtet des der politischen Klasse immanenten Drangs zu lebenslanger materieller Versorgung.[19]

Zur politischen Klasse gehören zunächst einmal die Mitglieder des Bundestags, ebenso natürlich der Bundespräsident und die Mitglieder der Bundesregierung (Kanzler und Minister) und die Parlamentarischen Staatssekretäre, ferner die Mitglieder der Landesregierungen. Ob auch Abgeordnete von *Landes*parlamenten dazuzuzählen sind, ist umstritten. Einige Autoren lehnen dies – auch angesichts des geringen Kompetenzbereichs von Landtagsabgeordneten – ab.[20] Doch kommt es bei dem von uns verwendeten Begriff der politischen Klasse nicht auf den politischen Einfluß an – dies ist nach unserer Terminologie allein eine Frage der Abgrenzung der »politischen Elite« –, sondern allein darauf, ob die Betroffenen von der Politik leben. Dies tun typischerweise aber auch die Abgeordneten der Länder, zumindest die der Flächenstaaten, die eine volle Besoldung und Versorgung erhalten. Aus ähnlichen Gründen gehören auch die Abgeordneten des Europaparlaments zur politischen

Klasse, ebenso die Mitarbeiter von Abgeordneten und Fraktionen. Auf kommunaler Ebene sind die hauptberuflichen Bürgermeister, die hauptberuflichen Beigeordneten und die Landräte die wichtigsten Glieder der politischen Klasse. Natürlich zählen zur politischen Klasse auch die unmittelbar von den Parteien besoldeten hauptberuflichen Parteifunktionäre. Ferner rechnen wir (wenn auch mit gewissen Vorbehalten) dazu auch politische Beamte, auf politischer Basis ernannte Beamte und Richter und Vertreter der Politik in öffentlich-rechtlichen Medien, öffentlichen Unternehmen und Parteistiftungen.[21]

Zur politischen Klasse in einem weiteren Sinne könnte man auch diejenigen Parteimitglieder rechnen, die zwar noch keine Berufspolitiker sind, es aber werden wollen und im Hinblick darauf bereits Vorleistungen erbringen. Man könnte insoweit von einer *Vorstufe* der politischen Klasse sprechen. Derartige Vorleistungen sind das, was man gemeinhin als »Ochsentour« bezeichnet. Die jüngsten Erhebungen dazu stammen aus Niedersachsen und zeigen, daß man im Durchschnitt nicht weniger als 16 Jahre der Partei gedient haben muß, davon zehn Jahre lang als ehrenamtliches kommunales Ratsmitglied oder Funktionär, bevor man zum ersten Mal ein Landtagsmandat erhält. In dieser Phase leben die Parteiaktivisten zwar noch nicht von der Politik, aber sie erbringen ihre jahrelangen Leistungen für die Partei vielfach zumindest auch zu dem Zweck, schließlich mit einem vollalimentierten Mandat im Parlament oder mit einem Posten im öffentlichen Dienst oder in einem öffentlichen Unternehmen belohnt zu werden. Soweit auch hier schon das Interesse der Parteimitglieder am zukünftigen (parteipolitisch verschafften) »Beruf« im Vordergrund steht, hat die Parteiführung ein höchst wirksames Disziplinierungsinstrument in der Hand, was erklären dürfte, warum sich in der innerparteilichen Praxis oft ein kaum weniger autoritärer Stil durchsetzen kann als in der Wirtschaft. Dies erklärt zugleich, warum die Ochsentour auch ein Einüben im Anpassen ist, weshalb selbständig denkende, innovative und erst recht querköpfige Typen kaum Chancen für eine politische Karriere haben und warum erfolgreiche, gestaltungsorientierte Persönlichkeiten aus Wirtschaft, Verwaltung, Wissenschaft und Kultur hier von vornherein nicht hineinpassen.

Zur politischen Klasse in einem weiteren Sinn kann man auch diejenigen zählen, die zwar kein staatliches Amt mehr bekleiden, aber doch insofern von der Politik leben, als sie aus dem früheren Amt Versorgungszahlungen erhalten. Hier könnte man von einer Art *Nachstufe* der politischen Klasse sprechen. Aufschlußreich ist in diesem Zusammenhang, daß zur Rechtfertigung der schon nach wenigen Jahren anfallenden, ungewöhnlich hohen Pensionen aus politischen Ämtern neuerdings immer unverblümter angeführt wird, damit müsse »die Lebensleistung« der Politiker abgegolten werden, es müßten also auch die »Vorzeiten« in die Berechnung der Pensionshöhe einbezogen werden. Solchen Polit-Rentnern gegenüber verfügt die Parteiführung allerdings, soweit diese nichts mehr von ihrer Partei Gnaden werden wollen, über keine wirtschaftlich-beruflichen Disziplinierungsmittel, so daß sie in der Lage sind, sich relativ frei zu äußern, wovon auch nicht wenige Gebrauch machen (zum Beispiel Hans Apel und Hildegard Hamm-Brücher). Eine besondere Kategorie dieser »Nachstufe« der politischen Klasse sind solche Personen, die ihre politische Karriere und die dabei gewonnenen Verbindungen und Insiderkenntnisse als Sprungbrett benutzen, um in einen Verband oder ein Unternehmen überzuwechseln.

Auch wenn wir im folgenden unter der politischen Klasse nur die *aktuelle* politische Klasse verstehen, also nur diejenigen, die als aktive Politiker von der Politik leben, so sollten die genannten Vor- und Nachwirkungen doch als Basis für spätere Analysen im Auge behalten werden.

Wie viele Personen leben von der Politik?

Macht man sich einmal die Mühe, zu ermitteln, wie groß die Zahl derer ist, die zur politischen Klasse gehören, ergeben sich einige Schwierigkeiten. Während die Abgeordneten und die Regierungsmitglieder anhand der Handbücher der Parlamente noch relativ einfach auszuzählen sind, ist die Feststellung der Zahl der politischen Beamten und der hauptberuflichen kommunalen Wahlbeamten weitaus schwieriger. Offenbar hat sich bisher noch nie jemand mit dieser Frage befaßt. Immerhin: Die Innenministerien und die Statistischen Ämter der meisten Bundesländer haben freundlicherweise bei den Ermittlungen geholfen,[22] wenn auch noch einige weiße Flecken auf der »quantitativen Landkarte« bleiben. Die Zahl der politischen Beamten des Bundes haben wir – mangels Mitwirkung des Bundesinnenministeriums – aus dem Haushaltsplan entnommen; dabei ließen sich die politischen Beamten des Bundesverfassungsschutzes und des Bundesnachrichtendienstes unterhalb der Ebene des Ministerialdirektors, die im Haushaltsplan nicht gesondert ausgewiesen sind, allerdings nicht ermitteln.

Die Zahl der Abgeordneten- und der Fraktionsmitarbeiter ergibt sich für den Bund aus dem vorzüglichen Datenhandbuch des Bundestags; für die Länder, die Kommunen und das Europaparlament existiert aber nichts Entsprechendes. Ebenso schwierig ist es, die Zahl der hauptberuflichen Mitarbeiter der Parteien (»Parteibeamte«) zu ermitteln. Wir haben deshalb im folgenden darauf verzichtet. Die Zahl der Mitarbeiter der Parteistiftungen übernehmen wir einer Arbeit des englischen Politikwissenschaftlers Michael Pinto-Duschinsky.[23]

Die Zahl der unter parteipolitischen Gesichtspunkten ernannten Richter ist dagegen relativ leicht festzustellen, sofern der Parteieinfluß bereits im Auswahlverfahren zum Ausdruck kommt, wie etwa bei der Wahl der Bundesverfassungsrichter (Landesverfassungsrichter sind nicht hauptberuflich tätig). Ansonsten ist die quantitative Abgrenzung der parteipolitisch bestellten Richter und Beamten praktisch unmöglich, weil solcher parteipolitischer Einfluß zwar vielfach stattfindet, aber wegen Verstoßes gegen Art. 33 II GG illegal ist und deshalb nur in seltenen Fällen bekannt wird.

Insgesamt ergeben sich folgende Zahlen (Stand, soweit nichts anderes vermerkt, Juli 1997):

I. Parlamentsabgeordnete

Bundestag	672
Landesparlamente	
Baden-Württemberg	155
Bayern	204
Brandenburg	88
Hessen	110
Mecklenburg-Vorpommern	71
Niedersachsen	161
Nordrhein-Westfalen	221
Rheinland-Pfalz	101
Saarland	51
Sachsen	120
Sachsen-Anhalt	99
Schleswig-Holstein	75
Thüringen	88
Berlin	206
Bremen	100
Hamburg	121
Landesparlamente insgesamt	1971
Europaparlament	
(deutsche Mitglieder)	99
Abgeordnete insgesamt	2742

II. Bundespräsident, Regierungsmitglieder

Bund

Bundespräsident	1
Bundeskanzler und Bundesminister	18
Parlamentarische Staatssekretäre	27

Regierungsmitglieder der Länder

Baden-Württemberg	12
Bayern (einschl. Staatssekretäre)	21
Brandenburg	11
Hessen	9
Mecklenburg-Vorpommern	9
Niedersachsen	12
Nordrhein-Westfalen	13
Rheinland-Pfalz	9
Saarland	7
Sachsen (einschl. Staatssekretäre)	22
Sachsen-Anhalt	10
Schleswig-Holstein	10
Thüringen	10
Berlin	11
Bremen	8
Hamburg	12

Landesregierungen insgesamt	186	
Gesamtzahl		232

III. Politische Beamte

Bund[24]

Staatssekretäre	25
Ministerialdirektoren	119
Weitere politische Beamte im auswärtigen Dienst	432
Generalbundesanwalt, Oberbundesanwalt und Beauftragter für den Zivildienst	3
Insgesamt[25]	579

Länder

Baden-Württemberg	14
Bayern (ohne Staatssekretäre)	0
Brandenburg	20
Hessen	70[26]
Mecklenburg-Vorpommern	12
Niedersachsen	18
Nordrhein-Westfalen	45
Rheinland-Pfalz	20
Saarland	9
Sachsen (ohne Staatssekretäre)	15
Sachsen-Anhalt	20[27]
Schleswig-Holstein	12
Thüringen	16[28]
Berlin	24[29]
Bremen	15
Hamburg	15
Länder insgesamt	325

Politische Beamte insgesamt	904

IV. Kommunale Wahlbeamte
(insbesondere hauptberufliche Bürgermeister, Gemeindedirektoren, Landräte, Kreisdirektoren und Beigeordnete)

Baden-Württemberg	1296
Bayern	1062[30]
Brandenburg	543[31]
Hessen	585
Mecklenburg-Vorpommern	126
Niedersachsen	696
Nordrhein-Westfalen	457[32]
Rheinland-Pfalz	324
Saarland	81
Sachsen	633[33]
Sachsen-Anhalt	246
Schleswig-Holstein	145
Thüringen	364[34]
Berlin	115
Bremen	17[35]
Hamburg	7[36]

Kommunale Wahlbeamte insgesamt
  (soweit Angaben vorliegen)   6697

V. Bundesverfassungsgericht   16

VI. Mitarbeiter

der Bundestagsabgeordneten[37] 4008[38]
der Bundestagsfraktionen[39] 727[40]
der Parteistiftungen im Inland ca. 1500[41]

Insgesamt
(soweit Angaben vorliegen) 6235

VII. Gesamtzahl der Mitglieder der politischen Klasse
(soweit Angaben vorliegen
und ohne sonstige »politisierte«
Beamte und Richter) 16 826

Kosten der politischen Führung

Kaum bekannt ist, daß einige Bestandteile der fiskalischen Gesamtkosten der politischen Klasse von den Statistischen Ämtern ermittelt werden, wo sie unter dem Titel »Ausgaben für politische Führung« laufen. Insbesondere werden dort die Ausgaben für Abgeordnete und für die Bezüge von Ministern errechnet. So betrugen zum Beispiel die Ausgaben für Bundestagsabgeordnete im Jahre 1994 rund 354 Millionen DM und für die Abgeordneten der Länder 395 Millionen DM. 1974 waren es noch 85 Millionen bzw. 75 Millionen DM. Die Ausgaben für Bundestagsabgeordnete haben sich in diesem Zeitraum also gut vervierfacht, die für Landtagsabgeordnete sogar mehr als verfünffacht.

Die Ausgaben für Bezüge des Bundespräsidenten, des Bundeskanzlers, der Bundesminister und Parlamentarischen Staatssekretäre im Bund und des Wehrbeauftragten sind im gleichen

Zeitraum von 5,5 auf 12,5 Millionen DM gestiegen, haben also auf mehr als das Doppelte zugenommen, die Bezüge der Ministerpräsidenten, der Landesminister und Parlamentarischen Staatssekretäre in den Ländern sind sogar von 14,5 auf 48,9 Millionen DM, also auf fast den dreieinhalbfachen Betrag angewachsen.

Die Ausgaben für Versorgungsbezüge desselben Personenkreises haben sich im Bund von 4 Millionen DM (1974) auf 11 Millionen DM (1994) erhöht, die Versorgungsausgaben in den Ländern im gleichen Zeitraum von 14 auf 41 Millionen DM.[42]

Im Zentrum des Staates:
Die politische Klasse und ihre Elite

Nicht alle, die von der Politik leben, haben wirklich auch Einfluß auf die politischen Entscheidungen und gehören in diesem Sinne zur politischen Elite. Insoweit ist der Begriff »politische Elite« (»regierende Klasse« oder »classe dirigeante«) enger als »politische Klasse«.[43] Hinterbänkler in den Parlamenten und erst recht Mitarbeiter von Parteien, Fraktionen, Parteistiftungen und Abgeordneten gehören nicht dazu, obwohl auch sie von der Politik leben. Da für den Begriff der politischen Elite der politische Einfluß konstitutiv ist, müßte man an sich zwischen den Regierungs- und Oppositionsparteien unterscheiden. Aktuelle Macht haben nur die Führungsgruppen der Regierungsparteien. Die Führungsgruppen der Opposition dagegen können nur auf eine Änderung der Verhältnisse zu ihren Gunsten hoffen, etwa aufgrund neuer Wahlergebnisse und neuer Koalitionen; sie sind *potentielle* Eliten, also sozusagen »Eliten im Wartestand«. Wir wollen gleichwohl auch die Führungsgruppen der Opposition zur politischen Elite zählen, weil auch für sie der Kampf um die Regierungsmehrheit das beherrschende Motiv ist. Doch müßte man – angesichts der Unterscheidung zwischen aktueller und potentieller politischer Elite, die sich gegenseitig Konkurrenz machen und von denen die eine die andere ablösen möchte – eigentlich von »*den* politischen Eliten« im Plural sprechen.

Die Politikwissenschaft hat sich lange überhaupt nur mit Fragen nach Macht und Einfluß, also mit der politischen Elite, befaßt und sich für die anderen Teile der politischen Klasse kaum interessiert, was natürlich damit zusammenhängt, daß die Eigendynamik des Lebens von der Politik und die sich daraus ergebenden Weiterungen erst allmählich im Zuge der immer weiter fortschreitenden Professionalisierung der Politik in den Blick getreten sind. Die Frage, »wer wirklich regiert«,[44] stand lange ganz im Vordergrund des Erkenntnisinteresses der verschiedenen Zweige der politikwissenschaftlichen Eliteforschung.

Die Besonderheit der politischen Klasse

Der Begriff »politische Elite« könnte insofern erweiternd verstanden werden und über den der »politischen Klasse« hinausgehen, als man dazu auch Personen rechnen könnte, die nicht von der Politik im Sinne von *Partei*politik leben, gleichwohl aber politischen Einfluß besitzen, wie führende Vertreter der Verwaltung, der Wirtschaft, der Verbände einschließlich der Gewerkschaften, der Wissenschaft und Kultur, der Kirchen etc. (sofern sie nicht inzwischen ohnehin durch Kooptation und Verquickung zu Teilen der politischen Klasse geworden sind). Wenn wir in diesem Buch allein die *politische* Klasse behandeln und nur den ihr zugehörigen Teil zur politischen Elite rechnen, so liegt dies an einer Besonderheit, die nur die politische Klasse aufweist: Nur sie sitzt mitten im Steuerungszentrum des Staates. Wer immer aber über die staatlichen Machtmittel einschließlich des staatlichen Gewaltmonopols verfügt, hat gewöhnlich das letzte Wort und kann verbindliche Entscheidungen treffen, an die alle anderen betroffenen Menschen und Organisationen sich von Rechts wegen halten müssen. Die politische Klasse (und der ihr zugehörige Teil der politischen Elite) kann Recht setzen, das alle Gruppen und Bereiche bindet: Verwaltung, Rechtsprechung, Wirtschaft, Wissenschaft, Kultur, Verbände etc., kurz, den Staat und die Gesellschaft insgesamt. Nur die politische Klasse hat also die Hebel in Händen, mit denen man die drei zentralen Steuerungsmittel des Staates – Recht, Personal und Geld – zielgerichtet einsetzen kann. Die politische Klasse ist es auch, die verbindlich festlegt, wie groß der Finanzstrom ist, den »der Staat« durch Abgaben und auf andere Weise vom Sozialprodukt abzweigt, und wofür sowie für welche Bereiche und Gruppen die Mittel ausgegeben werden. Die politische Klasse bestimmt die Innenpolitik und stellt die Weichen für europa- und außenpolitische Entwicklungen wie zum Beispiel – zusammen mit den politischen Klassen anderer Länder – die Schaffung der europäischen Wirtschafts- und Währungsunion. Ohne die Bedeutung der anderen genannten Bereiche und ihrer jeweiligen Führungsschicht abwerten zu wollen, so liegt auf der Hand, daß jener der politischen Klasse zugehörige Teil der Elite eine einzigartige Schlüsselfunktion für die Steuerung unseres Gemeinwesens innehat und sich bereits dadurch von den anderen (wirtschaftlichen und gesellschaftlichen) Führungsschichten deutlich abhebt.

Hinzu kommt aber noch ein Weiteres und ganz Elementares: Die politische Klasse setzt nicht nur Recht für andere, sondern auch für sich selbst. Sie setzt nicht nur allgemeingültiges Recht, sondern auch ihr eigenes Berufsrecht, und sie entscheidet über die Regeln des Kampfes um Macht und Posten, also des Herzstücks der Demokratie, von dessen Ausgestaltung die Legitimation des ganzen Systems entscheidend abhängt. Durch ihre Position im staatlichen Apparat kann die politische Klasse die Bedingungen ihrer Amtsausübung und ihrer Wiederwahl und damit die Chancen ihres eigenen Machterhalts und des Erwerbs der Macht durch Konkurrenten ganz wesentlich beeinflussen. Die politische Klasse entscheidet also selbst über die Bedingungen ihrer Existenz.

Diese einzigartige Position der politischen Klasse läßt es als gerechtfertigt erscheinen, sie einer gesonderten Untersuchung zu unterziehen, ohne daß man sich den Vorwurf der Einseitigkeit einhandelte.

Weite Teile der Politikwissenschaft haben die vorstehend skizzierte Besonderheit der politischen Klasse allerdings lange verkannt. Ein Beispiel für viele Autoren ist der Politikwissenschaftler Peter Haungs, der der Frage nachgegangen ist, ob die Parteien – im Vergleich zu anderen Machtträgern – übermächtig seien und deshalb eine besondere Verantwortung – auch für Fehlentwicklungen – trügen. Haungs hat die Frage im Hinblick auf andere Gruppierungen – etwa die Ministerialbürokratie, die Interessenverbände und Großunternehmen – verneint. Ihre Macht relativiere den Einfluß der Parteien, so daß es nicht gerechtfertigt sei, »von ihrer ›Übermacht‹ zu sprechen«.[45] Dabei kam Haungs weder die Notwendigkeit, innerhalb der Parteien zwischen verschiedenen Gruppierungen zu unterscheiden, noch die Besonderheit der politischen Klasse in den Blick, im Zentrum des Staates zu sitzen und über dessen Machtmittel zu verfügen. Ähnliches gilt für die Untersuchungen Klaus von Beymes, der als früherer Präsident der International Political Science Association als ein Exponent des Faches Politikwissenschaft gilt und selbst ein Werk über »Die politische Klasse im Parteienstaat« vorgelegt hat.[46] Beyme unterscheidet zwar begrifflich zwischen politischer Klasse und politischer Elite, er behandelt die politische Klasse aber wie eine Interessengruppe unter anderen und übersieht auf diese Weise die eigentliche Besonderheit, daß die politische Klasse nicht wie normale Interessengruppen einer Vermittlung ihrer Interessen durch andere bedarf, sondern eben selbst unmittelbar an den Hebeln der politischen Macht sitzt. Das aber ist der zentrale Punkt, ohne den man die Dimension der Problematik bereits im Ansatz verkennt.[47] So behauptet von Beyme allen Ernstes, Auswüchse der politischen Klasse seien »relativ rasch unter Kontrolle zu bringen«,[48] und findet deshalb auch keinen Zugang zur Frage nach den Rückwirkungen der Eigeninteressen der politischen Klasse auf die Handlungs- und Regierungsfähigkeit der politischen Elite.[49] Die professionelle Blindheit gerade für die wichtigsten Probleme der eigenen Disziplin scheint für gewisse Richtungen der Politikwissenschaft leider geradezu typisch zu sein. Der derzeitige Vorsitzende der Deutschen Vereinigung für Politische Wissenschaft Michael Greven hat selbstkritisch auf die Unergiebigkeit Hunderter von politikwissenschaftlichen Dissertationen und Forschungsberichten zu Parteienfragen hingewiesen und darauf, »daß der fundierte Journalismus ... der akademischen Parteienforschung regelmäßig um Längen voraus« sei, und zwar nicht nur zeitlich, sondern auch hinsichtlich der Erfassung und Behandlung der eigentlichen Probleme.[50]

Spürt man den Gründen für dieses erstaunliche Defizit großer Teile einer ganzen wissenschaftlichen Disziplin nach, gelangt man letztlich zu einer bestimmten Politikkonzeption, die den Parteien (und ihren Führungen) jede Besonderheit abspricht und sie undifferenziert mit Verbänden und anderen politischen Gruppierungen der Wirtschaft, der Wissenschaft, der Medien, Kirchen etc. in einen Topf wirft. Es handelt sich um die Lehre der Pluralisten, die vor einem Jahrhundert in den USA entstand[51] und die in weiten Bereichen immer noch die Rolle einer Art Mutterkonzeption der deutschen Politikwissenschaft spielt. Nach dieser Konzeption kommt dem Staat kein Eigengewicht zu. Dann aber muß konsequenterweise auch denjenigen, die die staatlichen Entscheidungszentralen besetzt haben – den Parteien und ihren Führungen –, ein Eigengewicht abgesprochen werden.

Diese Art von Pluralismuskonzeption, die in den fünfziger und sechziger Jahren auch in Deutschland rezipiert wurde, erklärt, warum Elitentheoretiker dieser Zeit die Besonderheit der politischen Elite (als Teil der politischen Klasse) noch nicht erkannten. Spricht man dem Staat Eigengewicht und Autonomie ab, so entfällt zwangsläufig auch der Grund, der politischen Klasse und ihrer politischen Elite eine besondere Rolle zuzuordnen und sie von anderen Führungsgruppen zu separieren. So bestand zum Beispiel für den Politikwissenschaftler Otto Stammer, der seine Vorstellungen in den fünfziger Jahren entwickelte, die politische Klasse nicht nur aus Politikern im engeren Sinne, sondern auch aus Führungsgruppen der Gewerkschaften, Unternehmerverbände und kulturellen Großverbände unter Beteiligung einflußreicher Gruppen aus Polizei und Militär.[52] In Wahrheit war diese Art von Pluralismusvorstellung das Produkt einer ganz bestimmten historischen Epoche, einer vom Laisser-faire-Liberalismus getragenen Zeit gewaltiger wirtschaftlicher Expansion, in der staatliche Steuerungsleistungen wenig gefragt waren und in der deshalb die Besonderheiten des Staates und der ihn unmittelbar beherrschenden politischen Machtträger nicht in den Blick kamen. Wie sehr sich derartige Überlegungen in den Köpfen der Wissenschaftler festgesetzt hatten, zeigt der Umstand, daß eine umfangreiche Monographie erforderlich war, um das für den unvoreingenommenen Beobachter ohnehin Selbstverständliche nachzuweisen, daß nämlich der Staat (und damit auch die ihn beherrschende politische Klasse) Eigengewicht besitzen.[53] Heute, nach Jahrzehnten immer weiter zunehmender Staatsaktivität und der wachsenden Erkenntnis der Bedeutung staatlicher Steuerungsleistungen, ist die Auffassung von der fehlenden Besonderheit des Staates und der politischen Klasse offensichtlich nicht mehr haltbar.

Der innere und der äußere Kreis der politischen Elite

Auch innerhalb der politischen Elite (verstanden als Teil der politischen Klasse) kann man, fragt man nach dem Gewicht des politischen Einflusses – ungeachtet aller Schattierungen und Übergänge –, mehrere Abstufungen unterscheiden und entsprechende Typen bilden:[54]

Da ist erstens die engste *Führungsspitze*. Zu diesem inneren Kreis der politischen Elite gehören diejenigen, die in nichtöffentlich tagenden »Elefantenrunden« und Koalitionsausschüssen wichtige politische Entscheidungen vorbereiten und absprechen[55] und dem Parlament als Ganzes (einschließlich der Regierungsfraktionen), aber auch der Regierung als Ganzes, wenig Entscheidungsspielraum lassen. Dazu gehören jedenfalls der Regierungschef, der meistens gleichzeitig Vorsitzender der größeren Regierungspartei ist, sein Stellvertreter, der meist auch Vorsitzender der kleineren Koalitionspartei ist, die Spitzen der Koalitionsfraktionen, die meistens auch im engeren Parteivorstand sitzen,[56] und oft auch die Bundesgeschäftsführer oder Generalsekretäre der Koalitionsparteien – und (im Bund) teilweise auch Vertreter des Bundesrats. In den Kommunen gehören zu den Elefanten vor allem die Bürgermeister und Landräte, die als Chefs der Verwaltung, als Repräsentanten der Kommune und meist auch als Vorsitzende des Gemeinderats oder Kreistags (eventuell gemeinsam mit den Vorsitzenden wichtiger Fraktionen),[57] die Fäden der Politik in Händen halten.

Zum weiteren Kreis der politischen Elite gehören zweitens Politiker mit größerer oder kleinerer *Teil*verantwortung, also nicht den »Elefanten« zuzurechnende Minister, Parlamentarische Staatssekretäre, hohe politische Beamte wie beamtete Staatssekretäre und Abteilungsleiter insbesondere in den Ministerien; im Parlament gehören dazu etwa Mitglieder des Fraktionsvorstands, Parlamentarische Geschäftsführer der Fraktionen, Präsident und Vizepräsidenten des Parlaments, Vorsitzende von Parlamentsausschüssen und Fraktionsarbeitskreisen; ferner aus der Partei die Mitglieder der Parteipräsidien.[58]

Gewiß, dies ist ein ziemlich heterogener Kreis, und man könnte die politische Elite durchaus noch in weitere Untergruppen unterteilen,[59] worauf hier aber verzichtet werden soll.

Der politischen Elite stehen im Parlament die »Hinterbänkler« gegenüber, ein Ausdruck, durch den deren geringer politischer Einfluß im Parlament bereits deutlich wird. Sie machen fast zwei Drittel des Bundestags aus.[60] Auch die große Schar hauptberuflicher Mitarbeiter von Fraktionen, Abgeordneten, Ministern etc. besitzt natürlich keinen relevanten Einfluß in dem hier gemeinten Sinne. Sie gehören, um an die Bezeichnung »innerer und äußerer Kreis der politischen Elite« anzuknüpfen, sozusagen zu deren Dunstkreis.

Die Zuordnungen und Abgrenzungen sind im einzelnen natürlich fließend; hier kam es nur darauf an, schwerpunktmäßig Typen zu bilden, die die großen Unterschiede deutlich machen, die in bezug auf den politischen Einfluß und die Verantwortung bestehen.

Die Interessen der Politiker als treibende Kräfte

Die Begriffe »politische Klasse« und »politische Elite« sind *soziologische* Begriffe. Sie stehen in diesem Buch im Mittelpunkt, weil sie dazu prädestiniert erscheinen, den analytischen Ansatz zu liefern, eine Vielzahl von materiell zusammengehörenden Problemen in den Blick zu nehmen und unter übergreifenden Kriterien zu behandeln. Unser Ansatz bleibt also nicht bei den herkömmlichen juristischen Begriffen und den darauf aufbauenden Kategorien stehen. Die Staatsrechtslehre trennt scharf zwischen Bund und Ländern, zwischen Parlament und Regierung und dort wieder zwischen den verschiedenen Teilorganen und Ämtern. Und sie zieht noch einen extra tiefen begrifflichen Graben zwischen Parteien und Parteistiftungen einerseits, die sie als *gesellschaftliche* Einrichtungen ansieht, und Fraktionen, Abgeordneten- und Regierungsämtern andererseits, die sie als Teile des *Staates* versteht. Diese staatsrechtlichen Begriffe und Kategorien sollen hier allerdings nicht abgelehnt oder gar verketzert werden. Im Gegenteil, sie werden auch in diesem Buch verwendet, schon deshalb, weil sie sich als gebräuchliche Bezeichnungen eingebürgert und durchaus ihren Nutzen haben. Doch reichen sie eben nicht mehr aus, zentrale Probleme der Politik und des heutigen Staates in den analytischen Blick zu bekommen, insbesondere die Rolle der beiden Hauptinteressen, die die politischen Akteure antreiben: das übergreifende Berufs- und Einkommensinteresse der politischen Klasse und das konkurrierende Regierungs- und Machtinteresse der politischen Eliten.

Es bedarf deshalb der Ergänzung der überkommenen staatsrechtlichen Begriffe durch jene soziologischen Begriffe »politische Klasse« und »politische Elite(n)«. Sie erlauben es, jene beiden Haupttriebfedern der Politik einzubeziehen und zu verarbeiten und dadurch parallele Probleme ins Auge zu fassen, in Verbindung zueinander zu bringen und im Zusammenhang zu analysieren. Ohne eine solche (erst durch die interessenorientierten soziologischen Begriffe ermöglichte) Zusammenschau werden die eigentlichen treibenden Kräfte der Politik und die von ihnen geschaffenen neuen Strukturen und Zusammenhänge leicht ausgeblendet und vor lauter Bäumen der Wald übersehen. Für eine solche Hervorhebung bisher vernachlässigter zentraler Strukturen und der sich daraus ergebenden Probleme sind die übergreifenden Begriffe der politischen Klasse und der politischen Elite schlechthin konstitutiv; nur mit ihrer Hilfe läßt sich ein der Komplexität des anvisierten Problemfeldes angemessener Untersuchungsansatz finden.

Das Interesse an Macht und Einkommen und das Gemeinwohlgebot

Die Triebfedern der politischen Elite und der politischen Klasse

In der politischen Praxis sind zwei Motive elementar: das eine ist das Interesse an der Macht, um welche Regierung und Opposition konkurrieren. Darin liegt nichts von vornherein Schlechtes. Denn politische Gestaltung setzt Macht voraus. Der Machtaspekt ist bekannt und steht seit eh und je im Mittelpunkt der Politikwissenschaft, obwohl sie sich bisher vielfach gescheut hat, die vollen Konsequenzen aus diesem machtorientierten Ansatz zu ziehen.

Das andere vitale Interesse, welches mit der Professionalisierung der Politik immer deutlicher hervortritt, ist das Interesse, *von* der Politik leben zu können, und zwar möglichst gut, möglichst sicher und möglichst auf Dauer. Dieses Interesse unterscheidet sich vom Machtinteresse dadurch, daß es allen hauptberuflichen Politikern in dem Sinne gemeinsam ist, daß nicht nur eine Seite, also die Regierung *oder* die Opposition – je nachdem, wer die Wahl gewonnen hat –, es befriedigen kann, während die andere Seite gleichzeitig davon ausgeschlossen bleibt. Vielmehr können *beide* ihre Berufsinteressen *gleichzeitig* befriedigen. Insofern besteht also typischerweise keine Konkurrenz zwischen Regierung und Opposition, sondern Kooperation. Die Interessenbefriedigung ist hier nicht nur alternativ möglich, sondern kumulativ. Auch an diesem (Berufs-)Interesse der Politiker ist nichts von vornherein Schlechtes. Jeder muß sehen, daß er sich und seine Familie ernähren kann.

Daß die Politikwissenschaft inzwischen dabei ist, die Bedeutung des Interesses, von der Politik leben zu können, zu erkennen, zeigt die Renaissance des Begriffs der politischen Klasse. Wie wir bereits dargelegt haben, verdankt dieser Begriff geradezu seine Entstehung der Erkenntnis, daß Personen, die von der Politik leben, fraktions- und förderalismusübergreifende Interessen entwickeln und, wie alle Gruppen mit gemeinsamen Interessen, diese auch durchzusetzen versuchen. Die Interessen gehen etwa dahin, daß die Politikereinkommen möglichst auskömmlich bemessen und auf möglichst lange Dauer angelegt sind (Versorgung), daß das Risiko des Amtsverlusts durch Einschränkung der Offenheit und Chancengleichheit des Wettbewerbs zugunsten der Amtsinhaber gemindert wird und daß möglichst viele Posten zur Verfügung stehen, so daß Aufstiegsmöglichkeiten geschaffen werden und – bei Erfolg oder Mißerfolg in einer Position – die Chance auf ein Überwechseln in eine andere erhöht wird. Interessen dieser Art sind *allen*, die von der Politik leben, gemeinsam, unabhängig von dem politischen Einfluß, den sie besitzen, also zum Beispiel auch Hinterbänklern, ja sie sind bei diesen vielleicht sogar besonders ausgeprägt, weil Hinterbänkler dieses Interesse nicht gegen das Interesse an Macht und Mehrheit abwägen müssen.

Wenn wir also der politischen Klasse das gleichgerichtete Berufsinteresse aller hauptberuflichen Politiker zugeordnet haben, so können wir der politischen Elite das andere vitale Interesse, das Regierungsinteresse, zuordnen. Natürlich hat auch die politische Elite an den Berufsinteressen teil, häufig sogar in besonderer Weise; das belegen viele Beispiele, etwa die von Kohl und Lafontaine vor 25 Jahren unternommenen Coups, Landesministern schon nach kürzesten Amtszeiten eine exorbitante, völlig aus dem Rahmen fallende Altersversorgung zu verschaffen, oder die zahlreichen Doppel- und Mehrfachbezahlungen aus öffentlichen Kassen, die politische Führungskräfte genießen und die sie gegen Kritik wie ein Mann verteidigen. Deshalb gehört die politische Elite ja auch zur politischen Klasse.

Doch umgekehrt haben nicht alle Angehörigen der politischen Klasse dominante Machtinteressen. Für einen parlamentarischen Hinterbänkler dürfte es nicht so wichtig sein, ob seine Partei die Regierungsmehrheit erfolgreich verteidigt. Für ihn ändert sich so oder so nicht viel. Im Mittelpunkt seines Interesses steht vielmehr die Wiedererlangung seines Mandats.

Was das Berufsinteresse der politischen Klasse und das Machtinteresse der politischen Elite zum Problem macht, ist nicht, daß es solche Interessen gibt. Das Bestehen von Eigeninteressen der politischen Akteure gehört für jeden in der Politik erfahrenen Beobachter vielmehr zum an sich Selbstverständlichen. Das Problem besteht vielmehr in dem Umstand, daß die Interessenten nicht wie andere Gruppen versuchen müssen, auf den Staat und seine Amtsträger indirekt Einfluß zu nehmen, sondern daß sie selbst an den Schalthebeln der staatlichen Macht sitzen und zur Durchsetzung ihrer Interessen deshalb keiner Vermittlung durch Dritte bedürfen – und in den Rückwirkungen, die dieses Durchsetzungsprivileg auf das ganze politische System hat. Wir werden sehen, daß die tiefgreifenden Wandlungen, die unsere verfassungsrechtlichen Institutionen Parlament, Regierung, freies Mandat, aber auch Wahlen, Gewaltenteilung etc. erfahren haben, zu einem großen Teil durch das Wirken nicht nur der Machtinteressen der politischen Elite, sondern auch der Berufsinteressen der politischen Klasse und die durch diese vitalen Interessen direkt oder indirekt motivierten Entscheidungen in eigener Sache hervorgerufen worden sind und weiter hervorgerufen werden.

Ein solches Konzept der politischen Klasse und der politischen Elite legt eher den Blick auf die eigentlich treibenden politischen Kräfte frei als die sonst meist übliche pauschale Behandlung *der* politischen Parteien. Relevant sind hier weniger die zwei Millionen zahlenden Mitglieder und die Hunderttausende von ehrenamtlich in den Parteien und den Kommunalvertretungen Tätigen. Die eigentlichen Akteure innerhalb der politischen

Parteien sind vielmehr die beiden genannten innerparteilichen Gruppen: Die politische Klasse und ihr Exekutivausschuß, die politische Elite. Konzentriert man sich auf deren zentrale und vitale Interessenlage, so kann man sich ungeschminkt klarmachen, womit die politische Theorie es zu tun hat, nämlich – was die Berufsinteressen der politischen Klasse anlangt – mit einer Art politischem Kartell bzw. – was die Machtinteressen der miteinander konkurrierenden politischen Eliten anlangt – mit einer Art politischem Duopol.

Dann wird aber auch klar, wie vergeblich möglicherweise die Hoffnung ist, daß sich aus diesem verkrusteten Spiel heraus Besserungsmöglichkeiten ergeben. Möglicherweise liegt die Hoffnung dann allein in direktdemokratischen Entscheidungen, die die Rekrutierung der politischen Klasse und der politischen Elite wieder stärker an die Bürger zurückbinden und die Kontrolle verbessern, zugleich aber auch mehr Regierungsfähigkeit freisetzen. Dies geht nicht durch Appelle, sondern verlangt eine Änderung der Regeln des Machterwerbs, die dann auch eine gewisse Modifikation des politischen Systems insgesamt mit sich bringt.

Der »politische Unternehmer«

Die Dominanz der Eigeninteressen der Regierenden als zentrale Motivation für ihr Verhalten unterstreicht eine sich seit einigen Jahrzehnten entwickelnde wissenschaftliche Disziplin, die Neue Politische Ökonomie. Ihr Wesenszug besteht darin, daß sie die Modellvorstellungen der Volkswirtschaftslehre auf die Politik überträgt. Ausgehend vom Bild des privatwirtschaftlichen Unternehmers, der versucht, den Gewinn seines Unternehmens möglichst zu maximieren, unterstellt die Neue Politische Ökonomie auch beim Politiker das Vorherrschen von Eigeninteressen. Im Mittelpunkt dieses Ansatzes stand bisher das Machtinteresse und der Wunsch, die Mehrheit und damit die Regierungsmacht zu erlangen.

In Analogie zum Bild vom wirtschaftlichen Unternehmer bezeichnet die Neue Politische Ökonomie Politiker als »politische Unternehmer«. Ihr Bestreben gehe, so wird ihnen im Modell der Neuen Politischen Ökonomie unterstellt, vor allem dahin, möglichst viele Wählerstimmen zu erlangen. Während wirtschaftliche Unternehmen darauf aus seien, ihren Gewinn zu maximieren, versuchten politische Unternehmer, die erlangten Wählerstimmen zu maximieren. Der Wirtschaftswissenschaftler und Soziologe Joseph Schumpeter, der geistige Vater dieser Konzeption, betont, eine politische Partei sei keine Gruppe von Menschen, die beabsichtigten, das allgemeine Wohl zu fördern. »Das erste und höchste Ziel jeder politischen Partei« sei es vielmehr, »über die anderen den Sieg davonzutragen, um zur Macht zu gelangen oder an der Macht zu bleiben«. *Wie* die politischen Probleme behandelt und die anstehenden Fragen entschieden würden, also die Politik*inhalte*, sei »vom Standpunkt des Politikers aus nicht das Ziel, sondern das Material der politischen Tätigkeit«. Entscheidend sei der Kampf um Macht und Amt.[61]

Schumpeters Auffassung hat großen Einfluß ausgeübt – auch auf andere Disziplinen. Der Freiburger Verfassungsrechtler und spätere Richter am Bundesverfassungsgericht Konrad Hesse hat Schumpeters Wettbewerbskonzeption in seiner bahnbrechenden Abhandlung über die politischen Parteien auch in die deutsche Staatsrechtslehre inkorporiert.[62] Der amerikanische Wirtschaftswissenschaftler Anthony Downs hat Schumpeters Grundgedanken in einem der weltweit einflußreichsten politikökonomischen Werke zu einem stringenten »Modell« ausgearbeitet:[63] Da die Parteien um Wählerstimmen und damit um die Regierungsmacht konkurrierten, dabei aber nur Erfolg haben könnten, wenn sie ihre Politik und Programme an den Wünschen der Mehrheit der Wähler ausrichteten, bewirke der politische Prozeß in der Tendenz »Wählersouveränität« – genau wie der wettbewerbliche Markt im wirtschaftswissenschaftlichen Modell zu Konsumentensouveränität führe.[64] Dies war jedenfalls die Botschaft, die von Downs' Analyse ausging und ausgeht, wenn er im einzelnen auch viele Abstriche und Einschränkungen vorgenommen hat. Was im vorliegenden Zusammenhang besonders interessiert, ist Downs' Annahme, jede politische Partei sei ein monolithischer Block mit einheitlichen Interessen.[65] Er unterscheidet also ebensowenig wie Schumpeter zwischen den Interessen der politischen Elite an der Erlangung der Regierungsmacht und den Interessen der übrigen politischen Klasse am Erhalt und an der Verbesserung ihres Status. Dies kommt daher, weil er unterstellt, Politiker könnten das, wonach sie vor allem strebten, nämlich Einkommen, Prestige und Macht, nur auf dem Wege über Stimmenmaximierung und die Erlangung der Regierungsmehrheit erreichen.[66] Doch genau dies trifft heutzutage in der Bundesrepublik nicht mehr zu. Auch die Opposition wird regelmäßig an den politischen Pfründen beteiligt, die Einkommen und Status verschaffen, schon deshalb, weil die Regierungsmehrheit vor entsprechenden »Selbstbedienungs«-Beschlüssen die Absprache mit der Opposition zu suchen pflegt, um zu verhindern, daß diese dagegen öffentlich und wählerwirksam opponiert.

Es würde sich deshalb anbieten, die Ausgangsvorstellung von Schumpeter und Downs[67] von der Interessengeleitetheit der Politiker nicht nur auf das Regierungsinteresse der miteinander konkurrierenden politischen Eliten, sondern auch auf das übergreifende Berufsinteresse der politischen Klasse insgesamt zu beziehen. Für Schumpeter und Downs lag dieser Aspekt noch ferner, weil die Professionalisierung der Politik noch nicht den fortgeschrittenen Stand von heute erreicht hatte. Inzwischen aber drängt sich das Interesse der politischen Klasse, möglichst auskömmlich und risikofrei von der Politik zu leben (und die sich daraus ergebenden Konsequenzen für die Problemlösungsfähigkeit des politischen Systems), als Forschungsgegenstand der Neuen Politischen Ökonomie geradezu auf, wenn die Disziplin insoweit auch erst noch in den Anfängen steckt.

Uneigennützige Diener des Staates?

In diametralem Gegensatz zur Neuen Politischen Ökonomie steht immer noch der Ansatz der Staatsrechtslehre, jedenfalls in ihrer Hauptrichtung. Sie unterscheidet streng zwischen Parteien und Ämtern und setzt bei den staatlichen Amtsträgern voraus, daß diese sich bei ihren Handlungen am Gemeinwohl orientieren. Der Staat und alle Personen, derer er sich in seinen Ämtern bedient, sind nach republikanisch-demokratischen Grundvorstellungen um der Bürger willen da und haben eine rein dienende Funktion. Dementsprechend verpflichten das Grundgesetz und die Landesverfassungen sämtliche Amtsträger auf uneigennützigen Dienst am Ganzen. Sie sind alle von Verfassungs wegen »Staatsdiener« (oder *sollten* es doch sein). Bundespräsident und Minister müssen bei Amtsantritt feierlich schwören, ihre ganze Kraft dem Wohl des deutschen Volkes zu widmen, seinen Nutzen zu mehren und Schaden von ihm zu wenden (Artikel 56 Grundgesetz). Abgeordnete sind »Vertreter des ganzen Volkes« (Artikel 38 Grundgesetz), nicht eines Verbandes oder Wahlsprengels. Das Repräsentationsprinzip gibt ihnen auf, *für* das Volk, das heißt, in seinem Interesse zu handeln.
Diese Linie verfolgen auch große Teile der Allgemeinen Staatslehre und der Staats- und Rechtsphilosophie:[68] Die Gemeinwohlorientierung der Amtsträger entspricht einem ethischen Gebot. Ebenso ging die Theorie der Wirtschafts- und Finanzpolitik lange davon aus, der Staat könne und werde richtige Politik selbstverständlich auch durchsetzen. Der Staatslenker wurde als eine Art »wohlwollender Diktator« vorgestellt, der ohne weiteres das Richtige tue, wenn nur klar sei, *was* rich-

tigerweise zu geschehen habe, ähnlich einem aufgeklärten absolutistischen Herrscher, der sich wie Friedrich der Große als »der erste Diener« seines Staates versteht. Das schien erst recht in der Demokratie zu gelten. Lange nahm man an, der demokratische Staat habe das Interesse des Volkes sozusagen verinnerlicht und werde alles für das Volk als richtig Erkannte ohne weiteres auch in die Tat umsetzen. Alles schien nur eine Frage der Erkenntnis zu sein; daß es auch ein politisches Durchsetzungsproblem geben könne, wurde weitgehend ignoriert. Das galt besonders ausgeprägt in der wirtschaftspolitischen Praxis der sechziger Jahre, in denen die Vorstellung von der ökonomischen Machbarkeit Triumphe feierte und viele in überschäumendem Optimismus geradezu von einem anbrechenden »Zeitalter der Ökonomen« sprachen.

Doch die Verhältnisse, sie sind nicht so. Was ethische und staatsrechtliche Gemeinwohlgebote tatsächlich wert sind, zeigt sich bei Kollisionen zwischen Eigeninteressen der Politiker und Gemeinwohlanforderungen. Solche Kollisionen sind in der Praxis an der Tagesordnung, und dabei setzen sich die Eigeninteressen meist durch. Beobachter sind sich darüber einig, daß dem praktischen Politiker – unabhängig davon, ob er ein staatliches Amt innehat oder nicht – das macht- und berufspolitische (also am Eigeninteresse orientierte) Hemd vielfach näher ist als der gemeinwohlorientierte Rock. Damit sind wir beim eigentlichen Kern der Problematik. Es geht uns hier gewiß nicht darum, die überkommenen Gemeinwohlanforderungen über Bord zu werfen. Man darf aber auch die Praxis der Verfassungs*wirklichkeit* mit ihrem tausendfachen »Vollzugsdefizit« nicht ignorieren, will man nicht an den eigentlichen Problemen vorbeigehen.

Welcher Strategie soll der Wissenschaftler in dieser Lage folgen? Eine Richtung konzentriert sich darauf, die verfassungsrechtliche Gemeinwohlverpflichtung der Amtsträger einseitig hervorzuheben, die macht- und interessenorientierten tatsächlichen Verhältnisse aber beziehungslos daneben stehen zu lassen, obwohl sie die Erfüllung jener Pflichten häufig illusorisch machen. Dies tut in Deutschland vor allem eine Hauptrichtung der Staatsrechtslehre. Als charakteristisches Beispiel sei der Bonner Staatsrechtslehrer Josef Isensee genannt, der die sich aus dem *Amt* ergebenden Pflichten und Anforderungen folgendermaßen umreißt:

»Die durch das Amt definierte und disziplinierte Staatsgewalt richtet sich ausschließlich aus auf das Wohl des staatlich verfaßten Volkes ... Sie ist resistent gegen den Eigennutz der Amtsinhaber wie gegen Gruppeninteressen, obwohl diese sich im außerstaatlichen Raum legitim entfalten ... Der Amtsinhaber ist Treuhänder des Volkes. Es ist ihm verwehrt, das Amt ... zu anderen Zwecken als denen des Treugebers auszuüben: etwa ... zur Durchsetzung von Verbandsinteressen ... zur Selbstbedienung statt zum Dienst für andere ... Das Amt ist keine Pfründe, die zur wirtschaftlichen Versorgung ihres Besitzers geschaffen ist.«[69]

Doch auf die Frage, *wie* der Amtsidee in der Praxis zum Erfolg verholfen werden könnte, gibt Isensee keine Antwort.[70] Er meint zwar, »Vorkehrungen, (die) Souveränität und (die) Gemeinwohlfähigkeit (des Staates und der Ämter) gegen die Überwältigung durch die partikularen Kräfte zu schützen, (lägen) in Gewaltenteilung, freiem Mandat der Abgeordneten, Berufsbeamtentum, unabhängiger Rechtspflege, Amtsethos und in anderen rechtlichen Bannmeilen um die staatlichen Entscheidungszentren«.[71] Doch das eigentliche Problem besteht darin, daß diese Vorkehrungen heute tatsächlich nicht mehr greifen, jedenfalls nicht ausreichend, wie Isensee an anderer Stelle auch selbst einräumt.[72] Isensees letztlich resignierende Position ist erfüllt von der Skepsis, ob es überhaupt möglich ist, die politischen Verhältnisse mittels der Instrumente des Rechts zum Besseren zu bringen. Rechtsgesetze seien »unvermögend ... staatliche Machtverteilung tatsächlich zu beherrschen. Die realen politischen Kräfte« bewegten sich vielmehr »nach ihren eigenen Gesetzen, die von allen juristischen Formen unabhängig« wirkten.[73]

Trifft diese These, mittels der Instrumente des Rechts könne ohnehin nichts zum Besseren geändert werden, aber zu, bleiben nur zwei Alternativen: Entweder könnte man versuchen, den Widerspruch zwischen Norm und Praxis zugunsten der Norm aufzulösen und die Praxis für verfassungswidrig zu erklären. So attestiert neuerdings der Staatsrechtslehrer Karl Albrecht Schachtschneider dem gesamten Parteienstaat bundesrepublikanischer Prägung die Unvereinbarkeit mit zentralen Grundsätzen des Grundgesetzes und damit insgesamt die Verfassungswidrigkeit.[74] Doch ist fraglich, ob das dogmatische Verfassungsrecht überhaupt der geeignete Maßstab für die Bewertung und die Kritik der bestehenden Zustände ist. Sonst gelangten wir rasch zur Annahme der Verfassungswidrigkeit des gesamten Institutionengebäudes der Bundesrepublik und damit in die Gefahr, einen wahrscheinlich noch weniger wünschenswerten Zustand heraufzubeschwören. Zudem würde man sich so weit von der herrschenden verfassungsrechtlichen Lehre und Rechtsprechung entfernen, daß kaum noch praktische Wirkungsmöglichkeiten verblieben.

Oder man könnte den Widerspruch zugunsten der Wirklichkeit auflösen und diese damit resignierend hinnehmen, so unbefriedigend sie auch sein mag. Schachtschneider entscheidet sich für die erste Alternative, Isensee für die zweite.[75] In der Tat erscheint es für einen Lehrer des Staatsrechts wie Isensee schon psychologisch schwer vorstellbar, das Staatsrecht, das er seit Jahrzehnten lehrt und über das er ein gewaltiges Handbuch herausgegeben hat, in einem seiner Kernbereiche für verfassungswidrig zu erklären. Hinter dieser Selbstbeschränkung steckt durchaus auch ein gerütteltes Maß an praktischer Vernunft.

Die Spielregeln des Systems

Doch gibt es in Wahrheit noch einen *dritten* Weg jenseits der reinen Soziologie und der reinen Rechtswissenschaft. So zutreffend es ist, daß man mit der soziologischen Erfassung der Sachverhalte allein ebensowenig weiterkommt wie mit ihrer rein juristischen Beurteilung, so notwendig ist es, eine beide Disziplinen überspannende *verfassungstheoretische* Ebene zu entwickeln. Diese muß, will sie nicht zur bloß willfährigen Magd der Macht verkommen, einerseits die Hinnahme und Absegnung selbst größter und offensichtlicher Fehlentwicklungen vermeiden, zu der die politische Soziologie leicht neigt. Sie muß es andererseits vermeiden, sich im rein normativen Gehäuse des positiven Staatsrechts zu verkriechen. Vielmehr muß sie es als angewandte Wissenschaft von der Politik ermöglichen, die festgestellten Tatbestände zu bewerten, ohne gleich notwendigerweise das juristische Fallbeil der Rechtswidrigkeit (»verfassungswidrig!«) herabsausen zu lassen. Erforderlich ist also ein theoretischer Ansatz, der die Entwicklung der Verfassungsnormen und der Verfassungswirklichkeit zu erfassen, zu analysieren und zu bewerten geeignet ist und der es auch erlaubt zu erörtern, inwieweit Möglichkeiten der Steuerung zum Besseren bestehen. Die Verfassungstheorie liefert Maßstäbe jenseits des positiven dogmatischen Verfassungsrechts und erlaubt Empfehlungen auch in Richtung auf die Änderung der Verfassung und der Gesetze, gibt also vor allem Maßstäbe auch für die Rechts- und Verfassungs*politik*.

Grundlegend für einen solchen Ansatz dürfte sein, ob die Ausgangsprämisse, mittels des Rechts lasse sich nichts ändern und könne kein Einfluß auf die Politik ausgeübt werden, wirklich zutrifft. Das tut sie in Wahrheit aber nicht. Die Prämisse ist in ihrer Pauschalität schlicht falsch. Sie gilt gewiß hinsichtlich bestimmter Formen des Rechts; ebenso gewiß gilt sie aber hinsichtlich anderer Formen nicht. So ist das abstrakte verfassungsrechtliche Gemeinwohlgebot praktisch wenig wirksam. Dagegen könnten zum Beispiel Änderungen der Rekrutierungs- und Auswahlverfahren der politischen Klasse und die Herstellung klarer politischer Zurechenbarkeiten und Verantwortungszusammenhänge erhebliche Wirkungen haben.

Dabei darf man nicht nur auf die inhaltlichen Ergebnisse der Willensbildung sehen, sondern muß auch den Prozeß der Willensbildung und die Ordnung und Organisation dieses Prozesses ins Auge fassen, kurz: den organisatorischen Rahmen und die Spielregeln, nach denen die Prozesse ablaufen. In dieser Sicht wird das *System* der Willensbildung zum zentralen Ansatzpunkt für die Analyse, wobei »System« nur eine andere Bezeichnung für den organisatorischen Rahmen und die Summe der Spielregeln ist, nach denen Willensbildungsprozesse ablaufen und die die Tendenzen in Staat und Gesellschaft und die Ergebnisse, welche die Akteure in ihrem vielfältigen Zusammenwirken hervorbringen, wesentlich prägen. Die Akteure sind den Spielregeln unterworfen und müssen sich an sie halten, wenn sie »gewinnen«, das heißt Anerkennung, Macht, Einfluß und wirtschaftlichen Erfolg erlangen wollen.[76] Doch was für den einzelnen vorteilhaft ist, braucht noch lange nicht auch für die Gemeinschaft vorteilhaft zu sein. Dies ist nur dann der Fall, wenn die Belohnung, die das System verspricht, und die Anreize, die es setzt, in eine auch der Gesamtheit zuträgliche Richtung gehen. Ist das System der Willensbildung dagegen (aus der Perspektive der Gesamtheit) mangelhaft ausgestaltet, gehen die Anreize in die falsche Richtung, so werden auch die Entscheidungen (zumindest in ihrer Summe) unausgewogen und fehlerhaft sein, jedenfalls solange die Systemdeterminanten nicht geändert werden. Sind die institutionellen Weichen falsch gestellt, so muß aus individueller Rationalität fast notwendig kollektive Irrationalität erwachsen. Damit ist die Frage der *Institutionen* angesprochen. Jetzt zeigt sich: Es muß darum gehen, solche Organisationen und Verfahren, kurz: solche Institutionen zu entwickeln, die die Anreize so setzen, daß die Akteure wirklich in die für die Gemeinschaft zuträgliche Richtung gelenkt werden.

Für die Wirtschaft ist dies inzwischen allgemein anerkannt. In welchem Maße die Ergebnisse wirtschaftlicher Prozesse von den Institutionen abhängen, wissen wir spätestens seit dem Zusammenbruch der kommunistischen Wirtschaftssysteme. Niemand hat bisher behauptet, die Ostdeutschen wären wirtschaftlich deshalb so sehr zurückgefallen, weil es ihnen etwa an Intelligenz, Fleiß, Erfindungsreichtum und Einsatzfreude gefehlt habe. Entscheidend für den Mißerfolg war vielmehr ein rechtliches System, das die Verantwortlichkeiten verwischte und Leistung, Initiative und Innovationskraft nicht belohnte, sondern statt dessen zur Verschwendung anreizte. Im Bereich der Wirtschaft wurde also unübersehbar und unbestreitbar, daß die besten Eigenschaften der Menschen nichts nützen, wenn die Institutionen ungeeignet sind.

Warum aber sollten die Institutionen nur für den Bereich der Wirtschaft von entscheidender Bedeutung sein? Warum zögern wir, die Erkenntnis von der ausschlaggebenden Rolle geeigneter Institutionen auch auf den Bereich der Politik zu erstrecken? Gilt hier nicht im Prinzip ganz Ähnliches? Werden nicht auch die politischen Akteure von Eigeninteressen gesteuert? Hat die politische Klasse nicht auch übergreifende Berufsinteressen? Haben die politischen Eliten etwa nicht Macht- und Regierungsinteressen, die ihr Handeln dominieren? Ist es nicht längst an der Zeit, daraus auch hier die Konsequenzen zu ziehen und diese Interessen einer grundlegenden Analyse zu unterziehen, damit man eine brauchbare Basis sowohl für die Analyse des politischen Prozesses als auch für mögliche Therapien und die Entwicklung geeigneter Institutionen gewinnt?

Es geht also darum zu prüfen, inwieweit die derzeitigen Spielregeln und die bestehende Organisation für die politische Willensbildung und die ihr gestellten Aufgaben von heute noch passen und in welche Richtung sie gegebenenfalls geändert werden müssen, zugleich aber auch darum, wie derartige Änderungen politisch durchgesetzt werden können. Das ist das Kernproblem. Es geht um die Entwicklung adäquater systemischer Steuerungen und ihre Durchsetzung.[77]

2
Die Berufsinteressen der politischen Klasse

Bei der Verfolgung und Durchsetzung ihrer beruflichen Interessen geht die politische Klasse überaus zielstrebig vor. Mitunter unternimmt sie so geschickt inszenierte und gleichzeitig sorgfältig camouflierte Schachzüge, daß es schwerfällt, sich des Eindrucks zu erwehren, hier sei ein Kartell von Verschwörern am Werk (oder ein einziger Gesamtorganismus), von einer solchen Konsequenz ist das Vorgehen. Dies in Verbindung mit der Tatsache, daß die politische Klasse willkürlich mit den Schalthebeln der Macht hantieren kann, um ihren ureigensten Interessen Gesetzeskraft zu verleihen, gibt dem Ganzen eine höchst problematische, um nicht zu sagen gefährliche Dimension. Wie weit zu gehen die Vertreter der politischen Klasse – aus purem Eigennutz – bereit sind, zeigt das Beispiel des Bonner Diätencoups von 1995.[1] Ein gemeinsamer Gesetzentwurf der CDU/CSU und der SPD[2] sah vor, daß die steuerpflichtige Bezahlung von Bundestagsabgeordneten auf das um ein Drittel höhere Niveau der Jahresbezüge von Richtern an einem obersten Bundesgericht der Besoldungsgruppe R 6 angehoben und auch hinsichtlich des zukünftigen Wachstums an diese angekoppelt werden sollte. Um eine solche Koppelung zu ermöglichen, war zusätzlich eine Änderung des Grundgesetzes vorgesehen. Denn das Bundesverfassungsgericht hatte eine Koppelung an die Bezüge von öffentlichen Bediensteten früher für verfassungswidrig erklärt, weil dadurch die öffentliche Kontrolle ausgeschaltet wird.[3] Kraft solcher Koppelung beschließt das Parlament bei zukünftigen Erhöhungen der Beamten- (und damit Richter-)besoldung zugleich in eigener Sache, ohne daß dies nach außen hin deutlich wird.[4] Gerade in Zeiten knapper

Kassen verliert es damit auch seine Freiheit im Hinblick auf jenen besonders großen Etatposten.

Zu allem Überfluß war die vorgesehene Grundgesetzänderung noch so listig formuliert, daß sie den Bundestag ermächtigt hätte, die Bezüge seiner Abgeordneten in späterer Zukunft *noch weiter* zu erhöhen. Die geplante Grundgesetzklausel sah nämlich vor, daß die Diäten sich nach den Bezügen eines »Richters an einem obersten Bundesgericht« bestimmen. Da es jedoch verschiedene Kategorien solcher Richter gibt, »weitere Richter«, »Vorsitzende Richter« und »Präsidenten«,[5] die jeweils nach unterschiedlichen Besoldungsstufen (R 6, R 8 oder R 10) bezahlt werden, hätte die geplante Verfassungsänderung dem Parlament die selbstgeschaffene Legitimation geliefert, später das Abgeordnetengesetz abermals zu ändern und dabei auch an höheren Stufen Maß zu nehmen.[6] Die höchste Stufe liegt noch 6000 DM monatlich höher als die im Abgeordnetengesetz vorgesehene Besoldungsgruppe R 6. Wohin die Diätenreise hätte gehen können, hatte die Präsidentin des Bundestags durchblicken lassen: Bundestagsabgeordnete sollten, so hatte Rita Süssmuth bei der ersten Beratung des Gesetzentwurfs gesagt, eigentlich soviel verdienen wie die höchsten Beamten, die sie kontrollieren.[7] Das ist der nach B 11 besoldete Staatssekretär mit – wenn das 13. Gehalt auf zwölf Monatsgehälter umgelegt wird – über 21 000 DM monatlich. Das alles sollte der Öffentlichkeit mit der These schmackhaft gemacht werden, eine möglichst hohe Bezahlung der Abgeordneten fördere die Qualität und Unabhängigkeit der Abgeordneten, eine These, die aber auch durch ihre ständige Wiederholung nicht richtiger wird (Näheres dazu auf S. 170 ff. in diesem Kapitel).

Im übrigen behauptete man, es ginge lediglich darum, einen Rückstand der Entschädigung von Bundestagsabgeordneten gegenüber der allgemeinen Einkommensentwicklung wettzumachen,[8] also nur um eine »Diätenanpassung«, ein Begriff, der später zum »Unwort des Jahres 1995« erklärt wurde. Ein Rückstand ließ sich jedoch nur errechnen, wenn man, wie die Vertreter des Bundestags es taten, das Jahr 1977 zum Basisjahr wählte. Nahm man dagegen das Jahr 1976 (oder ein beliebiges Jahr vorher) zum Ausgangsjahr für den Vergleich, so ergab sich kein Rückstand, sondern ein erheblicher Vorsprung. Von 1976 auf 1977 waren die für den Unterhalt bestimmten Diäten von Bundestagsabgeordneten nämlich praktisch verdoppelt worden.[9]

Zusätzlich bedenklich an der geplanten Regelung war, daß auch die Altersversorgung der amtierenden Abgeordneten stark erhöht werden sollte, obwohl Bundestagsabgeordnete im Ruhestand schon vor der geplanten Änderung überversorgt waren,[10] und daß auch die sonstigen Privilegien der Abgeordneten weitgehend unangetastet blieben, so etwa die Berechtigung, unbeschränkt hinzuzuverdienen, ja sogar sich in finanzielle Abhängigkeit von Interessenten zu begeben, und die unzureichenden Verrechnungsbestimmungen bei Mehrfachbezügen aus öffentlichen Kassen. Selbst die steuerfreie Kostenpauschale von annähernd 75 000 DM wurde beibehalten und auch noch dynamisiert.

Das Vorhaben zeigte auch, welcher Mittel sich die politische Klasse bedient, um die öffentliche Kritik möglichst in Schranken zu halten: Die Gesetzentwürfe waren völlig unleserlich. Sie nannten keine Beträge, nur noch Prozentsätze, die auf schwer zugängliche Begriffe aus dem Besoldungs- und Versorgungsrecht des öffentlichen Dienstes bezogen waren. Zudem war die gesamte Öffentlichkeit zunächst dadurch in die Irre geführt worden, daß Bundestagspräsidentin Süssmuth (CDU) und Vizepräsident Klose (SPD) Mitte Juni 1995 eine noch relativ harmlose Vorlage öffentlich präsentiert hatten, die dann zwei Wochen später in den Bundestag eingebrachte Gesetzesvorlage aber eine ganz andere war, auf die erheblich draufgesattelt worden war[11] – ohne daß dies zunächst jemand Außenstehendes gemerkt hätte. Es *sollte* offenbar auch niemand merken, denn die Abweichung von der ursprünglichen Vorlage, die immerhin auf Vorschlägen einer eigens dafür eingesetzten sogenannten Rechtsstellungskommission beruht hatte,[12] wurde weder im Gesetzentwurf selbst noch in seiner ersten Beratung im Bundestag erwähnt und erst recht nicht begründet. Dies bewirkte, daß praktisch die gesamte öffentliche Diskussion wochen- und monatelang über einen Gegenstand ging, der gar nicht mehr aktuell war, und einen Inhalt betraf (zum Beispiel die angebliche Senkung der Altersrenten der Abgeordneten im Gegenzug zur Erhöhung der Entschädigung), der gar nicht vorgesehen war.

Um so größer war dann aber der Aufschrei, als herauskam, wie die Öffentlichkeit an der Nase herumgeführt worden war. Der Bund der Steuerzahler veranstaltete im September 1995 – gestützt auf Ausarbeitungen des Verfassers dieses Buches – drei Pressekonferenzen in Bonn, durch die die wahren Inhalte der Gesetzentwürfe publik gemacht wurden. Aus dem vorher eher halbherzigen Sich-Zieren der kleinen Bundestagsfraktionen bzw. -gruppen (Grüne, FDP[13] und PDS) wurde lautstarker Widerstand. Und 86 deutsche Staatsrechtslehrer appellierten an den Bundesrat, der geplanten Grundgesetzänderung seine Zustimmung zu versagen, was dann am 13. Oktober 1995, einem Freitag, auch geschah.[14]

Vorher hatte die Bonner politische Klasse versucht, die Kritiker, besonders den Verfasser dieses Buches, nach Kräften zu diffamieren. Er stehe mit seiner Kritik unter den Staatsrechtslehrern völlig allein. Bei der zweiten Beratung des Gesetzentwurfs im Bundestag wurde weniger die Sache behandelt[15] als sich über angeblich ungehörige Formulierungen der Kritiker entrüstet.[16] Offenbar wollte man dadurch von der sachlichen Kritik ablenken oder ihr Gewicht abmildern. Am Ende hieß es in einer Meldung der Deutschen Presseagentur dazu:

»Auf ganzer Linie blamiert hat sich die Bundestagsspitze. Mit offenen Feindseligkeiten wurden ... Kritiker wie ...

Hans Herbert von Arnim von Rita Süssmuth und anderen im Plenum überschüttet. Ihr Stellvertreter Hans-Ulrich Klose stellte sie sogar in eine Reihe mit den Antidemokraten der Weimarer Republik. Erst als über 80 andere namhafte Staatsrechtler ebenfalls verfassungspolitische Zweifel erhoben, wurden die Vorwürfe kleinlauter. Ganz plötzlich gibt Klose jetzt sogar den Kritikern recht, die immer gesagt haben, an den im Sommer unter seiner Federführung vorgelegten Vorschlägen sei von den Fraktionsspitzen noch kräftig draufgesattelt worden.«[17]

Nach dem Scheitern des Coups beschlossen die Bundestagsabgeordneten – kurz vor Weihnachten des Jahres 1995 und ohne Verfassungsänderung – eine vierstufige Erhöhung ihrer Bezahlung in Neunmonatsschritten um insgesamt 24 Prozent und eine – ebenfalls vierstufige – Erhöhung der Altersversorgung um insgesamt 12 Prozent.[18] (Die Absicht einer späteren weiteren Erhöhung auf das Niveau von Bundesrichtern wurde allerdings nicht aufgegeben, sondern hat sogar ausdrücklich im Gesetz ihren Niederschlag gefunden.) Den Mannheimer Bundesparteitag der SPD von Mitte November hatte man vorher passieren lassen, um nicht eine Diskussion der Basis oder gar einen Parteitagsbeschluß der SPD zu provozieren, die das Vorhaben noch hätten aufhalten können.[19]

Doch als vier Monate später die Notwendigkeit massiver Eingriffe ins allgemeine soziale Netz immer deutlicher wurde, mußte der Bundestag im Juni 1996 die zweite Erhöhungsstufe und die beiden folgenden um ein Jahr verschieben.[20] Dies geschah allerdings erst nach erheblichem öffentlichem Druck und gewissermaßen zähneknirschend.[21]

Diese Ereignisse machen drastisch klar: Da die parlamentarische Opposition wegen Interessenparallelität regelmäßig mit der Regierungsmehrheit kooperiert und da beide zusammen auch über die für Verfassungsänderungen nötigen qualifizierten Mehrheiten verfügen, kann auch die Verfassung als Begrenzung der politischen Klasse leicht ausfallen. Das Bonner Vorhaben erschien auch deshalb besonders verhängnisvoll, weil das Tabu, daß die politische Klasse das Grundgesetz nicht im unmittelbaren eigenen Interesse ändert, erstmals gebrochen werden sollte. Dann hätten aber auch andere Verfassungsgrenzen, etwa die absolute Obergrenze gegen ein Zuviel an Staatsfinanzierung der Parteien[22] und das Verbot parteipolitischer Ämterpatronage (Art. 3 Abs. 3 und 33 Abs. 2 GG), möglicherweise nicht mehr lange Bestand gehabt.

Als Kontrollinstanzen bleiben dann allein noch die öffentliche Meinung, die Parteibasis und das Verfassungsgericht übrig. Doch sind die Medien in großem Umfang auf Information seitens der Opposition angewiesen und deshalb oft nur die Hälfte wert.

Entsprechendes gilt für die parteiinterne Kontrolle, die ganz wesentlich von der Information durch die Medien lebt. Im übrigen versucht die politische Klasse ständig und unermüdlich, auch die Medien, die Parteibasis und die Verfassungsrechtsprechung mit ins Boot zu ziehen, was deren Kontrollintensität nicht gerade steigert.

Immerhin, die Furcht vor öffentlicher Kritik hat in der Vergangenheit bewirkt, daß die politische Klasse nicht so sehr bei den offen ausgewiesenen Gehältern gesündigt hat als vielmehr bei den schwerer nachrechenbaren Zusatzleistungen wie hochkomplizierten Altersversorgungsregelungen, steuerfreien Kostenpauschalen und verdeckten Doppelzahlungen. Was da so läuft, hat jüngst der Fall der ehemaligen Parlamentarischen Staatssekretärin Cornelia Yzer (CDU) deutlich gemacht, die mit Mitte 30 schon eine stattliche staatliche Altersversorgung von rund 9000 DM monatlich sicher hat und neben ihrem Abgeordnetenmandat gleichzeitig Hauptgeschäftsführerin eines Bonner Lobbyverbands, nämlich des Verbands der Forschenden Arzneimittelhersteller, ist, so daß sie sozusagen als Lohn für den Verkauf ihrer Unabhängigkeit auch noch zwei volle Gehälter bezieht.

Das Interesse der politischen Klasse geht aber keineswegs nur auf hohe Bezahlung, sondern zum Beispiel auch dahin, daß es möglichst viele in Frage kommende Stellen gibt, damit ihre Angehörigen im Falle des Reüssierens weiter aufsteigen oder im Falle des Scheiterns in eine andere Position überwechseln können. Ihre Angehörigen sind auch bestrebt, das Risiko einer Abwahl möglichst zu mindern, also etwa die Bedingungen der Wiedernominierung durch die Partei zugunsten der jeweiligen Amtsinhaber zu verbessern und zu diesem Zweck beispielsweise – entgegen allen Beteuerungen – Seiteneinsteigern den Weg zu verlegen. Das übereinstimmende Berufsinteresse der politischen Klasse macht es so schwer, das vielgescholtene Kungelverfahren bei der Nominierung der Parlamentskandidaten auszumisten und wirklichen Wettbewerb herzustellen; der Wettbewerb wird im Gegenteil immer mehr verzerrt. Dies ist auch ein beherrschender Grund für das große Defizit an Bürgerpartizipation (und für den Fortbestand dieses Defizits): Würde der Bürger wirklich an der Auswahl etwa der Abgeordneten beteiligt, würde sich das Risiko, daß die derzeitigen Amtsinhaber abgewählt werden, vermutlich gewaltig erhöhen.

Entscheidungen in eigener Sache

Es entspricht einer langen kulturell-zivilisatorischen Entwicklung der Rechtsordnung, daß unser Recht (und das anderer Staaten derselben Entwicklungsstufe) nur solche Akte als legitim anerkennt, die in einem Verfahren ausgewogener Interessenwahrnehmung zustande gekommen sind. Deshalb erkennt der Staat einseitige Verträge, bei denen die eine Seite so übermächtig ist, daß sie der anderen ihre Bedingungen oktroyieren kann, nicht an. So wenn übermächtige Arbeitgeber ihre Bedingungen gegenüber Arbeitnehmern durchsetzen, die diesen nur die Wahl lassen, sie zu akzeptieren oder auf Arbeit völlig zu verzichten, oder wenn Unternehmer ihre Marktmacht zur Durchsetzung ihrer allgemeinen Geschäftsbedingungen ausnutzen, oder wenn schließlich Unternehmen sich zu einem Kartell zusammenschließen, um den Wettbewerb auszuschalten und gemeinsam den Verbrauchern die Bedingungen für den Kauf ihrer Güter zu diktieren.

In allen diesen und zahlreichen anderen Fällen der Ausnutzung eines einseitigen Machtübergewichts sind Gesetzgebung und Rechtsprechung eingeschritten. Das gesamte Arbeitnehmerschutzrecht, das Gesetz zum Schutz der Verbraucher vor unangemessenen allgemeinen Geschäftsbedingungen,[23] das Gesetz gegen Wettbewerbsbeschränkungen (und die diese Gesetze oft vorbereitenden Gerichtsurteile) sind Ausdruck des allgemeinen Rechtsgrundsatzes, daß die Rechtsordnung nur solche Verfahren der Rechtsschöpfung als legitim anerkennt, bei denen alle betroffenen, oft gegenläufigen Belange vertreten sind, so daß dadurch ein Mindestmaß an Ausgewogenheit erwartet werden kann.

Entscheidungen in eigener Sache

Aus dem gleichen Grundgedanken heraus darf ein zum Vertreter eines anderen Bestellter bei einem Vertragsschluß nicht gleichzeitig beide Seiten vertreten. Ebensowenig darf er im Namen des Vertretenen mit sich selbst abschließen. Hier liegt die Gefahr, daß er seine eigenen Interessen zu Lasten des Vertretenen unangemessen bevorzugt, auf der Hand. Um solche »Insichgeschäfte« und die dabei unvermeidlichen Interessenkollisionen – im angelsächsischen Bereich spricht man von »conflict of interest« – zu vermeiden, verbietet unsere Rechtsordnung derartiges ausdrücklich:

> »Ein Vertreter kann ... im Namen des Vertretenen mit sich im eigenen Namen oder als Vertreter eines Dritten ein Rechtsgeschäft nicht vornehmen ...« (§ 181 Bürgerliches Gesetzbuch)

Entsprechende Verbote finden sich in allen Prozeß- und Verwaltungsgesetzen: Kein Richter oder Verwaltungsbeamter darf an einer Entscheidung mitwirken, an der er ein unmittelbares Eigeninteresse hat. Er ist in solchen Fällen vielmehr wegen Interessenkollision von der Entscheidung ausgeschlossen. Der Ausschluß soll der Ausgewogenheit und Gerechtigkeit dienen, aber nicht nur; die Ausschlußregelungen sollen darüber hinaus – auch unabhängig vom Inhalt der jeweiligen Entscheidung – den bösen Schein verhindern und das Ansehen der Gerichte und Verwaltungsbehörden vor Schaden und Vertrauensverlust schützen, die die Fähigkeit, ihre Funktionen zu erfüllen, letztlich schwer beeinträchtigen könnten.

Eine solche Situation der Interessenkollision, die die Rechtsordnung aus guten Gründen sonst überall zu verhindern sucht, besteht nun aber auch bei Regelungen über den Status der politischen Klasse. Da diese die Hebel der Staatsmacht in Händen hält, ist sie in der Lage, ihren Status in großem Umfang selbst festzulegen. Das ist offensichtlich bei der Finanzierung der von ihr besetzten Positionen, die durch Gesetz oder Haushaltsplan festgelegt wird. Denn über solche Gesetze oder Haushaltspläne entscheiden die Parlamente als Kerntruppe der politischen Klasse selbst. Das trifft in erheblichem Umfang aber auch auf die Bedingungen des Erwerbs und Erhalts der Positionen und auf ihre Art und Zahl zu.

Die Bedeutung der ganzen Thematik ist mit der zunehmend großzügigeren finanziellen Ausstattung der politischen Klasse gewachsen. Solange Parteien, Fraktionen und Stiftungen kein Staatsgeld bekamen, solange die Diäten von Abgeordneten niedrig waren und sie keine Versorgung erhielten und die politische Klasse auch sonst nur relativ bescheiden bezahlt war, also bis Mitte der sechziger Jahre, traten die Probleme noch nicht in Erscheinung. Das ist heute völlig anders geworden. Mit der Herausbildung einer politischen Klasse und dem Hochschießen ihrer Staatsfinanzierung haben die Probleme eine Dimension erhalten, die noch vor Jahrzehnten vielen Beobachtern völlig unvorstellbar erschien.[24]

Man mag es drehen und wenden, wie man will, das Verfahren, nach welchem die politische Klasse selbst über ihren Status entscheidet, *ist* ethisch anstößig, und die Richtigkeit dieser Feststellung hat im Laufe der Jahrzehnte immer mehr zugenommen.[25] Die öffentliche Kritik an der sogenannten Selbstbedienung ist kein populistisches Stammtischgeschwätz, sondern entspringt einem zutreffenden Empfinden für die Bedeutung korrekter Entscheidungsverfahren in öffentlichen Angelegenheiten.

Was es bedeutet, daß die politische Klasse in eigener Sache entscheiden kann, mag ein Vergleich verdeutlichen. Der Staatsrechtslehrer Martin Kriele hat in seinem grundlegenden Werk *Einführung in die Staatslehre* dargelegt, daß der Prozeß der politischen Willensbildung in der parlamentarischen Demokratie historisch und analytisch aus dem *gerichtlichen* Prozeß hervorgegangen ist. Voraussetzung des befriedigenden Funktionierens des gerichtlichen Prozesses aber ist, daß alle relevanten Belange vertreten sind und zur Sprache kommen.[26] »Eenes Mannes Rede ist keenes Mannes Rede, man muß sie hören alle beede«, sagt das deutsche Rechtssprichwort, »audiatur et altera pars« das römische. Doch gerade daran fehlt es im politischen Prozeß bei Beschlüssen über die eigenen Angelegenheiten der politischen Klasse, besonders dann, wenn Regierungs- und Oppositionsfraktionen sich in Sachen Politikfinanzierung einig sind. Um den Vergleich mit dem gerichtlichen Prozeß fortzuführen: Die Lage würde einem Gerichtsprozeß ähneln, in dem nur eine Seite auftreten, Anträge stellen, Beweise beibringen, plädieren und schließlich auch noch entscheiden könnte. Ein solcher Prozeß würde den Makel der Illegitimität auf der Stirn tragen und das Gericht natürlich völlig diskreditieren. Dieser Vergleich macht drastisch deutlich, in welchem Ausmaß auch die parlamentarische Demokratie riskiert, durch unkontrollierte Entscheidungen der politischen Klasse in eigener Sache ihre Legitimation zu gefährden.

Es kann deshalb auch nicht durchgehen, wenn die politische Klasse sich gegen Kritik mit dem Hinweis zu verteidigen sucht, sie *könne* gar nicht anders als selbst entscheiden. Dieser Hinweis ist nur die halbe Wahrheit und deshalb einseitig. Gewiß, die repräsentative Demokratie des Grundgesetzes kennt derzeit keine Alternative und schreibt deshalb vor, daß der Status etwa von Parteien und Bundestagsabgeordneten durch Parlamentsgesetz, das heißt wiederum durch die politische Klasse selbst, gestaltet und festgelegt wird. Doch gilt dies erstens nicht auch für die Bundes*länder*, in denen es nicht nur Parlaments-, sondern auch *Volks*gesetze im Wege von Volksbegehren und Volksentscheid gibt. Zweitens konnten die Väter des Grundgesetzes das Problem noch gar nicht kennen, weil die politische Klasse und Fragen ihres Status sich erst später zur heutigen Dimension entwickelt haben. Das Grundgesetz könnte heute, nachdem die Probleme auf der Hand liegen, zur Anpassung an die neue Herausforderung geändert werden. Grundgesetzänderungen aber sind wiederum Sache der politischen Klasse, so daß das Ausbleiben solcher Veränderung auf sie zurückfällt und sie sich nicht durch den Hinweis auf die überholte, den heutigen Verhältnissen nicht mehr adäquate Fassung des Grundgesetzes der Verantwortung entziehen kann. Drittens schließlich hat der Umstand, daß die politische Klasse hier in eigener Sache entscheidet, Folgerungen für die Strenge der Beurteilungsmaßstäbe.

Wie notwendig die Analyse der Kontrolldefizite bei Entscheidungen der politischen Klasse über ihren eigenen Status ist, zeigt sich auch daran, daß die Kenntnis von ihnen (und von der mangelnden Eignung der überkommenen Institutionen, hier für Ausgewogenheit zu sorgen) selbst bei wichtigen Organen der öffentlichen Kontrolle nicht immer vorausgesetzt werden kann. So heißt es zum Beispiel in einem Leitartikel der angesehenen *Frankfurter Allgemeinen Zeitung*:

> Die Frage, wie Politiker bezahlt werden, »hat in der Demokratie keine ethische, sondern eine institutionelle Lösung gefunden: In Wahlen kann das Volk seiner Billigung oder Mißbilligung Ausdruck geben. Auch wenn das in einem System des Verhältniswahlrechts den einzelnen Politiker nicht immer direkt bestraft, trifft es doch seine Partei, die sich, ihre Chancen beim Publikum wägend, fragen muß, ob dieser oder jener Kandidat noch ›vermittelbar‹ sei.«[27]

Der Verfasser dieser Zeilen hebt mit Recht darauf ab, daß die Entwicklung der Politikfinanzierung *institutionell* bedingt ist, er verkennt aber, daß der bestehende institutionelle Zustand gerade das Problem ausmacht. Er übersieht, daß die Parteien in Sachen Politikfinanzierung regelmäßig politische Kartelle bilden, gerade um beim Wähler keine Wettbewerbsnachteile zu haben, und daß die Bezahlung und Versorgung der Politiker durch von *allen* beschlossene Gesetze und Haushaltspläne erfolgt, so daß sie einzelnen Politikern nicht zugerechnet werden können. Deshalb treffen überzogene Bezahlungen oder Versorgungen von Politikern nicht die eine oder andere Partei, wie der zitierte Autor unterstellt, sondern allenfalls alle in das Kartell eingebundenen Parteien gemeinsam und erhöhen so die allgemeine Verdrossenheit und Erbitterung der Menschen über ihre Politiker weiter. Doch gegen solch generelle Zunahme der Politikverdrossenheit scheinen Politiker und Parteien so lange weitgehend unempfindlich, als auch die Konkurrenz mit im Boot ist und ihr Ansehen genauso leidet.

Die zitierte Äußerung ist kein Einzelfall. Ähnlich argumentierende Autoren finden sich in der Publizistik häufig. Um so notwendiger ist es, die krassen Kontrolldefizite bei Entscheidungen der politischen Klasse in eigener Sache herauszuarbeiten (siehe dazu eingehend Kapitel 6).

Überversorgt

»Zu den wirklichen Tabus unserer demokratischen Gesellschaft gehörte, *wie gut* man *von* der Politik leben kann«, schrieb der Politikwissenschaftler Michael Greven im Jahre 1987,[28] und er hat mit dieser Aussage heute nicht weniger recht. Soziologische Untersuchungen des Bundestags haben zutage gefördert, daß der Einzug in das Parlament für fast alle Abgeordneten einen beachtlichen finanziellen und sozialen Aufstieg bedeutet.[29] Über die Finanzierung der politischen Klasse sprechen viele allerdings nur ungern. Das liegt nicht nur an der verbreiteten Scheu, sich mit den finanziellen Interna der Mächtigen in Politik und Staat zu befassen und ihnen dabei leicht auf die Füße zu treten. Es liegt auch an der Unübersichtlichkeit, die ihrerseits natürlich wiederum System hat. Zwar ist vieles gesetzlich geregelt (wenn auch manches andere nicht). Doch die Gesetzesparagraphen sind oft nur schwer verständlich. Die Fülle der hintereinander geschachtelten und sich gegenseitig ergänzenden Gesetze macht den Überblick auch für einen mit der Gesetzesauslegung an sich vertrauten Juristen fast unmöglich. Und selbst wer die hohe Zugänglichkeitsschwelle überwunden hat, kann mit den Regelungen oft wenig anfangen, da ihre Bedeutung auch von der Beurteilung tatsächlicher Situationen abhängt, die Außenstehende nur schwer einschätzen können. Manchmal führen die Vorschriften geradezu in die Irre. So erhält beispielsweise ein Landesminister aus Nordrhein-Westfalen steuerpflichtige Amtsbezüge von etwa 22 200 DM, dreizehnmal im Jahr. Das ist nicht leicht zu ermitteln, weil das nordrhein-westfälische Ministergesetz (wie auch die Ministergesetze anderer Länder und des Bundes) keine Beträge nennt, sondern auf das Bundesbesoldungsgesetz und das Gesetz über die Gewährung einer sogenannten Sonderzuwendung (13. Gehalt) verweist. Nach dem Ministergesetz Nordrhein-Westfalens erhält ein Minister 120 Prozent des Grundgehalts eines Staatssekretärs (in Bundesdiensten) als des höchsten Beamten und ebenfalls 120 Prozent von dessen Ortszuschlag, einer Zulage, deren Umfang einerseits von der Gehaltshöhe, andererseits vom Familienstand abhängt. Grundgehalt und Ortszuschlag finden sich in den Tabellen des Bundesbesoldungsgesetzes. Doch ist der Betrag von 22 200 DM noch lange nicht alles. Ist der Minister, wie üblich, auch Mitglied des Landtags, erhält er zusätzlich nach dem Abgeordnetengesetz noch einmal 4185 DM monatlich; das ist die Hälfte der Abgeordnetenentschädigung. Zusammen sind das rund 26 400 DM monatlich.

Das Amtsgehalt und die Abgeordnetenentschädigung ergeben sich, wenn auch in komplizierter Verschachtelung, immerhin am Ende doch eindeutig aus den Gesetzen. Bei anderen Zahlungen ist dies nicht der Fall. Hier bedarf es zur Einschätzung der gesetzlichen Zahlungen besonderer Kenntnis der tatsächlichen Verhältnisse. Das gilt etwa für die steuerfreien Zulagen, die für nordrhein-westfälische Minister zusätzlich monatlich 4044 DM betragen und die das Gesetz als »Aufwandsentschädigung« bezeichnet. Bayerische Minister erhalten sogar 6177 DM. Die Frage, ob diese Gelder gerechtfertigt sind oder nicht, hängt davon ab, ob Landesminister, die gleichzeitig Abgeordnete sind, wirklich im Normalfall anderweitig nicht gedeckten Aufwand in derartiger Höhe haben. Das aber ist nicht der Fall. Das zeigt bereits der Umstand, daß einige Länder wie Niedersachsen und Hessen derartige »Aufwandsentschädigungen« bis auf einen kleinen Rest beseitigt haben. Es handelt sich also in Wahrheit um steuerfreie Gehaltszulagen für Minister, die in Bayern einem zusätzlichen Bruttoeinkommen von fast 12 000 DM und in Nordrhein-Westfalen von fast 8000 DM monatlich entsprechen, womit sich das Monatsgehalt nordrhein-westfälischer Minister tatsächlich auf 34 400 DM und das ihrer bayerischen Kollegen auf 38 900 DM aufaddiert, also auf sehr viel mehr als die offen ausgewiesenen Beträge.

Ein anderer, meist noch viel größerer wirtschaftlicher Brocken, der ebenfalls im Gestrüpp der komplizierten Regelungen gut versteckt ist, sind die Versorgungszahlungen. Sie sind allerdings ebenfalls in hohem Maße situationsabhängig. Zudem sind die Vorschriften derart kompliziert, daß selbst Experten Schwierigkeiten haben, sie überhaupt zu erfassen. Die Höhe der Versorgungszahlungen richtet sich vor allem nach der Dauer der vorangegangenen Amtszeit als Minister.

Unser nordrhein-westfälischer Minister erhielte, wenn er mindestens drei Jahre lang das Amt ausgeübt hat, nach seinem Ausscheiden drei Monate lang ein *Übergangsgeld* in voller Höhe seiner bisherigen Amtsbezüge, also 22 200 DM, und die folgenden 33 Monate die Hälfte, also monatlich 11 100 DM, was aufaddiert eine Gesamtsumme von etwa 433 000 DM ergibt. Diese Zahlungen hatten früher die Funktion eines Pensions*ersatzes* und haben deshalb nach Einführung der Pension ihre Berechtigung verloren – jedenfalls in dieser Höhe und ohne Rücksicht auf die Gründe für das Ausscheiden aus dem Ministeramt.

Die nordrhein-westfälische Regelung war ins Gerede gekommen, als Franz Müntefering im Herbst 1995 als Düsseldorfer Arbeitsminister zurücktrat, um (besoldeter) Bundesgeschäftsführer der SPD unter Lafontaine zu werden. Die öffentliche Kritik veranlaßte Müntefering, auf das ihm gesetzlich zustehende Übergangsgeld von über 400 000 DM zu verzichten. Inzwischen hat der Landtag von Nordrhein-Westfalen beschlossen, nicht nur anderweitiges Einkommen auf das Übergangsgeld für ehemalige Minister anzurechnen, sondern auch die Höchstlaufzeit von drei auf zwei Jahre zu begrenzen. Sechs Länder haben die Höchstlaufzeit des Übergangsgeldes in den letzten Jahren ebenfalls auf zwei Jahre gesenkt (Bayern, Hessen, das Saarland, Schleswig-Holstein, Berlin, Bremen). Vorbildlich ist Thüringen, wo das Übergangsgeld längstens ein Jahr gezahlt wird. Doch in sechs anderen Ländern läuft es nach wie vor bis zu drei oder sogar vier Jahren (Baden-Württemberg, Niedersachsen, Rheinland-Pfalz, Hamburg, Brandenburg und Sachsen-Anhalt). Auch die bisher nur vereinzelt vorgesehene Anrechnung privater Erwerbseinkommen sollte flächendeckend übernommen werden.

Das Komplizierteste und wirtschaftlich gleichzeitig Gewichtigste ist die *Ministerpension.* So erhält ein nordrhein-westfälischer Landesminister eine Pension, wenn er mindestens vier Jahre ein Ministeramt bekleidet hat. Sie beträgt dann 35 Prozent der steuerpflichtigen Amtsbezüge »und steigt mit jedem Jahr der ruhegehaltfähigen Dienstzeit um zwei vom Hundert bis zum Höchstsatz von 75 vom Hundert« (so der Wortlaut des Gesetzes). Das klingt noch halbwegs akzeptabel, zumal der Satz von zwei vom Hundert – im Vergleich zu manch anderen Regelungen über Politikerversorgung – eher bescheiden anmutet. Kaum einer bemerkt, daß sich hinter der scheinbar harmlosen Formulierung ein gewaltiges Privileg verbirgt. Im nordrhein-westfälischen Ministergesetz fehlt nämlich das Wörtchen »weitere«. Es heißt dort also nicht: »und steigt mit jedem *weiteren* Jahr der ruhegehaltfähigen Dienstzeit«. Die Folge ist, daß die ersten vier Ministerjahre doppelt zählen und der Minister nach deren Ablauf in Wahrheit bereits einen Anspruch von 43 Prozent besitzt. Da darüber hinaus auch »andere nach dem Landesbeamtengesetz ruhegehaltfähige Dienstzeiten höchstens bis zu zehn Jahren berücksichtigt« werden und dazu auch Ausbildungszeiten etc. rechnen, kann ein nordrhein-westfälischer Landesminister unter Umständen bereits nach vier Jahren eine Pension von 63 Prozent seines Gehalts beanspruchen (rund 14 000 DM monatlich), was ihn sehr viel besser stellt als Bundesminister, die nach vier Jahren in gleicher Lage nur 29 Prozent beanspruchen können. Der geschilderte nordrhein-westfälische Minister benötigt zehn Jahre, also zwei fünfjährige Wahlperioden, für den Erwerb seiner Vollversorgung von 75 Prozent. Das sind 16 652 DM monatlich, dreizehnmal im Jahr, die er nach dem Ausscheiden aus dem Amt, wie jung er dann auch immer sein mag, lebenslang erhält. Für eine derartige Besserstellung von Landesministern ist keine Rechtfertigung ersichtlich. Angesichts der höheren Verantwortung von Bundesministern würde umgekehrt eher ein Schuh daraus.

Die Pensionen von Landesministern, die ohne eigene Beiträge, dynamisiert und auf Lebenszeit des Ministers und seiner Hinterbliebenen gewährt werden, sind auch in vielen anderen Bundesländern immer noch erheblich günstiger als für Bundesminister (ganz zu schweigen von einem Vergleich mit den Regelungen für Beamte und Sozialversicherungsrentner). Diese Besserstellung von Landesministern wurde 1992 aufgedeckt.[30] Das hat mehrere Länder veranlaßt, ihre Altersversorgung derjenigen von Bundesministern anzupassen.[31] Zumeist wurden die Privilegien allerdings nur für zukünftige Minister beseitigt.[32] In den anderen Ländern wurde bisher keinerlei Reform der Ministerpension vorgenommen. Die unhaltbare Besserstellung von Landesministern gegenüber Bundesministern beruht vor allem auf drei Faktoren:

- Bundesminister erhalten nach vier Amtsjahren 29 Prozent der Aktivenbezüge, dagegen erhalten Landesminister aufgrund einer trickreichen Doppelzählung der ersten Jahre nach vier Amtsjahren (vereinzelt auch nach fünf Amtsjahren) 43 bis 50 Prozent.
- Viele Landesgesetze behandeln Vorzeiten im Parlament, im öffentlichen Dienst oder allgemein im Beruf wie Amtszeiten als Minister, was zu einer beträchtlichen Erhöhung des Ruhegehalts nach kürzester Amtszeit führen kann. Vergleichbares gibt es nach dem Bundesministergesetz nicht.

- Das Ruhegehalt von Landesministern wird oft früher fällig als das von Bundesministern.

All diese Privilegien müssen ersatzlos gestrichen werden, wie die Reformen in einigen Ländern auch zeigen. Es besteht – angesichts des offensichtlichen Gefälles an Verantwortung und zeitlicher Belastung zwischen Bundes- und Landesministern – kein rechtfertigender Grund, Landesminister besser als Bundesminister zu stellen.

Die Altersrente gibt es ungekürzt neben einem etwaigen privaten Salär zum Beispiel als Geschäftsführer eines Verbandes. Fließt das Salär eines solchen Frührentners aus öffentlichen Kassen, erfolgt zwar eine teilweise, meist aber viel zu geringe Kürzung. Doch Zahlungen von Parteien und Fraktionen fallen nicht einmal darunter, so daß etwa das Hauptgeschäftsführergehalt einer Partei neben der Ministerpension voll bezogen werden kann. Obwohl Parteien zu über 60 Prozent und Fraktionen praktisch zu 100 Prozent aus der Staatskasse finanziert werden,[33] gelten sie in diesem Sinne doch nicht als öffentlich.

Abgeordnete haben erheblich geringere Einkommen als Minister. Das ist angesichts ihrer im allgemeinen viel geringeren Verantwortung auch gerechtfertigt. Minister tragen die individuell zurechenbare Verantwortung für ihr ganzes Ressort (siehe auch S. 138), während die Verantwortung von Abgeordneten sich leicht auflöst und individuell kaum zurechenbar ist (siehe auch S. 155 ff.). Die Problematik der Abgeordnetenbezahlung liegt teilweise in ähnlichen Bereichen wie beim Minister, wenn auch erhebliche quantitative Unterschiede bestehen können: Die steuerfreien Kostenpauschalen etwa für Bundestagsabgeordnete und bayerische Landtagsabgeordnete laufen teilweise auf ein verschleiertes Zusatzeinkommen hinaus. Das Übergangsgeld und die Altersversorgung von Bundestags- und vielen Landtagsabgeordneten sind in der derzeitigen Form überzogen. Abgeordnete erwerben den Anspruch auf eine volle

Altersversorgung bereits nach einem halben Arbeitsleben. Das führt zum Beispiel dazu, daß Leute im besten Alter als Abgeordnetenfrührentner Tätigkeiten mit großer Verantwortung ausüben und nicht nur die Bezahlung daraus, sondern gleichzeitig noch aus dem früheren Abgeordnetenmandat eine Pension beziehen. Beispiele sind der Bundesgeschäftsführer der SPD Franz Müntefering und der ehemalige Parteivorsitzende der CDU von Rheinland-Pfalz Johannes Gerster, die beide als frühere Bundestagsabgeordnete die Höchstversorgung beanspruchen können. Als Gerster CDU-Fraktionsvorsitzender des Mainzer Landtags wurde und daraus ein hohes Gehalt bezog, wurde die Bundestagspension zwar gekürzt, aber nur unzureichend. Bei Müntefering erfolgt keinerlei Kürzung, weil Parteien trotz ihrer hohen Staatsfinanzierung als privatrechtliche Einrichtungen gelten. Inzwischen ist Müntefering außerdem im nordrhein-westfälischen Landtag und erhält auch daraus ein (allerdings teilweise mit der Bundestagspension verrechnetes) Einkommen.

Was die Bezüge von aktiven Abgeordneten anlangt, liegen die Probleme einmal in der mangelnden Differenzierung. Es drängt sich der Eindruck auf, daß die Bezahlung der Abgeordneten gänzlich leistungsunabhängig ist (siehe auch S. 155 ff.). Das gilt zunächst im Vergleich zwischen Bund und Ländern:

Die Mandate der 1971 Abgeordneten in den 16 Parlamenten der Bundesländer waren ursprünglich als Ehrenämter konzipiert.[34] Noch in den sechziger und siebziger Jahren hatten die Bezüge von Landtagsabgeordneten nur die Hälfte oder weniger der Bundestagsentschädigung betragen. Inzwischen haben die Abgeordneten einiger Landesparlamente ihre Bezüge jedoch an die ihrer Bundestagskollegen angenähert, sie zwischenzeitlich teilweise sogar übertroffen. Die Mandate wurden selbst in einem sehr kleinen und armen Bundesland wie dem Saarland[35] zu vollbezahlten und überversorgten Full-time-Jobs ausgebaut.[36] Das erscheint paradox; denn gleichzeitig haben die eigentlichen Aufgaben der Landesparlamente, besonders im Bereich der Gesetzgebung – jedenfalls in den elf alten Ländern –, im Laufe der letzten Jahrzehnte stark abgenommen.[37] Ihre Aufgaben sind im übrigen viel geringer als etwa die der Länderparlamente der USA und der Schweiz (deren Mitglieder gleichwohl eine sehr viel niedrigere Bezahlung und erst recht eine geringere Versorgung erhalten).[38] Dieser Befund hat den Direktor des niedersächsischen Landtags zu der Frage veranlaßt, wie lange die Abgeordneten ihren zu groß geschneiderten finanziellen Anzug wohl noch vor dem Steuerzahler verbergen könnten.[39]

Daß es in den Landesparlamenten durchaus möglich ist, seinen Beruf neben dem Mandat noch fortzuführen,[40] zeigen auch die Regelungen für öffentliche Bedienstete, die in sieben Bundesländern neben ihrem Mandat aktive Beamte oder sonstige öffentliche Bedienstete bleiben können.[41] Wenn in Baden-Württemberg selbst hauptberufliche Bürgermeister und sogar Oberbürgermeister ihr Amt neben einem Landtagsmandat ausüben können, ist doch wohl der Nachweis erbracht, daß das Mandat kein Full-time-Job zu sein braucht. Wenn die Tendenz in der Praxis dennoch immer mehr dahin geht, aus der Abgeordnetentätigkeit auch auf Landesebene generell einen Full-time-Job zu machen, so geschieht dies auch deshalb, um die hohe Bezahlung und Versorgung der Abgeordneten vordergründig zu legitimieren. Diese Folge der Überfinanzierung ist besonders schädlich, weil sie potentiellen Interessenten, die im Privatberuf erfolgreich sind und deshalb auf diesen nicht verzichten wollen, den Weg ins Parlament erschwert (siehe S. 171 ff.). Zudem: Wie sollen Parlamente, die ihre eigene Arbeit nicht gehörig zu organisieren und zu rationalisieren verstehen, in der Lage sein, andere Bereiche optimal zu gestalten wie besonders die Verwaltung, deren Reform zu den wichtigsten Aufgaben der Landesparlamente gehört (Näheres in Kapitel 4, S.257 ff.)? Daß Landtagsabgeordnete überbezahlt sind, bestätigt auch ein

Vergleich mit Stadträten. Die Mitglieder des Stadtrats von Frankfurt, München oder Köln sind schwerlich weniger stark belastet als die Abgeordneten des saarländischen Landtags. Dennoch erhalten sie nur eine (sehr viel niedrigere) Aufwandsentschädigung und keine Altersversorgung, was auch daher rührt, daß das Bundesverfassungsgericht im kommunalen Bereich konsequent an der Ehrenamtlichkeit der Mandate der Volksvertreter festgehalten hat.[42] Demgegenüber gibt die Überfinanzierung der Landesparlamentarier den Parteien die Möglichkeit, ihre Abgeordneten als »vom Landtag bezahlte Parteiarbeiter von Montag bis Freitag einspannen zu können« (so der ehemalige Bundestagspräsident von Hassel), und bringt die Abgeordnetenbezahlung so in den Bereich der indirekten Parteienfinanzierung. Das privilegiert nicht nur im Wettbewerb mit (neuen) Herausfordererparteien, sondern auch im Wettbewerb mit neuen Kandidaten der alten Parteien (Näheres S. 123 ff.). Durch das unangemessene Hochpuschen der Diäten der Landesparlamentarier schmolz der finanzielle Vorsprung der Bundestagsabgeordneten zusammen. Um wieder eine sinnvolle Relation herzustellen und ein Hochschaukeln von Bund und Ländern zu vermeiden, hätte es an sich nahegelegen, überzogene Regelungen in den Ländern zurückzuführen. Statt dessen wurde nach längeren Vorbereitungen[43] der alte Abstand dadurch wiederhergestellt, daß die Entschädigung von Bundestagsabgeordneten massiv erhöht wurde (siehe S. 75 ff.). Dies gelang allerdings erst im zweiten Anlauf, nachdem zunächst ein erster coupartiger Versuch gescheitert war. Verbunden wurde die Erhöhung mit Geschäftsordnungsbeschlüssen zur »Parlamentsreform« (wie das auch bei früheren Diätenerhöhungen in der Geschichte der Bundesrepublik geschehen war) und mit Absichtserklärungen zu einer späteren Verkleinerung des Bundestages von 672 Abgeordneten auf »unter 600«. Auf alle damit zusammenhängenden Fragen, auch das Arbeiten mit Tricks, falschen Zahlen und unredlichen Argumenten, besonders seitens der Präsidentin des Bundestags Süssmuth und des Vizepräsidenten Klose, ist der Verfasser dieses Buchs an anderer Stelle eingegangen,[44] so daß dies hier nicht wiederholt zu werden braucht.

Der Eindruck der Leistungsunabhängigkeit der Bezahlung besteht aber auch im Verhältnis der Mitglieder ein und desselben Parlaments untereinander. Die Abgeordneten des Bundestags oder eines Landtags sind Männer und Frauen von völlig unterschiedlichem Alter, beruflicher Qualifikation, bisherigem Einkommen etc. Das muß auch so sein und liegt in der Natur des Parlaments, in dem möglichst alle Bevölkerungsschichten repräsentiert sein sollen. Trotz dieser ungeheuren Spannweite erhalten grundsätzlich alle Abgeordneten eines Parlaments dieselbe Bezahlung. Die Höhe des bisherigen Einkommens und die Frage, auf wieviel Einkommen man durch Ausübung des Mandats verzichtet, spielen keine Rolle. Das führt dazu, daß die einheitliche Bezahlung für manche zu hoch, für andere aber eher zu niedrig erscheint. Für den 26jährigen Studenten beispielsweise, der ein Mandat erlangt, vervielfältigen sich seine Einkünfte, die damit weit überdimensioniert erscheinen, während sie für langjährige Abgeordnete wie zum Beispiel Peter Conradi durchaus angemessen erscheinen mögen. Ähnliche Beurteilungsunterschiede ergeben sich je nach Einfluß: Für die wenigen einflußreichen und mit hoher Verantwortung belasteten Abgeordneten mag eine hohe Bezahlung angemessen sein, für Hinterbänkler aber erscheinen die Bezüge leicht zu hoch. Die Parlamente haben allerdings, von Parlament zu Parlament in unterschiedlicher Intensität, eine Staffelung der Bezüge nach den im Parlament ausgeübten Funktionen eingeführt, wonach zum Beispiel Präsidenten, Vizepräsidenten, Fraktionsvorsitzende und andere Funktionsträger hohe Zuschläge erhalten.

Weitere Unterschiede folgen daraus, daß Abgeordnete zwar voll aus der Staatskasse bezahlt werden, aber im Gegensatz zu anderen Staatsdienern keinerlei Dienstpflichten haben. *Wie* sie ihr Mandat wahrnehmen, steht ihnen rechtlich völlig frei und liegt allein in ihrem politischen Ermessen. Es steht ihnen deshalb auch frei, neben ihrem Mandat einem privaten Beruf nachzugehen und daraus (zusätzliches) Einkommen zu beziehen. Anders als beispielsweise für Minister gilt für sie kein Berufs- und Gewerbeverbot. Die zumindest teilweise Ausübung eines außerparlamentarischen Berufs ist in Landtagen auch praktisch durchaus möglich, im Bundestag – angesichts der faktischen Belastungen durch das Mandat – schon erheblich schwieriger, jedenfalls dann, wenn die berufliche Tätigkeit nicht auch wieder in die Politik hineinspielt. Gleichwohl fördert es die Basis- und Bürgernähe und die Unabhängigkeit von Abgeordneten – vor allem von ihrer Partei –, wenn sie ihren Beruf auch neben dem Mandat zumindest noch teilweise ausüben und deshalb nicht völlig abgeschnitten werden vom Berufsleben und völlig abhängig werden vom Leben *von* der Politik (und damit auch von ihrer Parteiorganisation). Mit dieser Erwägung pflegt die unbeschränkte rechtliche Freiheit der Abgeordneten denn auch gerechtfertigt zu werden; sie soll ihrer Unabhängigkeit und Verankerung in der Gesellschaft dienen.

In der Praxis wird die berufliche Gestaltungsfreiheit des Abgeordneten aber zunehmend dahin ausgenutzt, daß Abgeordnete sich bei solchen Einrichtungen verdingen, die ein Interesse an der politischen Arbeit des Abgeordneten haben: bei Unternehmen oder Interessenverbänden, die als Lobbyisten Einfluß auf die Gesetzgebung suchen. Hier werden die Abgeordneten nicht oder jedenfalls nicht nur für ihre Arbeit im Verband bezahlt, sondern auch dafür, daß sie außerdem in ihrer Eigenschaft als Abgeordnete den Einfluß des Verbandes fördern. Was bei Ausübung eines politik*fremden* Berufs neben dem Mandat so schwierig ist, nämlich zwei Vollzeittätigkeiten nebeneinander auszuüben, wird hier möglich, weil beide ineinanderfließen und der Abgeordnete sich von dem Lobbyisten in Wahrheit auch für die Art, wie er sein Mandat wahrnimmt, mitbezahlen

läßt. Zwei Beispiele für viele sind die Bundestagsabgeordneten Reinhard Göhner (CDU), der zur Bundesvereinigung der Arbeitgeberverbände ging, und Cornelia Yzer. Beide mußten bei Übernahme der Hauptgeschäftsführung eines Interessenverbands zwar ihre Ämter als Parlamentarische Staatssekretäre aufgeben, weil insoweit das Grundgesetz ein Berufsverbot enthält, beide führen ihr Bundestagsmandat jedoch fort.
Solcher Verkauf des Einflusses des Abgeordneten widerspricht dem Geist des Grundgesetzes. Der Abgeordnete erhält die Diäten zur Sicherung seiner Unabhängigkeit (Art. 48 III 1 GG). Dann darf er sich nicht gleichzeitig als vollbezahlter Funktionär eines Interessenverbands in finanzielle Abhängigkeit von diesem begeben. Was an solchen Fällen erschüttert, ist weniger der Mißbrauch des Amts durch einzelne Abgeordnete – das hat es schon immer gegeben – als vielmehr die Tolerierung und Ermutigung solcher Vorgänge durch die politische Klasse und die darin zum Ausdruck kommende zunehmende Symbiose zwischen Politik- und Verbandsfunktionären sowie der darauf beruhende Verlust der Maßstäbe. So hat der zuständige Bundesminister Rüttgers seiner Staatssekretärin Yzer auf einer Veranstaltung des Verbands der Forschenden Arzneimittelhersteller, in dessen Dienste sie zu treten beabsichtigte, ausdrücklich gratuliert und ihr Glück für die Zukunft gewünscht.
Berücksichtigt man, daß solche Abgeordneten von ihrem Verband ein Gehalt bekommen, im Verhältnis zu dem ihr Mandatseinkommen bescheiden anmutet, so wundert es nicht, daß andere Abgeordnete, die ihr Mandat nicht verkaufen, sich unterbezahlt vorkommen mögen. Doch darf man aus solchen Mißbrauchsfällen nicht kurzerhand im Wege einer normativen Kraft des Faktischen Maßstäbe zimmern. Der größte Teil der Abgeordneten verdient durch das Mandat allein, das heißt ohne Verkaufen des Mandatseinflusses an Interessenten, mehr, als sie im Privatberuf verdienen würden. Daß es auch andere gibt, liegt in der Natur der grundsätzlich für alle gleichen Diäten.

Auch das Rückstandsargument, das so häufig als Beleg für ein zu geringes Niveau und als Argument für Erhöhungen der Diäten ins Feld geführt wird, sticht – schon angesichts des gewaltigen Diätensprungs Ende der siebziger Jahre und der damals eingeführten finanziellen Privilegien im »Kleingedruckten« – nicht (siehe S. 76 f.).[45]

Insgesamt kann also von einer Unterbezahlung der Minister und Abgeordneten keine Rede sein. Das gilt auch dann, wenn man ihre ungerechtfertigten steuerfreien Bezüge ebenso beseitigt wie die Möglichkeiten, durch Verkauf des Mandats Einkommen zu erzielen.

Eindeutig ist auch, daß Minister, Parlamentarische Staatssekretäre und Abgeordnete durch aberwitzige Übergangsgelder und Altersversorgungen weit überversorgt sind. Derartige Überversorgungen sind gleichfalls kennzeichnend für andere Gruppen wie Bundespräsidenten und politische Beamte, deren Mammutversorgung eine Kombination aus (überzogenem) Übergangsgeld und (überzogener) Pension darstellt.[46]

Die vielzitierte Äußerung Rudolf Scharpings, Politiker seien unterbezahlt, aber überversorgt, trifft also nur in ihrem zweiten Teil zu. Der erste Teil der Aussage muß in Zusammenhang gesehen werden mit der seinerzeitigen Kampagne Lafontaines, der als Erwiderung auf die Aufdeckung seiner Versorgungsprivilegien die angebliche Unterbezahlung von Politikern im Vergleich zur Wirtschaft behauptete (siehe zu den gängigen Argumenten für eine Erhöhung der Bezahlung von Abgeordneten S. 170 ff.).

Aufgebläht

Die Problematik wird dadurch verschärft, daß die politische Klasse nicht nur überversorgt, sondern auch übersetzt und aufgebläht ist. Wird nur der eine oder andere Teilbereich der Politikfinanzierung ins Auge gefaßt, wird meist übersehen, daß die Übersetzung der Klasse, die von der Politik lebt, ein durchgehendes Charakteristikum unserer politischen Institutionen ist. Der Kreis der Posten, von denen man leben kann und die parteipolitisch besetzt werden, ist im Laufe der Zeit immer weiter ausgedehnt worden.

So ist die Zahl der *Parlamentarischen Staatssekretäre* viel zu groß, ja diese Einrichtung wird vielfach überhaupt für sachlich überflüssig gehalten. Das Amt des Parlamentarischen Staatssekretärs wurde 1967 unter der sogenannten großen Koalition von CDU/CSU und SPD durch einfaches Gesetz[47] eingeführt.[48] Die SPD-FDP-Koalition baute im Herbst 1969 die Zahl dieser Positionen von ursprünglich sieben auf 15 aus, so daß damit jedem Minister ein Parlamentarischer Staatssekretär zugeordnet war. Unter der Regierung Kohl war ihre Zahl im Jahre 1990 auf 33 angewachsen, derzeit sind es 27.

Parlamentarische Staatssekretäre erhalten ein Staatssekretärsgehalt (einschließlich allgemeiner Stellenzulage) und einen Ortszuschlag wie der Bundesminister, zusammen monatlich etwa 17 500 DM, eine steuerfreie Dienstaufwandsentschädigung von 450 DM und eine Pauschale von 300 DM für den Fall, daß sie ihren Haushalt nicht nach Bonn verlegen können. Hinzu kommen, da der Parlamentarische Staatssekretär definitionsgemäß gleichzeitig Abgeordneter ist, die (nur teilweise gekürzten) Bezüge als Bundestagsabgeordneter, also etwa 5650 DM Abgeordnetenentschädigung, und etwa 4600 DM steuerfreie Aufwandsentschädigung monatlich.[49] Nach dem Gesetz von 1967 hatten Parlamentarische Staatssekretäre nur ein Staatssekretärsgehalt erhalten, nicht also auch die anderen Bestandteile der Amtsbezüge von Ministern und auch keine Versorgung. Beides wurde erst 1974 eingeführt.[50]

Diese Posten waren ursprünglich für fähige Nachwuchspolitiker gedacht, die später zu Ministern aufrücken sollten. Dazu kam es im Laufe der Jahre aber immer seltener. Auch eine sinnvolle Eingliederung in den Arbeitsablauf der Ministerien erfolgte nicht immer. Bisweilen war die Aufgabenstellung des Amtsinhabers ganz unbestimmt. Zunehmend wurden reine Versorgungsfälle berufen. Die Besetzung der Stellen degenerierte immer mehr zum machtpolitischen Instrument, um die Regierungsfraktionen bei der Stange zu halten, politisch gefügiges Verhalten zu belohnen und auf diese Weise die Fraktionen durch den goldenen Zügel der Vergabe von begehrten Ämtern zu disziplinieren. In jüngerer Zeit wurde diese Praxis in der Öffentlichkeit zunehmend kritisiert. Die Parlamentarischen Staatssekretäre erledigten keine Arbeit, sondern machten nur welche, eine Formulierung, die ein beamteter Staatssekretär im Bundesinnenministerium dahin variiert hat: »Sie nehmen uns Arbeit ab, die es nicht gäbe, wenn wir sie nicht hätten.«[51]

Mag es auch unter den Parlamentarischen Staatssekretären nachweisbar hochqualifizierte und wirkungsvoll tätige Amtsträger geben, so hat sich die verbreitete Überzeugung, daß bestimmte Politiker nicht verdienen, was sie verdienen,[52] doch gerade bei Parlamentarischen Staatssekretären festgemacht. Hier zeigt sich, daß der eigentliche Kern der Kritik an der staatlichen Politikfinanzierung nicht die absolute Höhe der Zahlungen ist, sondern – neben unhaltbaren Privilegien – der Eindruck mangelnder Leistung bestimmter Politiker oder bestimmter Gruppen von Politikern, die in einem Mißverhältnis zu ihrer finanziellen Ausstattung steht (und die fehlende Möglichkeit für die Bürger, ihre Repräsentanten selbst auszuwählen). Erscheinen bestimmte Kategorien von Ämtern gar prinzipiell als überflüssig, sind alle Bezüge zu hoch, wie auch immer sie ausgestaltet sein mögen.

Auch der Kreis der *politischen Beamten* ist zu weit geschnitten. Statt ihn, wie von Sachverständigen immer wieder gefordert, zurückzuschneiden, ist er in der Vergangenheit immer weiter ausgedehnt und sind durch Gesetzesänderungen immer weitere Kategorien von öffentlichen Bediensteten zu politischen Beamten gemacht worden, etwa auch persönliche Referenten und Pressereferenten von Ministern. Die Aufblähung des Kreises der politischen Beamten ist um so anfechtbarer, als sie in unhaltbarer Weise überversorgt sind. Während ein normaler Beamter vierzig Dienstjahre benötigt, um seine volle Versorgung von 75 Prozent zu erhalten, kann ein politischer Beamter jederzeit in den »einstweiligen« Ruhestand versetzt werden und erhält dann eine üppige Versorgung: Drei Monate lang werden die vollen Bezüge weiterbezahlt. Danach erhält er fünf Jahre lang 75 Prozent der ruhegehaltfähigen Dienstbezüge aus der Endstufe der Besoldungsgruppe.[53] Nach Ablauf der fünf Jahre wird je nach Amtszeit ein Ruhegehalt zwischen 35 und 75 Prozent der ruhegehaltfähigen Dienstbezüge gezahlt, wobei die vorangehenden Jahre im einstweiligen Ruhestand mit als »ruhegehaltsfähige Dienstzeit« zählen. Diese Regelung wurde 1976 eingeführt. »Begründet« wurden die – mit den Worten eines bekannten Beamtenrechtlers[54] – »sachlich völlig unberechtigten« Neuerungen damit, daß Beamte, die ihr Amt »durch Gebietsreform oder Umwandlung von Behörden verlieren«,[55] gut abgesichert sein müßten, eine Argumentation, die auf politische Beamte aber gar nicht zutrifft. Ein anderer Kommentator sprach deshalb mit Recht vom Vorschützen eines Feigenblattes.[56] Bekanntgeworden ist der Fall des 38jährigen Johannes Schädler, der nach nur viermonatiger Amtszeit als hessischer Staatssekretär entlassen worden war. Die Kosten für seine Versorgung wurden auf 4 Millionen DM geschätzt.[57] Man spricht nicht von ungefähr von den »teuersten Spaziergängern Deutschlands«. So versorgt, sind sie wie geschaffen für die Übernahme von Aufgaben als Geschäftsführer, Generalsekretäre oder in Führungsfunktionen der Parteien, denen sie ihre Versorgung schließlich häufig verdanken.

Die überzogene Versorgung wirkt als schlechtes Beispiel, weil sie die Politiker »sinnlich« macht und ihnen als »Vorbild« dient, wenn sie ihre eigenen Privilegien festlegen oder sich einem Abbau widersetzen. Nach dem Fall Schädler waren zunächst alle einig, daß durchgreifende Einschnitte notwendig sind. Der innenpolitische Sprecher der CDU/CSU-Bundestagsfraktion Erwin Marschewski wurde mit dem markigen Wort zitiert: »Da müssen wir ran.« Doch geschehen ist fast nichts. Immerhin hat Hessen soeben eine Einschränkung des Kreises der politischen Beamten beschlossen. Doch reicht das natürlich nicht aus. Auch andere Länder müssen einschränken. Und darüber hinaus bedürfen die Versorgungsregeln, die durch Bundesgesetz festgelegt sind, selbst der Revision. Wenn sogar die verrücktesten Versorgungsprivilegien fast unausrottbar scheinen, liegt dies nicht zuletzt am beherrschenden Einfluß des öffentlichen Dienstes auf die Gesetzgebung. Beamte arbeiten die Gesetzentwürfe in den Ministerien aus und leiten sie an die Parlamente weiter, die aber selbst völlig »verbeamtet« sind. Daß dadurch die Handlungsfähigkeit der Politik gerade in denjenigen Bereichen, die am dringendsten reformiert werden müßten (öffentlicher Dienst und Verwaltung) nicht gerade verbessert wird, liegt auf der Hand (Näheres in Kapitel 4, S. 242 ff.). Hinzu kommt, daß die Zahl der Beamtenstellen, die unter die jeweiligen Kategorien der politischen Klasse fallen, im Laufe der Zeit stark ausgedehnt worden ist. Bundeskanzler Adenauer kam 1950 noch mit 13 Ministern, 14 Staatssekretären und 16 Ministerialdirektoren aus. Unter Helmut Kohl gibt es dagegen 17 Minister, 52 Staatssekretäre (einschließlich der neugeschaffenen Parlamentarischen Staatssekretäre) und 119 Ministerialdirektoren. Über die durch die Beamtengesetze als »politisch« festgelegten Beamtenkategorien hinaus wurden faktisch immer mehr Positionen des normalen öffentlichen Dienstes politisiert. Das Parteibuch, das von Verfassungs und Gesetzes wegen eigentlich keine Rolle bei der Besetzung der Stellen und bei Beförderungen spielen darf, gewann tatsächlich immer größeres Gewicht (siehe Kapitel 4, S. 234 ff.). Durch solche parteipolitische Ämterpatronage wurde nicht nur das verfassungsrechtlich vorgesehene Rekrutierungsverfahren unterlaufen und der Grundsatz der Chancengleichheit verzerrt (siehe dazu S. 229), sondern auch der Kreis derer, die ihrer Partei die Stelle, von der sie leben, verdanken, immer umfangreicher. Dies illustriert ein Zitat des Politikwissenschaftlers Michael Greven:

»Kein Elektrizitätswerk, keine öffentliche Sparkasse, keine städtischen oder kommunalen Verkehrsbetriebe, kein irgendwie zum öffentlichen Dienstleistungssektor gehöriger Betrieb in diesem Lande, keine Behörde, kein Amt und erst recht kein Ministerium, das nicht vor allem ein *Versorgungsunternehmen* für Parteigänger und -mitglieder wäre. Die Hauptqualifikation derer, die da oft in jungen Jahren Spitzenpositionen besetzen, besteht sehr oft darin, daß sie sich in ihrer Partei oder deren Jugendorganisation bewährt haben.«[58]

Die Ausweitung der Staatsfinanzierung der Parteien, der Fraktionen, der Parteistiftungen und Abgeordneten hat einer unglaublichen Ausweitung des Kreises der politischen Klasse Vorschub geleistet. Allein Bundestagsabgeordnete beschäftigen heute rund 4000 Mitarbeiter, die Bundestagsfraktionen weit über 700 Mitarbeiter, die Parteistiftungen allein im Inland circa 1500 hauptberufliche Mitarbeiter. Aufschlußreich ist das ungläubige Entsetzen, mit dem der Politikwissenschaftler Wilhelm Hennis, der selbst im Jahre 1959 erster Wissenschaftlicher Mitarbeiter einer Bundestagsfraktion war, zur Kenntnis nimmt, in welch gewaltigem Umfang die Zahl der Fraktionsmitarbeiter inzwischen hochgeschossen ist: »Der heute erreichte Ausbau erscheint aus geschichtlicher Perspektive als Skandal« und wurde natürlich gespeist durch die »absolut phantastische Explosion« der Fraktions*finanzierung*.[59]

Die Ausdehnung derjenigen Posten, von denen man leben kann, erfolgte auf verschiedene Weise: Teils dadurch, daß neue Posten geschaffen wurden, die es vorher noch nicht gab (zum Beispiel Parlamentarische Staatssekretäre, Abgeordnetenmitarbeiter), teils dadurch, daß bestehende Posten vermehrt wurden (etwa Stellen für politische Beamte, für Fraktions- und Stiftungsmitarbeiter oder durch Politisierung von Stellen, die dafür gesetzlich nicht vorgesehen sind), zum Teil wurden bisher ehrenamtliche oder nebenamtliche Posten zu hauptamtlichen gemacht, ohne daß man ihre Zahl absenkte (zum Beispiel Parlamentsabgeordnete).

Es ist allgemein anerkannt, daß die Parlamente in Deutschland zu groß sind und zu viele Mitglieder haben. Das hat Spitzenpolitiker wie Schäuble (CDU/CSU),[60] Matthäus-Maier (SPD)[61] und Cronenberg (FDP)[62] veranlaßt, eine Verkleinerung des Bundestags von derzeit 662 auf 500 Mitglieder vorzuschlagen. Der Bundestag soll nun auch verkleinert werden, allerdings nur auf knapp 600 Mitglieder. Das sind immer noch viel zu viele. Die USA kommen bei sehr viel größerer Bevölkerung mit 435 Mitgliedern des Repräsentantenhauses aus.

Die Feststellung, daß die Parlamente zahlenmäßig überbesetzt sind, gilt für die Landesparlamente in noch viel stärkerem Maße als für den Bundestag.[63] Das ist inzwischen Gemeingut. Doch ist es trotz der schwindenden Aufgaben der Landesparlamente bisher nicht gelungen, ihre Verkleinerung durchzusetzen, mit zwei Ausnahmen: In Berlin und Sachsen sind Verkleinerungen bereits beschlossen und auch durchgeführt worden. Ansonsten tut sich wenig, obwohl die Verkleinerung der Parlamente auch in den alten Bundesländern auf die Tagesordnung gesetzt werden müßte. Aber das Thema scheint politisch blockiert – aus Eigeninteresse der Stelleninhaber (und solcher, die es werden wollen) an ihren Posten. Das Parlament Kaliforniens, des größten amerikanischen Einzelstaats mit 31 Millionen Einwohnern, hat 80 Mitglieder.[64] Nordrhein-Westfalen dagegen als größtes deutsches Bundesland hat mit rund 17 Millionen Einwohnern und sehr viel weniger Kompetenzen 221 Abgeordnete.

Die Überbesetzung und das Bestreben der politischen Klasse, daran festzuhalten, zeigen sich auch bei der Debatte um die Neugliederung des Bundesgebiets und die Verkleinerung der Zahl der Bundesländer. Es gibt in der Bundesrepublik 16 Bundesländer mit 16 Landesregierungen, 16 Parlamenten, fünfzehnmal politischen Beamten[65] etc. Daß derartiges nicht zwingend nötig ist und die kleinen Länder mit den großen zusammengelegt werden müßten, ist weitgehend anerkannt. Doch alle Welt ist sich auch darüber einig, wie schwer das durchsetzbar ist, eben weil die politische Klasse nicht bereit ist, einer Änderung zuzustimmen, die ihre Posten gefährden würde. Besonders die Berufspolitiker der kleinen Länder fürchten, daß sie im Falle einer Zusammenlegung mit größeren Ländern ihre Posten verlieren würden.

Über möglichst viele und möglichst unterschiedliche Arten von einträglichen Posten zu verfügen entspricht dem Interesse der politischen Klasse auch deshalb, weil sich dann die Chancen ihrer Mitglieder verbessern, im Falle des Scheiterns auf eine andere Position überwechseln zu können. Der Zeitungsleser pflegt sich stets etwas darüber zu wundern, wie rasch Politiker, die irgendwo scheitern, woanders unterkommen. Hier besteht eine gegenseitige Solidarität, die von beiden Seiten als wichtig empfunden wird: sowohl von dem Untergebrachten als auch von dem Unterbringenden. Die Unterbringung stellt für die Führung ein wichtiges Kittmittel dar, um die Mannschaft unter der eigenen Führung zusammenzuhalten. Es handelt sich um eine Art feudaler Lehensbeziehung, die bereits dem Beutesystem (spoils system) der USA zugrunde lag und die die Politikwissenschaftler Erwin und Ute Scheuch auch für die zeitgenössische Bundesrepublik wiederentdeckt haben. Der Beispiele sind Legion, so wenn Bernhard Vogel, nachdem er als Landesvorsitzender der CDU Rheinland-Pfalz gescheitert war (und damit auch sein Amt als Ministerpräsident aufgab), Chef der Konrad-Adenauer-Stiftung der CDU wurde. Der Ministerpräsident von Sachsen-Anhalt sollte, als er wegen der Gehälteraffäre gehen mußte, Vertreter der Konrad-Adenauer-Stiftung in Portugal werden. Johannes Gerster, der gescheiterte CDU-Herausforderer des rheinland-pfälzischen Ministerpräsidenten, wurde Repräsentant der Konrad-Adenauer-Stiftung in Israel, was, wie er dann plötzlich erklärte, schon immer sein Traum gewesen sei.

Einlaß nur für Mitglieder: Wettbewerbsverzerrungen

Die Problematik wird dadurch noch weiter verschärft, daß bei der Auswahl der Mitglieder der politischen Klasse, also bei ihrer Rekrutierung, kein offener, fairer Wettbewerb besteht, der jedem Bewerber gleiche Chancen gibt, sondern daß der Wettbewerb zugunsten bestimmter Bewerber und zu Lasten anderer verzerrt ist.

Beginnen wir mit der Wahl der Parlamentsabgeordneten. Die 2742 Abgeordneten des Bundes und der Länder (einschließlich der deutschen Europaabgeordneten) bilden den Kern der politischen Klasse. Es empfiehlt sich deshalb, von der Rekrutierung der Abgeordneten auszugehen, allein schon deshalb, weil aus dem Kreis der Abgeordneten – jedenfalls auf Bundesebene – regelmäßig auch die Minister und andere Mitglieder der Regierungen hervorgehen.[66]

Die beherrschende Rolle der Parteien bei der Rekrutierung der Abgeordneten

Hier ist zunächst festzuhalten, daß – entgegen einem gängigen und auch von den Betroffenen immer wieder bereitwillig genährten Mythos – in Wahrheit ganz überwiegend nicht die Bürger bestimmen, wer ins Parlament kommt. Der Einfluß der 60 Millionen bundesrepublikanischen Wähler auf die Kandidatenauslese ist minimal.[67] Entscheidend für die Rekrutierung der Abgeordneten sind Parteigremien. Die Auswahl der Abgeordneten gehört zu den wichtigsten Funktionen der Parteien. In dem (von den Parteien selbst entworfenen) Parteiengesetz heißt es, daß die Parteien »sich durch Aufstellung von Bewerbern an den Wahlen in Bund, Ländern und Gemeinden beteiligen« (§ 1 II). In Wahrheit haben sie ein Monopol für die Eröffnung des Zugangs zur Bundes- und Landespolitik. Auf kommunaler Ebene können auch sogenannte freie Wählergemeinschaften – je nach Wahlrecht und der dadurch mitgeprägten politischen Kultur – eine größere oder kleinere politische Rolle spielen. Bei Bundes- und Landeswahlen ist dagegen eine erfolgreiche Kandidatur ohne Nominierung durch eine politische Partei heutzutage faktisch nicht mehr möglich.[68] Während in den ersten Bundestag von 1949 noch parteiunabhängige Abgeordnete gewählt worden waren, hat es seitdem keine einzige erfolgreiche Kandidatur ohne Parteiunterstützung mehr gegeben. Den letzten wirklich ernstzunehmenden Versuch einer parteifreien Kandidatur unternahm der frühere Oberbürgermeister von Bonn, Dr. Wilhelm Daniels, bei der Bundestagswahl 1969, als er immerhin beachtliche 29 895 Stimmen (das waren etwa 20 Prozent) erhielt.[69] Doch auch er konnte – trotz seines hohes Bekanntheitsgrades als langjähriger Bonner Oberbürgermeister – die für ein Direktmandat erforderliche Mehrheit nicht erlangen. Die Nominierung durch eine politische Partei ist also notwendige Voraussetzung für ein Parlamentsmandat.

Darüber hinaus bestimmen die Parteien auch darüber, welche Chancen die Kandidaten erhalten, tatsächlich ins Parlament gewählt zu werden. Denn die Wähler haben bei Bundestags- und Europawahlen und den meisten Wahlen zu Landesparlamenten keine Möglichkeit, durch ihre Stimmabgabe Einfluß auf die Reihung der Listenkandidaten zu nehmen. Die Reihenfolge wird vielmehr von der Partei abschließend festgelegt (starre Liste). Da abrupte Wählerwanderungen größeren Umfangs bisher nie vorgekommen und deshalb höchst unwahrscheinlich sind, kann man schon vor der Wahl genau ermitteln, welche Plätze auf den Wahllisten *sicher* sind und in welchen Wahlkreisen die Mehrheit für die eine oder die andere große Partei so *stabil* ist, daß der Wahlkreis mit großer Wahrscheinlichkeit auch bei der nächsten Wahl wieder von der dort bisher dominanten Partei gewonnen wird.[70] Wen die Partei in einem solchen *stabilen* Wahlkreis oder auf einem der *sicheren*, das heißt vorderen Plätze auf der Wahlliste nominiert, der braucht die spätere Volkswahl nicht mehr zu fürchten; er ist faktisch bereits mit der Nominierung gewählt. Und wer – eben weil er keinen stabilen Wahlkreis erhalten hat – im Wahlkreis unterliegt, ist oft auf der Landesliste abgesichert und kommt auf diese Weise doch noch ins Parlament. Die Absicherung derjenigen, die nicht in aussichtsreichen Wahlkreisen aufgestellt sind, gilt geradezu als »Hauptfunktion der Landeslisten«.[71] Auf diese Weise pflegen 60 bis 70 Prozent der Bundestagsabgeordneten ihr Mandat stabilen Wahlkreisen oder sicheren Plätzen auf den Landeslisten zu verdanken und deshalb bereits vor der Wahl festzustehen.[72] Die Wahl durch das Volk ist dann nur noch eine Formalie.

Dabei muß man sich vor Augen halten, wie gering die Organisationsdichte der Parteien in der Bundesrepublik ist. Weniger als 4 Prozent der wahlberechtigten Bevölkerung der Bundesrepublik sind Mitglied einer politischen Partei (2,3 Millionen von 60 Millionen); somit hat nur ein sehr geringer Anteil der Wahlberechtigten die Möglichkeit, Einfluß auf Nominierung und Auswahl der Kandidaten zu nehmen. Wenn Theoretiker wie Gerhard Leibholz davon ausgingen, man könne Entscheidungen des Volkes durch Entscheidungen der Parteien ersetzen, ja man könne die Parteien geradezu mit dem Volk gleichsetzen, so hatte er das Vorbild Englands im Auge, wo seinerzeit ein ungleich größerer Organisationsgrad der Parteien bestand. Dort hatte allein die Labourpartei sechs Millionen eingeschriebene Mitglieder,[73] und Leibholz ging davon aus, auch in Deutschland könne man den Anteil noch erheblich ausweiten, so daß wirklich der größte Teil des Volkes in den Parteien organisiert wäre. Damit wurde dann auch seine Gleichsetzung der politischen Parteien mit dem Volk eher verständlich, wird doch von seiner Theorie des Parteienstaates »an sich vorausgesetzt«, daß »die gesamte Aktivbürgerschaft ... an die politischen Parteien organisationsmäßig gebunden« ist, was dann der »im Sinne des Parteienstaates ideale Status« wäre.[74] Angesichts des minimalen (und immer mehr abnehmenden) Organisationsgrads in der derzeitigen Bundesrepublik wäre die Leibholzsche Gleichsetzung von Partei und Volk aber geradezu abwegig.

Wenn Parteigremien abschließend darüber entscheiden, ob Abgeordnete ins Parlament kommen, und den Wählern insoweit keine Wahl lassen, widerspricht dies den verfassungsrechtlichen Grundsätzen der Unmittelbarkeit und der Freiheit der Wahl. Die verfassungsrechtliche Praxis hat diese – rechtlich an sich kaum abweisbare – Konsequenz bisher nur deshalb nicht gezogen, weil die Folgen so grundstürzend wären, daß sie kein Verfassungsgericht glaubt verantworten zu können: Mit den Parlamenten verlören auch alle von ihnen gewählten Staatsorgane wie Regierungen, Bundespräsident, Bundesrat und nicht zuletzt die Verfassungsgerichte selbst ihre demokratische Legitimation.[75]

Angesichts der beherrschenden Rolle der Parteien im Nominierungsprozeß und angesichts der vorentscheidenden Bedeutung der Nominierung für die Wahl wird die Frage nach der Offenheit und Chancengleichheit des Wettbewerbs um die Nominierung *innerhalb* der Parteien um so zentraler.

Genaugenommen geht es um zwei Fragen: Einerseits ist es für die Offenheit wichtig, daß neue Parteien sich möglichst ungehindert bilden und in fairer Chancengleichheit *zwischen* den Parteien entwickeln können, andererseits, daß alle Bewerber bei den Auswahlverfahren *in* den Parteien möglichst gleiche Chancen haben.

Gründe für die bisherige Vernachlässigung der Thematik

Während die erste Frage nach der Chancengleichheit *zwischen* den Parteien in der Literatur vielfach behandelt wird und auch eine größere Zahl verfassungsgerichtlicher Urteile dazu vorliegt, ist die Frage nach der Offenheit der Bewerbung und der Chancengleichheit der Bewerber in bezug auf die Nominierung *in* den Parteien bisher vernachlässigt worden.[76] Dies ist um so überraschender, als die parteiinternen Rekrutierungsprozesse die Qualität des gesamten politischen Personals bestimmen und damit eine Frage betreffen, deren Bedeutung sie eigentlich ganz von selbst in die vorderste Reihe erforschungswürdiger Gegenstände hätte befördern müssen. Die Funktionsfähigkeit unseres gesamten politischen Systems hängt ganz wesentlich von der Qualität der Abgeordneten und damit von den Mechanismen ihrer Rekrutierung ab.

Daß die umfassende wissenschaftliche Behandlung dieser Fragen bisher vernachlässigt worden ist, dürfte mehrere Gründe haben. Einmal kann man sich bei der Analyse nicht darauf beschränken, die formalrechtlichen Regelungen des Nominierungsverfahrens für Wahlkreiskandidaturen oder die Aufstellung von Landeslisten in den Blick zu nehmen, wie sie für Bundestagswahlen in §§ 21 ff., 27 ff. Bundeswahlgesetz in Verbindung mit den jeweiligen Satzungen der Parteien niedergelegt sind (obwohl man die Bedeutung der rechtlichen Regelungen auch nicht geringschätzen sollte). Denn diese Regelungen sagen nichts darüber, warum und unter welchen Voraussetzungen ein Bewerber tatsächlich auf einer aussichtsreichen Position nominiert wird, welche Eigenschaften oder Vorleistungen der Bewerber ihre Nominierung fördern und welche Personen die eigentlichen Fäden in der Hand halten und die Weichen für die Beschlüsse der zuständigen Gremien stellen. Hier sind die Sozialwissenschaften, insbesondere die Parteiensoziologie, gefordert. Ihre Aufgabe ist es, diesen »geheimen Garten der Politik«, wie ausländische Autoren die Kandidatennominierung treffend genannt haben,[77] zu entzaubern. Und wer die Mühe auf sich nimmt und sich in guten Bibliotheken auf die Suche begibt, wird feststellen, daß zu diesen soziologischen Fragen bereits Spezialliteratur von erheblicher Tiefe und beachtlichem Umfang vorliegt. Die rein soziologische Bestandsaufnahme, so wichtig und unverzichtbar sie ist, reicht aber nicht aus, um die Problematik in praxisrelevanter Weise in den Griff zu bekommen. Ein problemorientierter Ansatz verlangt vielmehr auch eine abgewogene Bewertung der ermittelten soziologischen Phänomene. Erforderlich sind also auch wertende Disziplinen, die sich andererseits aber nicht in der Schwarzweißfragestellung der Staatsrechtslehre (verfassungswidrig: ja oder nein) erschöpfen dürfen, sondern darüber hinaus auch rechts- und verfassungs*politische* Fragestellungen mit abdecken müssen. Verlangt wird also die Zusammenführung der Methoden und Ergebnisse zweier ganz unterschiedlicher Arten von Disziplinen: empirischer und normativer. Solche interdisziplinären Ansätze aber sind schwierig und daher selten, nicht zuletzt deshalb, weil die genannten wertenden Disziplinen, die zwar von der Staatsrechtslehre aus-, aber auch über sie hinausgehen, erst noch in den Anfängen stecken.

Zum zweiten werden bei Behandlung der parteiinternen Rekrutierung Probleme berührt, die allen etablierten Parteien gemeinsam sind und mit der Qualität und Leistungsfähigkeit der Mächtigen im Staat auch deren Legitimität betreffen, weshalb sie (und bestimmte bekannt parteinahe Wissenschaftsrichtungen mit ihnen) diese Fragen ungern öffentlich thematisiert und problematisiert sehen. Es besteht eine ähnliche Zurückhaltung, wie sie lange gegenüber der offenen Diskussion des finanziellen Status von Politikern, also ihrer Bezahlung, Versorgung und sonstigen Ausstattungen, geherrscht hatte. Man kann die Probleme des Parteienstaats aus zwei höchst unterschiedlichen

Perspektiven angehen: aus der Sicht der Menschen, der Bürger – staatsrechtlich gesprochen: aus der Sicht des Volkes, von dem nach demokratischen Grundsätzen eigentlich alle Gewalt ausgehen sollte – oder aus der Sicht der Herrschenden, also der politischen Klasse. Die erstere Perspektive wäre eigentlich unter Demokratiegesichtspunkten angemessen und sollte erwartet werden. Doch die Realität ist anders. Die meisten Politikwissenschaftler, die sich mit den Parteien befassen, stehen der politischen Klasse so nahe, daß ihnen die für wissenschaftliche Objektivität nötige Distanz fehlt; sie betreiben ihre Forschungen aus der Sicht und durch die Brille der politischen Klasse, fragen nach den Schwierigkeiten und Problemen, die dieser Stand bei der Ausübung seines Berufs hat, werben in der Öffentlichkeit um Verständnis für diese Schwierigkeiten und wenden sich gegen angeblich »populistische« Kritik, die sie für die zunehmende Politiker- und Parteienverdrossenheit verantwortlich machen. Dabei kommt dann leicht der wichtigste Aspekt zu kurz, daß die politischen Akteure nämlich Funktionen im Interesse der Gesamtheit haben und es darauf ankommt, festzustellen, ob und inwieweit sie diese Funktionen erfüllen und was geändert werden könnte, um dies zu erleichtern. Der Wissenschaftsbetrieb droht in diesem Bereich allmählich so zu verkrusten, daß junge Politikwissenschaftler, die derartige Fragen gezielt in den Blick nehmen, Gefahr laufen, ihrer Karriere zu schaden, und ihnen ein Lehrstuhl vorenthalten bleibt.

Der Mangel an Gerichtsurteilen zu diesen Fragen[78] dürfte einmal damit zusammenhängen, daß die Probleme weniger im rechtlich Formalen als in den realen Willensbildungsprozessen und ihren Ergebnissen liegen, andererseits aber auch darin, daß ohnehin in der Regel keine staatlichen Gerichte, sondern parteiinterne Schiedsgerichte zuständig sind.

Wir wollen im folgenden zunächst die partei*internen* Nominierungsprozesse ins Auge fassen und erst darauf den Wettbewerb *zwischen* den Parteien – beides natürlich unter den Gesichtspunkten der Offenheit und Chancengleichheit. Dabei kann es nicht darum gehen, die realen Verhältnisse erschöpfend darzustellen. Wir beschränken uns vielmehr auf einige uns besonders wichtig erscheinende Schwerpunkte. Die Strukturen der Nominierungsprozesse sind für uns unter mehreren Gesichtspunkten von Interesse; nicht nur das Ausmaß der Offenheit und Chancengleichheit interessiert uns, sondern zum Beispiel auch die Frage nach Qualität und Leistungsfähigkeit der politischen Klasse, nach ihrer Motivation und nach eventuell zu langen Amtszeiten. Genaugenommen spielen die Kriterien und Ergebnisse des Nominierungsverfahrens – angesichts ihrer elementaren Bedeutung für die Betroffenen (und die Gesamtheit der Gesellschaft) – praktisch in alle wichtigen Fragen und Probleme mit hinein, die sich im Zusammenhang mit der politischen Klasse stellen.

Auf dem Parteiticket ins Parlament

Angesichts der Konzentration der gesetzgeberischen Kompetenzen beim Bund steht die Rekrutierung der Bundestagsabgeordneten in den vorliegenden soziologischen Arbeiten naturgemäß im Vordergrund. Auch wir werden im folgenden von Bundesparlamentariern ausgehen, aber gelegentlich auch einen Seitenblick auf Landtagsabgeordnete werfen. Auch sie leben von der Politik. Da wir unter »politischer Klasse« nicht nur die engere »politische Elite« verstehen, sondern umfassender alle diejenigen, die von der Politik leben, gehören dazu grundsätzlich auch Landtagsabgeordnete. Hinsichtlich ihrer politischen Bedeutung stehen die Landtage allerdings weit hinter dem Bundestag zurück.

Bei Bundestagsabgeordneten ist – entsprechend den Vorgaben des Bundeswahlgesetzes – zwischen der Aufstellung der

Wahlkreiskandidaten und der Aufstellung der Landeslisten zu unterscheiden. Doch die rechtliche Zweiteilung erweckt ein unzutreffendes Bild. Was die Zugangschancen anlangt, ist der Unterschied insofern relativ gering, als diejenigen, die in den Wahlkreisen aufgestellt werden, auch die besten Chancen besitzen, auf die Landesliste zu kommen. In den großen Parteien gilt eine Nominierung als Direktkandidat geradezu als Voraussetzung für einen Listenplatz. Daß die Hauptfunktion der Landeslisten darin besteht, unsichere Wahlkreiskandidaten abzusichern, wurde bereits erwähnt. Die Verzahnung von Wahlkreis- und Listennominierungen ist kein Zufall, sie rührt daher, daß die Parteigremien, die die Landesliste aufstellen, sich aus Vertretern der Gremien zusammensetzen, die auch die Wahlkreisnominierungen vorgenommen haben.

An den formalen Nominierungsvorgängen nehmen nur 10 bis 20 Prozent der Parteimitglieder überhaupt teil. Doch die Zahl derer, die die relevanten Vorgespräche führen, ist noch sehr viel geringer. Entscheidend für die Nominierung ist in der Regel eine sehr kleine Gruppe von örtlichen und regionalen Parteifunktionären. In den Wahlkreisen liegt die formale Entscheidung regelmäßig bei Delegiertenversammlungen, deren einzige Aufgabe darin besteht, den Wahlkreiskandidaten der betreffenden Partei zu bestimmen. Das Bundeswahlgesetz gibt zwar auch die Möglichkeit, Parlamentskandidaten von der Mitgliederversammlung einer Partei wählen zu lassen. Dieses Verfahren stößt aber bereits bei Nominierung der Direktkandidaten im Wahlkreis (und erst recht dann bei Aufstellung der Landeslisten) wegen der hohen Mitgliederzahlen jedenfalls der Volksparteien auf Schwierigkeiten, und Brief- oder Urnenwahlen lassen die Wahlgesetze bisher nicht zu. Den Versuchen der Parteien, die Parteimitglieder unmittelbar an den Nominierungen der Parlamentskandidaten zu beteiligen, sind schon von daher enge Grenzen gesetzt.[79] Dies aber wäre wichtig, weil Delegierte oft selbst Parteiämter innehaben und weitere Ämter anstreben und damit Eigeninteressen besitzen, die sie für die vorentscheidenden Cliquen und deren Klüngelabsprachen sehr viel eher ansprechbar machen, als dies bei der Masse der einfachen Parteimitglieder der Fall ist.

Eine vorentscheidende Steuerungsmöglichkeit liegt im Vorschlagsrecht des Parteivorstands. Seinem Vorschlag gehen regelmäßig zahlreiche Gespräche und Vorklärungen im kleinsten Kreis voraus, und dann findet er meist – oft ohne Gegenkandidat – mehrheitliche Zustimmung. Im Prinzip ähnlich ist die Situation bei Aufstellung der Landeslisten. Auch hier wird der formelle Beschluß des zuständigen Gremiums (wenn nicht ohnehin durch Wiederkandidatur des bisherigen Abgeordneten alles klar ist) in zahlreichen informellen Gesprächen und Absprachen intensiv vorbereitet.[80] Hier ist es der Landesvorstand, der die Steuerungs- und Vorentscheidungsposition besitzt. Auch hier gilt: Da viele Delegierte selbst eine Funktion in der Partei ausüben und durch die Partei etwas sein und werden wollen, wird ihre Entscheidung auch davon beeinflußt, wie sich die Wahl eines bestimmten Abgeordneten auf ihre eigene Position auswirkt. Sie sind deshalb für Absprachen auf Gegenseitigkeit besonders zugänglich. So berichten Erwin und Ute Scheuch über die Bildung von »Personalpaketen« innerhalb der SPD in Köln. Die führenden lokalen Größen dieser Partei hatten sich darauf geeinigt, wie die in den folgenden Jahren »zu verteilenden« Posten (ein Europaparlaments-, ein Bundestagsmandat und zwei Landtagsmandate sowie die Position des Kölner Sozialdezernenten und zwei Amtsleiterposten) unter die verschiedenen Gruppen innerhalb der Partei aufgeteilt werden sollten.[81] Dieses Beispiel zeigt, welchen Einfluß auf die Entscheidungen der formell zuständigen Gremien sich die »Strippenzieher« zutrauen, und sie haben damit meist recht. Die formelle Nominierung stellt sich (zumindest bei den großen Parteien) meist nur als Ratifizierung der zuvor von den Landesvorständen und den regionalen Spitzengremien abgesprochenen Listenkompromisse dar.[82] Vereinzelte Änderungen finden nur selten statt, da durch das Herauslösen eines Listenplatzes die innere Ausgewogenheit des Gesamtvorschlags verlorengeht und dadurch auch andere Gruppen befürchten müssen, daß ihre vorher ausgehandelten Anteile wieder in Frage gestellt werden.

Unter den Gesichtspunkten der Offenheit und Chancengleichheit des Wettbewerbs bei den Nominierungsprozessen verdienen vor allem vier Strukturelemente besondere Aufmerksamkeit, die sich folgendermaßen zusammenfassen lassen:

- Chancen, nominiert zu werden, haben im allgemeinen nur Bewerber, die bereits eine lange sogenannte Ochsentour innerhalb ihrer Partei hinter sich haben.
- Besonders gute Chancen, innerhalb der Partei vorwärtszukommen und zum Parlamentskandidaten nominiert zu werden, haben Bewerber aus dem öffentlichen Dienst.
- Auch Vertreter von Interessengruppen haben einen Wettbewerbsvorsprung.
- Besonders ausgeprägt ist der Wettbewerbsvorsprung für Mandatsinhaber: Wenn diese nicht von sich aus verzichten, sondern erneut zur Verfügung stehen, haben sie in der Regel einen uneinholbaren Wettbewerbsvorsprung vor allen Konkurrenten.

Die Ochsentour

Die Nominierung durch eine der beiden großen Parteien setzt in der Regel eine langjährige Parteimitgliedschaft voraus. Die meisten Abgeordneten waren bei ihrer erfolgreichen Nominierung bereits zehn Jahre oder länger in der Partei.[83] Darüber hinaus wird von Bewerbern auch eine längere Bewährung in Parteiämtern und Kommunalmandaten erwartet.[84]

Dies gilt in gleicher Weise auch für Bewerber um Landtagsmandate.[85] Nach einer neuen Untersuchung benötigten die Mitglieder des 1990 gewählten niedersächsischen Landtags nach Eintritt in ihre Partei im Durchschnitt sechs Jahre, um ein erstes kommunales Mandat auf Rats- oder Kreisebene zu erwerben. Sie brauchten weitere zehn Jahre[86] bis zur ersten Wahl in den Landtag. Im Durchschnitt lagen zwischen dem Eintritt in die Partei und der erstmaligen Mitgliedschaft im Landtag also 16 Jahre.[87]

Der Wissenschaftler Rainer-Olaf Schultze faßt die Ergebnisse der einschlägigen parteisoziologischen Untersuchungen wie folgt zusammen:

»Zentrale Voraussetzungen für eine aussichtsreiche Bewerbung um eine frei gewordene Kandidatur sind die Dauer der Parteizugehörigkeit, die Tätigkeit als (nebenamtlicher) Funktionär in der Parteiorganisation und/oder in der kommunalen Selbstverwaltung. Die Nominierungschancen liegen wesentlich in kontinuierlicher Parteiarbeit begründet.«[88]

Besonders gute Chancen haben die Kreis- und Unterbezirksvorsitzenden. Erklären sie sich bereit, zu kandidieren (und kandidiert der bisherige Abgeordnete nicht mehr), so wird ihnen häufig eine Art Erstzugriffsrecht zugestanden. Mit ihrer Kandidatur ist die parteiinterne Diskussion regelmäßig beendet.[89] Sollte man ihnen dagegen den »Zugriff« auf das Mandat ausnahmsweise verwehren, würde auch ihre parteiinterne Stellung und Funktion in Frage gestellt.

Im Erfordernis derart langjähriger Ochsentouren kommt möglicherweise das Bestreben der Parteigremien zum Ausdruck, ihren Parlamentskandidaten so gut zu kennen, daß sie seiner Loyalität sicher sein können, vor allem aber zeigt sich darin die »Neigung etablierter innerparteilicher Oligarchien, unter sich zu bleiben«.[90]

Auch bei der Aufstellung der Landeslisten spielt die »Anciennität« – neben dem Gesichtspunkt der ausgewogenen Vertretung der regionalen und sonstigen parteiinternen Gruppierungen – die zentrale Rolle,[91] schon deshalb, weil ein qualitätsmäßiger Vergleich – mangels genauer Kenntnis aller Kandidaten und erst recht mangels Kenntnis der Anforderungen eines Abgeordnetenamts – den Delegierten ohnehin kaum möglich wäre.

Beamte bevorzugt

Einen großen Wettbewerbsvorsprung im innerparteilichen Kampf um die Nominierung genießen die Beamten (hier einschließlich der Angestellten aus dem öffentlichen Dienst). Das zeigt sich an ihrer starken Überrepräsentation in den Parteien, wobei die Beamtenanteile in der SPD und bei den Grünen besonders groß sind und der Grad der Überrepräsentation noch weiter zunimmt, je einflußreicher die Position in der Partei ist: Die schon generell vorhandene Überrepräsentation wächst noch in den Parteivorständen auf Orts- und noch stärker auf Bezirksebene, und sie ist noch einmal größer unter den Parlamentskandidaten und erst recht unter den erfolgreichen, also den ins Parlament gewählten Abgeordneten.[92]

Die Gründe liegen einmal darin, daß öffentliche Bedienstete in der Regel genügend Zeit für die Mitarbeit in den Parteigremien haben – das gilt in besonderem Maße für Lehrer –, zum zweiten in ihrer allgemeinen Vertrautheit mit Staat und Verwaltung, drittens in der Beherrschung sozialer Techniken (Fähigkeit, zu reden, zum Formulieren und Argumentieren), die sie im Studium oder direkt in der Verwaltung erlernt haben und die ihnen auch in der Parteiarbeit zugute kommt, schließlich aber auch in einer Reihe von rechtlichen Privilegien. So müssen öffentliche Bedienstete zwar meist ihr Amt niederlegen, wenn sie ins Parlament gewählt werden und das Mandat annehmen, haben aber einen Rückkehranspruch nach Ablauf ihres Mandats. Das gibt ein Mindestmaß an finanzieller Sicherheit, über das Arbeitnehmer aus dem privaten Bereich, Selbständige und Freiberufler meist nicht verfügen. Öffentliche Bedienstete können sogar auf Staatskosten Kommunalmandate erwerben, wenn sie in den Diensten des Bundes, eines Landes oder einer anderen Kommune stehen, was es ihnen erleichtert, in den Parteien Fuß zu fassen. Sie haben dann nämlich den rechtlichen Anspruch, für die Wahrnehmung des kommunalen Mandats von ihren Dienstpflichten freigestellt zu werden – bei ungekürzter Fortzahlung ihrer Bezüge (siehe auch das Kapitel über die Verbeamtung der politischen Klasse, S. 240 f.).

Lobbyisten haben es leichter

Auch Interessenvertreter sind in den deutschen Parlamenten weit überrepräsentiert – sie sind nach den öffentlichen Bediensteten die zweitgrößte Berufsgruppe –, was ebenfalls auf einen beträchtlichen Wettbewerbsvorsprung hindeutet. Dies beruht einmal darauf, daß Verbände oft daran interessiert sind, im Parlament vertreten zu sein, und deshalb möglichen Aspiranten den zeitlichen und materiellen Bewegungsspielraum geben, der es ihnen erleichtert, sich in einer Partei erfolgreich um eine Nominierung zu bewerben.[93] Zum anderen versprechen auch die Parteien sich von der Unterstützung relevanter Verbände eine Verbesserung ihrer Wahlchancen und bieten ihnen deshalb vorzugsweise Nominierungen an (siehe auch das Kapitel über Interessenverbände, S. 272).

Einmal Abgeordneter – immer Abgeordneter

Wenn der Mandatsinhaber wieder kandidiert, ist seine erneute Nominierung in aller Regel praktisch sicher.[94] Der Anspruch eines bisherigen Abgeordneten, wieder aufgestellt zu werden, wird meist widerspruchslos akzeptiert. Ihm wird sozusagen das Recht des ersten Zugriffs zugebilligt. Ein gutes Indiz dafür ist die dann extrem niedrige Gegenkandidatenquote. »Nur ... in 5 bis 6 Prozent der Fälle ... wurden gegen bisherige, sich zur Wiedernominierung stellende Abgeordnete Gegenkandidaten aufgestellt, und nur in 3 Prozent dieser Fälle wiederum unterlag der Abgeordnete. Stand der bisherige Mandatsträger hingegen nicht mehr zur Wahl, kam es in über 70 Prozent dieser Fälle zu Kampfabstimmungen.«[95] Diese Zahlen sind deshalb so brisant, weil sie die gängige Behauptung, Politik sei ein besonders risikoreicher Beruf,[96] in Frage stellen. Wer es geschafft hat, ein Mandat zu erlangen, hat ausgesprochen gute Chancen, dieses – trotz der formal alle vier oder fünf Jahre nötigen Erneuerung des Mandats – auch so lange zu behalten, wie er es wünscht.

Was dieser Befund möglicherweise bedeutet, mag man sich an einem drastischen Beispiel klarmachen: Wie würde die Öffentlichkeit wohl reagieren, wenn die Wahlperiode für einen großen Teil der Abgeordneten auch rechtlich auf 16, 20 oder 24 Jahre verlängert würde? Ein Sturm der Entrüstung über eine solche »Beseitigung der Demokratie« würde losbrechen, und das mit vollem Recht. Ist die Lage aber eigentlich so völlig anders, wenn die dauerhafte Innehabung des Mandats nicht durch das formale Recht, sondern durch die vom Abgeordneten selbst mitgeschaffenen »Verhältnisse« bewirkt wird, die, wie noch zu zeigen sein wird, den Wettbewerb weitgehend ausschließen? »Abgestimmte Verhaltensweisen« zur Beseitigung des Wettbewerbs sind in der Wirtschaft grundsätzlich verboten. Bei der Rekrutierung der Politiker, also in einem noch viel wichtigeren Bereich, fehlt es dagegen bisher nicht nur an entsprechenden

Problematisierungen, die Politik ist umgekehrt dabei, den Wettbewerb noch immer mehr zu verzerren.

Welches sind die Gründe für den Vorsprung, den Mandatsinhaber im Wettbewerb gegenüber allen möglichen Herausforderern besitzen? Manche sprechen davon, es sei das Amtsprestige der Bonner Abgeordneten, das vor Ort den Ausschlag für die Wiedernominierung gebe. Doch was ist damit eigentlich gemeint? Die Leistung des Abgeordneten im Bundestag kann es kaum sein, denn sie spielt nach Angaben der Parlamentssoziologie für die Renominierung fast keine Rolle.[97] Zunächst sind es natürlich die größere Erfahrung und die Bekanntheit des bisherigen Abgeordneten, die ihm bereits einen Vorsprung geben. Dieser Vorsprung vergrößert sich nun aber noch durch mehrere Faktoren ins fast Uneinholbare.

Der Abgeordnete bleibt meist auch nach seiner Wahl ins Parlament zentraler Willensbildner in den örtlichen und/oder regionalen Parteigremien. Das gilt nicht nur für Bundestagsabgeordnete, sondern auch für Landtags- und deutsche Europa-Abgeordnete. Fast drei Viertel von ihnen haben Führungsämter in ihren Parteien inne, vor allem auf Kreis- und Unterbezirksebene.[98] Diese Ämter sind, wie alle einschlägigen Untersuchungen ergeben, ideale Sprungbretter für aussichtsreiche Kandidaturen in Wahlkreisen und auf Landesebene.[99] Ihnen kommt eine zentrale Bedeutung bei der Parlamentskandidatur zu. Deshalb werden diese Ämter, wie eine Befragung niedersächsischer Landtagsabgeordneter ergab, von den Abgeordneten »beibehalten, um eine erneute Kandidatur absichern zu können,«[100] obwohl die Arbeit in den Parteigremien von den Abgeordneten »als wenig reizvoll und als relativ stark belastend« angesehen wird.[101]

Viele Abgeordnete sind auch in den Kommunalvertretungen aktiv, und dies selbst dann, wenn sie im Parlament Führungspositionen ausüben und deshalb eigentlich kaum noch Zeit für die Wahrnehmung von Kommunalmandaten haben. Nach der genannten Untersuchung über niedersächsische Landtagsabgeordnete haben vier Fünftel von ihnen Mandate in einer Gemeinde- oder Kreisvertretung inne, davon ein Viertel sogar auf Gemeinde- *und* Kreisebene,[102] was andererseits natürlich auch die Behauptung, das Landtagsmandat sei ein Full-time-Job, und die Klage der Abgeordneten über ihre Zeitknappheit in einem ernüchternden Licht erscheinen läßt. Hier wird besonders deutlich, in welchem Umfang die kommunalen Mandate zur Sicherung der Wiedernominierung und generell zum Offenhalten auch anderer politischer Karrierechancen der Amtsinhaber instrumentalisiert werden.[103] Doch auch die umgekehrte Instrumentalisierung, nämlich der Gebrauch des Landtagsmandats zur Absicherung einer kommunalen Führungsposition, ist häufig zu beobachten. Das Landtagsmandat schmückt nicht nur und erhöht das lokale Gewicht, sondern erlaubt es dem Kommunalpolitiker zudem, von der Politik zu leben, obwohl dies in der Kommunalpolitik – abgesehen von den hauptberuflichen Wahlbeamten (Bürgermeister, Landräte und Beigeordnete) – an sich nicht vorgesehen ist. Die Diäten der Kommunalvertretung reichen dafür regelmäßig nicht aus. Bei Bundestagsabgeordneten ist die gleichzeitige Mitgliedschaft in Kommunalvertretungen weniger häufig. Nach einer von Erwin und Ute Scheuch durchgeführten Untersuchung hatten im ersten Bundestag nach der deutschen Vereinigung aber immerhin 169 Abgeordnete noch ein Kommunalmandat inne.[104]

Diese Innehabung lokaler Ämter bringt es mit sich, daß die parteiinterne Kommunikation üblicherweise vom Abgeordneten kontrolliert oder doch wesentlich mitbestimmt wird und er während der ganzen Wahlperiode, die seiner Wiedernominierung vorausgeht, in der Lage ist, die für seine Wiederwahl nötigen Fäden zu ziehen und innerhalb der Partei praktisch andauernd Wahlkampf für seine Wiedernominierung zu führen.[105]

Diese Feststellungen würden allerdings mißverstanden, wenn man daraus entnähme, der Abgeordnete würde seine gesamte

Tätigkeit direkt und unverblümt nur auf seine Wiederwahl ausrichten. Das ist nicht der Fall und wäre wahrscheinlich auch kontraproduktiv. Der Abgeordnete hat gegebenenfalls ein Wahlkreisbüro und muß (neben den Aktivitäten in den Parteigremien und Kommunalvertretungen) vielfache Leistungen im Rahmen eines Wahlkreis- und Wählerservice vor Ort erbringen und beträchtlichen Repräsentationsverpflichtungen genügen.[106] Zugleich wird von ihm erwartet, daß er die wahlkreisspezifischen Interessen im Parlament vertritt,[107] wobei Abgeordnete der Regierungspartei naturgemäß einen großen Vorteil haben.[108] Eventuelle Erfolge sucht der Abgeordnete über die örtlichen Medien zu verbreiten, damit sie bei den Wählern und Parteimitgliedern auch ankommen. Der gefährlichste Vorwurf, der den Abgeordneten die Wiederaufstellung kosten kann, ist die Behauptung, er habe seinen Wahlkreis vernachlässigt.[109] Doch hat der Abgeordnete bei Gelegenheit all dieser Tätigkeiten und teilweise auch durch sie die Möglichkeit, sein Ziel der zukünftigen Wiedernominierung ständig mittelbar mit zu fördern. Insbesondere wird »im Wahlkreis von den unzähligen Möglichkeiten, Wähler- und Wahlkreisservice zu betreiben, das ausgewählt«, was für die Abgeordneten »zum Erhalt ihres Mandats am wichtigsten und auch zeitlich zu schaffen ist«.[110]

Wenn Abgeordnete horrende Stundenzahlen nennen, die sie angeblich tagein, tagaus für ihr Mandat schuften müssen, um die Berechtigung ihrer Full-time-Bezahlung zu belegen, dann pflegen sie alles mitzurechnen: die Tätigkeiten im Bezirks- und Landesvorstand ihrer Partei, die Stunden, die sie als Mitglied des örtlichen Stadtrats und des Kreistages aufwenden, also auch alles das, was andere Berufsgruppen ehrenamtlich und ohne Bezahlung tun. Bei diesen Tätigkeiten handelt es sich nicht um die Ausübung des Mandats, sondern um die Sicherung der Wiederwahl oder, noch deutlicher, um die Verschaffung unfairer Vorteile im Wettbewerb um die (Wieder-)Nominierung – und das alles auch noch auf Kosten der Steuerzahler.

Das Übergewicht der Mandatsinhaber wird dadurch weiter gesteigert, daß sie ihr Gehalt und ihre gesamte Amtsausstattung auch während des Wahlkampfs weiterbezahlt erhalten, auch wenn, wie in der heißen Phase des Wahlkampfs, praktisch keine Parlamentsarbeit mehr stattfindet. Demgegenüber hat ein Herausforderer, der sich um einen Sitz im Bundestag bewirbt, nach Art. 48 I GG zwar »Anspruch auf den zur Vorbereitung seiner Wahl erforderlichen Urlaub« gegenüber seinem Arbeitgeber, dies aber ohne jede Vergütung. Die darin liegende rechtliche Privilegierung des Mandatsinhabers ist unter dem Gesichtspunkt des strengen Gleichheitssatzes äußerst zweifelhaft.[111] Darüber hinaus hat sich in den vergangenen drei Jahrzehnten der Wettbewerbsvorteil der Amtsinhaber dadurch noch weiter vergrößert, daß die Abgeordneten ihre Amtsausstattung, die während der Parlamentsferien und, wie schon bemerkt, auch während des Wahlkampfs in vollem Umfang weiterläuft, unerhört ausgeweitet haben. Daß die Abgeordneten ihre Bezüge und ihre Amtsausstattung auch während des gesamten Wahlkampfs bekommen, gibt ihnen große ökonomische und personelle Schlagkraft, die sie für ihre Partei einsetzen können und sie für diese besonders wertvoll macht, was natürlich auch bereits auf die Nominierung vorwirkt.

Ein in diesem Zusammenhang besonders gewichtiger Teil der Amtsausstattung sind die Mittel für Mitarbeiter, die sich die Abgeordneten in schnell wachsendem Umfang bewilligt haben. Jeder Bundestagsabgeordnete verfügt inzwischen jährlich über rund 230 000 DM und bezahlt damit im Durchschnitt je sechs Mitarbeiter, zwei Vollzeit- und vier Teilzeitbeschäftigte, insgesamt über 4000 an der Zahl.[112] Diese nützen dem Abgeordneten bei seinen Wiedernominierungsbestrebungen gleich doppelt. Sie nehmen ihm im Parlament Arbeit ab und erleichtern es ihm so, seine Stellung im Wahlkreis, von der die Wiedernominierung abhängt, zu sichern und auszubauen. Zudem werden die Mitarbeiter selbst immer mehr auch vor Ort eingesetzt und tun dort in großem Umfang auch Arbeit für die Partei (obwohl sie dafür eigentlich nicht bestimmt sind).[113] Damit vervielfältigt der Abgeordnete seinen parteiinternen Einfluß. Und die Gefahr, daß ihm in den Assistenten Konkurrenten um das Mandat erwachsen, wird dadurch vermindert, daß die Mitarbeiter wirtschaftlich und weisungsmäßig von ihm abhängig sind. Denn er entscheidet allein über ihre Einstellung und ihre Entlassung.

In den Bundesländern war es vor allem die Aufwertung des Parlamentsmandats zu einer vollbezahlten Tätigkeit, die auf den ersten Blick in merkwürdigem Kontrast zu den objektiv immer weiter abnehmenden Aufgaben der Landesparlamente steht und die die Abgeordneten immer abkömmlicher für Parteitätigkeit vor Ort gemacht hat. Die Vollbezahlung als Abgeordneter erleichtert es, als staatsbezahlter Parteifunktionär im Heimatkreis alle für die Wiedernominierung wichtigen Bereiche möglichst unter Kontrolle zu halten und eventuelle Konkurrenten gar nicht erst aufkommen zu lassen.

Darüber hinaus haben sich auch in den meisten Landesparlamenten die Abgeordneten inzwischen staatsfinanzierte Mitarbeiter bewilligt. Hier sticht besonders der Landtag Brandenburg ins Auge. Dort hat jeder Abgeordnete das Recht auf die Bezahlung von Mitarbeitern bis zur Höhe eines BAT-IIa-Gehalts (Ost). Das ist mehr, als jeder andere Landesparlamentarier in Deutschland für die Bezahlung von Mitarbeitern aus der Staatskasse zur Verfügung hat.[114] Diese Ausweitung wurde mit dem Landeshaushalt 1995 eingeführt, was zur Folge hatte, daß die Mittel von 2,9 Millionen DM (1994) auf 6,5 Millionen DM (1995) mehr als verdoppelt wurden.[115] Besonders aufschlußreich ist die Vorgeschichte: 1993 hatte der SPD-Vorsitzende des Landes Brandenburg vorgeschlagen, den Parteien zum Ausgleich für die in Brandenburg (und in den anderen östlichen Bundesländern) außerordentlich niedrige Zahl von Mitgliedern zusätzliche Mittel aus der Staatskasse zu geben, damit sie sich auch auf Ortsebene bezahlte Funktionäre leisten könnten.[116] Das konnte – angesichts der »absoluten Obergrenze« für die staatliche Finanzierung der Parteien im engeren Sinne[117] – nur auf eine Erhöhung der Mittel für Fraktionen oder Hilfskräfte der Abgeordneten hinauslaufen,[118] und so war es schwerlich ein Zufall, daß die Mittel für Abgeordnetenmitarbeiter 1995 mehr als verdoppelt wurden – ein Schelm, wer Schlechtes dabei denkt.

Ein weiterer Wettbewerbsvorteil, der ins Gewicht fällt, ergibt sich aus den größeren Möglichkeiten der Mandatsinhaber, finanzielle Mittel von Dritten für den Wahlkampf einzuwerben. Das Amt erleichtert es, Türen zu außerparlamentarischen Geldgebern zu öffnen,[119] deren Zuwendungen für die Partei willkommen sind. Hinzu kommt die Befugnis, als Abgeordneter persönlich Spenden in unbegrenzter Höhe entgegenzunehmen. Trotz der Zweifelhaftigkeit solcher gefährlich nahe an Korruption grenzenden Leistungen an einzelne Abgeordnete brauchen sie (nach dem von den Abgeordneten selbst gezimmerten Reglement) nicht einmal dem Bundestagspräsidenten gemeldet zu werden, es sei denn, sie überschreiten 10 000 DM im Jahr. (Eine – vom Bundesverfassungsgericht mit Urteil von 1992 erzwungene – Veröffentlichungspflicht von Direktspenden besteht sogar erst ab einer Höhe von 20 000 DM pro Abgeordnetem und Jahr.)[120] Solche Direktspenden an Abgeordnete unterliegen nicht der Einkommensteuer, können also (wenn sie nicht für private Zwecke verausgabt werden) in voller Höhe der politischen Arbeit zugeführt und für die Wiedernominierung und Wiederwahl eingesetzt werden. Seit dem Flick-Prozeß vor zehn Jahren wissen wir auch, daß derartige Spenden durchaus verbreitet sind. In diesem Prozeß hatten die Beschuldigten, Flicks Generalbevollmächtigter von Brauchitsch sowie die beiden ehemaligen Bundesminister Friedrichs und Graf

Lambsdorff, die nach dem Urteil des Landgerichts Bonn vom 16.2.1987 in den Jahren 1975 bis 1980 insgesamt 730 000 DM von Flick erhalten hatten, zu ihrer Verteidigung offenbart, in welchem Umfang auch andere Politiker Bargeld entgegengenommen hatten (so ausweislich der Angaben im Urteil zum Beispiel auch Helmut Kohl in den Jahren 1975 bis 1980 insgesamt 515 000 DM und Franz Josef Strauß 950 000 DM).[121] Und aus anderer Quelle ist bekannt, daß der damalige wirtschaftspolitische Sprecher der CDU Matthias Wissmann für den Wahlkampf 1975 50 000 DM erhalten hatte.[122] Die für Wahlkampfzwecke gewährten Summen sind üblicherweise allerdings geringer, werden aber gleichwohl oft für die Unterstützung ganz bestimmter Abgeordneter gewährt. So war, um ein belegbares Beispiel zu nennen, einer Unternehmerspende, die über einen Berufsverband an die CDU weitergeleitet wurde, folgendes Schreiben an den CDU-Kreisvorsitzenden als Empfänger der Spende beigefügt:

> »Herr H. hat bei seiner Spende ausdrücklich zur Bedingung gemacht, daß die Hälfte, also 5000 DM, auf das Wahl-Sonderkonto von Herrn L. überwiesen werden, während die anderen 5000 DM für die Wahlkampffinanzierung in dem Wahlkreis bestimmt sind, in dem X. liegt.«[123]

Da die Abgeordneten sich oft mit fünfstelligen Beträgen an den örtlichen Kosten des Wahlkampfs beteiligen müssen, sind diese Möglichkeiten von besonderem Gewicht. Soweit der Eigenbeitrag des Abgeordneten nicht durch eingeworbene Drittspenden abgedeckt werden kann, bleibt dem Abgeordneten die Möglichkeit, ihn aus seinen Bezügen, insbesondere aus seiner steuerfreien Kostenpauschale, zu begleichen. Diese ist automatisch der Geldentwertung angepaßt und beträgt derzeit fast 75 000 DM jährlich. Sie ist eigentlich nicht für Wahlkampfkosten bestimmt.[124] Doch da sie pauschal und ohne Belege und Nachweise gewährt wird, kann niemand verhindern, daß sie vor den Wahlen angespart und für Wahlkampfzwecke mitverwendet wird.

Eventuelle Konkurrenten erhalten – anders als Abgeordnete – keine Pauschale. Man würde deshalb erwarten, daß sie ihre Aufwendungen für den Erwerb des Mandats zumindest *steuerlich* als Werbungskosten absetzen können. Doch hat »der Gesetzgeber«, sprich: die in eigener Sache entscheidenden Abgeordneten, den Konkurrenten auch die steuerliche Absetzbarkeit als Werbungskosten verwehrt. Dies geschah mit der vorgeschobenen Begründung, sonst bestehe wegen der je nach Einkommenshöhe unterschiedlichen Möglichkeiten, Aufwendungen zu machen, und wegen der unterschiedlichen steuerlichen Auswirkungen des progressiven Einkommensteuertarifs die Gefahr, daß der Grundsatz der Chancengleichheit aller Wahlbewerber tangiert werde.[125] Doch hätte man, wie auch sonst in vergleichbaren Fällen, durchaus auf andere Weise Vorkehrungen gegen eine steuerliche Begünstigung von Reichen treffen und eine Obergrenze für die Absetzbarkeit der Werbungskosten und/oder einen (den Progressionseffekt neutralisierenden) prozentualen Abzug von der Steuerschuld festlegen können. Auf diese Weise hätte man sicherstellen können, daß die riesige Benachteiligung von Herausforderern gegenüber Mandatsinhabern gemildert worden wäre, ohne daß andere Verzerrungen aufgetreten wären. Doch waren die Abgeordneten, die ihre Wettbewerbsvorteile als Mandatsinhaber hätten beschneiden müssen, daran offenbar nicht interessiert. Die jetzige Gesetzeslage bringt jedenfalls eine krasse Bevorzugung der amtierenden Abgeordneten mit sich. Die Mandatsinhaber können ihre Aufwendungen für den Wahlkampf zwar auch nicht als Werbungskosten absetzen, aber sie erhalten – im Gegensatz zu jedem Herausforderer – auch während des gesamten Wahlkampfs die dynamisierte und von vornherein steuerfreie Kostenpauschale und die gesamte sonstige Amtsausstattung, und die Möglichkeit, steuerfreie Spenden für den Wahlkampf einzuwerben, steht ebenfalls faktisch vornehmlich den Mandatsinhabern zur Verfügung.[126]

Darüber hinaus wird die Position der Mandatsinhaber auch durch die Praxis der sogenannten Parteisteuern gestärkt. Damit hat es folgendes auf sich: Die verschiedenen Parteigliederungen – auch die Kreis- und die Landesgliederungen – erheben von ihren Abgeordneten monatliche Sonderbeiträge in meist vierstelliger Höhe. Ihre Erhebung ist nach fast einhelliger Auffassung der Staatsrechtslehre verfassungswidrig und kann deshalb rechtlich nicht erzwungen werden. Der Abgeordnete leistet sie gleichwohl »freiwillig«, um seine Wiedernominierung durch Wahlkreis- und Landesgremien nicht zu gefährden. Läßt seine Partei ihn aber fallen, wird er nicht wieder aufgestellt, was in der Regel mindestens ein Jahr vor Ende der Wahlperiode feststeht, und gibt die Partei ihm auch keine anderweitige Position, so entfällt der bisherige Grund für die weitere »freiwillige« Entrichtung der Parteisteuern während der restlichen Wahlperiode. Ihr Ausfall kann für die Partei einen doppelten Verlust bedeuten, weil Parteisteuern trotz ihrer rechtlichen Anfechtbarkeit paradoxerweise zusätzlich auch noch Staatszuwendungen an die Partei auslösen.

Wie intensiv der machtpolitische Wille ist, der hinter den Regelungen betreffend die Parteisteuern steht, zeigt sich auch daran, daß der Wunsch der Parteien, die Parteisteuern auch in Zukunft beizubehalten, der eigentliche Grund war, warum die Steuervergünstigung von Zuwendungen an Parteien in verfassungswidriger Weise zu stark ausgedehnt wurde. Sie wurde für einen verheirateten Spender nicht, wie die Parteienfinanzierungskommission im Anschluß an das Urteil des Bundesverfassungsgerichts von 1992 vorgeschlagen hatte, auf jährlich 4000 DM festgelegt, was äußerstenfalls noch verfassungsgemäß gewesen wäre, sondern auf 12 000 DM, also den dreifachen Betrag. Das Bundesverfassungsgericht hatte verlangt, daß die

Obergrenze für die Steuerbegünstigung von Zuwendungen an Parteien so festgesetzt sein müsse, daß ein mittlerer Einkommensbezieher sie ausschöpfen könne. Statt sich aber an den Spendenmöglichkeiten des Durchschnittsverdieners zu orientieren, haben die Abgeordneten die Grenze an ihren eigenen Verhältnissen ausgerichtet, insbesondere an den von ihnen zu zahlenden Parteisteuern.[127]

Wie man sieht, haben Amtsinhaber ihre ohnehin starke Stellung also noch dadurch gewaltig gesteigert, daß sie ihre Bezahlung und ihre Amtsausstattung im Laufe der Jahre weit überproportional ausgeweitet haben, was ihnen die Möglichkeit gibt, im Wahlkreis ständig präsent zu sein – sei es persönlich, sei es vertreten durch ihre Mitarbeiter – und die Fäden für die Wiedernominierung auf diese Weise um so sicherer unter Kontrolle zu halten.

Eine weitere Selbstbevorzugung haben die Amtsinhaber beim Erlaß des neuen Fraktionsgesetzes des Bundes beschlossen. Danach können Teile der staatlichen Mittel, die die Bundestagsfraktionen erhalten, nicht nur für die Öffentlichkeitsarbeit der Fraktionen als Ganzes, sondern auch für die einzelner Abgeordneter verwendet werden. Die entsprechende Klausel wurde erst bei den nichtöffentlichen Ausschußberatungen im Herbst 1993 in das Gesetz eingefügt. Die von der Öffentlichkeit bisher kaum zur Kenntnis genommene Vorschrift des § 47 III des Fraktionsgesetzes des Bundes lautet – unter der Paragraphenüberschrift »Aufgaben« (der Fraktionen):

»Die Fraktionen *und ihre Mitglieder* können die Öffentlichkeit über ihre Tätigkeit unterrichten.«[128]

Und § 50 gibt den Fraktionen »zur Erfüllung ihrer Aufgaben Anspruch auf Geld- und Sachleistungen aus dem Bundeshaushalt«.

Von der Möglichkeit der Abgeordneten, Öffentlichkeitsarbeit

in ihrer jeweiligen Heimatregion zu machen bis hin zum Schalten von Zeitungsanzeigen und zum Versenden von Massendrucksachen, ist bisher meines Wissens noch nicht in nennenswertem Umfang Gebrauch gemacht worden; das Gesetz war ja auch erst Anfang 1995 in Kraft getreten, also nach den Bundestagswahlen von 1994. Aber bereits der Umstand, daß die Abgeordneten die Klausel – trotz ihrer offensichtlichen Unvereinbarkeit mit der Rechtsprechung des Bundesverfassungsgerichts zur staatlichen Fraktionsfinanzierung[129] – durchgeboxt haben, signalisiert die Intensität des Machterhaltungsinteresses der amtierenden Abgeordneten und ihres Bestrebens, sich möglichst viele Vorteile beim Wettbewerb um die Wiedernominierung und Wiederwahl zu verschaffen. So liegt die Prognose nicht fern, daß es den Abgeordneten in Zukunft schwerfallen wird, vor Bundestagswahlen und den vorangehenden parteiinternen Nominierungsverfahren die selbst geschaffenen Möglichkeiten auszulassen. Und diese bevorzugen sie wiederum doppelt gegenüber möglichen Herausforderern, einmal, weil sie sich mit staatsfinanzierter Öffentlichkeitsarbeit bei den Delegierten in Erinnerung rufen, und zum zweiten, weil sie dadurch auch die Wahlkampf-Power der örtlichen Partei erhöhen können und auf diese Weise für die Partei noch unverzichtbarer werden.

Zusammengefaßt bringen die Regelungen, bezogen auf den Wettbewerb um die Nominierung innerhalb der etablierten Parteien, eine gewaltige Bevorzugung für bisherige Mandatsinhaber.

Fazit: Wettbewerb und Leistung spielen keine Rolle

Versucht man die allgemeinen Wahlen und die vorentscheidenden Nominierungsprozesse innerhalb der Parteien einer Gesamtbeurteilung zu unterziehen, so kommt man an der Feststellung nicht vorbei, daß hier ein für den Außenstehenden fast unvorstellbares Ausmaß an Vermachtung vorliegt. Zwar werden der Wettbewerbs- und der Leistungsgedanke und die Grundsätze der Demokratie als politische Formeln in Sonntagsreden fast ununterbrochen bemüht. Tatsächlich aber ist die Wirklichkeit nirgendwo weiter von diesen Prinzipien entfernt als hier. Statt Offenheit und Wettbewerb herrschen Absprachen und Kooptation. Zwar ist es subjektiv durchaus verständlich, daß die Funktionäre in den Parteien sich gegen Außenseiter und Eindringlinge zur Wehr setzen, da sie in ihnen Konkurrenten sehen, gerade auch Konkurrenten in bezug auf die wirtschaftlich immer attraktiver gewordenen Parlamentsmandate. »Aber es verdirbt die Politik. Sie, die geschlossene Gesellschaft der Parteiapparate, sind es auch, die sich jeder Erneuerung erfolgreich widersetzen, nicht etwa die Leute der Spitze.«[130] Um nicht in den Verdacht einer einseitigen Beurteilung zu kommen, wollen wir den derzeitigen Vorsitzenden der Deutschen Vereinigung für Politische Wissenschaft Michael Greven zitieren, einen der wenigen Politikwissenschaftler, die sich nicht scheuen, die Dinge beim Namen zu nennen:

»Diese Ausleseprozesse (seien) nur in formaler Hinsicht als Wahlen zu bezeichnen.«

»Die Auswahl der Mandatsträger ... erfolgt nicht durch das Volk, nicht durch das Parteivolk, nur in geringem Maße durch dafür bestellte Versammlungen und Delegiertenkonferenzen, und sie erfolgt nicht in einer den Anforderungen der demokratischen Ideologie entsprechenden Weise, also öffentlich, in gleichberechtigter Konkurrenz verschiedener Kandidaten, unter sachlichen und programmatischen Gesichtspunkten.«

»Durch die praktizierten Verfahren – Delegiertenversammlungen, Kandidatenvorstellungen usw. – (werde ein) innerparteiliches und gesellschaftliches Bewußtsein (erzeugt), es (handle) sich dabei um demokratische Wahlprozesse, zu denen jeder Zugang und die Möglichkeit kritischer Kontrolle habe. (In Wahrheit aber seien) kleine relativ stabile Oligarchien (in der Lage), den eigentlichen Auswahlprozeß zu monopolisieren ... Das in der demokratischen Ideologie vielgepriesene personelle Wahlverfahren, nach dem jeder zwar nicht den Marschallstab im Tornister, aber doch die Chance auf ein Abgeordnetenmandat hat, wenn es ihm nur gelingt, in der demokratischen Konkurrenz seine Qualitäten gegenüber den Mitbewerbern ins rechte Licht zu rücken, erweist sich damit ... als ein durch den politischen Prozeß selbst permanent reproduzierter Mythos, der geeignet ist, die Macht einer kleinen Schicht wenig kontrollierter Politiker zu stärken, die im Besitz dieser Macht stehend sich der Vorteile bedienen, die einem solche Positionen verschaffen können, und deren Rekrutierung von ihnen selbst nach ihren eigenen Maßstäben erfolgt. Im wesentlichen sie selbst beschließen, wer aus ihrem Kreis ausscheidet – in der Regel aus Altersgründen – und wer dafür nachrückt; das demokratische Verfahren der Wahl auf entsprechenden Versammlungen und Konferenzen dient in diesen Fällen der nachträglichen Akklamation und Legitimierung der getroffenen Auswahl.«[131]

Von Ministern und Seiteneinsteigern

Da die Parlamentarischen Staatssekretäre automatisch und die Minister häufig gleichzeitig Abgeordnete sind, bilden die Parteien zugleich mit der Auswahl der Abgeordneten auch das Reservoir für Regierungsmitglieder. Die Rekrutierung der Regierungsmitglieder baut insofern auf der der Abgeordneten auf. Das gilt jedenfalls für die Mitglieder der *Bundes*regierung. Es bedarf wiederum meist erheblicher Zeit des Sichhochdienens

im Parlament, bis das Amt eines Ministers oder Parlamentarischen Staatssekretärs in Reichweite kommt (wobei neuerdings unter bestimmten Konstellationen aber die Ausnahmen zuzunehmen scheinen, wie zum Beispiel die Fälle Leutheusser-Schnarrenberger [FDP], Edzard Schmidt-Jortzig [FDP] und Cornelia Yzer [CDU] zeigen).
Ein gutes Sprungbrett ist auch die Übernahme von Ämtern in den Führungsgremien der Parteien auf Bundesebene. Die Wahl in den Bundesvorstand einer Partei ist oft die Vorstufe zu einer möglichen Ministerernennung.[132]
Demgegenüber pflegt in den *Ländern* ein erheblicher Teil des Kabinetts bei der Ernennung nicht Mitglied des Landesparlaments zu sein. Für die Berufung von Ministern ist in der Regel der Regierungschef zuständig, und er beruft nicht selten auch Seiteneinsteiger, wobei ihr Anteil in Ländern, wo eine Partei allein regiert, größer zu sein scheint, so »als ob deren Ministerpräsident den Ehrgeiz hätte, durch die Wahl von ministrablen Seiteneinsteigern ihre Unabhängigkeit gegenüber der Mehrheitsfraktion zu demonstrieren«.[133] In Baden-Württemberg waren es in den Jahren 1952 bis 1987 durchschnittlich 41 Prozent, und Ende der siebziger Jahre waren gar sieben der elf Minister dieses Landes außerhalb der Mehrheitsfraktionen groß geworden.[134] In der 1990 gewählten niedersächsischen Landesregierung rekrutierten sich sieben von zwölf Kabinettsmitgliedern aus dem Landtag.[135] Nach einer aktuellen Auszählung (Stand: März 1997) sind von 142 Landesministern 57 nicht zugleich auch Abgeordnete.[136] Hier, bei der Rekrutierung der Landesminister, scheinen also immerhin Chancen für Seiteneinsteiger zu bestehen, wie sie sich sonst kaum irgendwo in Deutschland eröffnen. (Allerdings bemühen sich so berufene Minister oft alsbald um ein Abgeordnetenmandat und die entsprechende Absicherung in der Partei, zumeist mit Erfolg.)
Die größeren Chancen für Seiteneinsteiger auf Landesebene dürften damit zusammenhängen, daß die Leistungen und das

Ansehen der Regierung auch von den Leistungen und dem Ansehen der einzelnen Minister in ihren Ressorts abhängen. Deshalb werden die Ministerpräsidenten nicht gerade Genies, die ihren Ruhm verdunkeln, heranziehen, aber sie werden, wie schon Schumpeter bemerkte, doch versuchen, den Aufstieg von »Deppen und Windbeuteln zu verhindern«.[137] Was den Minister vor allem vom einfachen Abgeordneten unterscheidet, ist die zurechenbare Verantwortung, die er zumindest für sein Ressort trägt. Theodor Eschenburg hat dies vor dreißig Jahren so ausgedrückt, der Minister sei eine Art Ratsherr im Kabinett, zugleich aber »Befehlshaber« in seinem Ressort. »In seinem Bereich steht ihm immer die letzte Entscheidung zu, trägt er allein die Verantwortung.« – »Manche versagen. Ein guter Minister zu sein« sei »heute eine sehr respektable Leistung.«[138]

Beamte: Zunehmend das Parteibuch in der Tasche

Von der Rekrutierung von Abgeordneten und Ministern ist diejenige von politischen Beamten und politisierten Beamten zu unterscheiden, obwohl die Ernennung von hohen politischen Beamten sich in der Sache in vielen Bereichen immer mehr derjenigen von Ministern anzugleichen scheint. Es gibt zwar eine Reihe von formalen Voraussetzungen, die aber häufig »politisch« erfüllt werden. Bei normalen Beamten gilt ohnehin von Verfassungs wegen der Grundsatz, daß die Entscheidung allein nach der persönlichen und sachlichen Qualifikation erfolgen darf. Das Parteibuch darf bei Laufbahnbeamten und öffentlichen Angestellten keine Rolle spielen. Kaum irgendwo wird allerdings so sehr gegen Verfassungsgrundsätze verstoßen wie hier, worin eine schwere Wettbewerbsverzerrung zu Lasten derer ohne Parteibuch oder mit dem falschen Parteibuch liegt, die ernste Rückwirkungen auf den gesamten öffentlichen Dienst haben kann (siehe Kapitel 4, S. 231 ff.).

Etablierte Parteien unter sich

Während die erheblichen Beschränkungen des Wettbewerbs um die Nominierung innerhalb der Parteien bisher vernachlässigt worden sind – trotz ihrer Schlüsselbedeutung für die Wahl der Parlamentsabgeordneten und damit für die Rekrutierung beinahe der gesamten politischen Klasse –, ist dies hinsichtlich der Beschränkung des Wettbewerbs *zwischen* den Parteien anders. Wettbewerbsbeschränkungen zwischen den Parteien oder, vor allem auf kommunaler Ebene, zwischen den Parteien einerseits und parteifreien Kandidaten und parteifreien Wählergemeinschaften andererseits sind – jedenfalls in der staatsrechtlichen Literatur und Rechtsprechung – ein gängiges Thema. Das Bestreben der etablierten Parlamentsparteien, sich durch Zuschneiden der Regelungen, die Einfluß auf den Erwerb und den Erhalt der Macht haben, auf ihre spezifischen Belange Vorteile im Wettbewerb mit Konkurrenzparteien zu verschaffen, bricht immer wieder durch. Hauptziele solcher Bestrebungen sind naturgemäß die Wahlgesetze. Hier ist zunächst die Fünfprozentklausel zu nennen.

An der Fernhaltung der Konkurrenz kleiner und neuer Parteien haben alle im Bundestag vertretenen Parteien und ihre Abgeordneten gemeinsam ein vitales Interesse: Die Stimmenprozente, die für diejenigen Parteien abgegeben worden sind, die an der Sperrklausel scheitern, und die Mandate, die sie erhalten hätten, wenn es keine Sperrklausel gäbe, verteilen sich proportional auf die Parteien, die in den Bundestag einziehen. Die Existenz von Sperrklauseln führt also zu einer unmittelbaren Verbesserung der Chancen von Kandidaten der etablierten Parteien und zur Erhöhung der sicheren Plätze auf ihren Wahllisten. Schon dies erklärt, warum Sperrklauseln, erst einmal eingeführt, kaum je vom Parlament selbst wieder abgeschafft werden. Im Gegenteil, die Sperrklausel im Bund wurde im Laufe der Zeit noch erheblich verschärft. Bezog sie sich ursprünglich nur auf die einzelnen Bundesländer, so wurde die Fünfprozentklausel im Bundeswahlgesetz – ohne nachvollziehbare Begründung – seit der Bundestagswahl 1953 auf das ganze Bundesgebiet erstreckt. Während es früher ausgereicht hatte, daß eine Partei in *einem* Bundesland mindestens fünf Prozent der Zweitstimmen erlangte, mußte sie nun fünf Prozent im ganzen Bundesgebiet erreichen, was ungleich schwerer ist, weil der normale Weg der Gründung und Entwicklung einer neuen Partei dahin geht, erst einmal einen regionalen Schwerpunkt zu bilden, der nach Eintritt ins Parlament dann allmählich ausgebaut wird. Und dieser Weg ist durch die Erstreckung der Sperrklausel auf die ganze Bundesrepublik gesetzlich blockiert.

Die Fünfprozentklausel ist eine viel größere Hürde, als es auf den ersten Blick erscheint. Viele Menschen werden allein deshalb davon abgehalten, eine neue Partei zu wählen, weil sie fürchten, ihre Stimme würde dann wegen der Sperrklausel unter den Tisch fallen und damit würden sie ihren politischen Einfluß verlieren. Der Blick auf die für kleinere Parteien, die aufgrund der Sperrklausel nicht in die Parlamente einziehen, tatsächlich abgegebenen Stimmen untertreibt die Auswirkungen der Sperrklausel also möglicherweise gewaltig, weil er keinen Schluß darauf zuläßt, wieviel Stimmen für kleinere und neue Parteien abgegeben worden wären, wenn es keine Sperrklausel gäbe.

Wie schwer sich Politiker tun, eine einmal eingeführte Sperrklausel wieder zu beseitigen, zeigt auch das Kommunalrecht. Hier besteht die Sperrklausel in vielen Bundesländern fort, obwohl dort inzwischen die Bürgermeister und Landräte direkt vom Volk gewählt werden und damit der frühere Hauptgrund für die Sperrklausel, nämlich die Erleichterung der Mehrheitsbildung bei der Wahl des Gemeindevorstehers durch den Gemeinde- oder Kreistag, weggefallen ist. Das kann besonders kommunale Wählergemeinschaften benachteiligen, die auch sonst vielfach Opfer von Wettbewerbsbeschränkungen sind, die die Parteien, die die Landesparlamente beherrschen, in eigener Sache und zum eigenen Vorteil durchgesetzt haben. Kommunale Wählergemeinschaften gehören den Landesparlamenten nicht an, weil sie, wie schon der Name sagt, nur auf kommunaler Ebene aktiv werden. Dort stehen sie aber mit den Landtagsparteien in Konkurrenz, was die Parteien in Versuchung führt, ihren Chancen mit Hilfe der von ihnen beherrschten Gesetzgebungsmacht nachzuhelfen und auf diese Weise die lästige Konkurrenz möglichst zu schwächen.

In den fünfziger Jahren hatten sich die politischen Parteien zum Beispiel in Nordrhein-Westfalen ein gesetzliches Monopol für die Wahl aufgrund der Reserveliste vorbehalten.[139] Auch das saarländische Gemeinde- und Kreiswahlgesetz von 1960 hatte das Recht, Wahlvorschläge aufzustellen, ausdrücklich auf politische Parteien beschränkt. Dadurch wurden parteifreie Kandidaten und kommunale Wählergemeinschaften von Gesetzes wegen ausgeschlossen. Denn das – ebenfalls von den etablierten Parteien gemachte – Parteiengesetz definiert »Parteien« als solche Vereinigungen, die Kandidaten für Bundestags- oder Landtagswahlen aufstellen, was kommunale Wählergemeinschaften ja gerade nicht tun. Das niedersächsische Kommunalwahlgesetz erschwerte Wahlvorschläge von kommunalen Wählergemeinschaften (gegenüber denjenigen von größeren Parteien) dadurch, daß es von ihnen auch dann eine größere Zahl von Unterschriften zur Unterstützung verlangte, wenn sie bereits bei den vorangegangenen Wahlen erfolgreich gewesen waren.

Alle diese Regelungen bestünden auch heute noch, hätte das Bundesverfassungsgericht sie nicht wegen Verstoßes gegen den Grundsatz der Offenheit und Chancengleichheit des Wettbewerbs beseitigt.[140]

Auch bei der staatlichen Parteienfinanzierung haben die Parteien kommunale Wählergemeinschaften massiv benachteiligt. Eine offensichtliche verfassungswidrige Benachteiligung besteht auch heute noch: Entgegen einem Urteil des Bundesverfassungsgerichts von 1992[141] werden kommunale Wählergemeinschaften bisher von den staatlichen Subventionen, die die Parteien erhalten, völlig ausgeschlossen.

Die Benachteiligung kleiner Parteien und – auf kommunaler Ebene – der freien Wählergemeinschaften durch die Sperrklauseln und die auf Parteien beschränkte Staatsfinanzierung wird dadurch noch außerordentlich verstärkt, daß die Parteien in den Parlamenten sich eine Ausstattung zugelegt haben, die ihnen im Wahlkampf zusätzliche finanzielle und personelle Mittel von großem Umfang verschafft und über die kleinere und neue Parteien, die nicht im Parlament vertreten sind, nicht verfügen:

- die sogenannten Parteisteuern, die nicht nur Abgeordnete und Minister, sondern auch politische und politisierte Beamte, die ihren Parteien auch sonst häufig zuarbeiten, an diese abführen müssen;
- die in den vergangenen 30 Jahren sprunghaft nach oben geschossenen staatlichen Zuwendungen an die Parlamentsfraktionen, mit denen diese in großem Umfang Politik machen, Öffentlichkeitsarbeit finanzieren können, Fraktionsmitarbeiter bezahlen und sonstige parteinahe Aktivitäten entfalten;
- die hohe Bezahlung auch von Landtagsabgeordneten trotz deren geringen Aufgaben, die es diesen ermöglicht, als staatsfinanzierte Parteifunktionäre vor Ort zur Verfügung zu stehen;
- die sprunghaft angestiegene Zahl von Abgeordnetenmitarbeitern (allein im Bund rund 4000), die in erheblichem Umfang auch Parteiarbeit leisten;
- die Parteistiftungen, die allein im Inland rund 1500 Mitarbeiter haben und den Parteien ebenfalls Vorteile im Kampf um die Macht verschaffen.

Über alle derartigen Ressourcen verfügen die im Parlament vertretenen Parteien exklusiv, andere sind davon ausgeschlossen. Und um in den Kreis der Parteistiftungen aufgenommen zu werden, muß eine Partei nach den selbstgestrickten, aber nirgendwo offiziell veröffentlichten Regeln der politischen Klasse sogar mindestens zwei Legislaturperioden im Bundestag vertreten sein. Bereits die (direkte) staatliche Parteienfinanzierung weist eine Schieflage zugunsten der großen, etablierten Parteien auf, weil die staatlichen Subventionen proportional mit der Größe einer Partei wachsen. Davor hatte übrigens Theodor Eschenburg schon vor dreieinhalb Jahrzehnten gewarnt.

Die unangemessene Begünstigung der großen Parteien wird durch die 1994 eingeführte Bemessung der Staatsfinanzierung auch nach den Zuwendungen, die die Parteien von ihren Mitgliedern und Sympathisanten erhalten, noch weiter verstärkt. Denn solche Mitgliedsbeiträge und Spenden erhalten etablierte Parteien in weit überproportionalem Umfang. Mitgliedsbeiträge und Spenden bestimmen jetzt etwa 60 Prozent der gesamten staatlichen Parteienfinanzierung, während sich nach den Wählerstimmen nur noch 40 Prozent richten, und diese Relation wird sich in zukünftigen Jahren noch weiter verzerren. Deshalb hatte die von Bundespräsident von Weizsäcker eingesetzte Parteienfinanzierungskommission in ihrem Bericht von 1993 einen Verteilungsschlüssel empfohlen, der mehr Gewicht auf die Wählerstimmen gelegt hätte. Die Parteischatzmeister waren diesem Vorschlag aber nicht gefolgt. Das vom Bundesverfassungsgericht vorgesehene Kompensat für derartige Vorteile – ein erhöhter Betrag an Staatsfinanzierung pro Stimme für kleine Parteien – haben die Schatzmeister der etablierten Parteien nur symbolisch ins Gesetz geschrieben und es zudem auch noch den eigenen Parteien bewilligt.[142] Doch all diese Verzerrungen wiegen gering im Vergleich zu denjenigen Bevorzugungen, die die Parlamentsparteien durch die Finanzierung der

Fraktionen, Parteistiftungen, der Abgeordneten und ihrer Mitarbeiter erhalten, die alle mehr oder weniger auch Parteiaufgaben wahrnehmen. Dadurch wird die Offenheit und Chancengleichheit des Wettbewerbs zwischen den Parteien in einem früher für unmöglich gehaltenen Umfang aufgehoben.

Das Auswahlverfahren bestimmt die Qualität der Politiker

Welche Qualitäten in der Praxis erforderlich sind, um ein Bundestagsmandat zu erlangen und zu behalten, ist jedenfalls *positiv* schwer festzustellen. Nach den vorliegenden soziologischen Analysen spielen – neben der schon behandelten langjährigen innerparteilichen Bewährung durch Wahrnehmung von Ämtern in Partei und Kommune – Zufall und Irrationalität keine geringe Rolle. Der frühere Bundestagsabgeordnete Dieter Lattmann schreibt dazu:

> »Kaum etwas ist schwieriger zu beurteilen als die Summe der Eigenschaften, die in diesem oder jenem Fall zum Erfolg führt ... Vor die Zulassung zum Start haben ungeschriebene Gesetze den langen Marsch durch die Hierarchie der Parteien gestellt. Auch die erfahrensten Ochsentouristen werden noch von den trickspielenden Funktionären aufs Kreuz gelegt. Manchmal nehmen die Unwägbarkeiten derart überhand, als sei der Zufall der beste Abgeordnete.«[143]

Hervorgehoben werden »die rhetorischen Fähigkeiten, Probleme der ›großen Politik‹ so zu artikulieren, daß ihre Darstellung gefällt und als fundiert betrachtet wird«.[144] Der Abgeordnete scheint vor allem »Kommunikator« sein zu müssen. Angesichts des hohen und noch weiter steigenden Akademikeranteils scheint auch ein Hochschulstudium hilfreich zu sein.[145] *Negativ* fällt die Umschreibung leichter. Daß die Eignung für die Aufgabenbewältigung im Parlament[146] oder die Beschäftigung mit programmatischen Fragen[147] fast keine Rolle für eine Nominierung im Wahlkreis und auf der Landesliste spielen,

wurde schon erwähnt, ebenso, daß »Eigeninteressen der Delegierten« bei der Nominierung der Kandidaten »ganz eindeutig über sachbezogene Entscheidungsmotive« dominieren.[148]
Dazu Lattmann:

> »Was soll man von den in allen Fraktionen vorhandenen Parlamentariern halten, denen es gelang, vier oder fünf Legislaturperioden zu überdauern, ohne auch nur ein einziges Mal den Mittelpunkt der politischen Szene zu betreten? Ihr Wirken gehört zum Geheimnisvollen und gründet sich auf andere als herkömmliche Leistungsbegriffe.«[149]

Lattmann selbst erwähnt die überragende Bedeutung der Kumpelhaftigkeit und Kameraderie, der Gesichtsmassage bei Hunderten von Veranstaltungen vor Ort und der sonstigen »merkwürdigen Verrenkungen ... die alle darauf abzielen, dem Abgeordneten Popularität – in erster Linie bei den jeweiligen Delegierten des Aufstellungsparteitags – zu sichern«.[150]
Dieser Auswahlprozeß ist offensichtlich nicht dazu angetan, eine Bestenauslese zu bewirken oder auch nur einigermaßen in diese Richtung zu gehen. Es besteht vielmehr eine unübersehbare »Diskrepanz zwischen den Qualifizierungen, nach denen Kandidaten ausgesucht werden, und denen, die sie nach der Wahl brauchen«.[151] Die empfindlichen Grenzen, auf die die derzeit in der Bundesrepublik vorherrschenden Formen der Rekrutierung des politischen Personals stoßen, werden immer fühlbarer. Dazu der Politikwissenschaftler Rudolf Wildenmann:

> »Es ist an der Zeit, unser Auswahlsystem für öffentliche Ämter systematisch zu reformieren. Und eigentlich müßte es im gemeinsamen Interesse aller Bundestagsparteien liegen, diese sklerotische Lage zu überwinden – nicht zuletzt durch die Korrektur ihres eigenen Verhaltens.«[152]

Das Problem solcher Reformen liegt allerdings darin, daß sie zwangsläufig die Wiederwahlchancen vieler von denen verschlechtern würden, die derzeit die Mandate innehaben und über die Reformen mitentscheiden müßten – und deshalb geschieht nichts.
Dazu schreibt der frühere Leiter der Staatskanzlei des Landes Hessen Alexander Gauland: »Wenn das Vertrauen in demokratische Politik ... nicht weiter schwinden soll, muß sich die gesellschaftliche Zusammensetzung der classe politique ändern. Von innen ist dies nicht mehr erreichbar, weil das Interesse der großen Masse der Funktionäre und Berufspolitiker dagegen steht.« Als der frühere hessische Ministerpräsident Walter Wallmann versuchte, die Arbeit des hessischen Landtags für Außenstehende attraktiv zu machen, »kam der heftigste Widerstand aus der eigenen Partei ... Nur über eine Änderung des Wahlrechts, die den Wahlkreis wieder zum Testfall des politischen Erfolges macht, ist Abhilfe möglich ... Nur wenn unsere politische Klasse nicht weiter zur geschlossenen Gesellschaft degeneriert, werden unsere parlamentarischen Institutionen die Fähigkeit zurückgewinnen, eine glaubwürdige Repräsentanz des Volkes zu sein.«[153]
Für den Aufstieg des gewählten Abgeordneten innerhalb der Parlamentshierarchie sind andere Kriterien maßgeblich als für die Kandidatennominierung in Wahlkreisen oder auf Landeslisten. Hier spielt zwar auch die Anciennität eine große Rolle, wichtiger sind hierfür aber die Leistungen im Parlament. Doch kann dies nichts daran ändern: Das Nadelöhr, das alle für den Aufstieg im Parlament in Betracht kommenden Abgeordneten passieren müssen, ist erst einmal die parteiinterne Nominierung in den Kreis- und den Landesorganisationen. So überrascht es nicht, daß sogar in den Führungsgruppen des Bundestags selbst das Bewußtsein eines Qualifikationsgefälles zwischen Politik und nichtpolitischen Berufsbereichen ausgeprägt ist.[154] Als typisch sei die Aussage eines Partei-Generalsekretärs zitiert:

»Ich neige dazu zu sagen, daß die hervorragenden Kräfte bei uns in der Regel nicht in der Politik zu finden sind, sondern in der Wirtschaft, in freien Berufen und an den Universitäten.«[155]

Vor diesem Hintergrund dürfte es auch kein Zufall sein, daß für Abgeordnete *rechtlich* keinerlei Leistungsanforderungen gelten. Der Abgeordnete schuldet keine Dienste und unterliegt keinen Weisungen. Er hat, mit den Worten des Bundesverfassungsgerichts, rechtlich die Freiheit, seine Aktivitäten »nach eigenem Ermessen bis über die Grenze der Vernachlässigung seiner Aufgaben hinaus einzuschränken«.[156] Ob und wie der Abgeordnete sein Mandat inhaltlich wahrnimmt, ist nach dem Grundsatz des freien Mandats (Art. 38 I 2 GG und die entsprechenden Bestimmungen der Landesverfassungen) allein seine Sache.[157] Dementsprechend wird die Entschädigung auch nicht »nach dem Maß oder der Qualität der geleisteten Arbeit bemessen«.[158]

Das Einkommen eines Bundestagsabgeordneten wächst nicht mit seinen Aktivitäten, sondern es verhält sich sogar umgekehrt: Je mehr er in seinem Wahlkreis tut und rackert, desto weniger Geld bleibt ihm. Das liegt vor allem an der dynamisierten steuerfreien Pauschale von derzeit fast 75 000 DM jährlich, die jeder Abgeordnete – neben seinem steuerpflichtigen Einkommen – erhält. Sie ist zur Abgeltung seiner mandatsbedingten Aufwendungen bestimmt, wird aber *ohne Nachweis* der tatsächlich anfallenden Unkosten allen Abgeordneten in gleicher Höhe gewährt. Der Beruf des Abgeordneten sei, wie Lattmann sarkastisch bemerkt, deshalb so faszinierend, weil man »um so weniger verdient, je mehr man arbeitet. Wenn zum Beispiel ein Großstadt-MdB viel zu Hause bleibt und seine Spesen spart – er kann ja bequem alle Stationen im Wahlkreis zu Fuß erreichen –, ist er weit besser dran als einer, der in der Provinz 30 000 Dienstkilometer pro Jahr im eigenen Auto fährt und manchmal bei miserablem Wetter auf der Strecke bleibt.«[159]

Ähnlich ist es auch mit den Aufwendungen für Mitarbeiter, für die jeder Bundestagsabgeordnete auf Nachweis bis zu 230 000 DM jährlich (zusätzlich zur Pauschale) erhält. Je weniger der Abgeordnete seine Mitarbeiter für Parlamentsarbeit in der Hauptstadt benötigt, desto mehr kann er sie im Wahlkreis einsetzen – und damit auch seine dortige Position und seine Wiedernominierung sichern. Auch hier gilt also wieder: Je weniger der Abgeordnete für das tut, wozu er eigentlich gewählt ist, desto besser ist seine eigene Position.

Die mangelnde Leistungsbezogenheit des Abgeordneten zeigt sich auch daran, daß bei vielen Abgeordneten nicht einmal ein großes Eigeninteresse daran vorausgesetzt werden kann, daß ihre Partei (meist zusammen mit möglichen Koalitionspartnern) die Mehrheit bei Wahlen erreicht. Hier sind vor allem diejenigen zu nennen, die sich ohnehin keine Hoffnung auf ein höheres Amt, zum Beispiel als Minister oder Parlamentarischer Staatssekretär, machen können, für das eine Regierungsbeteiligung Voraussetzung wäre. Wenn sie auf sicheren Listenplätzen sitzen, behalten sie ihr Mandat auch dann, wenn ihre Partei als Ganzes die Wahl verliert. Vor diesem Hintergrund verdient die Bemerkung von Klaus von Dohnanyi Beachtung, die politische Funktionärsschicht sei »erfolgsunabhängig«. Sie wolle »häufig nicht einmal Wahlen gewinnen, sondern ihre eigene Wiederwahl sichern«.[160]

Diese Feststellung ist besonders wichtig: Wenn Berufspolitiker von etablierten Parteien Erfolg auch dann haben können, wenn ihre Partei *nicht* reüssiert, verschiebt sich ihre Interessenlage: Sie sind dann primär daran interessiert, sich gegen Seiteneinsteiger oder andere fähige Herausforderer abzuschotten, selbst wenn ihre Partei solche personelle Blutzufuhr eigentlich dringend bräuchte. Insofern entfällt für sie der Anreiz, zu einer guten Politik und Programmatik ihrer Partei beizutragen, die de-

ren Wahlchancen erhöhen. Derartige Effekte sind doppelt zu unterstreichen, weil sie bisher keineswegs Allgemeingut der öffentlichen Meinung sind und auch von erfahrenen Beobachtern oft nicht durchschaut werden.[161]
Die Leistungsfähigkeit des Abgeordneten wird darüber hinaus auch durch den hohen Bedarf an Aufwand, Kraft und Zeit beeinträchtigt, den gewisse andere Ämter verlangen, die er im wesentlichen zur Absicherung seiner Karriere als Berufspolitiker, vor allem zur Sicherung der Wiedernominierung, innehat. Der Karrierepolitiker ist nach derzeitigem System geradezu gezwungen, »durch eine möglichst vielfältige, zeitlich möglichst lang dauernde ›vertikale Ämterkumulation‹ seine Chancen der Wiederwahl zu erhöhen«.[162] Zwar bringen ihm die Partei- oder Kommunalämter – im Gegensatz zu Ämtern bei horizontaler Ämterkumulation – keine zusätzlichen politikbewegenden Einflußchancen. Sie sind im Gegenteil oft lästig und zeitraubend. Sie sind »jedoch für seine Wiederwahl, für die Offenhaltung von mehreren Karrierechancen oder allgemein für das Verbleiben in der Politik von grundsätzlicher Bedeutung«.[163]
Die gerade in Deutschland besonders ausgeprägte Ämterhäufung bei Politikern,[164] die ihnen dazu dient, alles in der Hand zu behalten und vor allem wieder nominiert zu werden, belastet das Zeitbudget des Berufspolitikers ungemein[165] und trägt zur chronischen Überbelastung der politischen Klasse, insbesondere ihrer Elite,[166] bei (und macht sie zugleich immer abhängiger von Mitarbeitern). Die Überlastung durch Ämterhäufung, Wahlkampf etc. erschwert es Politikern, über die Probleme in Ruhe nachzudenken, zu deren Bewältigung sie von den Bürgern eigentlich in ihre Ämter gewählt werden. Das machtpolitische Hemd ist dem Politiker allemal näher als der amtliche Rock. (Bei Politikern, die in ihrem Amt ohnehin vergleichsweise geringe Kompetenzen haben, wie Landtagsabgeordnete, ist dies allerdings nur insoweit schlimm, als sie sich vor Ort als vollfinanzierter Parteiarbeiter verausgaben können und da-

durch potentiellen Herausforderern kaum mehr eine Chance lassen.)

Es wäre interessant, einmal der Frage nachzugehen, warum es für alle Berufe anerkannte und bewährte Möglichkeiten der fachlichen Vorbereitung, der Aus- und Fortbildung gibt – nur nicht für den des Abgeordneten. Die Antwort hat sicher damit zu tun, daß hier keine speziellen Fähigkeiten und Leistungen verlangt werden, die einer gezielten Ausbildung zugänglich wären. Was für den Erfolg am wichtigsten ist, sind Machttechniken. Sie ließen sich aber nicht offen an Schulen oder Ausbildungsstätten lehren, ohne einen solchen Ausbildungsgang zu diskreditieren und den »Berufsstand« vollends in Mißkredit zu bringen.

Gewiß ist es nicht möglich, die Leistungsfähigkeit und Leistungsbereitschaft der bundesrepublikanischen Politiker wissenschaftlich exakt, auf Punkt und Komma genau, festzustellen. Das gilt bereits für die Festlegung der Kriterien. Die relative Eindeutigkeit der Kriterien von Erfolg und Mißerfolg, von Leistung und Versagen, die es in der Wirtschaft gibt, fehlt in der Politik. Um so schwieriger ist es, Leistung zu messen. Eine lupenreine wissenschaftliche Operationalisierbarkeit erscheint von vornherein kaum möglich. Das ist aber kein Grund, die Flinte ins Korn zu werfen und – trotz der elementaren Bedeutung der Fragen – auf Antworten zu verzichten. Denn die Feststellung, daß die Problematik für die gängigen empirischen Werkzeuge der Soziologie unzugänglich ist, schließt nicht aus, daß andere methodische Wege zu Antworten führen, die zwar nicht denselben Grad von Präzision aufweisen, für unsere Zwecke aber völlig ausreichen, weil sie die *Richtung* von Defiziten und zugleich auch die Richtung, in der gegengehalten werden muß, angeben. »It is better to be vaguely right than completely wrong« (so der amerikanische Wirtschaftswissenschaftler William Fellner bei Behandlung von methodisch nicht unähnlichen wirtschaftlichen Oligopolproblemen: »Es ist besser, ungefähr richtig zu liegen als völlig falsch.«). Die rein empirisch ausgerichteten Zweige der Politikwissenschaft stellen sich durch die Beschränktheit ihres methodischen Ansatzes hier selbst ein Bein. Erkennt man dagegen, daß ein ursächlicher Zusammenhang zwischen Organisation und Verfahren eines Prozesses und seinen Ergebnissen besteht, dann ist es zulässig, aus bestimmten mangelhaften Konstellationen der Verfahren zu schließen, daß auch die Ergebnisse dieses Prozesses tendenziell mangelhaft sind. Auf unsere Thematik angewendet, bedeutet dies: Aus der Beseitigung von Offenheit und Chancengleichheit des Wettbewerbs und aus der Abschottung und Verkrustung des Prozesses der Rekrutierung und Wiedernominierung von Politikern läßt sich mit für die Praxis ausreichender Zuverlässigkeit auch auf die mangelnde Qualifikation der daraus hervorgegangenen Politiker schließen. Die Beherrschung der Auswahlprozesse durch eine kleine Gruppe von lokalen Politikern, die primär an der Festigung ihrer eigenen Position interessiert ist, kann kaum etwas Gutes hervorbringen. Es gilt hier ein Erfahrungssatz, den die Amerikaner so formulieren: »First class men hire first class men. Second class men hire third class men.« (»Erstklassige Männer stellen erstklassige Männer ein, zweitklassige heuern drittklassige an.«)

Man kann die elementare Bedeutung wirksamen Wettbewerbs auch folgendermaßen ausdrücken: Auch in der Demokratie ist es realistischerweise kaum vermeidbar, daß eine »politische Elite« besteht. Deshalb bedarf die Demokratietheorie einer Ergänzung um die Elitentheorie (und umgekehrt). Um so wichtiger aber ist es, daß der Zugang zu den Eliten offengehalten wird und Wettbewerb besteht. Es bedarf der Eliten*zirkulation*, so daß möglichst die »wirklichen Eliten« die entsprechenden Positionen einnehmen und zu Repräsentanten der Bürger werden können. Da keiner wirklich weiß, wer dazu gehört, gibt es nur ein brauchbares sinnvolles Auswahlverfahren: den echten, fairen und chancengleichen Wettbewerb. Dies hat der Politikwissenschaftler Elmar Wiesendahl folgendermaßen auf den Begriff gebracht:

> »Elitenherrschaft ist dann demokratisch, wenn sie a) kompetitiv und b) zirkulär ist, wobei das zweite durch das erste bewirkt wird.«[167]

Damit können wir auch die Richtung erkennen, in der wir gegensteuern müssen. Es gilt, die verharscht-kartellierten Auswahlprozesse grundlegend zu reformieren und durch Herstellung von Offenheit und Chancengleichheit wirklich kompetitiv zu gestalten.

Gewiß, die bestehende politische Klasse ist an solchen Reformen nicht wirklich interessiert. Sie ist im Gegenteil regelmäßig bestrebt, den Wettbewerb zu ihren Gunsten möglichst einzuschränken und gute Leute, die ihre eigene Bedeutung schwächen und ihre Karriere beeinträchtigen könnten, nicht aufkommen zu lassen. Zu diesem Zweck halten die Positionsinhaber an den Barrieren fest, die Zirkulation erschweren und Seiteneinsteigern und anderen Bewerbern kaum eine Chance lassen, und versuchen diese Barrieren noch zu erhöhen. Da sie die Hebel der Macht in Händen halten, stehen ihnen auch die Regeln des Wettbewerbs bzw. die Regeln des Kampfs um die Macht zur Gestaltung offen, soweit diese die staatlichen Einflußmittel (Normsetzung, Personalbereitstellung und finanzielle Subventionierung) betreffen. Und sie haben von der Möglichkeit, die Spielregeln im Sinne eines corriger la fortune zu ihren Gunsten zu verändern, im Laufe der Zeit auch immer nachhaltiger Gebrauch gemacht: durch sie begünstigende Normen und üppige Selbstbewilligung von Personal und Geld. Hier zeigt sich, wie die Wettbewerbsverzerrungen sich gegenseitig aufschaukeln können, indem die politische Klasse zur Absicherung ihrer Stellung auch ihre amtlichen Befugnisse instrumentalisiert. Der mangelnde Wettbewerb in den lokalen und regionalen Parteigremien schützt die Mandatsinhaber bereits bis zu einem gewissen Grad vor fähigen Herausforderern. Dieser Abschottungseffekt wird nun noch dadurch ins fast Uneinholbare verstärkt, daß die politische Klasse auch in den Parlamenten und einvernehmlich über die Fraktionsgrenzen hinweg immer neue Regelungen beschließt, deren unausgesprochener Hauptzweck darin besteht, die Berufspolitiker noch weiter zu privilegieren und ihren Vorsprung vor Ort noch weiter zu erhöhen. Es liegt deshalb auf der Hand, daß es stärkster Durchsetzungskraft bedarf, um diese Tendenzen zu brechen.

Organisierte Verantwortungslosigkeit

Ein zentrales Problem der politischen Klasse und der Institutionen, in denen und durch die sie wirkt, liegt darin, daß letztlich niemand mehr Verantwortung für die getroffenen Entscheidungen trägt. Die überkommenen verfassungsrechtlichen Institutionen, deren Sinn gerade darin bestehen soll, die Verantwortung für politische Entscheidungen zurechenbar und sichtbar zu machen, lösen sich auf.

Die Abgeordneten tragen keine Verantwortung gegenüber den Wählern, weil diese keine Mittel besitzen, ihre sogenannten Volksvertreter zur Verantwortung zu ziehen und sie bei mangelndem Vertrauen abzuwählen bzw. nicht wieder zu wählen. Daß der Einfluß der Bürger auf die Auswahl der Abgeordneten minimal ist, wurde schon erwähnt. Erste Voraussetzung für die Verantwortlichkeit eines Mandats sind wirksame Sanktionen in der Hand des Mandatsgebers, das heißt idealiter der Bürger, des Volkes, also des angeblichen Souveräns, die es aber eben nicht gibt.

Über derartige Sanktionsmöglichkeiten verfügen lediglich die parteiinternen Nominierungsgremien, die praktisch darüber entscheiden, ob der Kandidat (wieder) ins Parlament einzieht. Doch auch hier fehlt es an einer zurechenbaren Verantwortung für gute oder schlechte Politik: Die Bonner Politik spielt bei Entscheidungen der regionalen Parteigremien über die Nominierung zum Abgeordneten kaum eine Rolle,[168] auch nicht bei Abgeordneten der Regierungskoalition – kann sie auch gar nicht spielen, weil der Abgeordnete in das Kollektiv seiner Fraktion eingebunden ist und seine Ehre als Parteifunktionär gerade darin sehen muß, von deren Entscheidungen nicht abzuweichen. Für die Fraktionslinie kann er als einer von vielen aber regelmäßig nichts und kann deshalb von seinen örtlichen und regionalen Parteigremien dafür normalerweise auch nicht verantwortlich gemacht werden.

Damit löst sich die persönliche Verantwortung des einzelnen Abgeordneten im System der Bundesrepublik Deutschland weitgehend auf. Da die Parlamentsmehrheit den Regierungschef wählt und ihn auch jederzeit abwählen kann, ist es erforderlich, daß die Abgeordneten der Mehrheit die Regierung stützen und zu diesem Zweck eine politische Einheit bilden. Regierungsfähigkeit in der parlamentarischen Demokratie setzt in der Regel eine gewisse Fraktionsdisziplin voraus, die in der Praxis oft bis hin zu einem faktischen Fraktionszwang gehen kann. Wer sich dem nicht fügt, gefährdet eben deshalb seine parteiinterne Nominierung bei der nächsten Wahl. Wir haben uns daran schon so sehr gewöhnt, daß wir fast betriebsblind geworden sind. Um so mehr sollten wir denjenigen Aufmerksamkeit schenken, die sich ihre Unbefangenheit noch bewahrt haben und die Dinge beim Namen nennen. Alexander Solschenizyn schreibt:

> »Es ist paradox: bei dem häufig gewählten System, daß die Regierung auf der Grundlage der Mehrheit im Parlament gebildet wird, hören die Glieder dieser Mehrheit auf, unabhängige Volksvertreter zu sein, die der Regierung die Stirn bieten, sondern sie dienen ihr mit allen Kräften und stützen sie, damit sie sich nur um jeden Preis halten kann. Das heißt: die Glieder der Legislative sind der Exekutive untergeordnet.«[169]

Oft wird allerdings ein gewisses Kompensat darin gesehen, daß der Abgeordnete sich zwar an die getroffenen Fraktionsbeschlüsse halten muß, aber bei der *Bildung* der Auffassung der Fraktion frei mitwirken kann. Auch daran fehlt es allerdings oft, wenn nämlich die Regierungs- und die Fraktionsspitzen dominieren und die einzelnen Abgeordneten zu bloßen Ratifikationsmaschinen von Entscheidungen werden, die anderweitig von wenigen Spitzenfunktionären in »Elefantenrunden« getroffen worden sind. Dies ist besonders der Fall bei Koalitionsverträgen, die in jüngerer Zeit immer engmaschiger geworden sind und die oft durch laufende Koalitionsrunden ergänzt werden. Solche Verträge werden von wenigen »Elefanten« ausgehandelt, und die Abgeordneten der beteiligten Fraktionen dürfen sie nur noch absegnen und sie (und die Vorentscheidungen der Koalitionsrunden) im Laufe der Wahlperiode abarbeiten. Gewiß, soweit dem Parlament (weniger wichtige) Entscheidungen auch materiell überlassen bleiben, haben zumindest Ausschuß- und Fraktionsarbeitskreisvorsitzende und andere Funktionsträger noch gewissen Einfluß. Aber es dauert regelmäßig Jahre, bis man solche Positionen erreicht, und es gibt viele »Hinterbänkler«, die niemals irgendwelchen gestaltenden Einfluß erlangen werden. Die Entmündigung der Bürger findet also in der Entmündigung auch der meisten Abgeordneten ihre Entsprechung.

Das bestehende System verlangt vom deutschen Abgeordneten nicht, persönliche Verantwortung zu übernehmen, sondern es setzt umgekehrt gerade voraus, daß er *keine* Verantwortung übernimmt und seine individuelle Auffassung zugunsten der Auffassung von Regierung und Fraktion zurückstellt.

In den Vereinigten Staaten ist es üblich, daß das Abstimmungsverhalten der Abgeordneten in den Parlamenten genau registriert und veröffentlicht wird mit dem Ziel, individuelle Verantwortung herzustellen. Auf einem Symposium des Instituts für Parteienrecht an der FernUniversität Hagen im Januar 1997 fragte der frühere Bundesaußenminister Genscher, warum derartiges nicht auch in Deutschland geschehe. Nach den vorstehenden Ausführungen liegt die Antwort auf der Hand: Trägt der Abgeordnete keine persönliche Verantwortung, wie dies in unserem System von vornherein angelegt ist, so macht es auch keinen Sinn, sein persönliches Abstimmungsverhalten zu registrieren und herauszustellen.

Wenn die persönliche Verantwortung des Abgeordneten also weitgehend hinter der Verantwortung von Partei, Regierung und Fraktion zurücktritt, drängt sich zwangsläufig die politische Partei als Ganzes als Bezugs- und Zurechnungspunkt für die politische Verantwortung in den Vordergrund. Dies entspräche durchaus auch dem in Deutschland vorherrschenden starren Verhältniswahlrecht, bei dem der Wähler im Ergebnis praktisch darauf beschränkt ist, seine Stimme der einen oder anderen Partei zu geben.

Doch auch in bezug auf die eine oder andere Partei wird die Herstellung von Verantwortung gegenüber dem Wähler immer schwerer, ja fast zur Unmöglichkeit, und zwar aus zwei Gründen: Beim Bestehen von Koalitionsregierungen, wie sie in Deutschland zunehmend zur Regel werden, ist es dem Wähler oft kaum möglich zu erkennen, was er welchem Koalitionspartner verdankt. Die Schwierigkeit der Zurechnung erhöht sich noch gewaltig, wenn auch die Opposition über den Bundesrat Einfluß nimmt, ja wenn sie gerade die wichtigsten Gesetze verhindern kann, weil sie im Bundesrat die Mehrheit hat und viele Gesetze nur mit Zustimmung des Bundesrats zustande kommen können. Dies war in Deutschland von 1969 bis 1982 und ist wieder seit 1990 der Fall.

Mit der beschriebenen Verantwortungslosigkeit Vorwürfe an die einzelnen politischen Akteure zu verbinden wäre ungerecht. Da die Verantwortungslosigkeit systembedingt ist, kann der einzelne gar nicht anders. Er muß sich an die vorgegebenen Systemdeterminanten halten, will er nicht zum tragischen Helden werden. Man könnte geradezu von einem »System der organisierten Verantwortungslosigkeit« sprechen. Dieser Begriff war ursprünglich auf den »real existierenden Sozialismus« und seine die persönliche Verantwortung auflösenden Strukturen gemünzt.[170] Aber es hat sich eingebürgert, ihn auch für verfahrene Systembereiche in den real existierenden westlichen Demokratien zu verwenden. Der frühere Vorstand der Gemeinschaftsstelle für Kommunale Verwaltungsvereinfachung Gerhard Banner gebraucht ihn, um die Organisationsmängel der kommunalen Verwaltung zu charakterisieren.[171] Er paßt besonders treffend aber auch auf die Desorganisation der politischen Willensbildung in der Bundesrepublik Deutschland.

Wenn auch der einzelne Politiker sich den Systemanforderungen fügen muß, so ist doch die politische Klasse als Ganzes für das mangelhafte System verantwortlich. Denn sie könnte es ändern, aber die Scheu vor dem Verlust einflußreicher und einträglicher Positionen lähmt sie. Das Besitzstandsdenken, das wir im Bereich von Wirtschaft und Gesellschaft als fortschrittshemmend immer wieder beklagen, zeitigt im Bereich von Politik und Staat noch viel traurigere Blüten und bildet gerade im wichtigsten Bereich eine geradezu tragische Form von Selbstblockade.

Zu lang: Politiker auf Lebenszeit

Der Überblick über das Wahl- und Nominierungsverfahren und die Feststellung, daß dies kein offenes Rennen ist, sondern massive Wettbewerbsverzerrungen zugunsten der Amtsinhaber deren Wiederwahl begünstigen, legen bereits die Vermutung nahe, daß die periodisch wiederkehrenden Parlamentswahlen in der Mehrheit der Fälle eher formal sind und zu keiner entsprechenden Erneuerungsrate der Abgeordneten führen. Und in der Tat: Die Erneuerungsrate, das heißt der Anteil der Abgeordneten, die zum ersten Mal in den Bundestag gewählt werden, ist in der Bundesrepublik ständig zurückgegangen; umgekehrt hat die Wiederwahlquote der Amtsinhaber ständig zugenommen.[172] Während von den 1961 neu in den Bundestag gewählten Abgeordneten 29 Prozent mindestens dreimal wiedergewählt, das heißt insgesamt also viermal gewählt wurden, stieg die Chance der (mindestens) dreimaligen Wiederwahl bei den 1972 erstmals in den Bundestag Gewählten auf 52 Prozent und bei den Parlamentsneulingen von 1976 sogar auf 60 Prozent.[173] Diese Angaben sind deshalb bemerkenswert, weil es früher üblich war, daß der Prozentsatz derer, die wiedergewählt wurden, mit der Häufigkeit der Wiederwahl abnahm. Seit der Bundestagswahl von 1976 »hat sich diese Tendenz offenbar vollständig umgekehrt«.[174] Die Daten über die mittlere Bundestagszugehörigkeit der Abgeordneten bestätigen diese Entwicklung. Auffällig ist auch hier das sprunghafte Ansteigen der Dauer der Zugehörigkeit seit 1976. Die Vermutung liegt nicht allzu fern, daß dies mit der massiven Erhöhung der Bezahlung und Versorgung der Bundestagsabgeordneten im Jahre 1977 und der ebenfalls ab 1977 besonders sprunghaften Anhebung der Mittel für Mitarbeiter zusammenhängt. Die Erhöhung der Bezahlung und Versorgung hat den materiellen Anreiz der Amtsinhaber, sich um erneute Nominierung zu bemühen, verstärkt, und die Verbesserung der Amtsausstattung mit Mitarbeitern hat den Vorsprung der Abgeordneten beim Kampf um die (Wieder)-Nominierung vergrößert.[175]

Ein anderer Grund für die zunehmende Länge der Parlamentszeiten dürfte auch die Verjüngung des Eintrittsalters der Abgeordneten sein. Das Durchschnittsalter ist seit der vierten Legislaturperiode (und erst recht seit der ersten) erheblich gesunken. Seit 1969 liegt das dominante Eintrittsalter in einer Altersphase zwischen 35 und 45 Jahren.[176] Die Verjüngung trotz immer längerer Verweildauer ist – entgegen dem ersten Anschein – allerdings kein Beleg für zunehmende Offenheit der Personalrekrutierung, sondern bestätigt umgekehrt den Trend zur Professionalisierung, der den späteren Seiteneinstieg für Kandidaten mit Berufserfahrung um so schwerer macht.[177]

Die Angaben über die Wiederwahlquoten und die durchschnittliche Parlamentszugehörigkeit sind allerdings in ihrer Aussagefähigkeit zum Beispiel im Hinblick auf das Ausmaß der Wettbewerbsverzerrung zugunsten der Amtsinhaber beschränkt. Ihre isolierte Bewertung für eine ganz bestimmte Wahl würde gleichzeitig Angaben darüber verlangen, auf welchen *Gründen* das Ausscheiden von Amtsinhabern beruht und wie viele Wechsel etwa auf das Ergebnis der Parlamentswahlen oder auf freiwilliges Ausscheiden des Amtsinhabers, zum Beispiel aus Altersgründen oder weil er eine andere Stelle übernommen hat, zurückzuführen sind.[178] Im Zeitvergleich lassen sich aber aus den *Veränderungen* der Erneuerungs- und Wiederwahlquoten durchaus zuverlässige Rückschlüsse ziehen.

Insgesamt läßt sich festhalten: In der zeitlichen Entwicklung zeigt sich »ein beträchtlicher Rückgang« der Mobilität.[179] Nur die Grünen machen hier eine Ausnahme. Der Parlamentssoziologe Heino Kaack faßt dies wie folgt zusammen: »Die personelle Erneuerung aller Bundestagsparteien – mit Ausnahme der Grünen – (hat) ein bedenklich geringes Ausmaß erreicht.«[180] Es werde »für den politischen Nachwuchs immer schwerer ... etablierte Mandatsträger abzulösen«.[181]

Auch in den Vereinigten Staaten ist das Problem überlanger Amtszeiten besonders ausgeprägt. Newcomer haben in der Regel nur Chancen, wenn der Amtsinhaber von sich aus nicht mehr kandidiert. Um einen Erneuerungsprozeß einzuleiten, hat man in vielen amerikanischen Einzelstaaten sogenannte term limits eingeführt.[182] Die geänderten Verfassungen erlauben künftig nur eine dreimalige Wahl von Mitgliedern des Repräsentantenhauses (insgesamt sechs Jahre) und eine zweimalige Wahl von Mitgliedern des Senats (insgesamt zwölf Jahre). Derartige Begrenzungen bestehen inzwischen in fast der Hälfte der amerikanischen Einzelstaaten, durchgesetzt meist im Wege von Volksbegehren und Volksentscheiden, und auch auf Bundesebene gibt es starke Bestrebungen in diese Richtung, obwohl eine Verfassungsänderung dort besonders schwer ist, weil sie Zweidrittelmehrheiten im Repräsentantenhaus und im Senat und die Zustimmung von drei Vierteln der Einzelstaaten verlangt.

Den amerikanischen Initiativen liegt eine wichtige Unterscheidung zugrunde: die zwischen *Politikern auf Zeit*, mag das Amt für die Zeit seiner Ausübung auch die ganze Kraft verlangen und eine nebenberufliche Wahrnehmung ausschließen, und *Lebenszeitpolitikern*. Die amerikanischen Initiativen beruhen auf der Überzeugung, daß Parlamentarier nicht zuletzt auch aufgrund ihrer für die Wiederwahl einsetzbaren Amtsausstattung so große Vorteile im Wettbewerb um ihre (Wieder-)Nominierung haben, daß sie, wenn das Amt nur attraktiv genug ist, sich fast zwangsläufig zu Lebenszeitpolitikern entwickeln, wenn es nicht gelingt, dies durch verfassungsrechtliche Begrenzungen zu unterbinden. Es geht also nicht darum, die Notwendigkeit eines Vollzeitparlamentariers für die Zeit der Innehabung des

Mandats zu leugnen – für den amerikanischen Kongreß ist dies anerkannt. Es geht vielmehr darum, eine Begrenzung der *Amtszeit* durchzusetzen und auf diese Weise der Entwicklung einer abgeschotteten und abgehobenen politischen Klasse entgegenzuwirken.

Während also in den USA teilweise schon wieder eine gegenläufige Entwicklung im Gange ist, fehlt es in Deutschland noch an Gegenmaßnahmen. Aber auch hier besteht die gleiche Gefahr: Die Politik tendiert immer mehr dazu, eine Karriere auf Lebenszeit zu werden, und die Abgehobenheit und Bürgerferne des »Raumschiffs Bonn« sind inzwischen geradezu sprichwörtlich. Ja, es fehlt in Deutschland bisher überhaupt noch an der Erkenntnis, daß Amtsinhaber aufgrund der selbst bewilligten Ausstattung des Amtes nicht nur eine starke Motivation haben, ihre erneute Nominierung zu betreiben, sondern daß sie beim Kampf um die Nominierung – nicht zuletzt aufgrund der Amtsausstattung – auch in aller Regel einen praktisch unaufholbaren Vorsprung besitzen.

Das Karrieremuster des Hochschulabsolventen, der nach dem Examen sogleich als Abgeordneten- oder Fraktionsmitarbeiter von der Politik zu leben beginnt und von dort dann über die Wahrnehmung von Parteiämtern und Kommunalmandaten ein Parlamentsmandat erlangt, das er im Zweifel nicht mehr abgibt, und der nie einen außerpolitischen Erwerbsberuf ausgeübt hat, ist im Vordringen begriffen.[183] Die Sozialisierung im spezifischen Habitus der politischen Klasse tritt dann an die Stelle fehlender praktischer Anschauung vom Erwerbsleben. Beides fördert die Abgehobenheit von der normalen Realität der Bürger und Wähler.

Falsch motiviert: Leben *von* der Politik statt *für* die Politik?

»Es gibt zwei Arten, aus der Politik seinen Beruf zu machen. Entweder: man lebt ›für‹ die Politik – oder aber: ›von‹ der Politik. Der Gegensatz ist keineswegs ein exklusiver.«[184] Diese berühmten Sätze Max Webers lenken den Blick auf ein Problem, das in unserem Zusammenhang eine zentrale Rolle spielt. Doch sei zur Vermeidung von Mißverständnissen zunächst eine Selbstverständlichkeit klargestellt: Natürlich muß man heute, um *für* die Politik leben zu können, grundsätzlich auch *von* ihr leben, das heißt ein Einkommen aus der politischen Betätigung erhalten, von dem man den eigenen Lebensunterhalt und den der Familie in angemessener Weise bestreiten kann. Sonst könnten sich nur Reiche oder solche, die sich in die Abhängigkeit von Reichen begeben, der Politik hauptberuflich widmen. Das aber liefe in der Tendenz auf Plutokratie hinaus und wäre mit demokratischen Grundvorstellungen unvereinbar.

Der Satz, daß heute *von* der Politik leben muß, wer *für* sie leben will, ist also völlig richtig. Doch das Problem besteht darin, daß dieser Satz sich nicht auch umkehren läßt. Wenn jemand von der Politik lebt, ist noch lange nicht sichergestellt, daß er auch für sie lebt.

Dominiert das Bestreben, von der Politik zu leben, so liegt, wie der Parteiensoziologe Dietrich Herzog formuliert hat, die Befürchtung nahe, »daß eine ansehnliche Vergütung politischer Tätigkeiten insbesondere solche Personen zu einer politischen Karriere motiviert, die geringe Berufsqualifikationen haben, in ihrer Berufslaufbahn gescheitert sind oder Politik lediglich als Job betrachten; das politische Gehalt fördert dann die Rekrutierung von ›Postenjägern‹, eines keineswegs erwünschten Typs von politischen Funktionären«.[185]

Max Weber nannte bestimmte Eigenschaften, die für ein Leben *für* die Politik erforderlich seien, insbesondere leidenschaftliche Hingabe an die Sache, Verantwortungsgefühl und Augenmaß.[186] Verfassungsrechtler dürften sich eher auf die gebräuchliche Chiffre vom Gemeinwohl zurückziehen, auf das das Handeln der Politiker ausgerichtet sein müsse, und an die Formel denken, die im Amtseid des Bundespräsidenten und der Regierungsmitglieder in klassischer Weise zum Ausdruck kommt:

> »Ich schwöre, daß ich meine Kraft dem Wohle des deutschen Volkes widmen, seinen Nutzen mehren, Schaden von ihm wenden, das Grundgesetz und die Gesetze des Bundes wahren und verteidigen, meine Pflichten gewissenhaft erfüllen und Gerechtigkeit gegen jedermann üben werde.«[187]

Abgeordnete haben zwar keinen Amtseid zu leisten, doch sind sie dem Gemeinwohl grundsätzlich ebenso verpflichtet wie Minister. Das kommt schon darin zum Ausdruck, daß das Grundgesetz sie als »Vertreter des ganzen Volkes« bezeichnet (Art. 38 I 2 GG).

Was mit diesen allgemeinen Formeln inhaltlich gemeint ist, steht hier nicht zur Debatte. Klar ist, daß demokratisch legitimierte Politik einen großen Spielraum für Gestaltungen behält. Klar ist auch, daß die Charaktere, Eigenschaften und Herangehensweisen, die erforderlich sind, um erfolgreich *für* die Politik zu leben, ebenso unterschiedlich sein können wie die inhaltlichen Konzepte. Eine positive Bestimmung dürfte deshalb nicht leicht sein. Das schließt eine *negative* Klarstellung dessen, was jedenfalls *nicht* dazu gehört, aber nicht aus. Eindeutig ist jedenfalls, daß das vom Grundgesetz vorausgesetzte gemeinwohlorientierte Verhalten das Gegenteil von bloß eigennützigem Handeln ist. Wer nur von der Politik lebt, ohne für sie zu leben, entspricht nicht dem Bild des Repräsentanten, welches das Grundgesetz vorzeichnet und das auch die Menschen wollen. Es kommt also auf das richtige Verhältnis der beiden Elemente an. Das eine muß um des anderen willen erstrebt werden. Die mit Einkommen versehene Position darf nicht um ihrer selbst willen angestrebt werden. Das ist übrigens auch ein ethisches Postulat. Der Politikwissenschaftler Eberhard Schütt-Wetschky hat das so ausgedrückt: Der Abgeordnete dürfe nur *relativ*, das heißt um der politischen Gestaltung willen, nach Einkommen streben, nicht *absolut*, das heißt um des Geldes selbst willen.[188] Man hat versucht, der Frage nach der Dominanz entweder der eigennützigen oder der gemeinwohlorientierten Motivation im Wege allgemeiner psychologischer Erörterungen über das Wesen des Menschen und das des Politikers im besonderen näherzukommen. Erstaunlicherweise hat niemand bisher gefragt, wie *wahrscheinlich* es in der ganz konkreten Situation des Abgeordneten eigentlich ist, daß ihn eigen- oder gemeinnützige Motive bewegen, obwohl diese Fragestellung besonders naheliegt. Blickt man auf die spezifischen systembedingten Gegebenheiten, in die der Abgeordnete eingespannt ist, dürfte die Wahrscheinlichkeit gemeinwohlorientierter Motivation eher gering sein. Zu diesen systemischen Gegebenheiten, die der einzelne Abgeordnete kaum ändern kann, gehören, wie in diesem Kapitel bereits dargelegt, die geringe politische Gestaltungsmöglichkeit der meisten Abgeordneten, die mangelnde Leistungsbezogenheit bei der Rekrutierung der Abgeordneten und das weitgehende Fehlen individueller Verantwortung für die Ausübung des Mandats im Parlament. Bei dieser Ausgangslage dürfte die Wahrscheinlichkeit, daß das Mandat um der politischen Gestaltung willen angestrebt wird, eher gering sein. Wie soll »die leidenschaftliche Hingabe an die Sache« (Max Weber) bei den Abgeordneten gefördert werden, wenn derartige Fragen bei der Kandidatenauslese durch die Nominierungsgremien der Parteien keine Rolle spielen? Wie soll sich besonderes »Verantwortungsgefühl« (Weber) entwickeln, wenn die Abgeordnetentätigkeit so sehr der zurechenbaren Verantwortung entbehrt, daß man geradezu von »organisierter Verantwortungslosigkeit« sprechen muß? Ist es angesichts der mangelnden Greifbarkeit und Meßbarkeit der (weichen) ethischen und verfassungsrechtlichen Anforderungen nicht wahrscheinlich, daß der Abgeordnete – neben dem Prestige – den ganz konkreten (harten) Erfolgsindikatoren, insbesondere dem Gelderwerb und dem Ausgang des Nominierungsverfahrens, um so größeres Gewicht einräumt und daß diese Gegebenheiten auch die Selektion mit beeinflussen?

Solange die Bezahlung gering war, konnte man davon ausgehen, daß Postenjäger nicht angelockt würden, weil es eher ein Opfer darstellte, sich für ein Leben von der Politik zu entscheiden. Je üppiger nun aber die Positionen ausgestaltet werden, je höher die Bezahlung, je überzogener die Versorgung, je ausgeprägter die Privilegien und je sicherer und abgeschotteter die Pfründen gegen Konkurrenz und Abwahl sind, desto weniger kann ausgeschlossen werden, daß sie von vielen nur wegen des Geldes, des Ansehens und des sonstigen Status des Mandatsträgers angestrebt werden.

Man mag einwenden, Politik sei heute zu einem »Beruf wie jeder andere« geworden, auch andere Berufe, vor allem die sogenannten bürgerlichen, würden häufig primär zum Zwecke der Erlangung des auskömmlichen und angemessenen Lebensunterhalts ergriffen und ausgeübt, und das Thema einer eventuellen »Berufung« spiele dort ebenfalls keine große Rolle. Man solle dieses Thema deshalb auch beim Politiker nicht überziehen.

Doch trifft schon die Ausgangsthese nicht zu. Wer behauptet, Politik sei ein Beruf wie jeder andere, übersieht, daß zwischen Politik als Beruf und normalen Berufen in Wirtschaft und Gesellschaft grundlegende Unterschiede bestehen. Für derartige »bürgerliche Berufe« werden

- regelmäßig bestimmte Ausbildungen, Qualifikationen und Prüfungen verlangt, die eine den Mitmenschen dienliche Ausübung des Berufs erwarten lassen.
- Zudem zwingt in der Tendenz schon der Wettbewerb dazu, Leistungen zu erbringen (oder an der Erstellung von Leistungen mitzuwirken), die für die Mitmenschen nützlich sind; sonst wären diese kaum bereit, dafür zu bezahlen. Bei abhängig Tätigen sorgen Direktions- und Weisungsrechte des Arbeitgebers für das Einhalten gewisser Leistungsstandards.

Bei Politikern fehlt es

- an derartigen Leistungssicherungen. Bestimmte Qualifikationen oder Prüfungen werden nicht verlangt. Irgendwelche Weisungsrechte gibt es jedenfalls gegenüber Abgeordneten nicht.
- Ebensowenig besteht ein Wettbewerb um die Gunst der Wähler, weil diese praktisch keinen oder nur geringen Einfluß selbst auf die Auswahl der formal direkt von ihnen gewählten Abgeordneten besitzen.[189] Entscheidend ist vielmehr die Kandidatennominierung durch die Parteigremien, bei der aber kein offener, chancengleicher Wettbewerb besteht. Bei der Nominierung spielen die Leistungen in Bonn allenfalls eine untergeordnete Rolle. Es dominieren Kriterien, die weniger »die große Politik« betreffen als vielmehr die »Performance« in den Parteigremien vor Ort. Honoriert wird die stete Präsenz vor Ort und eine lang anhaltende parteiinterne »Ochsentour«.

Verlangt und prämiert werden mithin, wie schon Max Weber wußte, in erster Linie die Bewährung im Parteibetrieb und die »Schulung im Kampf um die Macht und in dessen Methoden«.[190]

Für die Bundesrepublik hat der frühere Bundespräsident Richard von Weizsäcker die Gefahr, daß dieser Kampf zum Selbstzweck wird, in seiner berühmten Parteienkritik hervorgekehrt: Politiker seien Spezialisten darin, »wie man politische Gegner bekämpft«,[191] aber nicht in der Entwicklung gemeinwohlorientierter Konzepte:[192]

> »Der Hauptaspekt des ›erlernten‹ Berufs unserer Politiker besteht in der Unterstützung dessen, was die Partei will, damit sie einen nominiert, möglichst weit oben in den Listen, und in der behutsamen Sicherung ihrer Gefolgschaft, wenn man oben ist. Man lernt, wie man die Konkurrenz der anderen Parteien abwehrt und sich gegen die Wettbewerber im eigenen Lager durchsetzt.«[193]

Das mag zwar etwas zugespitzt anmuten, bringt aber das Wesentliche zum Ausdruck: Die Eigenschaften und Verhaltensweisen, deren es bedarf, um in der Partei vorwärtszukommen und nominiert zu werden, sind typischerweise nicht die, die dem Abgeordneten bei der Erfüllung der gemeinwohlorientierten Aufgaben helfen, derentwegen er an sich berufen wird.

Stimmt nicht:
Je höher das Einkommen, desto besser und unabhängiger der Abgeordnete

Politiker pflegen sich gegen Kritik an ihrer Bezahlung mit dem Argument zu wehren, je bessere und unabhängigere Abgeordnete man wolle, desto höher müsse man sie bezahlen. Gute Leute kosteten eben gutes Geld. Das legt dann den Schluß nahe, Kritik an der Politikerbezahlung sei bloß vordergründiges Stammtischgeschwätz und resultiere aus Neid, Populismus oder anderen niedrigen Motiven. Da Argumentationen dieser Art häufig auch von hochgestellten Beobachtern und hochbezahlten Leuten aus der Wirtschaft und anderen Bereichen unbesehen übernommen werden und sich auch in wissenschaftlichen Beiträgen und in angesehenen Zeitungen finden,[194] sind sie ernst zu nehmen und sollen im folgenden überprüft werden. Derartige Argumentationen haben bei der Auseinandersetzung um den Bonner Diätencoup von 1995 eine zentrale Rolle gespielt und werden bei jeder der seinerzeit beschlossenen Erhöhungen der Bezahlung von Bundestagsabgeordneten (zum 1.7.1997 auf 11 825 DM, zum 1.4.1998 auf 12 350 DM und zum 1.1.1999 auf 12 875 DM) erneut aktiviert. Da die Bonner Akteure noch nicht von ihrer Absicht gelassen haben, ihre Entschädigung zu Beginn der nächsten Wahlperiode auf das Niveau der Bezahlung von Bundesrichtern zu erhöhen,[195] wird die Thematik auch weiterhin aktuell bleiben. Immerhin vermeiden es die Angehörigen der politischen Klasse meist, einfach eine rein machtorientierte Auffassung zu vertreten, wonach die Machthaber die ihnen zustehende Entscheidungsmacht eben im Sinne ihrer Wünsche und Interessen gebrauchten. Vielmehr pflegen auch sie dem allgemeinen Standpunkt der Öffentlichkeit Tribut zu zollen, daß sich ihre Bezahlung und Versorgung (und ihr sonstiger Status), soweit sie über das Normalmaß hinausgehen, funktional vor den Belangen der Gemeinschaft rechtfertigen muß. Alle Privilegien der politischen Klasse müssen sich also vor den Erfordernissen des Gemeinwohls begründen lassen.[196]

Seiteneinsteiger oder Fängt man mit Geld die gewitztesten Mäuse?

Eine noch großzügigere Bezahlung von Abgeordneten, als sie bisher schon gewährt wird, wird stets gern damit gerechtfertigt, das Mandat müßte auch für sehr hoch bezahlte Kreise attraktiv sein. In einem »Argumentationspapier ›Diäten‹« des Bundestags vom Juni 1997 heißt es:

»Wer auch gutbezahlte Leistungsträger aus dem Bereich der Privatwirtschaft, der Selbständigen und der Unternehmer als Mandatsträger gewinnen will, wer also ein Parlament möchte, in dem möglichst viele Bevölkerungsgruppen vertreten sind, das nicht nur aus Angehörigen des Öffentlichen Dienstes besteht, muß über die Höhe der Diäten einen *finanziellen Anreiz* schaffen.«[197]

Klüngel kontra Außenseiter

Doch unterliegt diese Argumentation einem Denkfehler: Abgesehen davon, daß die Politik mit Gehältern der Wirtschaft – so oder so – ohnehin nicht mithalten könnte, wäre das Argument, man könne mit hoher Bezahlung Seiteneinsteiger für das Parlament gewinnen, nur unter der Voraussetzung schlüssig, daß tatsächlich Offenheit und Chancengleichheit des Wettbewerbs um Mandate bestände. Dies ist aber eben nicht der Fall. Seiteneinsteiger haben, selbst wenn sie wollten, kaum Chancen, die Schleuse, die den Zugang zu den Parlamenten in Deutschland wie ein Flaschenhals abdichtet, zu passieren: die parteiinterne Nominierung. Daß Wettbewerb um die Stimmen der Bürger bei der Auswahl der Abgeordneten ohnehin nicht stattfindet, die Wähler vielmehr kaum Einfluß auf die Auswahl haben, wurde bereits dargelegt. Hierher gehört auch der Hinweis, daß es in Deutschland keine Vorwahlen gibt,[198] die den Parteieinfluß zugunsten der Bürger relativieren würden, und daß die Wähler häufig nur starre Parteilisten ankreuzen, selbst also keine Personalauswahl treffen können. Die Parteien besitzen in Deutschland faktisch ein Nominierungsmonopol. Sie entscheiden darüber, wer ins Parlament kommt. Bei dieser (vorentscheidenden) parteiinternen Auswahl der Kandidaten besteht aber alles andere als offener, chancengleicher Wettbewerb. Vielmehr wird hier in kleinen Zirkeln in eigener Sache geklüngelt. Chancen hat im allgemeinen nur, wer eine langjährige parteiinterne Ochsentour hinter sich hat und seit längerem Parteiämter und Kommunalmandate wahrnimmt. Von außen angeworbene Politiker werden vom Apparat und seinen Funktionären abgestoßen. Alexander Gauland hat dies auf den Punkt gebracht:

> »Weshalb finden Vorstände, Syndice, erfolgreiche Anwälte, Ärzte und Publizisten so selten den Weg in die Politik? Die Antwort ist einfach: Sie sind dort nicht erwünscht.«[199]

Erhöhen die Begünstigten nun ihre Bezahlung, so läuft dies – bei der bestehenden Klüngel-Konstellation – lediglich auf eine Erhöhung der Prämien für Klüngelei hinaus und führt deshalb eher zu einer noch weiteren Intensivierung der Abschottung als zu einer Öffnung gegenüber Seiteneinsteigern oder anderen Bewerbern.[200]

Hier zeigt sich bereits, daß die Haupthindernisse für neue, qualifizierte Bewerber nichtfinanzieller Art sind und daß diese Hindernisse bei Erhöhungen der Bezahlung der Abgeordneten – scheinbar paradoxerweise – noch zunehmen.

Seiteneinsteiger haben Besseres zu tun

Neben der seiteneinsteigerfeindlichen Atmosphäre in den *Parteigremien* gibt es weitere wichtige Faktoren, die erfolgreiche Leute von außerhalb der Politik selbst dann davon abhalten, ein Parlamentsmandat anzustreben, wenn sie in den Parteigremien erwünscht wären: die relative Bedeutungslosigkeit der Abgeordneten im Parlament, die mangelnde Leistungsbezogenheit und Zurechenbarkeit ihrer Tätigkeit und die fehlende individuelle Verantwortlichkeit der Abgeordneten. In Selbstdarstellungen des Bundestags werden zwar die hohe »Leistung« und der große »Arbeitseinsatz und Zeitaufwand«, die das Mandat vom Abgeordneten verlangten, und die hohe »Verantwortung« der gewählten Volksvertreter, die das Grundgesetz ihnen auferlege, hervorgehoben und daraus die Notwendigkeit einer hohen Bezahlung abgeleitet. Doch lassen sich diese hehren Worte nicht mit der Wirklichkeit vereinbaren. Es wird hierbei verschwiegen, daß ein großer Teil der Tätigkeit in regionalen Vorstandsämtern und Kommunalvertretungen dem bloßen Machterhalt dient und das Aufkommen von Konkurrenz verhindern soll. Es wird verschwiegen, daß Art und Umfang der Leistungen des Abgeordneten im Parlament für seine Wiedernominierung meist ganz irrelevant sind und die Abgeordneten deshalb für ihre eventuelle Vernachlässigung auch nicht zur Verantwortung gezogen werden. Es wird verschwiegen, daß die meisten Abgeordneten im Parlament fast nichts zu sagen haben. Die Fraktionsdisziplin, die lange Zeit, die es aufgrund des Senioritätsprinzips zu dauern pflegt, bis ein Abgeordneter innerhalb des Parlaments auch nur eine mittlere Führungsposition erlangt,[201] und der geringe Einfluß der Abgeordneten auf wichtige von den sogenannten Elefanten – etwa im Wege von Koalitionsverträgen und laufenden Koalitionsabsprachen – vorbestimmte Entscheidungen lassen von der angeblichen »hohen Verantwortung« des Abgeordneten in der Realität kaum noch etwas übrig. Wenn Abgeordnete in der Praxis zu abhängigen Parteifunktionären und bloßen Abstimmungsautomaten degradiert werden, führt das zu Frustrationen und muß gestaltungsorientierte potentielle Seiteneinsteiger von einer Bewerbung abschrecken.

Immerhin käme ein Parlamentsmandat für erfolgreiche Leute aus anderen Bereichen eher in Betracht, wenn der Beruf, zumindest eingeschränkt, neben dem Mandat noch fortgeführt werden könnte. Dann wären die sogenannten Opportunitätskosten, das heißt die Vorteile, auf die der Abgeordnete zugunsten des Mandats verzichten muß, niedriger, wobei mit Opportunitätskosten auch Immaterielles in Form von Gestaltungs- und Einflußchancen im privaten Bereich gemeint ist. Die Fortführung des Berufs neben dem Mandat aber wird selbst in den Landesparlamenten zunehmend erschwert, weil die Mandate – auch im Hinblick auf die Vollalimentation und Überversorgung – zu Vollzeitstellen umfunktioniert werden, obwohl sich dies – angesichts der abnehmenden Aufgaben der Landesparlamente – sachlich eigentlich nicht rechtfertigen läßt.[202] Dadurch werden alle, die bereit wären, ein Mandat zu übernehmen, wenn sie dadurch nicht gezwungen würden, ihren Beruf aufzugeben, von vornherein von einer Bewerbung abgehalten. Die vorstehenden Thesen werden für die USA durch Spezialuntersuchungen bestätigt, die aufzeigen, daß die Entwicklung der dortigen Staatenparlamente zu Full-time-Jobs erfolgreiche Leute aus privaten Bereichen immer mehr von einer Bewerbung abgeschreckt hat.[203]

Der Mythos von der Unabhängigkeit der Volksvertreter

Zweifelhaft bleibt auch ein anderes, von den Betroffenen vielgebrauchtes Hauptargument für großzügige Bezahlung von Abgeordneten: die dadurch angeblich bewirkte Stärkung ihrer Unabhängigkeit. In dem erwähnten »Argumentationspapier« des Bundestags heißt es dazu:

> »Abgeordnete müssen unabhängig sein, denn sie sollen das ganze Volk vertreten. Dazu gehört auch die *finanzielle Unabhängigkeit*. Eine angemessene Entschädigung ist eine wesentliche Voraussetzung hierfür.«[204]

Dieses Argument, das geschichtlich, als das Niveau der Bezahlung noch niedrig war, große Bedeutung besessen hat,[205] erweist sich heute meist als vorgeschützt. Zweckmäßigerweise ist dabei zwischen der Unabhängigkeit von der Partei und jener von Interessenten aus Wirtschaft und Verbänden zu unterscheiden.

Die Unabhängigkeit von der *Partei* wird mit der Erhöhung der Entschädigung sicher nicht gefördert. Angesichts des faktischen Nominierungsmonopols der Partei nimmt mit der Höhe der Entschädigung nämlich umgekehrt die Abhängigkeit von der Partei eher noch zu. Ein Lehrer wird sich um so mehr auf seine Partei angewiesen fühlen, je höher die Entschädigung und je größer damit der Abstand zum Lehrergehalt ist; desto größer wäre nämlich der finanzielle Absturz, wenn die Partei ihn nicht wieder nominierte. Dieser Einkommensabstand ist auch keinesfalls auf Lehrer beschränkt. Für die meisten Abgeordneten bedeutet der Einzug in den Bundestag nicht nur einen großen sozialen, sondern auch einen beachtlichen finanziellen Aufstieg.[206] Der erfahrene Bonner Politikberater Meinhard Miegel hat dies drastisch ausgedrückt; der *Stern* zitiert ihn mit den Worten:

> »Die Abgeordneten seien zu feige. Eine große Zahl von ihnen hatte im zivilen Leben nie diesen Lebensstandard und ein solches Einkommen. Die sind zu allem bereit, wenn sie nur ihre Pöstchen behalten.«[207]

Auch das Ziel, mit einer Erhöhung der Bezahlung von Abgeordneten ihre Unabhängigkeit von Interessenten aus *Wirtschaft* und *Verbänden* zu erhöhen, ist vorgeschützt. Es kann schon deshalb nicht wirklich ernst gemeint sein, weil die politische Klasse und die Parteien insgesamt offenbar nichts Anrüchiges dabei finden, wenn Abgeordnete neben ihrem vollbezahlten Bundestagsmandat noch einer hochbezahlten Lobbytätigkeit nachgehen, wie zum Beispiel die bereits genannte Cornelia Yzer (CDU), die seit Frühjahr 1997 Hauptgeschäftsführerin eines Pharma-Lobbyverbandes ist, Reinhard Göhner (CDU), Hauptgeschäftsführer des Bundesverbandes der Arbeitgeber, oder Hans Berger (SPD), Vorsitzender der Industriegewerkschaft Bergbau. Derartige Vertreter von Interessenverbänden werden bei der Auswahl der Kandidaten für die Landeslisten der Parteien ganz gezielt und in erheblichem Umfang berücksichtigt. Die Parteien tun dies, um auf diese Weise ihre Position zu verbessern, weil sie sich auf die Unterstützung von Interessenverbänden angewiesen glauben. Vor diesem Hintergrund überrascht dann nicht, daß der Bundestag nichts Wirksames gegen Interessentenzahlungen aller Art unternommen hat und »Spenden« an Abgeordnete weiterhin unbegrenzt zuläßt.[208] Auf diese Weise sind die Verbands- und sonstigen Funktionäre von Interessenten – neben den öffentlichen Bediensteten – zu einer der größten Gruppen in den Parlamenten geworden. Es ist nicht einmal gelungen, die Zahlungen von Interessenten, die wegen der Beeinträchtigung der Unabhängigkeit der Abgeordneten und wegen der gleichheitswidrigen Versilberung der Einflußchancen des Abgeordneten besonders problematisch sind, ausreichend transparent zu machen. Die Vorstöße einiger Abgeordneter, besonders von Peter Conradi und Norbert Gansel, Transparenz aller Einkünfte herzustellen, sind bisher stets gescheitert, zuletzt im Herbst 1995.

Der 1994 zustande gekommene Straftatbestand der Abgeordnetenkorruption (§ 108e Strafgesetzbuch) ist so eng gefaßt, daß er voraussichtlich nie zur Anwendung kommen wird und allgemein als Beispiel rein symbolischer Alibigesetzgebung angesehen wird.[209] Bei der Diskussion um diese Vorschrift wurde besonders deutlich, daß der Bundestag seinen Abgeordneten bewußt die Chance sichern wollte, sich von Interessenten an der Bundestagsarbeit ein finanzielles Zubrot (das tatsächlich das eigentliche staatliche Gehalt nicht selten in den Schatten stellt) bezahlen zu lassen. Der Bundestag hat »an den Abgeordneten gerichtete Versprechungen und Erwartungen«, die auf eine Verbesserung seiner Lebensverhältnisse hinauslaufen, ausdrücklich und bewußt als »sozial adäquat« hingenommen.[210]

Vor diesem Hintergrund muß das Argument, eine Erhöhung der Bezahlung von Abgeordneten diene deren Unabhängigkeit, geradezu zynisch anmuten. In Wahrheit sieht die politische Klasse die »Freiheit« des Abgeordneten zur Wahrnehmung von Partikularinteressen als so wenig schützenswert an, daß auch die wirtschaftlich-finanzielle Vorteilsnahme durch Abgeordnete nicht unterbunden, sondern ausdrücklich zugelassen wird. Es ist auch nur ein frommer Wunsch, eine weitere Erhöhung der Bezahlung würde (dafür anfällige) Abgeordnete von sich aus dazu bringen, unabhängigkeitsgefährdende Bezahlungen abzulehnen. Oft trifft eher das Gegenteil zu: Mit dem Geld kommt der Appetit auf noch mehr Geld. Das gilt erst recht, wenn das Mandat, so wie es nun einmal praktiziert wird, gestaltungsorientierte und -willige Bewerber eher abschreckt und statt dessen solche anzieht, die von der Politik leben und hier Karriere machen wollen, weil sie woanders keine gleichwertigen Chancen haben.

Zwischenbilanz:
Diätenerhöhungen sind kontraproduktiv

Insgesamt erweist sich also: Seiteneinsteiger werden vor allem durch nichtfinanzielle Gegebenheiten von Bewerbungen abgehalten. Diese können durch Diätenerhöhungen nicht beseitigt werden, sondern werden dadurch im Gegenteil noch verstärkt, denn die Mandatsinhaber kleben dann um so fester an ihrem Stuhl. Auch die Unabhängigkeit der Abgeordneten wird durch andere Faktoren, als es zu geringe Diäten sind, massiv bedroht, und auch hier können – bei den bestehenden Strukturen – Diätenerhöhungen die Bedrohung zum Teil noch verstärken, weil der finanzielle Absturz bei Abbruch der politischen Karriere um so größer wäre. Die genannten Argumente für Diätenerhöhungen sind im Ergebnis nur vorgeschützt. Diätenerhöhungen entspringen in Wahrheit vor allem den Wünschen der Amtsinhaber, ihre Einkommen einschließlich ihrer Altersversorgungen möglichst zu verbessern.

So tun als ob: Der idealisierte Abgeordnete

Die Erklärung, warum die genannten Argumente trotz ihrer realitätsfernen Schieflage den Abgeordneten, die mit ihrer Hilfe strukturelle, das heißt über die normalen Anpassungen hinausgehende Erhöhungen rechtfertigen wollen, nicht aus der Hand geschlagen, sondern auch in den Medien immer wieder reproduziert werden, liegt darin, daß hier mit einem Abgeordnetenbild argumentiert wird, das den überkommenen Vorstellungen der Menschen entspricht, obwohl es in Wahrheit real nicht mehr existiert, sondern bei den derzeitigen Gegebenheiten[211] ein Phantom darstellt. Es ist das Bild vom *unabhängigen* Abgeordneten, der in fairem chancengleichem Wettbewerb mit anderen Kandidaten von den *Wählern* ausgesucht wird und von ihrem Vertrauen lebt, der im Parlament im Austausch der Argumente und Gegenargumente um möglichst gute Lösungen ringt und seinen Wählern Rechenschaft über seine Tätigkeit gibt, kurz: des unabhängigen, vom Volk gewählten, um das Gemeinwohl ringenden Repräsentanten. Da dieses Bild in der Öffentlichkeit immer noch weithin als brauchbares Abbild der Wirklichkeit gilt, stoßen die Argumente der politischen Klasse, so sachlich unzutreffend sie auch in Wahrheit sind, auf einige Akzeptanz.

Tatsächlich jedoch liegen die Schlüsselentscheidungen für eine Abgeordnetenkarriere in der Bundesrepublik nicht beim Wähler, sondern in der Hand von Parteigremien, in denen wenige Vorentscheider die Fäden ziehen. Es bestehen weder Offenheit noch Chancengleichheit, sondern Abschottung und ein Ausmaß an Wettbewerbsverzerrung, wie es in kaum einem anderen Bereich zu beobachten ist, schon gar nicht in einem für Staat und Gesellschaft derart wichtigen Schlüsselbereich. Die Abgeordneten sind auch nicht unabhängig, sondern (in der Formulierung des früheren Bundesministers Hans Apel) »Parteisoldaten«,[212] das heißt eingebundene und abhängige Funktionäre.[213] Sie sind nur in einem ganz formalen Sinn Volksvertreter, in Wahrheit sind sie Parteivertreter. Ihre Abhängigkeit von der Wiedernominierung durch die örtlichen und regionalen Parteigremien veranlaßt sie dazu, sich auch vor Ort als Inhaber von Parteiämtern und Kommunalmandaten für ihre Partei unersetzlich zu machen. Mittels ihrer Amtsausstattung, insbesondere ihrer staatsfinanzierten Mitarbeiter, können sie ihre lokalen Wirkungsmöglichkeiten potenzieren. Die »Gleichschaltung« der Abgeordneten und ihre grundsätzliche Unterwerfung unter »fremden Willen«, die Gerhard Leibholz schon früh als Konsequenz des Parteienstaats beschrieben hat,[214] kommt wiederum im Finanziellen besonders deutlich zum Ausdruck, namentlich in den hohen Parteisteuern, die die Abgeordneten trotz deren Rechtswidrigkeit an ihre Partei abführen, und in der hohen Beteiligung der Abgeordneten an den regionalen Wahlkampfkosten.

Wenn die Parlamente gleichwohl zur Begründung von Diäten- und Versorgungsverbesserungen immer wieder das Phantombild des unabhängigen, vom Volk gewählten Abgeordneten bemühen, der sich in chancengleichem Wettbewerb gegen qualifizierte Mitbewerber durchgesetzt habe, ist das Unbehagen der breiten Bevölkerung verständlich, die sich kein X für ein U vormachen lassen möchte. Diätenerhöhungen stoßen vermutlich nicht deshalb auf öffentliche Proteste, weil das Volk Repräsentanten, die sein Vertrauen genießen würden, etwa keine gute Bezahlung gönnte, sondern weil es sich in Wahrheit vornehmlich um Parteivertreter handelt, die das Volk nicht ausgewählt hat, die ihre Bezahlung in eigener Sache festlegen, sich gegen Leistungswettbewerb abschotten und die zudem ihre eigentlichen Aufgaben, um derentwillen sie gewählt sind, nicht befriedigend erfüllen.[215]

3
Das Machtinteresse der politischen Elite

Sind die demokratischen Institutionen noch zeitgemäß?

Es ist eine alte, allem Verfassungsdenken zugrundeliegende Vorstellung, daß die staatliche Grundordnung so konstruiert sein müsse, daß eine Gewalt der anderen Grenzen setze und die politischen Akteure nicht der Versuchung erlägen, die ihnen überantwortete Macht zum eigenen Vorteil zu mißbrauchen. Sie sollen vielmehr dazu veranlaßt werden, sich möglichst am Wohl des Gemeinwesens auszurichten.

Das Wesen des demokratischen Staates liegt in zwei Prinzipien, die gewiß immer nur graduell erreichbar sind und zum Teil auch miteinander in Widerspruch stehen können, die aber gleichwohl anzustrebende letzte Ziele sind: Mitentscheidung des Volkes und inhaltliche Richtigkeit.[1] Klassischen Ausdruck hat beides in der sogenannten Lincolnschen Formel gefunden, wonach Demokratie »Regierung des Volkes, durch das Volk, für das Volk« ist. So hatte es der frühere amerikanische Präsident Abraham Lincoln 1863 in seiner berühmten, allerdings auch vielfach mißverstandenen[2] Gettysburger Ansprache formuliert.[3] Regierung *durch* das Volk verlangt, daß die Bürger Einfluß auf die Politik haben, Regierung *für* das Volk, daß die Politik den Interessen der Bürger, und zwar möglichst aller Bürger, gerecht wird. Darin liegt in Wahrheit auch der verfassungstheoretische Kern des Grundgesetzes, wenn diese Auffassung auch sicher noch nicht als herrschende Staats- und Verfassungslehre bezeichnet werden kann. Vor lauter Furcht, man könnte aus der Lincolnschen Formel übertriebene und praktisch unerfüllbare Folgerungen ziehen und dadurch die Legitimität der Demokratie gefährden, weist man die Formel gänzlich zurück und beraubt sich damit auch der Richtschnur für die

Ermittlung bekämpfbarer Mängel und die Entwicklung durchsetzbarer Verbesserungsvorschläge. Die Lincolnsche Formel ist geeignet, die Richtung für die Kritik und für die Fortentwicklung der Verfassung zu geben, also für Verfassungs*politik*.[4] Die Praxis ist davon allerdings weit entfernt.[5] Im Bericht der Gemeinsamen Verfassungskommission des Bundestags und des Bundesrats, die sich nach der deutschen Vereinigung mit Fragen der Änderung oder Ergänzung des Grundgesetzes befassen sollte, sucht man »vergeblich nach zusammenfassenden Leitkriterien«.[6] Die Kommission versucht schon gar nicht, die vorgeschlagenen und insbesondere die abgeblockten Änderungen, wie etwa die verhinderte Einführung von Volksbegehren und Volksentscheid auf Bundesebene,[7] mit solchen Kriterien zu begründen, sondern beruft sich letztlich ganz blank auf die Kategorie der Macht.[8]

Nimmt man dagegen die Lincolnsche Formel zum Maßstab, so gelangt man unmittelbar zu den zentralen Fragen an unser politisches System, Fragen, deren bisherige Nichtbeantwortung vermutlich wesentliche Gründe für die verbreitete Politiker- und Parteienverdrossenheit darstellt. Es besteht danach ein mehrfaches Defizit. Dazu drei Thesen:[9]

1. Dringende Sachprobleme werden nicht oder nicht angemessen oder nicht rechtzeitig gelöst. Der Bericht des Club of Rome von 1991 spricht in diesem Zusammenhang von »Unzulänglichkeiten der Gouvernanz«.
2. Statt dessen drängt das Streben der politischen Klasse nach Macht, Posten und Geld gemeinwohlorientiertes Denken zunehmend zurück. Besonders deutlich wird dies in der Abschottung der Schlüsselbereiche – in denen über den Zugang zur politischen Klasse und über ihren Status entschieden wird – vor Offenheit und Konkurrenz, in der Staatsfinanzierung der politischen Klasse, in ihrer Verflechtung mit öffentlichem Dienst und Interessenverbänden, in der parteipoliti-

schen Eroberung und proporzmäßigen Aufteilung von solchen Posten, bei deren Besetzung die politische Klasse eigentlich nichts zu suchen hätte, und in der fortschreitenden Ausweitung solcher Posten.
3. Diese unkontrollierte Allmacht der politischen Klasse findet ihre Entsprechung in der Ohnmacht der Bürger: Das Volk, also der eigentliche Souverän in der Demokratie, hat praktisch wenig zu sagen, sowohl in der Sache als auch bei der Auswahl der meisten Politiker.

Der frühere Bundesinnenminister und Professor für Rechtsphilosophie Werner Maihofer spricht – in Übereinstimmung mit den obigen Thesen 1 und 3 – von einem doppelten Defizit: einem Repräsentationsdefizit (womit er auch das »Defizit an Effektivität in der Lösung der wirklichen Lebensfragen der Bürger« meint) und einem Partizipationsdefizit.[10] Zu kurz kommt bei ihm aber unsere These 2 von der Dominanz der Eigeninteressen der Berufspolitiker und erst recht die im Mittelpunkt dieses Buches stehende Erkenntnis, daß die These 2 in *ursächlichem Zusammenhang* zu den beiden anderen Thesen steht.

Die moderne Demokratie hat, so sagt man gemeinhin, einen Strukturwandel erfahren, und das ist ja auch völlig richtig. Dabei wird aber oft stillschweigend unterstellt, daß die Institutionen auch unter geänderten Bedingungen ihren ursprünglichen Sinn im großen und ganzen noch erfüllen. Doch genau dies trifft nicht mehr zu. Die Defizite entstehen ganz wesentlich dadurch, daß die verfassungsrechtlichen Institutionen noch auf einer Tradition beruhen, welche die heute wichtigsten politischen Akteure, die politische Klasse (einschließlich der mit ihr verwobenen Interessenverbände und des öffentlichen Dienstes), noch nicht kannte und folglich auch nicht auf ihr Wirken zugeschnitten ist. Die Rolle der politischen Klasse markiert die zentrale Verfassungsfrage: Wie können die Mächtigen unter die Kontrolle des Gemeinwesens gebracht werden? Es geht um die

Lenkung der Macht. Wenn der Satz stimmt, daß Macht, soll sie nicht korrumpieren, der Kontrolle bedarf, ist von vornherein zu vermuten, daß hinsichtlich der politischen Klasse ein besonders ausgeprägter Kontrollbedarf besteht. Denn das Wirken der Parteien (einschließlich der Verbände und des öffentlichen Dienstes) ist zwar verfassungsrechtlich anerkannt worden, seine wirksame Begrenzung steht aber noch aus. Erforderlich sind verfassungsrechtliche Innovationen, die die Macht der politischen Klasse so regulieren und kanalisieren, daß sie möglichst zum Besten für das Gemeinwesen ausschlägt.

Man kann unser ganzes Institutionensystem und sein praktisches Funktionieren allerdings gar nicht nachvollziehen und verstehen, wenn man die eigentlichen Interessen der politischen Akteure nicht gezielt in den Blick nimmt. Erste Voraussetzung ist also ein realistisches und unverkrampftes Verhältnis zu den Interessen der politischen Akteure. Man muß zurücktreten und eine Perspektive einnehmen, wie sie für die Klassiker der Staatstheorie selbstverständlich war. Daß die ungeschminkte Darlegung und Analyse der Interessen der politischen Akteure bisher meist versäumt wird, ist ein Grund für das Elend nicht nur weiter Teile der politischen Wissenschaft, sondern auch der politischen Bildung. Die politische Bildung (die von der politischen Klasse weitgehend usurpiert wurde) unterlegt den Institutionen zwar nach wie vor den überkommenen Sinn und idealisiert auf diese Weise die Lage. Doch bei genauerem Hinsehen stellen wir fest, daß die Institutionen diesen Sinn in Wahrheit gar nicht mehr erfüllen, so daß politische Bildung in weiten Bereichen zu wirklichkeitsferner Indoktrination verkommen ist.

Die Diskrepanz zwischen den in unsere Institutionen immer noch hineingelegten Ideen und der Wirklichkeit führt dazu, daß auch viele verfassungsrechtliche Grundbegriffe nicht mehr passen, sondern zu bloßen Worthülsen verkommen sind und deshalb »unwirklich und fassadenhaft« anmuten. Was bedeuten zum Beispiel die Grundsätze der Gewaltenteilung, des Rechtsstaats, der Demokratie, des freien Mandats der Abgeordneten, was bedeutet der Satz, alle Staatsgewalt gehe vom Volke aus, und der weitere Satz, das Deutsche Volk habe sich »kraft seiner verfassungsgebenden Gewalt dieses Grundgesetz gegeben« – was bedeuten diese Grundsätze heute wirklich? Darüber herrscht selbst unter Verfassungsjuristen alles andere als Einigkeit. Und schlimmer noch: Es besteht nicht nur Ungewißheit im Einzelfall, was unvermeidlich ist, wenn Generalklauseln konkretisiert werden müssen. Es herrscht vielmehr Ungewißheit über den roten Faden, den Kern des Grundgesetzes, der die verfassungsrechtliche Welt im Innersten zusammenhält. Selbst wenn einmal Klarheit darüber besteht, daß bestimmte Aktivitäten wie parteipolitische Ämterpatronage verfassungswidrig sind, herrscht doch eine im ganzen erstaunliche Gleichgültigkeit, ob und wie solch massenhafter, aber von der politischen Klasse gedeckter und betriebener Verfassungsbruch bekämpft werden soll.

Das fehlende Zur-Kenntnis-Nehmen der Wirklichkeit oder ihre vorschnell resignierende Hinnahme hängen natürlich damit zusammen, daß es hier in einem Umfang um Macht und Posten geht wie nirgendwo sonst und daß die politische Klasse von dem bestehenden System, seinen Nischen und seinen Unvollkommenheiten abhängt und daß Änderungen daran ihre Stellung erschüttern könnten. Solche Reformen zum Besseren würden aber nahegelegt, wenn man den Pervertierungen der Institutionen offen ins Auge blickte.

Eine zentrale These dieses Buchs geht dahin, daß die zu beobachtenden Fehlentwicklungen weniger auf bösem Willen der Akteure oder auf sonstigen subjektiven Faktoren beruhen, sondern *institutionell* bedingt sind. Sind die institutionellen Weichen falsch gestellt, resultieren daraus unausgewogene und verzerrte Ergebnisse. So hängen die Mängel und Auswüchse der Politikfinanzierung und die Privilegien der politischen Klasse eng mit den bestehenden Entscheidungsverfahren zusammen. Es hat sich gezeigt, daß durch den gewaltenvereinigenden Effekt der in eigener Sache entscheidenden politischen Klasse alle Institutionen ihren eigentlichen Sinn verlieren und ausgehebelt werden. Hier laufen alle überkommenen Sicherungen gegen Machtmißbrauch leer. Die Väter des Grundgesetzes hatten derartige Probleme noch nicht vorausgesehen und es versäumt, geeignete institutionelle Vorkehrungen zu treffen. Erst die Erkenntnis von der geradezu strategischen Bedeutung angemessener Institutionen vermag den Schlüssel zu liefern, mit dessen Hilfe sich die Probleme erschließen und eine realistische Analyse der Befunde ebenso möglich wird wie die Erarbeitung von weiterführenden Abhilfevorschlägen.

Das Verhältnis der politischen Klasse zu den Institutionen ist ambivalent: Sie handelt zwar »unter« den bestehenden Institutionen, muß sich deren Eigenheiten also anpassen. Doch stehen die Institutionen und Entscheidungsverfahren andererseits zu ihrer Disposition. Die politischen Akteure können sie ändern, sind insofern also Herren des Verfahrens. Dies gilt selbst dann, wenn für Änderungen qualifizierte Mehrheiten erforderlich sind, weil sie der Änderung der formellen Verfassung bedürfen. Die politische Klasse verfügt ja schießlich über die nötigen Zweidrittelmehrheiten in den Parlamenten. Die Verantwortung für die bestehenden Institutionen und Verfahren kann ihr also nicht abgenommen werden. Soweit sie die erforderlichen Änderungen gleichwohl nicht vornimmt oder zumindest anstrebt, trifft sie also doch wieder ein Vorwurf, nur jetzt auf einer höheren Ebene, nicht auf der Ebene der Entscheidungen selbst, sondern auf der Ebene der Regeln *über* die Entscheidungsbildung, also auf der Verfassungsebene.

Die Vorstellung, die politische Klasse könnte solche Institutionen einführen, die sie wirkungsvoll disziplinieren, mag auf den ersten Blick ziemlich weltfremd erscheinen, bedient die politische Klasse doch selbst in den Schaltzentralen der staatlichen

Macht die Hebel und beherrscht die Gesetzgebung, auch die verfassungsändernde Gesetzgebung. Laufen Empfehlungen zum Besseren deshalb nicht darauf hinaus, sich wie Münchhausen am eigenen Schopf aus dem Sumpf zu ziehen? Muß sich derjenige, der hier Reformen anmahnt, nicht wie der Constable vorkommen, der den Herzog von Windsor verhaften soll?

Hierzu lautet die in diesem Buch entwickelte These: Alle anderen Beteiligten (außer der politischen Klasse selbst) fühlen sich als Opfer der Gesamtentwicklung, erleiden sie also sozusagen. Das gilt auch für die Masse der Parteimitglieder. Angemessene verfassungsrechtliche Spielregeln würden fast alle Mitglieder der Gemeinschaft besserstellen als vorher. Die Chance, ein politisches Klima herzustellen, das ihrer Einführung günstig ist, wird deshalb um so größer, je umfassender es gelingt, ihren für fast alle Menschen förderlichen Effekt zu verdeutlichen. Es handelt sich um nicht mehr und nicht weniger als die Aufgabe, das Volk über seine eigenen Interessen aufzuklären. Das aber verlangt Information über die Zusammenhänge. Wer etwas zum Besseren wenden will, muß versuchen, den Bürger als den eigentlichen demokratischen Souverän zu überzeugen. Aufklärung über Mißstände und Wege zur Abhilfe sind geboten, Schule und Hochschule sind gefordert.

Die wichtigsten Adressaten aber sind die Parteien selbst und die Hunderttausende aktiv in ihnen Tätigen, aber auch Verwaltungsleute als ihre wichtigsten Ratgeber. Hier sammeln sich viele an Staat und Politik interessierte und für die Gemeinschaft engagierte Bürger. Ohne ihre Unterstützung geht vermutlich nicht viel.

Zu welchen Veränderungen gewandelte politische Kräfteverhältnisse bei gleichbleibenden Institutionen führen können, soll im folgenden an einigen Beispielen gezeigt werden.

Machtwille: Der Funktionsverlust der Institutionen

Zwei Beispiele für den Wandel von Institutionen unter dem Einfluß der Eigeninteressen der politischen Klasse sind die Entwicklung des Bundesrats zu einem bundespolitisch nicht legitimierten und unverantworteten Blockadeinstrument der parlamentarischen Opposition und die Entwicklung der immer bedeutungsloser gewordenen Landtage zu vollbezahlten und überversorgten Ganztagsparlamenten. Beide Beispiele zeigen, wie Institutionen unter dem Einfluß der weitgehend unkontrolliert agierenden politischen Klasse pervertieren können. Ein drittes Beispiel illustriert, wie die durch das bestehende Wahlrecht bedingte Notwendigkeit von Koalitionsregierungen zahlreiche überkommene Institutionen leerlaufen läßt und zu bloßen Statisten macht.

Blockadeinstrument Bundesrat

Der Bundesrat wurde ursprünglich als Einrichtung zur Wahrung der Interessen der Bundesländer konzipiert.[11] Er hat seine Rolle aber immer mehr auch in Richtung auf die Wahrung von Belangen der politischen Parteien verändert. Das wurde besonders deutlich, seitdem im Bundesrat andere parteiliche Mehrheitsverhältnisse bestehen als im Bundestag, also von 1969 bis 1982 und – mit umgekehrten parteipolitischen Vorzeichen – wiederum seit 1990. Damit hat sich der Bundesrat zu einem potentiellen Blockadeinstrument der Opposition entwickelt. Dies widerspricht nicht nur dem ursprünglichen Sinn dieser Einrichtung, sondern ist auch demokratietheoretisch mißlich. Den

Landesregierungen fehlt die bundespolitische demokratische Legitimation. Sie sind vom jeweiligen Landesvolk für die Wahrnehmung von Landesaufgaben gewählt. Das sieht auch die Öffentlichkeit so: für Erfolge und Mängel der Bundespolitik werden gemeinhin die Bundesregierung und die sie tragende Mehrheit des Bundestags verantwortlich gemacht, nicht der Bundesrat. Deshalb geht man davon aus, daß auch in der Wahrnehmung der Wähler hinsichtlich der Erfolgszurechnung eine deutliche Asymmetrie zwischen Regierungs- und Oppositionsparteien besteht. Erfolge kann die Bundesregierung sich an ihren Hut heften, auch wenn sie auf der Zustimmung des Bundesrats mit beruhen; umgekehrt werden auch Mißerfolge primär der Bundesregierung angelastet, selbst wenn sie darauf beruhen, daß das Vorhaben am Nein des Bundesrats gescheitert ist. Die Oppositionsparteien verfügen im Bundesrat also über ein Blockadeinstrument, ohne entsprechende politische Verantwortung übernehmen zu müssen. Es liegt deshalb für sie nahe, aus rein machtpolitischen Gründen die Regierungsmehrheit mit ihren Gesetzgebungsvorhaben am Veto des Bundesrats scheitern und sie auf diese Weise sozusagen an die Wand fahren zu lassen.

Die Notwendigkeit eines Zusammenwirkens von Regierungsmehrheit und Bundesratsmehrheit bei Zustimmungsgesetzen des Bundes wird häufig als faktische große Koalition bezeichnet. Doch trifft dieses Bild in Wahrheit nicht zu. Die bundesdeutsche Konstellation unterscheidet sich grundlegend sowohl von einer großen Koalition als auch von einem System mit zwei gleichberechtigten, vom Volk gewählten Gesetzgebungskammern wie etwa in den USA. In einer großen Koalition tragen beide Partner politische Verantwortung für die von ihnen gemeinsam beschlossene Regierungspolitik. Ebendies ist beim Bundesrat anders. Er trägt, da er nicht aus Bundeswahlen hervorgegangen ist und seine verfassungsrechtlichen Aufgaben in der Wahrnehmung von Länderinteressen bestehen, keine, jedenfalls keine volle, bundespolitische Verantwortung und kann doch die Entscheidung der Regierungsmehrheit blockieren. Daß die Opposition hier geradezu institutionell versucht ist, bloß zu blockieren, illustriert die berüchtigte Sonthofener Strategierede von Franz Josef Strauß: »Nur anklagen und warnen, aber keine konkreten Rezepte etwa nennen.« Lafontaines »taktische Spielchen« (Gerhard Schröder) bei der Instrumentalisierung der Blockademacht zur Verhinderung einer wirklichen Steuerreform wurden allgemein als bewußtes Praktizieren dieser Strategie verstanden.[12]

Nach den Erfahrungen beim Untergang der Weimarer Republik wollte der Parlamentarische Rat das Grundgesetz so konstruieren, daß negative Mehrheiten, die sich gegenseitig blockieren, möglichst vermieden werden. Deshalb ist beispielsweise ein Mißtrauensvotum gegen den Kanzler im Bundestag nur konstruktiv, also durch Wahl eines neuen Kanzlers, möglich. Auch die Fünfprozentklausel soll die Gefahr lediglich negativer Mehrheiten eindämmen, die die Bildung regierungsfähiger Mehrheiten erschweren können. Doch mit der Umfunktionierung des Bundesrats zu einer Vetomaschine der Opposition sehen wir uns in anderer Form ebensolchen negativen Mehrheiten gegenüber, welche die Entscheidungsfähigkeit der politischen Kräfte erschweren und die die Väter des Grundgesetzes vermeiden wollten.

Seitdem sich die Rolle des Bundesrats aufgrund unterschiedlicher Mehrheitsverhältnisse gewandelt hat und seine Instrumentalisierung als Blockadeeinrichtung der parlamentarischen Opposition möglich wurde, wäre es eigentlich zur Wahrung der demokratisch zu verantwortenden Handlungsfähigkeit der Bundespolitik angezeigt gewesen, die Kompetenzen des Bundesrats einzudämmen. Tatsächlich war das Gegenteil der Fall. Der Bundesrat erhielt immer mehr Zustimmungsbefugnisse, wobei ein merkwürdiges Spiel zu Lasten Dritter zu beobachten war: Die Kompetenzverteilung zwischen Bund und Ländern ist im Grundgesetz niedergelegt. Eine Änderung zugunsten des Bundes bedarf der qualifizierten Zustimmung des Bundesrats (Art. 79 II GG). Die Landesparlamente sind daran nicht beteiligt, auch dann nicht, wenn die Grundgesetzänderungen ihnen Gesetzgebungskompetenzen entziehen und diese auf den Bund übertragen. Im Bundesrat sitzen allein die Landesregierungen, die dabei – da es sich bei Änderungen des Grundgesetzes wie bei der Bundesgesetzgebung generell um Angelegenheiten des Bundes handelt – an keinerlei Weisungen der Landesparlamente gebunden werden können. Die Landesparlamente können sich also gegen derartige Kompetenzentleerungen selbst nicht wirksam zur Wehr setzen. Und die zunächst naheliegende Vermutung, die Landesregierungen würden die Interessen der Landesparlamente sozusagen stellvertretend wahrnehmen, hat sich bei genauerem Hinsehen als unzutreffend erwiesen. Das beruht darauf, daß die machtpolitischen Eigeninteressen der Landesregierungen und besonders ihrer Ministerpräsidenten in die gegenteilige Richtung gehen. So wurde der Bundesrat für seine Zustimmung zu Änderungen des Grundgesetzes, mit denen den Ländern Kompetenzen entzogen wurden, regelmäßig dadurch entschädigt, daß ihm weitere Zustimmungsrechte eingeräumt wurden. Auf diese Weise wurde es den Ministerpräsidenten der Länder in immer größerem Umfang ermöglicht, auch eine *bundes*politische Rolle zu spielen. Sie gaben die eigenstaatlichen Kompetenzen der Länder also willig drein, um im Austausch dafür in immer größerem Umfang zu Teilnehmern an der Bundespolitik zu werden und, da im Bund die eigentliche politische Musik gespielt wird, damit auch ihre eigene politische Rolle aufzuwerten.

Einen Höhepunkt erreichte die Hingabe von Landeskompetenzen zugunsten einer bundespolitischen Aufwertung der Landesregierungen (und die gleichzeitige Ausschaltung der Landesparlamente) im neuen Art. 23 GG, der die Mitwirkung des Bundesrats an der europäischen Willensbildung betrifft und den der Bundesrat der Regierungsmehrheit als Gegenleistung für seine Zustimmung zum Maastricht-Vertrag abtrotzte.[13] Art. 23 GG verbrieft nunmehr ein höchst kompliziertes, gestaffeltes Mitwirkungsrecht des Bundesrats bei der Willensbildung des Bundes in den europäischen Gremien, soweit der Bundesrat an entsprechenden innerstaatlichen Maßnahmen mitzuwirken hätte. Damit wird die bisher schon zu beobachtende Erschwerung der bundespolitischen Handlungsfähigkeit durch Einschaltung des Bundesrats auch auf die deutsche Europapolitik erstreckt. Aufgrund der neuen Bestimmungen ist Deutschland inzwischen in etwa 400 EG-Gremien (!) durch Regierungsmitglieder der Länder vertreten.[14]

Landesparlamente – bedeutungslos, aber voll bezahlt

Diese Entwicklungen gehen vor allem zu Lasten der Landesparlamente, die ohnehin durch andere gleichgerichtete Tendenzen, die ebenfalls zu ihrer Kompetenzentleerung beitragen, immer mehr abgewertet worden sind. Walter Rudolf, derzeit Vorsitzender der Vereinigung Deutscher Staatsrechtslehrer und als langjähriger Staatssekretär im Justizministerium des Landes Rheinland-Pfalz hervorragender Kenner der Verfassungsstruktur der Bundesländer, hat diese Entwicklung jüngst wie folgt zusammengefaßt:

»Als Fazit ist festzuhalten, daß die Bedeutung der Landesparlamente in Deutschland seit 1949 ständig zurückgegangen ist. Ursachen sind die verfassungsrechtliche Übertragung von Gesetzgebungskompetenzen der Länder auf den Bund, die fast vollständige Erschöpfung der konkurrierenden Gesetzgebungskompetenz durch den Bund, die häufig auch das Detail regelnde Rahmengesetzgebung des Bundes, der kooperative Föderalismus, die Ausübung des Vertragsschließungsrechts mit dem Ausland auf dem Gebiet der Landesgesetzgebung durch den Bund und die Übertragung von Gesetzgebungskompetenzen der Länder auf die Europäische Union.«

Rudolf knüpft daran die Beobachtung: »Dem Verlust an Bedeutung steht ein Mehr an Geschäftigkeit der Landesparlamente gegenüber. Hier gilt es achtzugeben, daß sich die Landesparlamente nicht in Quisquilien verlieren, sondern ihrer zentralen Aufgabe gerecht bleiben, im Bereich der ihnen verbliebenen Materien/Gesetze zu beschließen.«[15]
Doch insoweit fällt dreierlei auf:

- Die Länder nutzen die ihnen verbliebene Gesetzgebungskompetenz häufig nicht zu innovativem Handeln, sondern verabschieden vielfach mehr oder weniger identische Gesetze, so zum Beispiel bei den Haushaltsordnungen, den Bauordnungen und den Polizeigesetzen.
- Die umfassendste Reform, die in den Bundesländern in den letzten Jahren stattfand, die Reform der Kommunalverfassung, ging nicht von den Landesparlamenten aus, sondern von Volksentscheiden, 1991 in Hessen und 1995 in Bayern. Und sie wurde von den Landesparlamenten zum Teil auch noch regelrecht verpatzt. Ein Beispiel ist die Beibehaltung der Magistratsverfassung in Hessen, wo der Landtag zwar aufgrund eines Volksentscheids gezwungen wurde, die Direktwahl der Bürgermeister einzuführen, aber die nötigen Begleitreformen (Abschaffung des Magistrats und Einführung der Möglichkeit des Kumulierens und Panaschierens bei der Ratswahl) versäumte.[16]

Das 82-Prozent-Votum des hessischen Volks für die Einführung der Direktwahl von Bürgermeistern und Landräten von 1991 wirkte für reformbereite Kräfte auch in mehreren anderen Ländern als Druck- und Drohmittel, um politische

Blockaden zu brechen und die Neigung zu Reformen zu fördern.[17]

- Die Landesparlamente reagierten auf ihren Kompetenz- und Bedeutungsverlust nicht etwa dadurch, daß sie sich wieder zu echten Bürgerparlamenten umgestalteten, was durchaus möglich wäre, sondern gerade umgekehrt: Die Landesparlamentarier haben sich immer üppigere Bezahlung und Versorgung bewilligt. In dem Maße, wie ihre Kompetenzen und ihre politische Bedeutung zurückgingen, wurde ihr finanzieller Status aufgestockt. Nehmen wir Hessen als konkretes Beispiel: Die seinerzeit noch als »Aufwandsentschädigung« bezeichnete Bezahlung von hessischen Landtagsabgeordneten hatte im Jahre 1959 noch 40 Prozent der Aufwandsentschädigung von Bundestagsabgeordneten betragen[18] und war zum 1. Januar 1965 auf 50 Prozent erhöht worden.[19] Heute ist die Entschädigung hessischer Landtagsabgeordneter mit monatlich 11 266 DM fast genauso hoch wie die von Bundestagsabgeordneten (11 825 DM). Die Bezahlung (und Versorgung) von Landtagsabgeordneten wurde also – entgegen ihrer immer mehr abnehmenden Bedeutung – nicht nur absolut, sondern auch relativ zum Bundestag immer weiter erhöht und an dessen Bezahlung angenähert. Eine ähnliche Tendenz zeigt sich in den meisten anderen Landesparlamenten. Ja, es waren paradoxerweise die Landesparlamente, die die Schlüsselentscheidungen für die Entwicklung der Abgeordneten zu Berufsparlamentariern zuerst und noch vor dem Bund getroffen haben. So wurde die Altersversorgung von Abgeordneten zuerst von Landesparlamenten in Nordrhein-Westfalen und Schleswig-Holstein eingeführt, noch bevor der Bundestag 1968 eine Altersversorgung für seine Mitglieder beschloß.

Fazit: Das Eigeninteresse an Macht und Posten triumphiert

Institutionen wandeln sich nicht unbedingt funktionsgerecht, das heißt entsprechend den Funktionen, die sie aus der Sicht des Ganzen eigentlich erfüllen sollten, sondern ihre Entwicklung richtet sich in einem politischen System, in dem die politische Klasse so weitgehend unkontrolliert agieren kann wie in der Bundesrepublik Deutschland, in hohem Maße nach den Eigeninteressen der Akteure: Obwohl der Bundesrat mit abweichenden Mehrheitsverhältnissen immer mehr zu einem Instrument bundespolitisch nicht zu verantwortender Blockade geworden ist, werden seine Befugnisse nicht etwa zurückgefahren, sondern im Gegenteil auch noch ausgeweitet. Treibende Kräfte sind dabei die Machtinteressen der Landesregierungen und vor allem der Ministerpräsidenten, die nach einer politischen Rolle auf Bundesebene streben, um ihre Bedeutung aufzuwerten. Obwohl die Landesparlamente immer mehr an Kompetenzen verloren haben und deshalb eine Öffnung in Richtung auf Bürgerparlamente durchaus im Bereich des Möglichen läge, haben die Berufsinteressen der Amtsinhaber diesen Weg bisher blockiert und statt dessen nachhaltig in die gegenteilige Richtung gewirkt: Die Abgeordneten haben ihren finanziellen Status drastisch ausgebaut und fingieren sich nun als Vollzeitparlamente, indem sie auch

- die Parteitätigkeit vor Ort, wo die Abgeordneten häufig als Mitglieder des Orts-, Kreis- oder Bezirksvorstands eine hervorgehobene Rolle spielen, und
- die Tätigkeit in einer Gemeinde- oder Kreisvertretung, wo Landtagsabgeordnete häufig ebenfalls besondere Funktionen bis hin zum Fraktionsvorsitzenden ausüben, kurzerhand zu ihren Aufgaben als Parlamentarier machen,

obwohl es dabei lediglich um Tätigkeiten zum Machterhalt geht, das heißt zur Sicherung der Wiedernominierung bei der nächsten Landtagswahl. Innerhalb des Parlaments kompensieren Landtagsabgeordnete ihre Einflußlosigkeit vielfach durch eine Unzahl überzogener Anfragen an die Landesregierung und andere Arten von »Ersatzbefriedigungen«. Gleichzeitig versagen die Landesparlamente vielfach in ihren eigentlichen Kompentenzbereichen.

Hieraus ersieht man: Es gibt kaum etwas Gefährlicheres als unausgelastete, frustrierte Politiker. Der Mangel an wirklicher politischer Verantwortung bringt sie auf die überraschendsten Ideen und produziert Ersatzhandlungen – mit hohen finanziellen und noch höheren nichtfinanziellen Kosten für die Republik.

Die politische Elite:
Elefanten im Porzellanladen

Die wichtigen politischen Entscheidungen gehen immer mehr auf ganz kleine Gruppen von »Vorentscheidern« über.[20] Den verfassungsrechtlich eigentlich zuständigen Gremien (Parlament und Regierung) bleibt dann nur noch, die längst zu einem Paket festgeklopften Absprachen formal abzunicken. Um diese »Ratifikation« durch die Gremien zu sichern, die häufig auf eine bloße »notarielle Beurkundung« hinausläuft, gehören zu den Vorentscheidern solche Personen, die über genügend großen Einfluß verfügen, um die Absegnung in den Gremien möglichst zu gewährleisten, und meist in Personalunion mehrere Ämter innehaben: Spitzenleute der Regierung, der Mehrheitsfraktionen und -parteien, insgesamt kaum mehr als zehn Personen. Dazu gehören auf Bundesebene vor allem der Kanzler, der meist gleichzeitig Vorsitzender der größeren Regierungspartei ist, der Vizekanzler, der oft gleichzeitig Vorsitzender einer kleineren Koalitionspartei ist, gegebenenfalls der Regierungsvertreter einer dritten Koalitionspartei, der etwa Finanzminister ist, und die Fraktionsvorsitzenden der Regierungsparteien. Hinzu treten häufig die Generalsekretäre der Regierungsparteien und die ersten Parlamentarischen Geschäftsführer der Regierungsfraktionen. Dieser Kern der Vorentscheider, die sogenannten Elefanten, verstärkt sich von Fall zu Fall und je nach behandeltem Thema um weitere Teilnehmer, zum Beispiel die jeweils »zuständigen« Bundesminister oder wichtige Fraktionsmitglieder.

Waldemar Schreckenberger, Helmut Kohls früherer Kanzleramtsminister, hat die Entwicklung zu einer »Oligarchie der Spitzenpolitiker der Parteien« und die daraus resultierenden

»Veränderungen im parlamentarischen Regierungssystem« der Bundesrepublik Deutschland aus der Insiderperspektive umfassend und kompetent beschrieben.[21] Gewisse Vorabsprachen fanden zwar schon immer statt und sind wohl auch nicht zu vermeiden. Das Ausmaß der Entscheidungsverlagerung auf wenige Elefanten hat in jüngerer Zeit jedoch deutlich zugenommen. Dies hängt mit verschiedenen Entwicklungen zusammen.

Koalitionsgepoker

Koalitionen werden in Deutschland immer mehr zum Normalfall. Das war für den Bund schon immer so – nur ein einziges Mal, nämlich 1957, errang die Regierungspartei die Mehrheit der Sitze im Bundestag, und selbst damals verzichtete Adenauer nicht auf eine Koalition. Ein ähnlicher Trend hat sich inzwischen auch in den Bundesländern ergeben. Auch dort gelingt es der stärksten Partei immer seltener, bei den Landtagswahlen die absolute Mehrheit der Sitze zu erringen und die Regierung allein zu bilden. Derzeit ist dies nur in Bayern (CSU), Brandenburg (SPD), Niedersachsen (SPD), Saarland (SPD) und Sachsen (CDU) der Fall, wobei im letztgenannten Land mit Kurt Biedenkopf eine herausragende Persönlichkeit, die vorher im Westen von Kohl kaltgestellt worden war, für den absoluten Wahlsieg ihrer Partei in hohem Maße verantwortlich zeichnet. In Brandenburg hat Manfred Stolpe als Regierungschef die Angst der Ostdeutschen, vom Westen überwältigt zu werden, besonders geschickt für seine Zwecke ausgenutzt und sich als Gegengewicht stilisiert, wobei ihn seine zweifelhafte Rolle in der früheren DDR und die daraus resultierenden Angriffe westlicher Presseorgane in den Augen seiner Wähler gestärkt haben dürften. In Bayern spielt die CSU seit eh und je eine Sonderrolle. Ohne diese Sonderfaktoren gäbe es in Deutschland keine Einparteienregierungen. In jedem Fall gewinnen Absprachen zwischen zwei oder mehreren Koalitionsparteien eine immer größere Rolle.

Hinzu kommt, daß die Koalitionsvereinbarungen immer engmaschiger und detaillierter werden. Die Vereinbarungen, die zwischen den Partnern einer Koalition zu Anfang einer Wahlperiode als eine Art »Magna Charta« der geplanten Regierungspolitik abgeschlossen werden, werden schriftlich fixiert. Sie enthalten »gleichsam flächendeckende Festlegungen« und nehmen deshalb immer größeren Umfang an. Das war früher anders. An die Stelle einzelner Absprachen sind Festlegungen getreten, die nicht nur Leitsätze, Analysen und Bewertungen politischer und sozialer Sachverhalte beinhalten, sondern ganz konkrete Aussagen über die Fortgeltung von Gesetzen und die Einbringung von Gesetzentwürfen sowie über Aufträge an die Bundesregierung oder einzelne Bundesminister, bestimmte Maßnahmen zu treffen.

Vor allem die jeweils kleineren Koalitionspartner – im Bund besonders die um ihre Existenz ringende FDP, in den Ländern inzwischen auch die Grünen –, die im Kabinett von der Übermacht der führenden Partei majorisiert werden könnten, versuchen möglichst viele Punkte durch Aufnahme in die Vereinbarung festzuklopfen und dadurch den politischen Preis für ihren Eintritt in die Koalition hochzuschrauben. In den Bundesländern ist die Tendenz zu immer größerer Detailliertheit zum Teil noch ausgeprägter als im Bund. Besonders detailliert sind die Koalitionsvereinbarungen zwischen SPD und Grünen in Hessen für die Legislaturperiode 1995 bis 1999, in Nordrhein-Westfalen für 1995 bis 2000 und in Schleswig-Holstein für 1996 bis 2000. Die Koalitionsvereinbarung für Nordrhein-Westfalen umfaßt 178 engbedruckte Seiten, die hessische ist von ähnlichem Umfang. Sie gehen weit in die Einzelheiten aller (Landes-)Politikbereiche. So definiert die Koalitionsvereinbarung für Nordrhein-Westfalen ihren eigenen Rundfunkbegriff, regelt die Stillegung von Industriebetrieben, trifft die umstrittenen detaillierten Absprachen zum Braunkohlenvorhaben Garzweiler II, wendet sich gegen eine Anhebung der Gruppenstärke in den Tageseinrichtungen für Kinder und verspricht, die Methadonsubstitution weiter auszubauen.[22] Die schleswig-holsteinische Koalitionsvereinbarung umfaßt 87 engbedruckte Seiten und regelt ebenfalls Details wie den »Einsatz zusätzlicher Regelzüge und Ferienzüge in die Hauturlaubsgebiete Schleswig-Holsteins«.[23] Darin spiegelt sich ein gerütteltes Maß an gegenseitigem Mißtrauen und zugleich der Versuch, eine spätere politische Belastung der Koalition durch Ausräumen aller möglichen Stolpersteine zu verhindern. Die Koalitionsvereinbarungen pflegen von Parteigremien und den Regierungsfraktionen, die sie am Ende abzuarbeiten haben, abgesegnet zu werden.

Das gegenseitige Abstimmen der Regierungspolitik geht im übrigen über Festlegungen zu Anfang der Legislaturperiode hinaus: Die Koalitionsvereinbarungen werden durch laufende Koalitionsgespräche und Koalitionsarbeitsgruppen ergänzt, die für die Ebene des Bundes wiederum Waldemar Schreckenberger ausführlich beschrieben hat.

Der Bundesrat: Absprachen zwischen Regierung und Opposition

Hinzu kommt, daß im Bundesrat häufig Länderregierungen mit anderer politischer Couleur als die Bundesregierung die Mehrheit besitzen. Seit 1990 haben SPD-geführte Länderregierungen im Bundesrat die Mehrheit. Da gerade die wichtigsten Bundesvorhaben nicht ohne Zustimmung des Bundesrats wirksam werden können, ist der Bundesrat in der Lage, die Verabschiedung von wichtigen Bundesgesetzen zu blockieren (siehe dazu auch S. 190 ff.).

Die parteipolitische Aufwertung des Bundesrats bewirkt, daß

neben die Koalitionsrunden und -ausschüsse weitere Absprachenebenen treten, in die auch die Exponenten der Oppositionsparteien eingeschaltet sind. An sich ist für solche Kompromisse zwischen Bundestag und Bundesrat nach dem Grundgesetz der sogenannte Vermittlungsausschuß zuständig. Tatsächlich aber werden häufig schon vor Beginn des eigentlichen Gesetzgebungsverfahrens Absprachen auf höchster Ebene zwischen der Regierungskoalition und Vertretern der Opposition getroffen. Hier handelt es sich dann nicht um die Zusammenarbeit von Spitzenpolitikern, die partei- oder koalitionspolitisch am gleichen Strang ziehen, sondern um Politiker rivalisierender, in Konkurrenz um die Macht stehender Lager, die gleichwohl zu einem Konsens gelangen müssen, wenn politische Entscheidungen überhaupt zustande kommen sollen. (Derartige Formen des Zusammenwirkens können ihrerseits allerdings Rückwirkungen auf Art und Intensität der Rivalität haben und diese stark mindern.) Beispiele für die Notwendigkeit solch übergreifender Absprachen waren der Maastricht-Vertrag, die (ausgebliebene) Grundgesetzreform, die Asylgesetzgebung und neuerdings etwa die Steuerreform.

Entmachtung von Parlament und Regierung

Die Folge solcher Verlagerung wichtiger Entscheidungen auf Elefantenrunden ist eine Entmachtung von Parlament und Regierung und von deren Mitgliedern (soweit diese nicht selbst zur Elefantenrunde gehören). Sie haben faktisch oft nur noch Abnickfunktion, weil an den vorentschiedenen Paketen regelmäßig nichts mehr geändert werden kann, will man nicht die gesamte Absprache gefährden. Parlament und Regierung geraten so auch in Detailfragen ins Schlepptau einer Oligarchie von Führungsspitzen, so daß ihnen nur noch übrigbleibt, die auf höchster Ebene getroffenen Absprachen erst abzusegnen und dann abzuarbeiten. Der Koalitionsvertrag wird, was den Grad seiner tatsächlichen Verbindlichkeit anlangt, zum Verfassungsersatz.

Die Bundesregierung ist – anders als man auf den ersten Blick meinen könnte – also nicht das zentrale Entscheidungszentrum. Vielmehr werden in der Regierung Entscheidungen eher nur gebilligt als wirklich getroffen und lediglich noch einem abschließenden politischen »Check« unterworfen.[24] Das wurde vor einigen Jahren beim Rücktritt des Bundespostministers Schwarz-Schilling aus dem Kabinett Kohl auch für Außenstehende unübersehbar. Schwarz-Schilling beklagte sich bitterlich darüber, daß die Mitglieder des Parlaments meist nur anderweitig getroffene Entscheidungen abzusegnen hätten. In der Entwicklung informeller Entscheidungszentren wird die die Institutionen überspielende Rolle der politischen Elite besonders deutlich. Der informelle Charakter der Elefantenrunden erlaubt es, diejenigen zur Entscheidung heranzuziehen, die wirklich die politische Macht besitzen, während im formal zuständigen Gremium Kabinett auch Regierungsmitglieder ohne wirkliche Macht Sitz und Stimme haben.[25]

Auch der Bundeskanzler besitzt die ihm nach dem Grundgesetz zustehende Richtlinienkompetenz nicht wirklich. Er nimmt zwar an den Kernentscheidungen teil und bestimmt auch die Zusammensetzung der jeweiligen Runde zum guten Teil, er wirkt darin aber oft nur als eine Art von hervorgehobenem Moderator. Seine Abhängigkeit von den Koalitionspartnern wird besonders deutlich, wenn es um die Ernennung von Ministern im Kabinett geht. Hier vollzieht er meist nur noch die Beschlüsse seiner Koalitionspartner nach, wie Bundeswirtschaftsminister Rexrodt öffentlich deutlich machte, als er davon sprach, Bundeskanzler Kohl habe die von der FDP getroffene Entscheidung über ihn als Bundeswirtschaftsminister und Nachfolger des zurückgetretenen Möllemann nur noch formell zu bestätigen. Die Rolle des damaligen Bundeskanzlers als bloßer Moderator wird noch dadurch akzentuiert, daß Helmut Kohl sich für Sachfragen, besonders in den zentralen innenpolitischen Bereichen von Wirtschaft und Finanzen, wenig interessierte.

Robert Leicht, der frühere Chefredakteur der Wochenzeitung *Die Zeit*, hat die »Entmachtung der Parlamente« und die »Degeneration der Politiker zu willenlosen Funktionären der Parteimaschine« scharf gegeißelt und auch die Konsequenz solch knebelnder Koalitionsverträge für die Personalrekrutierung betont, daß nämlich profilierte Persönlichkeiten ein Leben in der Politik immer weniger anstreben.

In diesem Zusammenhang ist eine Klausel in den Verträgen bemerkenswert, die die Koalitionspartner zu Blockabstimmungen verpflichtet. So heißt es zum Beispiel in der Koalitionsvereinbarung von Schleswig-Holstein: »Die Fraktionen beider Parteien werden im Landtag und in seinen Ausschüssen nicht mit wechselnden Mehrheiten abstimmen«, und in denen von Rheinland-Pfalz und Nordrhein-Westfalen finden sich ähnliche Formulierungen.

Fraktionszwang: Die Negation des freien Mandats

Das aber ist praktisch die Negation des freien Mandats. Zugegeben, auch sonst wird der Abgeordnete im Interesse der Schlagkraft seiner Fraktion regelmäßig mit ihr abstimmen. In einem parlamentarischen System, in dem die Parlamentsmehrheit den Regierungschef wählt und ihn auch jederzeit abwählen kann, ist es aus Gründen des Machterhalts schon immer erforderlich gewesen, daß die Abgeordneten der Mehrheit die Regierung stützen und zu diesem Zweck eine politische Einheit bilden. Regierungsfähigkeit in der parlamentarischen Demokratie setzt damit in der Regel eine gewisse Fraktionsdisziplin voraus, die in der Praxis oft bis hin zum faktischen Fraktionszwang geht. Wer sich dem nicht fügt, muß mit Sanktionen rechnen und gefährdet seine Stellung innerhalb der Fraktion sowie seine parteiinterne Nominierung bei der nächsten Wahl. Insofern wird das freie Mandat der Abgeordneten seit eh und je zu einem guten Teil dem Machterhaltungsinteresse der politischen Elite geopfert. Die Hebel, mit denen der Gehorsam der Abgeordneten erzwungen wird, sind ihre Abhängigkeit von der Fraktion und von der Partei als Mutter einer jeden erfolgreichen (Wieder-)Nominierung.

Aber hat der einzelne Abgeordnete nicht, wie Politikwissenschaft und Staatsrechtslehre hervorzuheben pflegen, bei Entstehung und Herausbildung der Auffassungen seiner Fraktion und seiner Partei Mitwirkungsmöglichkeiten, indem er etwa in den Fraktionsarbeitskreisen an der Vorbereitung der Fraktionsmeinung teilnimmt? – Auch davon kann keine Rede mehr sein, wenn es nur noch um das Abarbeiten eines Koalitionsvertrages geht, an dessen Zustandekommen der Abgeordnete nicht beteiligt war und den er als Paket lediglich formal abzusegnen hat. Damit steht die Freiheit des Abgeordneten, die Artikel 38 Grundgesetz verbrieft, in der Praxis vollends auf dem Papier. Die Abgeordneten werden zu Claqueuren, zu bloßen Ratifikationsmaschinen von Entscheidungen, die von wenigen Spitzenfunktionären in Elefantenrunden getroffen worden sind.

Hier bewahrheitet sich die Prognose von Gerhard Leibholz, die Abgeordneten würden »grundsätzlich fremdem Willen unterworfen«.[26] Sie unterlägen einem Gehorsam, »der sie in Abstimmungsmaschinen verwandelt«,[27] und müßten sich in ihre »Gleichschaltung« fügen, wenn sie vermeiden wollten, »vorzeitig aus dem politischen Leben auszuscheiden«.[28] Leibholz hatte die Beseitigung des freien Mandats allerdings noch nicht auf Koalitionsabsprachen bezogen, sondern dabei an Zwänge gedacht, die von den Mutterparteien ausgingen, wie dies auch Max Weber und Robert Michels, der Vater der Parteiensoziologie, gemeint hatten. Die von Leibholz erwähnten »Abstimmungsmaschinen« würden, so meinte er, »von den Parteiführern bedient«.[29]

Im Vergleich zu diesen Prognosen ist nun allerdings eine nicht unerhebliche Modifikation eingetreten: Neben die Parteiführer sind die Regierungsspitzen und die Fraktionsführer getreten (wobei allerdings vielfach Personalunion besteht). Sie bilden gemeinsam die oligarchische Führungsspitze.

Abgeordnetenfrust

Die Entmündigung der Abgeordneten frustriert und mindert die Attraktivität des Mandats und damit auch die Qualität des Personals, das sich für Mandate zur Verfügung stellt. Gerade Politiker mit Ideen, Initiativen und Tatkraft fühlen sich abgestoßen und wenden sich »gelangweilt bis zum Überdruß« vom Parlament ab.[30] Die Frustration des in die Fraktionsdisziplin eingebundenen Abgeordneten ist immer wieder beklagt worden, besonders nachdrücklich von Hildegard Hamm-Brücher.[31] Dabei wurde aber meist übersehen, daß ihre Lage systembedingt ist und eine durchgreifende Besserung deshalb eine Änderung des Systems voraussetzt.[32]

Die Gründe für den Frust der Abgeordneten hat jüngst der CDU-Bundestagsabgeordnete Peter Altmaier aus der Praxis heraus eindrucksvoll beschrieben. Es sei nicht nur der Bedeutungsverlust des Parlaments als solcher, sondern mehr noch die Art, »wie wir als Parlamentarier ... auf diesen auch von uns so empfundenen Bedeutungsverlust reagieren«. Dem Rückgang der Bedeutung und der objektiven Einflußmöglichkeiten des Parlaments stehe nämlich paradoxerweise »ein lawinenartiger Anstieg der Arbeitsbelastung des einzelnen Abgeordneten gegenüber, was jeder Kollege beobachten und bestätigen« könne. »Die Zahl der Ausschüsse, der Unterausschüsse, der Enquête-Kommissionen, der Aktuellen Stunden, der Empfehlungen, der

Entschließungen, der Namentlichen Abstimmungen« werde »regelrecht inflationiert. Der einzelne Abgeordnete« befinde »sich von morgens bis abends in einer Tretmühle, die ihm kaum noch die Möglichkeit« lasse, »über diesen Bedeutungsverlust nachzudenken«. Man könne »das an zwei Entwicklungen deutlich machen. Zum einen: Wir befassen uns immer mehr mit Entschließungen und Vorlagen, die überhaupt keine praktischen Auswirkungen auf irgend etwas haben können. Das« sei »auch im Europäischen Parlament zu beobachten, das sich zur Strafrechtsreform in Nicaragua genauso« äußere »wie zu Fragen rein innerstaatlicher Gesetzgebung. Es« sei »aber auch zu beobachten, daß unsere Tätigkeit immer mehr« weggehe »von der Beschäftigung mit abstrakten, eine unbestimmte Vielzahl von Fällen betreffenden Angelegenheiten hin zur Behandlung ganz konkreter Einzelfälle. Das« heiße, »das Parlament insgesamt« werde »ein wandelnder Petitionsausschuß, und damit« potenziere »sich seine Bedeutungslosigkeit«. Deshalb warnt Altmaier davor, die parlamentarischen Entscheidungsprozesse für ein breites Publikum transparent zu machen, wie dies in Sonntagsreden postuliert werde. Derartige Transparenz könne nämlich geradezu »zu einer Legitimationskrise nicht nur des Parlaments, sondern des parlamentarischen Systems insgesamt führen«. »Denn in dem Augenblick, in dem wir diese Transparenz herstellen würden, würden wir ... der Öffentlichkeit unsere eigene Bedeutungslosigkeit ... dekuvrieren.« Zugleich würden wir deutlich machen, daß es im Beziehungsgeflecht der Staatsorgane »fast unmöglich geworden ist, konkrete Verantwortlichkeiten für ganz konkrete Maßnahmen festzumachen«.[33]

Lobbyverbänden in die Arme getrieben

Darüber hinaus ist das freie Mandat auch deshalb gefährdet, weil es jedem Abgeordneten unbenommen ist, sich in die Abhängigkeit von einem Verband oder anderen Interessenten an der Gesetzgebung zu begeben. Ja, es steht ihm sogar offen, sich dafür ein hohes Salär zahlen zu lassen, und zahlreiche Abgeordnete tun dies auch. Der Frust der Abgeordneten scheint sie geradezu in die Arme von Interessenten zu treiben, was ihnen nicht nur zusätzliches Einkommen, sondern auch mehr Einfluß verschafft (Näheres in Kapitel 5).

Entmachtung der Parteien

Auch die Parteien werden entmachtet. Wenn überhaupt Delegiertenversammlungen über Koalitionsverträge entscheiden und nicht nur Parteivorstände, ist es doch in der Regel ein bloßes Absegnen. Mehr materieller Einfluß ist kaum drin, weil sonst die Koalition, an deren Zustandekommen ein als übergeordnet anerkanntes Interesse der politischen Elite besteht, gefährdet würde. Diese Feststellungen sind Ausdruck eines generellen Wandels des Charakters der Parteien. Der ursprünglichen verfassungrechtlichen Idee nach sollen die Bürger in den Parteien politische Vorstellungen entwickeln und die Parteien dann für diese Vorstellungen werben und sich damit den Wählern stellen, die über die Größe der Vertretungen im Parlament entscheiden. In der Wirklichkeit aber hat sich dieses Verhältnis verkehrt.[34] Der Erfolg der Parteien bei der Wahl und der Kandidaten bei der Nominierung ist zum alles entscheidenden Kriterium, ja geradezu zum Nachweis der Existenzberechtigung der Parteien und ihrer politischen Klasse überhaupt geworden – auch gegenüber sich selbst. Sollte der Sieg eines Kandidaten bei der Nominierung und der Sieg einer Partei bei allgemeinen

Wahlen eigentlich ein *Mittel* sein zur Durchsetzung politischer Überzeugungen, so ist der Erwerb von Macht und Posten in der Sicht der politischen Klasse (einschließlich ihrer politischen Eliten) in Wirklichkeit zum alles andere beherrschenden eigentlichen *Zweck* geworden. Damit hat sich auch das Verhältnis von Führung und Basis verkehrt. Die politische Klasse baut nicht mehr auf der Basis auf, lebt von ihr weder ideell noch finanziell und wird von ihr auch nicht kontrolliert. Vielmehr kontrolliert die politische Klasse umgekehrt zunehmend die Basis (siehe auch Kapitel 6, S. 329 ff.). Diese Verkehrung des Verhältnisses von Parteiführung und Basis ist im übrigen nicht auf deutsche Parteien beschränkt, sondern, wie der belgische Politikwissenschaftler Peter Mair und der amerikanische Politikwissenschaftler Richard Katz ermittelt haben, offenbar ein genereller Zug der Entwicklung in westlichen Demokratien[35] (siehe auch Kapitel 6, S. 351 f.).

Regierungsabsprachen

Ähnlich wie Koalitionsabsprachen wirken Absprachen zwischen den Regierungen verschiedener Staaten. Da für die Behandlung zwischenstaatlicher Probleme regelmäßig die Regierungen zuständig sind, können die Parlamente solche Regierungsabsprachen dann nur noch bestätigen, wenn sie das ausgehandelte Paket nicht gefährden wollen. So entmachten Absprachen von Landesregierungen mit anderen Landesregierungen die Landesparlamente, Absprachen der Bundesregierung mit den Regierungen der Mitgliedsländer der Europäischen Union oder anderer Länder den Bundestag.[36] Beispiele sind der Maastricht-Vertrag und der innerdeutsche Vertrag mit der ehemaligen DDR-Regierung, bei denen die Mitwirkungsrechte von Bundestag und Bundesrat zu einer bloßen Formalie wurden.

Bewertung: Die Misere ist institutionell bedingt

Die Bewertung der dargestellten Erscheinungen ist schwierig, solange man keine realistischen Alternativen vorschlagen kann. Als solche Alternativen kommen Umgestaltungen in Betracht, die grundsätzlich in zwei Richtungen gehen können: Einmal eine Aktivierung des Gegeneinanders der um die Macht kämpfenden Parteien und der Kandidaten. Es ginge darum, das System so umzugestalten, daß dem Bürger die Wahl überlassen bliebe, wer auf Zeit regieren soll. Dafür wäre ein mehrheitsbildendes Wahlrecht erforderlich, etwa entsprechend dem englischen oder auch dem neuseeländischen System zur Zeit der großen Reformen 1984 bis 1996.

Eine andere Alternative könnte darin bestehen, das erfolgreiche Gemeindeverfassungssystem Baden-Württembergs, bestehend aus den drei Elementen der Direktwahl des Bürgermeisters, der Persönlichkeitswahl der Mitglieder des Gemeinderats und der Möglichkeit für die Bürger, Sachentscheidungen im Wege des Bürgerbegehrens und Bürgerentscheids an sich zu ziehen, auch auf die Staatenebene zu erstrecken.[37] Beide alternativen Wege würden Handlungsfähigkeit, Veranwortung *und* Bürgerpartizipation erheblich verbessern und die zum großen Teil institutionell bedingte Misere des bundesdeutschen politischen Systems an der Wurzel packen (Näheres in Kapitel 7).

Das Bestehen von Alternativen gibt uns bei der Bewertung größere Freiheit. Verschiedentlich wurden die dargestellten Machtverschiebungen als Folge der Koalitionsverträge teilweise oder insgesamt sogar für verfassungswidrig gehalten. So wandte sich der Staatsrechtslehrer Adolf Schüle schon vor mehr als 30 Jahren gegen Koalitionsausschüsse. Die Außensteuerung der Verfassungsorgane (Bundeskanzler, Bundesregierung, Bundestag) durch solche Ausschüsse und die Beseitigung des freien Mandats stellten einen »Rechtsverstoß« dar, weil Grundgesetz und Geschäftsordnung der Bundesregierung

das Gesetzgebungsverfahren »rechtlich erschöpfend« regelten.[38] Zumindest werde, wie andere ergänzten, auf diese Weise »die Entscheidungstätigkeit in ein der Verfassung unbekanntes und unverantwortliches Gremium« verlagert.[39]
Noch grundsätzlicher attestiert neuerdings der Staatsrechtslehrer Karl Albrecht Schachtschneider dem gesamten Parteienstaat bundesrepublikanischer Prägung die Unvereinbarkeit mit zentralen Grundsätzen des Grundgesetzes und damit insgesamt die Verfassungswidrigkeit.[40] Doch ist fraglich, ob das Verfassungsrecht überhaupt der geeignete Maßstab für die Bewertung und die Kritik der bestehenden Zustände ist. Sonst gelangten wir rasch zur Annahme der Verfassungswidrigkeit des gesamten Institutionengebäudes der Bundesrepublik und damit zu einem wohl noch weniger wünschenswerten Zustand. Andererseits benötigen wir für die erforderliche Kritik und die Entwicklung von Verbesserungsvorschlägen tragfähige Maßstäbe. Doch sind diese richtigerweise nicht dem Verfassungsrecht, sondern der Verfassungstheorie zu entnehmen. Sie liefert Maßstäbe jenseits des harten Verfassungsrechts und erlaubt Empfehlungen auch in Richtung auf die Änderung der Verfassung und der Gesetze, gibt also vor allem Maßstäbe auch für die Rechts- und Verfassungs*politik* ab (siehe bereits Kapitel 1, S. 69 ff.).

4
Die Symbiose von politischer Klasse und öffentlichem Dienst

Die deutsche politische Klasse ist in hohem Maße verbeamtet, gleichzeitig ist der deutsche öffentliche Dienst in weiten Bereichen politisiert. Beide Erscheinungen sind nicht unabhängig voneinander, sondern bedingen sich gegenseitig und haben sich wechselseitig verstärkt und immer mehr aufgeschaukelt. Politik und Verwaltung sind in Deutschland eine »Symbiose« eingegangen: Sie überlagern sich und sind miteinander verquickt. Diese Entwicklung erhielt einen besonderen Schub in der Zeit der großen Koalition (1966–1969), in der das Gewicht der Beschäftigten des öffentlichen Dienstes im Bundestag »markant sichtbar« wurde und die politische Klasse sich die gleichzeitig immer stärker politisierten Bereiche des öffentlichen Dienstes zunehmend einverleibte.[1]

Im folgenden sollen die Erscheinungsfelder, das Ausmaß und die Ursachen dieser Verquickung dargestellt werden. Vor allem aber interessieren uns die Folgen, insbesondere die Auswirkung dieser Entwicklung auf die Zusammensetzung, mentale Verfassung und Problemlösungsfähigkeit der politischen Klasse. Derartige Fragen werden bisher kaum gestellt. Die Verbeamtung der Parlamente wird zwar vielfach konstatiert. Über ihre Ursachen und Folgen gibt aber auch die Wissenschaft nur spärlich Auskunft.[2] Die Erweiterung der Fragestellung auf die *politische Klasse* betritt, soweit ersichtlich, gänzlich Neuland.

Vorab müssen wir uns jedoch in Erinnerung rufen, daß Politiker und Beamte ursprünglich als unterschiedliche Typen konzipiert waren und der Abgeordnete rechtlich geradezu als »der begriffliche Gegentyp des ›Bediensteten‹« konstruiert war.[3] Wir wollen uns deshalb zunächst vergegenwärtigen, welches die Charakteristika beider Bereiche sind, wie sich also der Typus des Politikers und der des Beamten der Idee nach voneinander unterscheiden. Dabei gilt es, die vielen Vermischungen zwischen beiden Typen, die im Zuge der Verquickung von Politik und Verwaltung tatsächlich stattgefunden haben und die das Erkennen der ursprünglichen Typen erschweren, gedanklich zu entflechten. Nur auf diese Weise ist es möglich, die beiden Idealtypen sozusagen herauszupräparieren. Als Typus des Politikers legen wir dabei den Parlamentsabgeordneten zugrunde. Unter »Beamten« verstehen wir prinzipiell auch Angestellte und Arbeiter des öffentlichen Dienstes.[4]

Zwei grundverschiedene Typen: Abgeordnete und Beamte

Der Abgeordnetenstatus: Rechte ohne Pflichten

Der Beamte ist verpflichtet, seinem Dienstherrn seine volle Arbeitskraft zur Verfügung zu stellen. Er hat den Weisungen seiner Vorgesetzten Folge zu leisten und unterliegt dem normalen öffentlichen Dienst- und Disziplinarrecht. Demgegenüber schuldet der Abgeordnete rechtlich keine Dienste und unterliegt keinen Weisungen. Ob und wie er sich am Ort des Parlaments, in seinem Wahlkreis oder Ortsverein betätigt, inwieweit er sich neben seinem Mandat für eine private, berufliche oder sonstige Tätigkeit engagiert, bleibt nach dem Grundsatz des freien Mandats rechtlich allein ihm selbst überlassen. Während ein Beamter, ebenso übrigens ein Minister oder Parlamentarischer Staatssekretär, neben seinem Amt keinen Beruf ausüben darf und für Nebentätigkeiten eine Genehmigung seines Dienstherrn benötigt, die nur in Grenzen erteilt wird, gelten für den Abgeordneten rechtlich keine solchen Einschränkungen. Er ist berechtigt, neben dem Mandat noch einen Beruf auszuüben. Dazu das Bundesverfassungsgericht:

> »Nicht selten geht der Abgeordnete seinem Beruf auch neben dem Mandat – wenngleich unvermeidlich in nurmehr eingeschränktem Umfang – nach, soweit dem nicht Inkompatibilitäten im Wege stehen.«[5]

Noch stärker hebt der Bundesgerichtshof auf das überkommene Bild vom Abgeordneten ab:

> »Das vom Grundgesetz gestaltete Amt des Bundestagsabgeordneten schließt ... eine berufliche Tätigkeit des Abgeord-

neten nicht aus, setzt sie vielmehr – wie schon Art. 48 Abs. 2 GG und die Vorschriften des Grundgesetzes über einzelne Inkompatibilitäten ergeben – geradezu als Normalfall voraus.«[6]

Die derzeitige Gesetzeslage erlaubt es dem Abgeordneten sogar, vollbezahlter Geschäftsführer eines an der Gesetzgebung des Parlaments und dem politischen Einfluß des Abgeordneten unmittelbar interessierten Verbandes zu werden und sein Mandat dennoch beizubehalten. Er ist rechtlich auch nicht daran gehindert, wirtschaftliche oder sonstige Zuwendungen in unbegrenzter Höhe anzunehmen, für die er keinerlei Gegenleistung erbringt – außer daß er dadurch für die Belange des Geldgebers günstig gestimmt wird.

Das aber grenzt an Korruption, und ihre rechtliche Zulässigkeit bei Abgeordneten[7] macht vielleicht am deutlichsten klar, wie sehr sich der Status des Abgeordneten von dem des Beamten unterscheidet: Beamte, die Geld in bezug auf ihre Amtshandlungen annehmen oder sich versprechen lassen, machen sich wegen Vorteilsannahme oder Bestechlichkeit strafbar (siehe §§ 331 ff. Strafgesetzbuch). Der Kontrast zu den Parlamentsabgeordneten wird dadurch noch krasser, daß Mitglieder von *kommunalen* Volksvertretungen durchaus unter die allgemeinen Korruptionsvorschriften fallen.

Auch eine zivilrechtliche Schadenersatzhaftung für rechtswidrige Akte des Parlaments trifft die daran beteiligten Abgeordneten nicht, selbst dann nicht, wenn sie grob schuldhaft gehandelt haben. Während Beamte (und auch kommunale Volksvertreter) für solche schuldhaften Fehler haften und Dritten den dadurch verursachten Schaden ersetzen müssen – auch wenn die Haftung teilweise auf den Staat übergeht, damit der Geschädigte einen zahlungskräftigen Schuldner hat –, gibt es bei vergleichbaren Rechtsverletzungen durch Abgeordnete nichts Entsprechendes. Selbst bei grob schuldhaften Verfassungsverstößen des Parlaments tritt keine Haftung der Abgeordneten oder des Staates ein.[8]

Gewiß darf man nicht nur die *rechtliche* Pflichtenlosigkeit des Abgeordneten ins Auge fassen. *Faktisch* pflegt der Abgeordnete unter erheblichen Zwängen zu stehen und kann sich im allgemeinen bestimmten Aufgaben nur schwer entziehen. Vernachlässigt er sie, gefährdet er möglicherweise seine Wiedernominierung durch seine Partei, oder er isoliert sich innerhalb seiner Abgeordnetenkollegen in der Fraktion. Doch dieser Sanktionsmechanismus läßt dem Abgeordneten einen erheblichen Freiheitsgrad und wird vollends stumpf, wenn der Abgeordnete ohnehin nicht mehr kandidieren will und sich nach etwas anderem umsieht. Dann kann das Mandat im Schutze der totalen rechtlichen Bindungslosigkeit zu einer veritablen Pfründe degenerieren. Bezahlung, Versorgung, steuerfreie Aufwandsentschädigung und sonstige Amtsausstattung plus Mitarbeiter werden dann im Falle des Bundestagsabgeordneten zu einer Verfügungsmasse im Wert von jährlich bis zu fast 600 000 Mark, die er faktisch in weitem Umfang auch für mandatsfremde Zwecke einzusetzen in der Lage ist.

Während der Status des Beamten also Rechte *und* Pflichten enthält, ist der Rechtsstatus des Abgeordneten von überraschender Einseitigkeit. Er hat zwar Rechte[9] – zum Beispiel zur Teilnahme an den Beratungen und Abstimmungen des Parlaments, das Recht auf Bezahlung, zu der inzwischen auch üppige Versorgungen hinzugekommen sind, das Recht, für Äußerungen, die er im Parlament getan hat, nicht außerhalb des Bundestags zur Verantwortung gezogen zu werden, selbst wenn sie beleidigenden Charakter haben (sogenannte Indemnität, Art. 46 I GG), das Recht, wegen von ihm begangener Straftaten nicht verfolgt zu werden, es sei denn, der Bundestag hebt die Immunität auf (Art. 46 II – IV GG). Der Abgeordnete hat aber keine Rechts*pflichten*, außer der parlamentsinternen Pflicht, die äußere Ordnung des Bundestags und die Verhaltensregeln für Abgeordnete einzuhalten.[10] Selbst besondere Präsenzpflichten, zum Beispiel die Pflicht, an Sitzungen des Parlaments oder seiner Ausschüsse teilzunehmen, gibt es nicht. Es erfolgt bei Abwesenheit lediglich ein gewisser Abzug bei der Aufwandsentschädigung des Abgeordneten.

Die völlige rechtliche Pflichtenlosigkeit des Abgeordneten ist ein Anachronismus und eigentlich mit dem Charakter des Amtes, das auch der Abgeordnete ausübt,[11] nicht mehr vereinbar. Kennzeichen des staatlichen Amtes ist ansonsten, daß es »ein Bündel von Pflichten« enthält.[12] Dadurch unterscheidet es sich von der Sphäre des Privaten, deren Prinzip die Freiheit ist.[13] Daß das Amt des Abgeordneten dennoch praktisch pflichtenfrei ist, ist nur entstehungsgeschichtlich zu erklären: Parlament und Abgeordnete wurden ursprünglich nicht als Teil des Staates angesehen, sondern zur *Gesellschaft* gerechnet.[14] Zum Staat gehörten nur Monarch, Regierung, Verwaltung und Militär, gegenüber welchen das Parlament als Vertretung der Gesellschaft die Kontrolle ausübte. Die Abgeordneten waren, wie der Staatsrechtler Paul Laband schrieb, dem Staat des Monarchen »zu nichts verpflichtete« Bürger und »Volksvertreter«.

So konsequent die Pflichtenfreiheit des Abgeordnetenmandats damals erschien, so überholt ist sie heute. Daß bisher dennoch nicht die Konsequenzen aus dem Amtscharakter gezogen worden sind und zum Beispiel ernsthaft geprüft wird, ob und inwieweit das Beziehen zusätzlicher Einkünfte noch mit dem Charakter des vollalimentierten Amtes vereinbar ist, liegt wohl hauptsächlich daran, daß die Abgeordneten derartige sie einschränkende Regelungen selbst treffen müßten (Entscheidung in eigener Sache) und niemand sich gern seine eigenen Privilegien wegreformiert.

Abgeordnete brauchen kein Diplom

Beamte müssen Fachkenntnisse haben, die durch besondere Vorbildung und während praktischer Ausbildungszeiten in der Verwaltung erworben werden und deren Vorliegen durch besondere Prüfungs- und Rekrutierungsverfahren gesichert werden soll. Wer die gehobene Beamtenlaufbahn (Inspektor) beschreiten will, kann dies nicht ohne den Besuch bestimmter Fachhochschulen, wer die höhere Beamtenlaufbahn (Rat) beschreiten will, kann dies nicht ohne Universitätsstudium und praktische Ausbildung in der Verwaltung (Referendarausbildung) tun – und muß das Studium und die praktische Ausbildung mit weit überdurchschnittlichen Examensergebnissen absolviert haben (erstes und zweites Staatsexamen). Im öffentlichen Dienst gilt das Leistungsprinzip: Einstellungen und Beförderungen müssen nach persönlicher und fachlicher Qualifikation erfolgen, nicht nach Vorrechten oder Beziehungen irgendwelcher Art. Die Nähe der Bewerber zu einer politischen Partei darf von Rechts wegen keine Rolle spielen. Alle Reformen der Verwaltung und des öffentlichen Dienstrechts zielten und zielen darauf ab, dem Leistungsprinzip auch in der Praxis möglichst gerecht zu werden.

Für Abgeordnete verlangt das Recht demgegenüber keinerlei praktische oder theoretische Ausbildung, Examen oder Leistungen irgendwelcher Art. Abgeordneter kann auch ein ganz junger Mensch werden (einziges Erfordernis: Alter von 18 Jahren). Irgendwelche Qualifikationsanforderungen gibt es von Rechts wegen nicht. Auch ein »abgebrochener Student« oder ein Erwerbsloser ist nicht von vornherein ausgeschlossen. Entsprechend wird auch die Bezahlung von Abgeordneten »nicht etwa nach dem Maß oder der Qualität der geleisteten Arbeit bemessen«.[15] So kann man ohne weiteres mit Anfang 20 Parlamentarier werden, wie zum Beispiel die Mainzer Landtagsabgeordnete Nicole Morsblech (FDP) [jetzt 24 Jahre][16] oder die

Bundestagsabgeordneten Matthias Berninger (Bündnis 90/Grüne) [jetzt 26] und Birgit Homburger (FDP) [jetzt 32]. Dazu sei die Aussage des Frankfurter Staatsrechtslehrers und jetzigen Präsidenten der Humboldt-Universität Berlin Hans Meyer zitiert, die er bei seiner Kritik der hohen Bezahlung hessischer Landtagsabgeordneter vor dem Landtag machte:

»Es ist auch zu berücksichtigen, daß sozusagen der Zugang zu einem sehr hoch besoldeten Amt – wir wollen es einmal so sagen – außerordentlich einfach ist. Sie brauchen überhaupt keine Vorbildung. Bei jedem anderen Beruf, der so besoldet ist, brauchen Sie eine Vorbildung. Sie müssen natürlich eine Leistung erbringen; das ist doch selbstverständlich. Aber es gibt keine einzige Voraussetzung, außer, daß Sie aufgestellt werden. Der Wähler hat sowieso keine Chance, Sie nicht zu wählen; denn er wählt die Partei und nicht Sie; das wissen wir ja. Auch das wäre also zu berücksichtigen.«[17]

Die totale rechtliche Anforderungslosigkeit an die Qualifikation von Abgeordneten hängt mit dem repräsentativen Status des Parlaments und seiner Abgeordneten zusammen, in dem möglichst alle Schichten vertreten sein sollen. Jeder soll – ohne jegliche formale Voraussetzungen – Zugang haben, vorausgesetzt, daß er das Vertrauen der Wähler bzw. seines Parteigremiums findet. Zudem ist jeder Abgeordnete »Vertreter des ganzen Volkes« (Art. 38 I 2 GG) und damit der Idee nach ein Generalist – im Gegensatz zu den Spezialisten, die im allgemeinen für den öffentlichen Dienst erforderlich sind. Doch, wie wir noch sehen werden, trägt diese Begründung schon lange nicht mehr. In den deutschen Parlamenten besteht eine krasse Überrepräsentation ganz weniger Gruppen (öffentliche Bedienstete und Interessenvertreter), die andere kraß unterrepräsentierte Gruppen fast völlig verdrängt haben.

Beamte wahren Recht –
Parlamentarier schöpfen Recht

Die deutsche Verwaltung ist an Gesetz und Recht gebunden (Art. 20 III GG), und diese Bindung wird durch extra dafür eingesetzte besondere Gerichte überwacht: die Verwaltungsgerichtsbarkeit, vor der sich jeder Bürger gegen rechtswidrige Eingriffe der Verwaltung zur Wehr setzen kann. Von daher ist die Rechtmäßigkeit der Verwaltung notwendige (wenn auch nicht hinreichende) Voraussetzung für jedes Tätigwerden der Verwaltung. Juristen spielen deshalb im höheren öffentlichen Dienst die zentrale Rolle (sogenanntes »Juristenmonopol«), was – angesichts der Konzentration der juristischen Ausbildung auf die Auslegung des geltenden Rechts und der Vernachlässigung der Änderung und Fortentwicklung des Rechts – den ohnehin bestehenden gesetzesbewahrenden, konservativen Grundzug der Verwaltung noch stärkt.

Demgegenüber gehört es zu den Aufgaben der Parlamente, die Gesetze nicht auszulegen, sondern zu überprüfen, zu ergänzen und neue Gesetze zu schaffen. Im Gegensatz zum statischen Rechtsbewahren der an die Gesetze gebundenen Verwaltung werden von den Parlamenten als Herren der Gesetzgebung dynamische Rechtsschöpfungen verlangt.

Fachlich qualifiziert muß nur der Beamte sein

Zum Beamten wird man grundsätzlich durch Ernennung;[18] auch Beförderungen erfolgen auf diesem Weg. Zum Abgeordneten wird man dagegen durch Wahl. Ernennungen haben nach den genannten Qualifikationen und Leistungskriterien zu erfolgen, die Wahl geschieht durch Wähler bzw. Parteigremien. Bei Ernennungen und Beförderungen darf die Parteizugehörigkeit der Bewerber keine Rolle spielen, bei der Wahl des Parlamentsabgeordneten ist sie notwendige (wenn auch nicht hinreichende) Vorbedingung.

Daß bei Einstellungen und Beförderungen von Beamten die persönliche und fachliche Qualifikation den Ausschlag geben soll, nicht aber Vorrechte oder Beziehungen irgendwelcher Art, ist in Art. 33 II GG und in den Beamtengesetzen des Bundes und der Länder niedergelegt. Dieser Grundsatz soll zweierlei bewirken: die Leistungskraft der Verwaltung zu stärken und die Chancengleichheit unter den Bewerbern zu gewährleisten. Geschichtlich entstanden sind die Vorschriften als Reaktion auf die Praxis der absoluten Monarchie, die bei der Rekrutierung ihres Verwaltungspersonals den Adel und das ausgediente Militär bevorzugte. So bestimmte Art. VI der französischen Erklärung der Menschen- und Bürgerrechte von 1789, daß alle Bürger zu öffentlichen Ämtern nur aufgrund ihrer Fähigkeiten und ohne anderen Unterschied als den ihrer Tugenden und Talente zugelassen werden sollten, und in § 137 VI der Paulskirchen-Verfassung von 1849 hieß es: »Die öffentlichen Ämter sind für alle Befähigten gleich zugänglich.«

Beamte auf Lebenszeit – Abgeordnete auf Zeit

Der Beamte wird nach Ablauf einer Probezeit grundsätzlich auf Lebenszeit berufen und ist unkündbar. Er kann sich darauf vorbereiten und entsprechende Qualifikationen durch Studium, Ausbildung und Examen erwerben. Er stellt sich und seine Arbeitskraft dem Dienstherrn also grundsätzlich für sein ganzes Arbeitsleben zur Verfügung. Der Abgeordnete wird dagegen auf die Dauer einer Wahlperiode gewählt, also auf Zeit. Sein Amt gilt, je nach Dauer der Periode, von Rechts wegen nur für vier oder fünf Jahre, nach deren Ablauf er sich erneut zur Wahl stellen muß.

Abgeordnete werden bloß entschädigt – Beamte voll alimentiert

Der Beamte und seine Familie können mit einer dauernden vollen Alimentation rechnen, auch wenn er krank oder arbeitsunfähig wird oder stirbt; nach Eintritt in den Ruhestand erhält er ein auskömmliches Ruhegehalt. Demgegenüber haben Abgeordnete »Anspruch auf eine angemessene, ihre Unabhängigkeit sichernde Entschädigung« (Art. 48 III 1 GG). Sie ist jedenfalls nach dem richtig verstandenen Wortlaut und Sinn der Verfassungsvorschrift Ersatz für den Einkommensausfall, den der Abgeordnete durch die Wahrnehmung des Mandats erleidet, nicht Alimentation (wie die Praxis meist annimmt).[19] Die Gewährung einer Entschädigung entspricht dem Fehlen rechtlicher Pflichten und Qualifikationsanforderungen. Wegen dieses Fehlens können Personen mit völlig unterschiedlich hohem Einkommen Abgeordnete werden, und wegen Fehlens der Dienstpflichten können sie das Mandat in völlig unterschiedlich zeitaufwendiger Weise ausüben. Dementsprechend völlig unterschiedlich kann der Einkommensverlust sein, der dem Abgeordneten durch die Wahrnehmung des Mandats entsteht. Diesen extremen Diskrepanzen bei den »Opportunitätskosten« der Mandatsausübung[20] entspricht es, dem Abgeordneten eine Entschädigung für die Einkommenseinbuße zu gewähren, das heißt keine für alle gleiche Alimentation.

Die Entschädigung wird auch dem Grundsatz der gleichen Wählbarkeit der Bewerber gerecht. Während eine einkommens- und ausübungsunabhängige Alimentation für den Abgeordneten mit geringem Einkommen einen enormen finanziellen Anreiz (incentive), für den mit sehr hohem Einkommen dagegen eine finanzielle Abschreckung (disincentive) darstellt und dazu beiträgt, daß die Parlamente sich schwerpunktmäßig aus Beziehern niedrigerer und mittlerer Einkommen zusammensetzen, beseitigt die Entschädigung diese Schieflage bei den materiellen Anreizen für eine Kandidatur und schafft dadurch erst die Voraussetzung für die materielle Erfüllung des gleichen passiven Wahlrechts.[21]

Unparteiische Beamte – parteiliche Abgeordnete

Der Weg zum Abgeordnetenmandat führt notwendigerweise über eine politische Partei, so daß parteiliche Kriterien die zentrale Rolle spielen. Voraussetzung für eine erfolgversprechende Nominierung durch eine Partei ist regelmäßig, daß man ihr längere Zeit gedient hat (sogenannte Ochsentour, vgl. Kapitel 2, S. 119 ff.). Auch bei der *Ausübung* des Mandats pflegen die Abgeordneten sich in Fraktionen, das heißt nach parteilichen Kriterien zu organisieren, was – in der parlamentarischen Demokratie – unvermeidlich ist und Konsequenzen für die Wahrnehmung der Mandatsaufgaben durch die Abgeordneten hat, die fraktionsorientiert und fraktionsbestimmt erfolgt (siehe Kapitel 3, S. 205 ff.). Abgeordnete sind in einer parlamentarischen Demokratie also notwendigerweise parteiliche Abgeordnete.[22]

Demgegenüber dürfen die politischen Parteien bei Einstellungen und Beförderungen von Beamten von Rechts wegen keinen Einfluß nehmen, die parteipolitische Zugehörigkeit darf keine Rolle spielen. Auch die Ausübung der Tätigkeit darf sich allein am Gemeinwohl, nicht dagegen am Wohl einer Partei ausrichten. So bestimmt § 52 I 1 Bundesbeamtengesetz, daß der Beamte »dem ganzen Volk« dient, »seine Aufgaben unparteiisch und gerecht zu erfüllen und bei seiner Amtsführung auf das Wohl der Allgemeinheit Bedacht zu nehmen« hat.

Machtkenntnis versus Fachkenntnis

Parteien (einschließlich ihrer Abgeordneten) sind nach Ziel und Selbstverständnis Organisationen zum Erwerb und Erhalt der Macht im demokratischen Staat, um die alle vier oder fünf Jahre neu gekämpft werden muß. Im Bundesstaat mit kommunaler Selbstverwaltung mit seinen zahlreichen Wahlen auf allen Ebenen stehen mehrmals im Jahr Wahlkämpfe an. Im Wahlkampf wird die Machtorientierung der Parteien und ihrer Kandidaten, der Abgeordneten, besonders deutlich, und Politikwissenschaftler weisen uns darauf hin, daß aus der Sicht der Parteien eigentlich immer Wahlkampf ist: »Der Wahlkampf beginnt am ersten Tag nach der vorangehenden Wahl.« Die Machtorientierung spiegelt sich in einem spezifischen politischen Stil: Beschimpfungen des Gegners sind an der Tagesordnung. Sachlich vernünftige Vorschläge werden von der einen Partei nur deshalb abgelehnt, weil sie vom politischen Gegner herrühren und man diesem keinen Erfolg gönnt. Der frühere Bundespräsident Richard von Weizsäcker hat eine Hauptqualifikation von Politikern in dem »Spezialwissen, wie man politische Gegner bekämpft«, gesehen.[23]

Demgegenüber brauchen Lebenszeitbeamte nicht alle vier oder fünf Jahre um ihren Verbleib im Amt zu kämpfen und können sich deshalb einen problem-, sach- und wertorientierten Denk-, Verhandlungs- und Arbeitsstil eher leisten, worin ja gerade auch der Sinn der Unkündbarkeit liegt. Diese unabhängige Position erlegt dem Berufsbeamtentum auch eine besondere Aufgabe gegenüber der Politik auf, etwa im Wege der Beratung der Politiker ein gewisses Gegengewicht gegen Fehlentwicklungen im Spiel der Parteien und Interessenverbände zu bilden. Das Bundesverfassungsgericht sieht im Berufsbeamtentum »eine Institution, die, gegründet auf Sachwissen, fachliche Leistung und loyale Pflichterfüllung, eine stabile Verwaltung sichern und damit einen ausgleichenden Faktor gegenüber den das Staatsleben gestaltenden politischen Kräften darstellen soll«.[24]

Die diametralen Unterschiede in den rechtlichen Anforderungen für eine Beamtenlaufbahn und eine Abgeordnetenkarriere sind in der folgenden tabellarischen Übersicht noch einmal stichwortartig aufgelistet.

Typenmerkmale von Beamten und Abgeordneten

Beamter	Abgeordneter
Dienstpflichten	
schuldet volle Arbeitsleistung, unterliegt Dienstpflichten hinsichtlich Art, Umfang, Ort und Zeit seiner Tätigkeit	freies Mandat: schuldet keine Dienste, es bestehen keine Dienstpflichten
grundsätzlich keine Nebentätigkeit	kann nebenher Beruf ausüben und sich sogar in die vollbezahlten Dienste eines Interessenverbandes begeben
weisungsunterworfen	weisungsfrei
Dienststunden	keine Dienstzeiten vorgeschrieben
Qualifikation und Leistung	
spezifische Vor- und Ausbildung und Prüfungen	keinerlei Vor- oder Ausbildung, Prüfungen oder sonstige berufliche Qualifikationen erforderlich

Beamter	Abgeordneter
Leistungsprinzip	Vertrauen der Wähler bzw. der Parteigremien
Spezialist	Generalist

Rechtsbewahrung versus Rechtsschöpfung

Juristenmonopol, Statik der Rechtsbewahrung	Dynamik der Rechtsschöpfung

Bestellung

Ernennung	Wahl

Dauer

Ernennung auf Lebenszeit, Unkündbarkeit	Wahl auf die Dauer der Wahlperiode

Bezahlung

Alimentation des Beamten und seiner Familie	Entschädigung für Einkommensausfall

Beziehung zur Partei

Unparteilich: Partei darf keinen Einfluß auf Einstellung, Beförderung und Amtsausübung nehmen	Parteilich: Partei entscheidet über aussichtsreiche Nominierung, Fraktion koordiniert und bestimmt Parlamentsarbeit

Innere Einstellung

Sach- und Wertorientierung	Macht- und Interessentenorientierung

Die hiermit unternommene Charakterisierung der Typenunterschiede im Status von Beamten und Abgeordneten soll es ermöglichen, die Verquickung von politischer Klasse und öffentlichem Dienst und ihre Auswirkungen in ihrem vollen Ausmaß zu erfassen und einzuschätzen. Die Herausarbeitung der Idealtypen wird allerdings dadurch erschwert, daß sie auf die gesetzlichen Regelungen und die Praxis Bezug nehmen muß, weil beide den Status mitbestimmen, Gesetze und Praxis aber ihrerseits – im Zuge der Verquickung – von der politischen Klasse beeinflußt und verändert worden sind und weiter verändert werden. Ein Beispiel ist das Verständnis der Bezahlung der Abgeordneten als »Entschädigung«, das die politische Klasse im Verlauf ihrer Verbeamtung – trotz des entgegenstehenden Wortlauts des Grundgesetzes und nicht ohne Hilfe des Bundesverfassungsgerichts[25] – zu einer grundsätzlich für alle gleichen »Vollalimentation« umgebildet hat. Doch macht gerade die zusammenfassende Typenbildung deutlich, daß eigentlich nur das Verständnis der Abgeordnetenbezahlung als Entschädigung mit der völligen rechtlichen Pflichtenlosigkeit des Abgeordneten und dem Grundsatz der gleichen Wählbarkeit vereinbar ist, und bestätigt so unsere Vorgehensweise.

Im folgenden sollen nun die Verquickung von Politik und Verwaltung, ihre Erscheinungsfelder und ihr Ausmaß skizziert werden (siehe nächster Abschnitt), um sodann ihre Folgen zu analysieren (siehe S. 242 ff.).

Die Verquickung von Politik und Verwaltung

Die zunehmende Verquickung von Politik und Verwaltung zeigt sich in folgenden Tendenzen:

- in dem weit überproportionalen Anteil der öffentlichen Bediensteten an der Gesamtzahl der Mitglieder der Parteien,
- in der Verbeamtung der Parlamente, die sich bereits darin widerspiegelt, daß die Wahlvorschläge der Parteien von Beamten nur so strotzen, und
- im Einfluß der Parteien auf die Personalauswahl im öffentlichen Dienst (»parteipolitische Ämterpatronage«).

Öffentliche Bedienstete in den Parteien

Die Verquickung von Politik und Verwaltung schlägt sich darin nieder, daß die Startbahnen für politische Karrieren und für den Aufstieg in die Klasse der hauptberuflichen Politiker in den Parteien weit überproportional von öffentlichen Bediensteten eingenommen werden. Ihr Anteil an der Gesamtzahl der Parteimitglieder liegt weit und in immer mehr wachsendem Umfang über ihrem Anteil an der Gesamtbevölkerung,[26] ihr Anteil an den *aktiven* Mitgliedern der Parteien ist noch sehr viel höher,[27] und noch einmal größer ist die Konzentration der öffentlichen Bediensteten in den Vorständen der Parteien auf Orts- und Bezirksebene und erst recht auf den *Wahllisten* der Parteien, wo die Beamten teilweise fast unter sich sind (siehe auch Kapitel 2, S. 121 f.).[28]

Verbeamtung der Parlamente und Regierungen

Diese Entwicklung mündet zwangsläufig in eine zunehmende Verbeamtung der Parlamente.

Bundestag und Landesparlamente

Im Bund liegt der Anteil der Beamten im Parlament, der 1949 noch etwa 20 Prozent betragen hatte, bei etwa 40 Prozent.[29] Damit ist der öffentliche Dienst im Bundestag siebenmal stärker als in der Bevölkerung und dreimal stärker als unter den Erwerbstätigen vertreten.[30] In den Landesparlamenten machten die Beamten und Angestellten des öffentlichen Dienstes 1965 im Durchschnitt 27 Prozent aus, 1975 und 1989 46 und 45 Prozent. Doch geben die Durchschnittszahlen insofern ein schiefes Bild, als zum Beispiel die niedrigen Quoten der Stadtstaaten den Durchschnitt nach unten drücken. In vielen Landesparlamenten kommt die Hälfte oder mehr der Abgeordneten aus dem öffentlichen Dienst.[31] Auffällig ist, daß unter ihnen die Lehrer eine besonders große Gruppe bilden. Im 1990 gewählten Bundestag waren die Lehrer mit 120 Abgeordneten die mit Abstand stärkste Berufsgruppe.[32] Unter den Parlamentsjournalisten macht seit längerem der Kalauer die Runde: »Das Parlament ist mal voller und mal leerer, aber immer voller Lehrer.« Der Beamten-, vor allem der Lehreranteil ist in den Fraktionen der SPD und der Grünen besonders hoch, in der Fraktion der FDP dagegen relativ niedrig.[33]

Eine lange Tradition: Beamtenparlamente

Im übrigen haben Beamtenparlamente in Deutschland Tradition. Das hängt damit zusammen, daß das Berufsbeamtentum hier älter ist als die Parlamente. Es war bereits zur Zeit des Absolutismus entstanden, so daß in ihm eine fachlich qualifizierte, in Staatsdingen bewanderte und politisch interessierte Schicht schon da war, als in Deutschland die ersten Parlamente aufkamen.[34] Da von Unvereinbarkeitsregelungen damals niemand etwas wissen wollte, überrascht es nicht, daß schon die frühliberalen Parlamente voller Beamter waren. So klagte Heinrich von Gagern in einem Brief von 1841:

> »Die neue hessische Kammer wird womöglich noch schlechter werden als die frühere; das heißt noch mehr Staatsdiener und noch weniger unabhängige Leute.«[35]

Dies war keine Ausnahme. Auch in den württembergischen Kammern beispielsweise lag der Anteil von Staatsbeamten, Gemeindebediensteten, Schultheißen, Oberlehrern und Professoren in den Jahren von 1820 bis 1868 zwischen 70 und 80 Prozent. Ganz allgemein wird der deutsche Frühkonstitutionalismus als »Beamtenparlamentarismus« apostrophiert.[36] Ähnlich war die Entwicklung in den Landtagen anderer deutscher Einzelstaaten, vor allem Preußens, ebenso im Reichstag der Bismarck-Zeit. Im Reichstag ging der Anteil der Staatsdiener allerdings nach 1880 zurück, was wohl damit zusammenhing, daß die liberalen Fraktionen, besonders die Nationalliberalen, die den größten Beamtenanteil hatten, kontinuierlich Stimmen zugunsten der Sozialdemokraten verloren, in deren Reihen der Anteil der Beamten damals gering war.[37] Im Reichstag der Weimarer Zeit betrug der Beamtenanteil immer noch etwa ein Drittel.

Verbeamtung des Parlamentarischen Rats

Der traditionell hohe Beamtenanteil findet sich auch in den an der Verfassungsgebung beteiligten Gremien, etwa in der Frankfurter Nationalversammlung von 1848 und besonders auch im Parlamentarischen Rat von 1948/49, von dessen Mitgliedern 60 Prozent aus dem Kreis der Beamten und Angestellten des öffentlichen Dienstes kamen.[38]

Verbeamtung der Regierungen

Auch ein großer Teil der Minister im Bund und in den Ländern kommt aus dem öffentlichen Dienst. Im übrigen ist der Status der Minister durch Verfassung und Ministergesetz – unabhängig von der Herkunft der Amtsinhaber – unmittelbar und aus eigenem geltenden Recht in mancher Hinsicht beamtenähnlich ausgestaltet. So darf der Minister neben dem Amt keinen Beruf und kein Gewerbe ausüben. Für Minister gelten zum Beispiel dieselben Korruptionsvorschriften wie für Beamte. Auch die Besoldung und Versorgung ist ähnlich derjenigen von Beamten ausgestaltet, allerdings auf einem völlig anderen Niveau.[39]

Ämterpatronage im öffentlichen Dienst

Im gleichen Schritt hat auch umgekehrt der Einfluß der Parteien auf die Personalauswahl im öffentlichen Dienst immer mehr zugenommen. Es gibt zwar keine exakten Statistiken, aus soziologischen Erhebungen läßt sich jedoch rückschließen, daß der Umfang der sogenannten Ämterpatronage durch politische Parteien beträchtlich ist.[40] In einer 1987 durchgeführten Befragung von Politikern und Spitzenbeamten durch die Soziologen

Hans-Ulrich Derlien und Renate Mayntz wurde folgende Frage gestellt:

»Man spricht seit etwa 20 Jahren von einer Parteipolitisierung des Beamtentums in Deutschland. Meinen Sie, daß diese Behauptung zutrifft?«

71 Prozent der Politiker und 86 Prozent der Beamten haben die Frage bejaht.[41]
Mit »Ämterpatronage« ist die Erscheinung gemeint, daß bei Auswahl und Beförderung des Verwaltungspersonals nicht nur die persönliche und fachliche Qualifikation entscheidet, sondern auch die Frage mitspielt und teilweise den Ausschlag gibt, ob der Bewerber das richtige Parteibuch besitzt, einer bestimmten Konfession angehört oder einem Interessenverband, etwa einer Gewerkschaft, nahesteht. Das größte Gewicht und die mißlichsten Folgen hat heute die parteipolitische Patronage, weshalb in diesem Kapitel nur sie behandelt wird.

Ein Kenner der bundesdeutschen Verwaltungsszene, Thomas Ellwein, selbst Mitglied und ehemaliger Bundestagskandidat einer großen Partei, beklagt mit Recht, daß die Parteien die Beamtenstellen im Laufe der Zeit immer schamloser ausnutzen.[42] Eberhard Laux, ein anderer profilierter Kenner der deutschen Verwaltung, hat erst jüngst der Politik vorgehalten, wie sehr sie sich seit vielen Jahren geflissentlich bemüht, sich den öffentlichen Dienst »durch Ämterpatronage und durch parteipolitische Vorteilsgewährung gefügig zu halten«.[43] Wer nicht das richtige Parteibuch besitzt, kann vom Zugang zum und vom Weiterkommen im öffentlichen Dienst praktisch ausgeschlossen sein. Daraus resultiert für öffentliche Bedienstete die Versuchung, aus opportunistischen Gründen in eine Partei – und zwar möglichst in die richtige – einzutreten. Dies machen die Zahlen über die Parteimitgliedschaft von Beamten in solchen Bundes-

ländern besonders deutlich, in denen die Regierung noch nie oder seit langem nicht mehr gewechselt hat: In SPD-Ländern gehören 87,5 Prozent aller beamteten Parteimitglieder der Regierungspartei an, in CDU-Ländern 87,2 Prozent.[44]
Solche Einstellungs- und Beförderungspraxis im öffentlichen Dienst (im weitesten Sinne) nach Parteibuch ist häufig auch Belohnung für frühere Parteiaktivitäten und/oder erfolgt in der Erwartung, daß die Nutznießer in Zukunft um so intensiver für die Partei zur Verfügung stehen werden, sie läuft insoweit auch auf eine indirekte Form der staatlichen Parteienfinanzierung hinaus.[45] Parteipolitische Ämterpatronage[46] umfaßt nicht nur politische Ämter und politische Beamtenstellen, sondern in zunehmendem Maße auch »normale« Stellen des Berufsbeamtentums.[47] Nach den vielleicht etwas überpointierten Feststellungen des Politikwissenschaftlers Michael Greven gibt es »kein Elektrizitätswerk, keine öffentliche Sparkasse, keine städtischen oder kommunalen Verkehrsbetriebe, keinen irgendwie zum öffentlichen Dienstleistungssektor gehörigen Betrieb in diesem Lande, keine Behörde, kein Amt und erst recht kein Ministerium, das nicht vor allem auch ein Versorgungsunternehmen für Parteigänger und -mitglieder wäre«.[48] Schlüsselstellungen der Bildung sind in besonderem Maße gezielter Gegenstand parteipolitischer Ämterpatronage wie etwa Schulleiterstellungen und die Ämterverteilung in den Bundes- und Landeszentralen für politische Bildung.[49] Neuerdings bezeichnet auch von Beyme die »parteienstaatliche Kolonialisierungspolitik«, deren Intensität in Deutschland »einmalig sein dürfte« und die Versorgungs- und Verkehrsbetriebe sowie Sparkassen zum »Tummelplatz parteipolitischer Ämterpatronage« mache, als »ein Ärgernis«[50] und attestiert dem früheren Bundespräsidenten von Weizsäcker ausdrücklich, er habe »diese Unterwanderungstendenz des Parteienstaates im Schatten des Grundgesetzes … ganz zu Recht gebrandmarkt«[51].
Entscheidend ist auch hier, daß ein wirksames Gegengewicht

fehlt. Da alle etablierten Parteien derartige Ämterpatronage treiben – auf Bundes-, Landes-, Kommunal- und Europaebene, nur eben jeweils mit unterschiedlichen politischen Vorzeichen –, pflegt keine die anderen wegen dieser Elemente eines Beutesystems öffentlich zu kritisieren. Es besteht ein Kartell des Verschweigens, eine Omertà der politischen Klasse. Dies wurde geradezu symbolhaft deutlich, als die Regierung Kohl auf eine parlamentarische Anfrage der Grünen, was man gegen die um sich greifende parteipolitische Ämterpatronage unternehmen könne, antwortete, Ämterpatronage gäbe es nicht, man brauche deshalb auch nichts gegen sie zu unternehmen. Auf eine Mauer des Schweigens stieß auch *Der Spiegel*, als er bei Politikern nachfragte, was sie neben ihren Bezügen als Bundestagsabgeordnete, als ehemalige Minister, ehemalige kommunale Wahlbeamte und ehemalige politische Beamte an Versorgungen aus der Staatskasse erhielten und welche Stellung sie zum Fortbestand solcher finanzieller Privilegien einnähmen.[52]

Bundespräsident Herzog bezeichnete die allmählich zunehmende parteipolitische Ämterpatronage (allerdings noch vor Antritt seines Amtes) als den »gewichtigste(n) und zugleich wundeste(n) Punkt in der Diskussion um den Parteienstaat«,[54] und andere Angehörige der »politischen Klasse« teilen seine Einschätzung.[54] Nach dem Grundgesetz dürften Parteien eigentlich keinen Einfluß auf die Besetzung jener Stellen nehmen. Ämterpatronage ist eine – meist verdeckte – Diskriminierung der Hintangestellten und Privilegierung der aufgrund ihrer Parteimitgliedschaft Bevorzugten[55] und deshalb mit elementaren Prinzipien des Grundgesetzes unvereinbar[56] (Art. 3 II, 33 II, III und V GG). Der zunehmende Einfluß der Parteipolitik nicht nur auf Verwaltungsbeamte, sondern auch auf Gerichte, Rundfunkanstalten, Rechnungshöfe und auf immer größere Teile auch der Gesellschaft erscheint deshalb besonders prekär, weil damit diejenigen Bereiche »kolonisiert« werden, die die

Politik eigentlich kontrollieren sollten. Das Bundesverfassungsgericht hat bisher nichts gegen parteipolitische Ämterpatronage unternommen,[57] vielleicht auch deshalb, weil seine eigenen Mitglieder ebenfalls von den Parteien bestimmt werden – Rechtsprechung aus dem Geiste des Konsenses?[58]

Gründe für die wechselseitige Durchdringung

Die Gründe für die wechselseitige Durchdringung sind vielfältig. So beruht Ämterpatronage zu einem guten Teil auf dem ganz natürlichen Bestreben der politischen Klasse, Einfluß und Posten im Staat nicht nur zu erringen und zu behalten, sondern ihren Einfluß möglichst auch auf alle Bereiche auszudehnen. Es handelt sich also um einen Ausfluß des Macht- und Einkommensinteresses, von dem eingangs die Rede war. Durch Patronage hofft die politische Klasse, Informationen von den Patronierten zu erhalten und Einfluß auf deren Entscheidungen auszuüben (Herrschaftspatronage). Darüber hinaus erfolgt Patronage zur Versorgung verdienter Parteiangehöriger (Versorgungspatronage) und dient dadurch indirekt auch dem Zweck, neue Mitglieder anzulocken.[59]

Der von der Patronage ausgehende Demonstrationseffekt zwingt umgekehrt karrierebewußte öffentliche Bedienstete, die rasch den Nutzen der Parteimitgliedschaft für ihr berufliches Fortkommen erkennen, faktisch in die Partei, was wiederum eine Erklärung (wenn auch nicht die alleinige) für deren Zunahme unter den Parteimitgliedern und ihre ausgeprägte parteiinterne Aktivität liefert. Diese Aktivitäten bis hin zur innerparteilichen Ochsentour (siehe Kapitel 2, S. 119 ff.) werden sozusagen als Gegenleistung für die erwartete berufliche Förderung verstanden. Die Macht der Parteien, Einfluß auf die Vergabe von Stellen im öffentlichen Dienst zu nehmen, wird also eingesetzt, um Aktivisten etwa für den Wahlkampf zu gewinnen. Es handelt sich um eine Art ständisch-feudalen Verhaltens, in dem die Führung durch Stellenvergabe an die Gefolgsleute Unterstützung im Kampf um die Macht einfordert, also um einen Tausch von Privilegien gegen Treue.[60] Auf diese Weise verbindet parteipolitische Ämterpatronage das Berufsinteresse parteipolitisch aktiver öffentlicher Bediensteter mit den Macht- und Berufsinteressen der politischen Klasse insgesamt. Wie schon in den USA seinerzeit das spoils system massiv eingesetzt wurde, um Helfer für den Wahlkampf zu gewinnen und diese dann nach der gewonnenen Wahl mit staatlichen Posten zu belohnen, so wird auch bei uns die Ämterpatronage ganz gezielt für das Werben der Anhängerschaft instrumentalisiert, die ihrerseits eine Mobilisierung beim Kampf um Nominierungen und allgemeine Wahlen erleichtert. Das wird von der politischen Soziologie auch ganz offen angesprochen: Ämterpatronage durch politische Parteien sei letztlich »unerläßlich«, weil zum Überleben des Systems »notwendig«. »Wenn eine herrschende ... Partei ihren Funktionären, die die Arbeit tun, keine ausreichenden materiellen und ideellen Belohnungen zuteil werden« lasse, zerfalle »sie ebenso wie mit ihr das politische und gesellschaftliche System – und gerade für das Heer dieser systemunentbehrlichen Funktionäre« gebe »es nur eine Organisation, die genügend Belohnungen zu vergeben vermag: den jeweiligen öffentlichen Dienst«.[61] So unverblümt wird das Thema in der Literatur allerdings selten behandelt, obwohl bei einigen politikwissenschaftlichen Autoren die milde Beurteilung parteipolitischer Ämterpatronage unübersehbar mit der Auffassung zusammenhängt, die Patronagemacht der Parteien sei für die Partizipationsbereitschaft in den Parteien unverzichtbar.

Da öffentliche Bedienstete ihrerseits auch Vorteile bei der Parteikarriere haben (siehe S. 121 f.), erhalten »politisierte« Beamte auf diese Weise doppelt verbesserte Karrierechancen, nämlich in der Politik *und* im öffentlichen Dienst.

Die zunehmende Verbeamtung der politischen Klasse wird

auch dadurch gefördert, daß öffentliche Bedienstete, die sich politisch betätigen, besondere rechtliche Vorteile genießen. Zwar ruhen ihre Rechte und Pflichten aus dem Dienstverhältnis im Bund und in den meisten Ländern, wenn sie ein Mandat annehmen. Bis vor 20 Jahren erhielten sie zusätzlich zu den Diäten ein Ruhegehalt. Das Bundesverfassungsgericht hat dies in seinem Diätenurteil von 1975 untersagt. Auch eine Beförderung zwischen zwei Wahlperioden ist jetzt für Abgeordnete, deren Rechte und Pflichten ruhen, nicht mehr möglich. Doch wurde die normale Bezahlung für alle Abgeordneten in der Folge dieses Urteils stark angehoben, im Bund Ende der siebziger Jahre mit einem Schlag um fast 100 Prozent,[62] so daß das Mandat für viele Beamtenkategorien, zum Beispiel für die in den Parlamenten besonders zahlreich vertretenen Lehrer, einen großen finanziellen Anreiz ausübt. Bundestagsabgeordnete verdienen mehr als doppelt so viel wie ein normaler Grundschullehrer – wenn man die Versorgung und die Nebenleistungen hinzuzählt, sogar leicht dreimal so viel oder mehr. Zudem haben öffentliche Bedienstete nach dem Ausscheiden aus dem Parlament auch heute noch eine Wiedereinstellungsgarantie, die sie absichert und gegenüber anderen bevorzugt.

Darüber hinaus können in einigen Ländern ins Parlament gewählte Beamte weiterhin im öffentlichen Dienst aktiv tätig bleiben, was die Verquickungstendenzen natürlich nicht gerade abschwächt. In Baden-Württemberg, Berlin, Hamburg, Schleswig-Holstein, Mecklenburg-Vorpommern, Sachsen und Sachsen-Anhalt ist nur ein Teil der Ämter im öffentlichen Dienst mit einem Mandat in der Volksvertretung unvereinbar, insbesondere solche in obersten Landesbehörden (vor allem Ministerien) sowie Richter und Staatsanwälte. Andere öffentliche Bedienstete können ihren Beruf ganz (Baden-Württemberg, Berlin und Sachsen) oder teilweise (Mecklenburg-Vorpommern, Sachsen-Anhalt und Schleswig-Holstein) aufrechterhalten, wenn sie in das Parlament ihres Landtags gewählt werden, und neben den Diäten weiterhin einen Teil ihres Diensteinkommens (zwischen 40 und 60 Prozent) beziehen.

Beamte und sogar Richter können sich frei politisch betätigen und unterliegen dabei keinen wirksamen rechtlichen Schranken. So kann ein Bundesrichter gleichzeitig Vorsitzender einer Fraktion im Stadtrat von Karlsruhe sein, ohne daß jemand daran Anstoß nimmt. Zur Wahrnehmung derartiger kommunaler Mandate, die zur Vorbereitung auf eine erfolgreiche Nominierung für ein Parlamentsmandat besonders wichtig sind, haben Beamte und Richter nach den Beamtengesetzen sogar Anspruch auf Dienstbefreiung ohne Kürzung ihrer Bezüge. Auch pflegen die Angehörigen der öffentlichen Verwaltung im allgemeinen eine geregelte Arbeitszeit und ausreichend Freizeit zu haben – das gilt in besonderem Maße für Lehrer – und haben auch deshalb gute Voraussetzungen, um sich in den Parteien voll engagieren zu können. Die Durchdringung der Parteien durch Angehörige des öffentlichen Dienstes hängt darüber hinaus sicher auch mit einer gewissen Angewiesenheit der Parteien und der Parlamente auf die Angehörigen des öffentlichen Dienstes zusammen. Die Umsetzung politischer Anliegen in der Praxis verlangt Kenntnisse über das Funktionieren des Staates und seiner Regelungsmechanismen, über die die Experten des Staates, die sich im öffentlichen Dienst finden, oft in besonderem Maß verfügen.

Verquickt, verstrickt und abgenickt

Die politische Klasse hat sich die strategisch wichtigen Teile des öffentlichen Dienstes einverleibt. Wenn auch die Rechte und Pflichten dieses Teils der politischen Klasse, sofern er in den Parlamenten sitzt, während des Mandats zumeist ruhen, so hat er doch im öffentlichen Dienst seine Sozialisierung und Denkweise erhalten, hat eine Rückkehrgarantie und eine Pensionsanwartschaft aus dem öffentlichen Dienst und daher auch ganz unmittelbare Eigeninteressen an der Regelung des öffentlichen Dienstes. Das Ausmaß und die Intensität der Verquickung kommt nicht nur in der Verbeamtung von Parlamenten und Regierungen zum Ausdruck und in der Schaffung und Ausdehnung der Einrichtung der Parlamentarischen Staatssekretäre, sondern auch in der großen Zahl von politischen Beamten und der noch viel größeren Zahl von politisierten Beamten und Richtern, aber auch in der rasch zunehmenden Zahl der nach dem Vorbild des öffentlichen Dienstes beschäftigten Mitarbeiter der Abgeordneten und Fraktionen. Bezeichnend ist, daß viele dieser Einrichtungen in der Zeit der großen Koalition begründet wurden, die ein Klima fraktionsübergreifender Kooperation und Kollusion zwischen den großen Parteien herstellte, wie zum Beispiel die Parlamentarischen Staatssekretäre und die persönlichen Mitarbeiter der Abgeordneten, und daß die Aufwendungen für andere Institutionen in dieser Zeit sprunghaft zu wachsen begannen, wie zum Beispiel für die Mitarbeiter von Fraktionen und Parteistiftungen.

Die Übermacht der Beamten im Parlamentarischen Rat und das Grundgesetz

Doch die Geschichte der Verbeamtung der Parlamente reicht, wie dargelegt, viel länger zurück. So war die Verbeamtung des Parlamentarischen Rats, der das Grundgesetz ausarbeitete, der Aufrechterhaltung überkommener Beamtenprivilegien sicher nicht abträglich.[63] Das gilt für die Vorschrift, daß hoheitliche Aufgaben des Staates grundsätzlich durch Beamte wahrzunehmen sind (Art. 33 Abs. 4 GG). Das gilt auch für den Schutz, den das Grundgesetz den »hergebrachten Grundsätzen des Berufsbeamtentums« angedeihen läßt (Art. 33 Abs. 5 GG). Es gilt vor allem für die Schlüsselvorschrift des Art. 137 Abs. 1, die es von Grundgesetzes wegen so sehr erschwert, daß wirkungsvolle Maßnahmen gegen eine Verbeamtung des Bundestags und der Landesparlamente ergriffen werden können. Danach kann die Wählbarkeit von Beamten, Angestellten des öffentlichen Dienstes, Berufssoldaten, freiwilligen Soldaten auf Zeit und Richtern in die Volksvertretungen des Bundes, der Länder und der Gemeinden zwar gesetzlich *beschränkt*, nicht aber beseitigt werden. Der Gesetzgeber ist zu solchen Beschränkungen auch keinesfalls verpflichtet. Das Grundgesetz enthält vielmehr nur eine dahingehende Ermächtigung.

Die englische und die amerikanische Militärregierung hatten zwar versucht, Einfluß auf den Entstehungsprozeß des Grundgesetzes zu nehmen und nach anglo-amerikanischem Vorbild eine strenge Trennung von Politik und Beamtentum durchzusetzen. Das hätte erfordert, daß Beamte nicht ins Parlament gewählt werden und keine Parteiämter übernehmen können. Das angelsächsische Vorbild hatte sich am Ende aber nicht gegen die Übermacht der Beamten im Parlamentarischen Rat durchsetzen können.[64] Damit war der Versuch, der Verbeamtung der Parlamente einen verfassungsrechtlichen Riegel vorzuschieben und beamtenfreie Parlamente wie in England und den USA zu schaffen, gescheitert. Im Gegenteil, das Grundgesetz unterbindet (in der herkömmlichen Auslegung) sogar wirksame gesetzgeberische Maßnahmen. Damit hat der verbeamtete Parlamentarische Rat von 1948/49 die Grundlage auch für die Verbeamtung der deutschen Parlamente seither gelegt.

Wenn im Parlament lauter Beamte sitzen

Im Parlament entscheiden Beamte in eigener Sache

Die (auf S. 232 ff. beschriebene) Verbeamtung der Parlamente nimmt noch zu in den für das Beamtenrecht zuständigen Parlamentsausschüssen. Der Innenausschuß des Bundestags besteht zu 70 Prozent aus öffentlichen Bediensteten.[65] Auch in den Fraktionsarbeitskreisen für Inneres sind die Abgeordneten aus dem öffentlichen Dienst weitgehend unter sich. Sie sind die sachverständigen Spezialisten auf diesem Gebiet – aber eben auch nicht uninteressiert.

Man kann deshalb, wenn das Parlament über den öffentlichen Dienst entscheidet, von Entscheidungen des Parlaments in eigener Sache sprechen, wenn auch vielleicht in einem etwas eingeschränkten Sinn. »Etwa die Hälfte aller Bundestagsabgeordneten (ist) direkt oder indirekt betroffen ..., wenn der Bundestag Entscheidungen über den öffentlichen Dienst fällt.«[66] Der Mechanismus der Kontrolle der Regierung durch die Opposition funktioniert hier nicht mehr, mag auch der Haushaltsausschuß und/oder der Finanzminister bisweilen ein gewisses Gegengewicht zu spielen versuchen. Die Interessengemeinschaft des öffentlichen Dienstes geht quer durch die Fraktionen und überlagert parteipolitische Präferenzen, wenn auch durchaus gesehen werden muß, daß die zugehörigen Abgeordneten in vieler Hinsicht ziemlich heterogen sind, was die Schlagkraft ihrer Interessendurchsetzung gelegentlich mindert. Doch muß man andererseits auch in Rechnung stellen, daß die öffentlichen Bediensteten auch außerhalb des Parlaments mächtige Verbündete haben: Die einschlägigen Gesetze werden von Beamten in den Ministerien vorbereitet, vor allem im Innenministerium, das man treffend auch als »Beamtenministerium« bezeichnet. Hinzu kommen mächtige Interessenverbände wie der Deutsche Beamtenbund, die Gewerkschaft Öffentliche Dienste, Transport und Verkehr und die Deutsche Angestellten Gewerkschaft; auch wenn der Beamtenbund und die ÖTV zu bestimmten Fragen unterschiedliche Auffassungen vertreten, zum Beispiel zum Streikrecht der Beamten, so sind sie sich doch regelmäßig einig, wenn es um finanzielle Verbesserungen für den öffentlichen Dienst geht oder um eine Ausweitung der staatlichen Stellen.

Vor diesem Hintergrund wird deutlich, wie treffend der aphoristische Ausspruch des früheren Speyerer Verwaltungswissenschaftlers Frido Wagener ist, der öffentliche Dienst sei fest in der Hand – des öffentlichen Dienstes. Die Interessendurchsetzung wird durch die Kompliziertheit des Öffentlichen-Dienst-Rechts zusätzlich erleichtert. Hinter dem ungeheuren Wust des Beamten-, Besoldungs-, Laufbahn-, Stellenplan-, Tarifvertrags- usw. -rechts läßt sich die »›Selbstbedienung‹ des öffentlichen Dienstes mit Hilfe des Gesetzgebers« um so leichter verschleiern. »Wer die Klinke der Gesetzgebung in der Hand hält, drückt sie auch manchmal hinunter und steckt seinen eigenen Fuß in die Tür.«[67]

Besoldungs- und Versorgungsgesetze: von Beamten gemacht

Für die Festlegung des Status, der Rechte und Pflichten des öffentlichen Dienstes gibt es in Deutschland zwei Verfahren: die Regelung durch Gesetz für Beamte und die Regelung durch Tarifvertrag für Angestellte und Arbeiter. Beide Verfahren sind in der derzeitigen Form problematisch, weil die Entscheidenden zumeist auch Betroffene sind, so daß es an der nötigen Distanz und Unabhängigkeit fehlt.

Die gesetzlichen Regelungen, die die Bezahlung von aktiven und von pensionierten Beamten festlegen, kranken daran, daß die Parlamente sich selbst in großem Umfang in den Händen des öffentlichen Dienstes befinden. Durch Einverleibung des öffentlichen Dienstes hat die Politik sich die Distanz und damit die Kontrollfähigkeit gegenüber dem öffentlichen Dienst weitgehend genommen. Während nach alliiertem Besatzungsrecht noch vorgesehen war, daß Beamte bei der Wahl in die Parlamente ohne weiteres aus dem öffentlichen Dienst ausscheiden, wurden nach dem vom Parlamentarischen Rat verabschiedeten Wahlgesetz zum ersten Bundestag Beamte des Bundes nur noch in den Wartestand versetzt – ohne Anspruch auf Wartegeld zwar, aber bereits mit dem Recht auf Wiedereinstellung in den öffentlichen Dienst nach Ende des Mandats. Ein vom Bundestag selbst initiiertes und im Bundestagsausschuß noch zugunsten der Beamten verändertes Gesetz von 1953[68] sah dann aber eine drastische Verbesserung der materiellen Situation der Beamten vor. Sie wurden zwar ebenfalls mit Eintritt in den Bundestag in den Ruhestand versetzt, erhielten aber neben der Abgeordnetenbezahlung Ruhestandsbezüge aus dem öffentlichen Dienst – und dies unabhängig vom Lebensalter, das heißt lange vor Erreichen der Altersgrenze, die normalerweise Voraussetzung für die Zahlung einer Beamtenpension ist. Kritische Beobachter sprachen von einem »Gesetz zur Beförderung von Beamten in den Bundestag«.[69] Um dem entgegenzuwirken, hat das Bundesverfassungsgericht es 1975 untersagt, daß Beamte, die in den Ruhestand treten, zusätzlich zur Abgeordnetenbezahlung noch ein Ruhegehalt aus dem Beamtenverhältnis beziehen.[70] (Das war gewiß ein notwendiger Spruch, doch kam er zu spät und konnte die Ausstrahlungswirkung solcher Pensionsgewährungen an Abgeordnete schon in jungen Jahren auf andere Regelungen von Politikerpensionen nicht mehr rückgängig machen.) Im selben Urteil hat das Gericht auch die Koppelung der Bezahlung von Abgeordneten an die von Beamten untersagt.[71] Doch aufgrund der daraufhin vorgenommenen starken Anhebung der Abgeordnetenbezüge – bei gleichzeitiger Aufrechterhaltung der Rückkehrgarantie – hat das Mandat für die meisten Beamtenkategorien noch an Attraktivität gewonnen. Die Verbeamtung hat denn auch nicht nachgelassen, sondern in manchen Parlamenten eher noch zugenommen.

Die Einseitigkeit des Entscheidungsverfahrens erklärt, warum die Besoldung in wirtschaftlich guten Zeiten so sehr anstieg und warum es in schlechten Zeiten so schwer ist, Privilegien abzubauen. Ein Beispiel war die sprunghafte Höherstufung der Lehrer von Besoldungsgruppe A 9 auf A 12,[72] die zu einer Zweiklassengesellschaft geführt hat: denjenigen, die solche Posten innehaben, und denjenigen, die als arbeitslose Junglehrer draußen stehen, die Stellen aber gern auch für zwei Drittel der Bezahlung übernehmen würden. Der öffentliche Dienst war Vorreiter bei der Schaffung des Problems von Arbeitslosigkeit wegen Überbezahlung, und hier waren es unter anderem die in den Parlamenten weit überrepräsentierten Lehrer, die sich und ihren Kollegen einen Besoldungs- und Versorgungssprung in eigener Sache verschafften. Doch nicht nur die Eingruppierungen wurden angehoben, sondern auch die laufenden Gehälter. Zugleich wurde die Zahl der Stellen stark vermehrt, besonders in den oberen Beamtenrängen, wodurch die Aufstiegschancen sich allgemein verbesserten. Davon profitierten auch die Beamten im Parlament, die sich bis Ende der siebziger Jahre sogar zwischen den Legislaturperioden befördern lassen konnten und von dieser Möglichkeit zum Teil geradezu excessiven Gebrauch machten. Dadurch ist in den oberen Beamtenrängen »ein unheimliches Gedränge« entstanden, wie der Staatsrechtslehrer und Fachmann der öffentlichen Verwaltung Frido Wagener treffend bemerkte, während die Eingangsgruppen kaum besetzt sind, so daß aus dem früheren Stellen-Kegel eine »Stellen-Zwiebel« geworden ist.[73]

Die Verquickung von Verwaltung und Parteien hat dazu geführt, daß das wichtigste Reformanliegen der späten sechziger und frühen siebziger Jahre scheinbar darin lag, den öffentlichen Bediensteten gewaltige Besoldungs- und Stellenverbesserungen zu gewähren, die zu den rapide steigenden Personalkosten beigetragen haben, deren Spätfolgen wir heute zu spüren bekommen und mit Recht beklagen. So veranlaßte die Tatsache, daß Bund, Länder und Gemeinden ihre Ausgaben für aktive öffentliche Bedienstete zwischen 1969 und 1972 um nicht weniger als 55 Prozent erhöht hatten, den Sachverständigenrat zur Begutachtung der gesamtwirtschaftlichen Entwicklung zu der sarkastischen Bemerkung, die verbesserte Bezahlung der Staatsbediensteten scheine »zu den wichtigsten Reformaufgaben« jener Jahre gehört zu haben.[74] Daß die gegenseitige Durchdringung von Politik und Verwaltung notwendige Reformen der Verwaltung fast unmöglich macht, zeigt sich auch daran, daß der Bericht der Studienkommission für die Reform des öffentlichen Dienstrechts von 1973 wirkungslos verpufft ist[75] – im Gegensatz etwa zu den beträchtlichen Wirkungen des (vergleichbaren) Fulton-Reports von 1968 in Großbritannien. Bezeichnenderweise besteht dort aber eben eine relativ strenge Abschottung zwischen Partei und Verwaltung.[76] So wurde etwa der Vorschlag der Studienkommission, die Zahl der mit politischen Beamten zu besetzenden Stellen zu reduzieren, nicht befolgt, sondern im Gegenteil deren Zahl noch weiter erhöht (siehe Kapitel 2, S. 103 ff.).

Die Ohnmacht des Staates gegenüber der ÖTV

Nicht weniger problematisch ist die tarifliche Regelung für Arbeitnehmer im öffentlichen Dienst, die ja immer vor dem Hintergrund eines möglichen Streiks als Druckmittel der Arbeitnehmer zu sehen ist. Hier legt es eine Gruppe darauf an, durch Streikdrohung Zugeständnisse vom Staat zu erzwingen. Wie bedenklich das Streikrecht im öffentlichen Dienst ist, zeigt ein Vergleich mit dem Arbeitskampf in der Privatwirtschaft.[77] Dort führen überhöhte Tarifabschlüsse über kurz oder lang dazu, daß Konjunktur und Beschäftigungsstand gefährdet werden, woran weder Arbeitgeber noch Arbeitnehmer ein Interesse haben können. Die gedankliche Vorwegnahme dieser Folgen trägt in der Tendenz dazu bei, einen Mißbrauch von Tarifautonomie und Arbeitskampf zu Lasten der Allgemeinheit zu verhindern.

Im öffentlichen Dienst fehlt es an einer entsprechenden Bremse. Es besteht rechtlich und erst recht faktisch kein Arbeitsplatzrisiko. Arbeitnehmern, die überhöhte Lohnforderungen durchsetzen, drohen hier keine wirtschaftlichen Sanktionen; weiter liegt im öffentlichen Dienst auch das für die Privatwirtschaft typische Risiko einer Aussperrung nicht vor, weil Politiker sich eine solch harte Linie regelmäßig nicht leisten zu können glauben. Schließlich ist der für die Privatwirtschaft unerläßliche Grundsatz der Gegnerfreiheit hier ebenfalls nicht eingehalten. Die Gewerkschaften sind durchweg auf beiden Seiten präsent. Aus all diesen Gründen ist das die Tarifautonomie und die Arbeitskampffreiheit in der Privatwirtschaft legitimierende Macht- und Verhandlungsgleichgewicht im Bereich des öffentlichen Dienstes grundlegend gestört;[78] es herrscht »Interessenverfilzung zu Lasten der Bürger«,[79] ein Effekt, der dadurch mittelbar auch den Beamten zugute kommt, daß die tarifvertraglich erkämpften Sockel- und Prozentbeträge der öffentlichen Angestellten und Arbeiter bisher meist ohne jede

Variation auch in die Besoldungsgesetze übernommen werden.[80]

Die Unterlegenheit des Staates und seine mangelnde Fähigkeit, das Gemeinwohlkonforme gegen den Druck der Gewerkschaften des öffentlichen Dienstes durchzusetzen, wurde für die Öffentlichkeit zum Beispiel Anfang 1974 besonders deutlich: Nach einem kurzen Streik, der die öffentlichen Arbeitgeber rasch zum Einlenken veranlaßte, wurden Einkommensverbesserungen in einer Höhe durchgesetzt (zwischen 11 und 18 Prozent),[81] die vom Bundeskanzler und vom Bundeswirtschaftsminister vorher ausdrücklich als gesamtwirtschaftlich unverantwortlich bezeichnet worden waren.[82] Dadurch setzte die öffentliche Hand auch für die Privatwirtschaft Zeichen und wurde insgesamt zum Vorreiter einer stabilitäts- und schließlich auch wachstumswidrigen Lohnpolitik. Die folgende wirtschaftliche Entwicklung mit ihren zunächst enormen Preissteigerungen und den später zunehmenden Arbeitslosenzahlen hat, wie heute weitgehend anerkannt, eine wesentliche Ursache auch in der Lohnpolitik jener Jahre.

Hier zeigt sich: Die Lohnabschlüsse im öffentlichen Dienst sind bisher nicht nur regelmäßig auch vom Beamtengesetz übernommen worden, sondern strahlen wie ein Signal auch auf die Privatwirtschaft aus und können dort im wahren Sinn des Wortes die Preise verderben. Damit erweist sich die Frage, ob und wie die verfaßte Gemeinschaft der Bundesrepublik sich dieses fatalen Mechanismus entledigen kann, als ein verfassungstheoretisches Schlüsselproblem par excellence, dessen Bewältigung nicht nur für den öffentlichen Dienst, sondern auch für das Gemeinwesen insgesamt von zentraler Wichtigkeit ist.

Die Ohnmacht des Staates gegenüber der ÖTV wurde auch im Winter 1981/82 deutlich: Die in einem bereits in Geltung befindlichen Gesetz zum 1.3.1982 vorgesehene Senkung des Grundgehalts der Beamten um 1 Prozent und die entsprechende

Regelung für öffentliche Arbeitnehmer, welche das Bundeskabinett beschlossen hatte, wurden nach massiver Streikdrohung der Gewerkschaften vom Bund und den Ländern zurückgenommen, nachdem die Gemeinden bereits vorher ausgeschert waren. Dieses Zurückweichen vor der Macht der Gewerkschaften des öffentlichen Dienstes erfolgte, obwohl rund 80 Prozent der öffentlichen Bediensteten in einer Repräsentativumfrage sich im Bedarfsfall mit Einkommenskürzungen einverstanden erklärt hatten.

Nach überwiegender und richtiger Auffassung ist das Streikrecht auch für Arbeitnehmer des öffentlichen Dienstes nicht durch das Grundgesetz, insbesondere auch nicht durch Art. 9 Abs. 3, garantiert. Seine Beseitigung oder Einschränkung wäre also mit dem Grundgesetz vereinbar. (Beamten ist der Streik ohnehin von Verfassungs wegen untersagt.)

Eine andere Frage ist allerdings, ob sich in absehbarer Zeit eine Partei oder eine Regierung bereitfindet, dieses heiße Eisen wirklich aufzugreifen und das Streikrecht auch für Arbeitnehmer einzudämmen. Die Gewerkschaften des öffentlichen Dienstes wollen natürlich nicht auf das Streikrecht verzichten. Die Schwierigkeit, hier eine Besserung durchzusetzen, beruht letztlich auf ähnlichen Gründen wie denen, die den Erlaß des Parteiengesetzes und eines gesetzgeberischen Arbeitskampfrechts lange verhindert haben, also Regelungen in Bereichen, die ebenfalls die politische Machtverteilung zentral berühren. Beide Male mußte die Rechtsprechung in die Bresche springen und einer angemessenen Regelung die Bahn brechen (Parteiengesetz) oder eine solche selbst schöpfen (Arbeitskampfrecht). Von daher gewinnt die Frage, ob eine Beseitigung des Streikrechts für öffentliche Arbeitnehmer nicht von Verfassungs wegen geboten ist, große praktische Relevanz.

Ihre Bejahung wäre Voraussetzung für ein Eingreifen der Rechtsprechung. Aus Art. 9 III 3 GG wird mit Recht die Verpflichtung des Gesetzgebers abgeleitet, den tariflichen Auseinandersetzungsprozeß angemessen zu organisieren. Hinsichtlich solcher Bereiche, in denen die Arbeitskampffreiheit (einschließlich Streikrecht) als Organisationsprinzip schlechthin unangemessen ist, wie im öffentlichen Dienst, kann die Verpflichtung dann aber sinnvollerweise wohl nur dahin verstanden werden, daß der Gesetzgeber das Streikrecht ganz zu unterbinden und für ein angemessenes Regelungsverfahren zu sorgen hat. Wenn es richtig ist, daß das Grundgesetz eine Ordnung zur Realisierung des Gemeinwohls bilden will und daß diese wesentlich von der angemessenen Ausgestaltung der Verfahren der Willensbildung und Entscheidung abhängt, dann muß die Verfassungsordnung gegenüber unangemessenen Ausgestaltungen dieses Verfahrens besonders empfindlich reagieren und sie mit aller Macht zu unterbinden suchen. Die Wahrung angemessener Gemeinwohlverfahren erscheint dann als verfassungsrechtliche Schlüsselaufgabe.[83] Dies gilt gerade auch für den wichtigen Bereich der Festlegung der Arbeitsbedingungen im öffentlichen Dienst. In dem Maße, in dem die Öffentlichkeit die Gefahr begreift, welche die geschilderten Fehlentwicklungen heraufbeschwören, dürfte das Bundesverfassungsgericht die nötige Rückendeckung erhalten, um auch im Bereich der Verwaltung Schrittmacherdienste zu leisten. Bedenkt man, daß sich fast alle (einschließlich der Parteipolitiker) als Opfer der Entwicklung fühlen, diese also nicht zielstrebig herbeiführen, sondern sie sozusagen erleiden,[84] so dürfte in einem solchen Fall eher aufatmendes Sichfügen als Widerstand und Obstruktion zu erwarten sein.

Abgeordnete: Bezahlung nach dem Vorbild der Beamten

Die Verquickung von Politik und Verwaltung leistete der Ausrichtung der Bezahlung der politischen Klasse nach dem Vorbild der Beamten Vorschub. Statt Abgeordneten ein den Einkommensverlust ausgleichendes Einkommen zu gewähren, also eine wirkliche Entschädigung, schuf man ein im Prinzip für alle gleiches Einkommen und führte eine Altersversorgung ein, die nicht etwa der allgemeinen Sozialversicherung nachgebildet war, auf die die große Mehrheit der Bevölkerung angewiesen ist, sondern sich rasch zu einem rein staatsfinanzierten Ruhegehalt auswuchs, wie es nur Beamte haben. Allerdings sind die Versorgungsregelungen für die politische Klasse auch noch ungleich großzügiger ausgestaltet als bei Beamten. Unterstützt von einer insoweit unglücklichen Entscheidung des Bundesverfassungsgerichts,[85] die inzwischen vom Gericht selbst wieder revidiert wurde,[86] wurde eine Vollalimentation eingeführt, wodurch die Übernahme und Ausrichtung des Mandats mit den Worten des seinerzeitigen Vizepräsidenten des Bundesverfassungsgerichts immer mehr »als eine Art Sonderlaufbahn des öffentlichen Dienstes« erschien und Gefahr lief, »sie damit zu bürokratisieren und zu ›verdienstrechtlichen‹«.[87] Diese Entwicklung wurde dadurch verstärkt, daß praktisch in allen Ländern und auch im Bund nicht nur die Parlamentspräsidenten und ihre Stellvertreter, sondern auch Fraktionsvorsitzende und ihre Stellvertreter, zum Teil auch Ausschußvorsitzende und andere Funktionsträger beträchtliche Zuschläge erhalten.

Während das Bundesverfassungsgericht eine unterschiedliche Bezahlung von Abgeordneten noch grundsätzlich abgelehnt und nur für den Präsidenten und seine Stellvertreter eine Zulage gestattet hatte, wird diese Begrenzung inzwischen fast überall ignoriert. Funktionsträger in den Parlamenten erhalten teils Zahlungen aus den Fraktionskassen (die rechtlich zwar als privat gelten, tatsächlich aber fast zu 100 Prozent aus der Staatskasse fließen), teils sind ausdrückliche Zuschlagsregelungen in den Abgeordnetengesetzen der Länder vorgesehen.

Auf diese Weise werde, wie Hans Meyer kritisiert hat, eine »Hierarchie« und damit eine Art »Abgeordnetenlaufbahn« gefördert, die dazu beitrage, das Parlament mit einer ihm an sich inadäquaten »Beamtenmentalität« zu durchdringen:

> »Man beginnt als einfacher Abgeordneter, wird als Ausschußobmann Parlamentsfeldwebel, dient sich über den Parlamentsleutnant, sprich Ausschußvorsitzenden, den Parlamentsobersten, sprich Fraktionsgeschäftsführer, zum Parlamentsgeneral, sprich Fraktionsvorsitzenden, hoch und endet, wenn man Glück hat, in der Besoldungsstufe eines Parlamentsmarschalls als Parlamentspräsident oder eben nur als Parlamentsuntermarschall in der Position eines Parlamentsvizepräsidenten.«[88]

Obwohl das Bundesverfassungsgericht noch festgestellt hatte, eine Ausrichtung der Entschädigung von Parlamentsabgeordneten nach den Bezügen von Beamten komme unter keinem Gesichtspunkt in Betracht,[89] orientierten die Parlamente sich bei der Höhe der Bezahlung von Abgeordneten wie selbstverständlich an den Besoldungsordnungen der Beamten, wobei man im Laufe der Zeit immer höhere Besoldungsgruppen als Orientierungsgrößen heranzog. Vor 20 Jahren sollte für Bundestagsabgeordnete noch das Gehalt eines Ministerialrats (Besoldungsgruppe B 3) maßgeblich sein,[90] 1995 wurde daraus die Besoldungsgruppe B 6 bzw. R 6 (Ministerialdirigent im Bund bzw. Bundesrichter),[91] und Bundestagspräsidentin Süssmuth stellte damals schon die Frage, ob die richtige Besoldungsgruppe nicht die höchste Beamtenkategorie sei, also die des Staatssekretärs (B 11).[92]

Doch diese Vergleiche sind einseitig, weil sie sich nur an den *Rechten* der Beamten orientieren, nicht auch an ihren rechtlichen *Pflichten*. Es wird dabei ignoriert, daß Abgeordnete, anders als Beamte und Richter, keinen rechtlichen Pflichten unterliegen, insbesondere, daß sie ohne Nebentätigkeitsgenehmigung unbegrenzt nebenher verdienen und ihre Unabhängigkeit sogar an Interessenten verkaufen und auf diese Weise ein beträchtliches Zusatzsalär erzielen können, das die Abgeordnetenentschädigung nicht selten in den Schatten stellt. Es wird auch ignoriert, daß es für Abgeordnete weder ein Mindestalter noch irgendwelche Qualitätsanforderungen gibt – auch dies im Gegensatz zu Beamten und Richtern. Man treibt also umfassende Rosinenpickerei, wenn man die Gehälter von Abgeordneten am öffentlichen Dienst ausrichtet, zugleich aber an der völligen rechtlichen Bindungsfreiheit der Abgeordneten, den fehlenden Qualifikations- und Altersanforderungen festhält. Doch wird diese Einseitigkeit der Argumentation in der öffentlichen Diskussion bisher meist nicht durchschaut. Ausgeblendet bleibt in der öffentlichen Erörterung meist auch, daß nur die äußere Struktur der Beamtenrechte übernommen wurde, die politische Klasse in Wahrheit aber zu ihren Gunsten noch enorm draufgesattelt hat. Das zeigt etwa die Ausgestaltung der Altersversorgung: Eine Vollversorgung von 75 Prozent des Gehalts wird schon nach der Hälfte eines normalen Arbeitslebens oder weniger erworben, und sie beginnt bereits ab Vollendung des 55. Lebensjahres, also zehn Jahre früher als üblich, zu laufen. Dieses Draufsatteln bei der Abgeordnetenversorgung erfolgte nach dem Vorbild der üppigen Versorgung von Ministern, die man 1974 auch auf Parlamentarische Staatssekretäre erstreckt hatte, und auch nach dem Vorbild der teilweise noch üppigeren Versorgung von politischen Beamten, die man 1976 noch weiter nach oben gedrückt hatte.

Auch bei den Regelungen betreffend den Bezug von mehreren Einkommen hat die politische Klasse Rosinenpickerei betrieben und nur den süßen Tropfen genossen, den dazugehörigen sauren aber verschmäht. Bezüge aus *öffentlichen* Kassen werden zwar angerechnet. Doch auch hier gilt wieder der Draufsatteleffekt, der darin seine Erklärung findet, daß die verbeamtete politische Klasse in eigener Sache entscheidet: Die Anrechnungsvorschriften sind durchweg sehr viel laxer als im

Beamtenrecht, lassen große Teile des zweiten Einkommens unberührt und laufen teilweise praktisch auf eine Nichtanrechnung hinaus.

Als Beispiel sei noch einmal Cornelia Yzer angeführt. Sie erhält zwei dynamisierte Pensionen: eine aus der nur knapp fünf Jahre währenden Zeit als Parlamentarische Staatssekretärin (nach derzeitigem Stand monatlich rund 5400 DM ab dem 55. Lebensjahr) und eine zweite aus dem Abgeordnetenmandat, deren Höhe von der Dauer der Mandatszeit abhängt und ihr schon nach siebeneinhalb Jahren eine zusätzliche Anwartschaft auf (nicht anrechenbare) rund 4000 DM verschafft (sechs Jahre davon hatte Frau Yzer im Frühjahr 1997 bereits zusammen). Mit Mitte 30 hat Frau Yzer damit bereits Ansprüche auf eine Altersrente, für die drei Normalverdiener ein ganzes Arbeitsleben benötigen.

Der Rosinenpickeffekt gilt auch für die Nichtanrechnung von Bezügen aus *privater* Quelle. Das Besoldungs- und Versorgungsrecht von Beamten verrechnet grundsätzlich nur Einkommen aus öffentlichen Kassen miteinander, nicht auch private Einkommen. Dieser Grundsatz erklärt sich unter anderem daraus, daß Beamte dem Staat ihre ganze Arbeitskraft schulden – und dies als Lebenszeitbeamte auch ihr ganzes Arbeitsleben lang – und daß deshalb für sie der Bezug von privatem Einkommen ohnehin der Ausnahmefall ist. Bei Abgeordneten ist dies anders, weil sie hinsichtlich ihrer Amtsführung keinerlei Dienstpflichten unterliegen und unbeschränkt dazuverdienen dürfen. Für Minister, Parlamentarische Staatssekretäre und politische Beamte gilt in der Zeit, in der sie ihr Amt wahrnehmen, zwar ein Berufs- und Gewerbeverbot. Art. 66 GG bestimmt für Mitglieder der Bundesregierung:

»Der Bundeskanzler und die Bundesminister dürfen kein anderes besoldetes Amt, kein Gewerbe und keinen Beruf ausüben und weder der Leitung noch ohne Zustimmung des

Bundestages dem Aufsichtsrate eines auf Erwerb gerichteten Unternehmens angehören.«

Doch da die Regierungsmitglieder in kurzen Zeiten hohe Pensionen erwerben und diese früh zu laufen beginnen, lange vor den üblichen Altersgrenzen, wächst sich auch für sie die Nichtanrechnung von *privaten* Einkommen auf die staatlichen Pensionen zu einem gewaltigen Privileg aus. Dann nämlich, wenn sie nach dem Ausscheiden aus dem Amt, aber versehen mit den dort erworbenen Versorgungsansprüchen, gut dotierte Stellen in der Privatwirtschaft übernehmen. Für politische Beamte gilt, wie für alle Beamte, zwar seit Anfang 1992 mit dem neuen § 53a Beamtenversorgungsgesetz eine Anrechnungsregelung. Sie führt aber nur zu einer Teilanrechnung und erfaßt im übrigen ehemalige Minister und Parlamentarische Staatssekretäre nicht.

Politik und Verwaltung:
»Kontrolle« im gegenseitigen Einvernehmen

Die Schwächung der Kontrolle Politik – Verwaltung geht in zwei Richtungen: Weder kontrolliert die Politik die Verwaltung wirkungsvoll, noch kann die Verwaltung ein wirksames Gegengewicht zur Politik bilden.

Keine Kontrolle der Verwaltung durch die Politik

Kontrolldefizit
Die Kontrolle der Exekutive durch das Parlament ist in der parlamentarischen Demokratie ohnehin dadurch gehemmt, daß die Regierung regelmäßig von der Parlamentsmehrheit nicht öffentlich kontrolliert, sondern von ihr im Gegenteil politisch getragen und gestützt wird und die Kontrolle immer mehr zu

einer alleinigen Sache der Opposition im Verein mit der Öffentlichkeit geworden ist. In den Sog dieser Gewaltenverschiebung ist auch die Finanzkontrolle durch die Rechnungshöfe gekommen, deren Resultate deshalb vor allem von Opposition und Öffentlichkeit aufgegriffen zu werden pflegen (daneben auch von der Verwaltungsspitze selbst beim Versuch, ihre Verwaltung in den Griff zu bekommen).

Die Kontrolle wird nun aber dadurch noch erheblich weiter geschwächt, daß die zu kontrollierenden Verwaltungsangehörigen selbst im Kontrollorgan Parlament in so großer Zahl Sitz und Stimme haben und sich ihr Anteil in den für die Kontrolle zuständigen Parlamentsausschüssen noch weiter erhöht. Wie aber kann verhindert werden, daß hier nach dem Wort, eine Krähe hacke der anderen nicht das Auge aus, die Kontrolle zu lax gehandhabt wird? Vor diesem Hintergrund hat das Bundesverfassungsgericht im Diätenurteil die Frage gestellt, »ob das in Bund und Ländern zu beobachtende unverhältnismäßig starke Anwachsen der Zahl der aktiven und inaktiven Angehörigen des öffentlichen Dienstes unter den Abgeordneten (›Verbeamtung der Parlamente‹), sollte es sich fortsetzen, noch mit den Anforderungen eines materiell verstandenen Gewaltenteilungsprinzips vereinbar ist«.[93]

Der amerikanische Politikökonom Anthony Downs ging noch davon aus, die Regierungsparteien bildeten ein ausreichendes Gegengewicht und hielten die Verwaltung unter Kontrolle. Dafür sorge der Wettbewerb um Wählerstimmen; denn falls die Regierung ihre Aufgabe vernachlässige, laufe sie Gefahr, bei den nächsten Wahlen gegen solche Parteien zu unterliegen, die größere Entschlossenheit zur Verwaltungskontrolle an den Tag legten.[94] Downs These von der sozusagen automatischen Kontrolle der Verwaltung durch die auf Wählerwünsche reagierende Politik hat lange Einfluß auch auf das deutsche Problemverständnis gehabt und dazu beigetragen, daß die Problematik bisher nicht in ihrer ganzen Dimension erkannt wurde. Wie im ersten Kapitel (siehe S. 63) dargelegt, gehören Downs Thesen zu den weltweit einflußreichsten der vergangenen Jahrzehnte überhaupt. Doch beruhen sie auf zwei elementaren Voraussetzungen: der Durchlässigkeit unseres Wahlsystems für Bürgerwünsche und der Handlungsfreiheit der Politik gegenüber der Verwaltung. Beide Voraussetzungen liegen bei uns aber nicht oder nur sehr eingeschränkt vor. Daß der Bürger in der Bundesrepublik bereits generell wenig Einfluß besitzt, wird an anderer Stelle dieses Buchs dargelegt (etwa in Kapitel 7, S. 378 f.). Doch in bezug auf die Verwaltung geht dieser Einfluß gegen null. Das hängt mit der mangelnden Distanz der Politik gegenüber der Verwaltung zusammen, die in diesem Kapitel ausführlich erörtert worden ist: Wenn es um Fragen des öffentlichen Dienstes und der Verwaltung geht, entscheidet die politische Klasse quasi in eigener Sache. In solchen Fragen pflegen sich Regierungs- und Oppositionsparteien deshalb keine wirksame Konkurrenz zu machen. Im Gegenteil: Sie instrumentalisieren die Verwaltung auf allen Ebenen des föderalistischen Staates für die Befriedigung ihrer Eigeninteressen und beuten sie im Wege der Ämterpatronage gemeinsam aus. Wahlkämpfe, in denen drastische Einschränkungen der Verwaltung und die Bekämpfung von Verwaltungsauswüchsen eine zentrale Rolle spielen, haben Seltenheitswert. Ausnahmen sind mit den Namen der »Außenseiter« Kurt Biedenkopf und Richard von Weizsäcker verknüpft, die die Verfilzungen in Nordrhein-Westfalen und Berlin seinerzeit zum Thema der Landeswahlkämpfe machten.

Eine Verquickung von Politik und Verwaltung – und erst recht eine derart krasse Verfilzung, wie sie in Deutschland besteht – konnte sich Downs wahrscheinlich gar nicht vorstellen, als er seine Thesen entwickelte. In den USA herrscht (wie in Großbritannien) grundsätzlich eine strikte Trennung von Politik und Verwaltung. Da öffentliche Bedienstete dort nicht in die Parlamente gewählt werden können, kennen die Angelsachsen keine verbeamteten Parlamente. Mit den Voraussetzungen der Downsschen Thesen entfällt aber auch ihre Plausibilität für Deutschland. Bei Zugrundelegung der deutschen Verhältnisse kann eben gerade nicht davon ausgegangen werden, daß die Politik die Verwaltung unter Kontrolle hält.

Gesteigerter Kontrollbedarf
Das Kontrolldefizit im Bereich der Verwaltung ist an Dramatik nicht zu übertreffen, weil gerade hier ein besonders ausgeprägter Kontrollbedarf besteht. Es ist bekannt, daß Verwaltungen – unabhängig von ihren Aufgaben – stets zu immer mehr Personal und sonstigen Mitteln streben, wenn sie nicht an Grenzen stoßen und wirksamer Kontrolle unterliegen.[95] Es gehört zwar zu den ideellen und rechtlichen Grundsätzen der Verwaltung, daß ihre Angehörigen nicht durch ihr Eigeninteresse motiviert werden; vielmehr wird bei ihnen von Rechts wegen Gemeinsinn und Gemeinwohlorientierung vorausgesetzt. In die gleiche Richtung gehen die haushaltsrechtlichen Vorschriften, die zu Wirtschaftlichkeit und Sparsamkeit verpflichten (§ 6 I Haushaltsgrundsätzegesetz). Für geeignete Projekte sind sogar Kosten-Nutzen-Untersuchungen verbindlich vorgeschrieben (§ 6 II desselben Gesetzes). Fragt man den Praktiker jedoch nach der Relevanz dieser Vorschriften, muß man sich auf ironische bis zynische Antworten gefaßt machen. Wir haben es hier mit ähnlichen Abweichungen der Wirklichkeit vom rechtlichen Gemeinwohlgebot zu tun, wie wir sie oben schon für den Bereich von Politik und Verfassung festgestellt hatten (Kapitel 1, S. 65 ff.), nur jetzt eben für den Bereich der Verwaltung.
Es ist inzwischen eine Binsenweisheit der Verwaltungssoziologie, daß Bedienstete ihre Verwaltungsentscheidungen auch von dem Bestreben beeinflussen lassen, ihre Arbeitsbedingungen möglichst vorteilhaft zu gestalten. Die auf Macht-, Prestige-, Geld- und Freizeitgewinn gerichteten Eigeninteressen von öffentlichen Bediensteten zielen – auf eine Kurzformel ge-

bracht – auf Expansion des bürokratischen Apparats. Der Behördenleiter hat zwar die Rechtspflicht, hier entgegenzuwirken. Aber auch dem stehen Eigeninteressen entgegen. Da die tatsächlichen Leistungen einer Behörde für einen Außenstehenden nur schwer zu beurteilen oder gar zu messen sind,[96] richten sich Macht, Prestige und Aufstiegschancen eines Behördenleiters häufig an Vordergründigem aus, wie der Zahl seiner Untergebenen und dem Volumen der finanziellen Mittel, über die er verfügt.[97] In dieser Situation Nachdruck auf personal- und kostensparende Verwaltung zu legen, verlangt eine schon beinahe heroische Pflichtauffassung, die man realistischerweise häufig nicht voraussetzen darf. In der Praxis herrscht die gegenteilige Tendenz vor.[98] Bestrebungen, zu Einsparungen, sei es des Personals oder der Sachmittel, zu gelangen, stoßen auf den erbitterten Widerstand der Bediensteten selbst.

Man muß meines Erachtens noch einen Schritt weitergehen: Die Ausdehnungstendenzen, die der Verwaltung immanent sind, spiegeln eine Entwicklung wider, die mehr oder weniger alle Bereiche durchzieht und sich folgendermaßen generalisieren läßt: Jeder spezielle Sachbereich – die Soziologie spricht von den verschiedenen Subsystemen – versucht, sich immer weiterzuentwickeln, seine Funktionen auszudehnen, sich immer mehr zu differenzieren, einen immer höheren Standard zu erreichen – ohne Rücksicht darauf, ob die dabei gewonnenen sozialen Erträge für die Gemeinschaft als Ganzes die sozialen Kosten wirklich noch rechtfertigen.[99] Die isolierten und immer mehr spezialisierten Ausdehnungs- und Verfeinerungstendenzen werden leicht zum Selbstzweck. Motor dieser Entwicklung sind Spezialisten, die mit anderen Spezialisten des gleichen Fachgebiets über die Ebenen des föderalistischen Staats hinweg und in den Verbänden eng kooperieren und sich für ihre jeweiligen Subsysteme und deren Ausdehnung engagieren.[100]

Das Gegengewicht müßte auch hier die Politik, genauer die politischen Parteien bilden, wovon ja auch Downs ausgeht. Doch da in Deutschland die politische Klasse mit der Verwaltung total verquickt und verfilzt ist, ist von den politischen Parteien eben leider nicht viel zu erwarten. Hier paßt erneut das schon in der Einleitung gebrauchte Bild, daß sich die Eigeninteressen der politischen Klasse »wie eine Lehmschicht« über die an sich im Interesse des Gemeinwesens erforderlichen Aktionen legen und sie ersticken.

Kein Gegengewicht zur Politik: die Verwaltung

In der strukturellen Unterscheidung zwischen Politik und Verwaltung liegt der Idee nach auch umgekehrt ein spezifisches Element der Gewaltenteilung.[101] Die Verwaltung soll ihrerseits auch ein Gegengewicht gegen die Politik bilden. Die grundsätzlich auf Lebenszeit berufenen (Art. 33 V GG) und nach persönlicher und fachlicher Qualität auszuwählenden öffentlichen Bediensteten (Art. 33 II GG) unterliegen sowohl bei der Durchführung ihrer Exekutivaufgaben als auch bei der vielfältigen Beratung der Politiker, die ebenfalls zu den Aufgaben des öffentlichen Dienstes gehört, von Rechts wegen einer besonderen Rechtmäßigkeitsbindung und Gemeinwohlverantwortung. In dieser Sicht ist das Berufsbeamtentum mit den Worten des Bundesverfassungsgerichts »eine Institution, die, gegründet auf Fachwissen, fachliche Leistung und loyale Pflichterfüllung, eine stabile Verwaltung sichern und damit einen ausgleichenden Faktor gegenüber den das Staatsleben gestaltenden politischen Kräften darstellen soll«.[102] Diese Elemente der Gewaltenteilung werden durch die fortschreitende Parteipolitisierung der Verwaltung immer mehr ausgehöhlt. Dabei kann es nicht darum gehen, zu einem unpolitisch konservativen Beamtentum zurückzukehren. Auch Beamte sollten politisch denken, das heißt die Auswirkungen ihrer Entscheidungen umsichtig in Rechnung stellen können, was aber gerade nicht gleichzusetzen ist mit dem primär macht- und interessentenorientierten Denken, das dem Ringen um die Macht wesenseigen ist.[103] Öffentliche Bedienstete sind auf Lebenszeit berufen, gerade um sich in stärkerem Maße wert- und erkenntnisorientiertes Denken »leisten« zu können. Doch ist die hier angelegte Differenzierung zwischen Politik und Verwaltung um so mehr gefährdet, je mehr die Verwaltung dem unmittelbaren Zugriff der politischen Parteien geöffnet wird und je ungehemmter die Parteien ihre Leute in der Verwaltung etablieren. Dadurch wird dann auch die genannte Gegengewichtsfunktion zunehmend unmöglich gemacht.

Unterwanderung der verwaltungsinternen Hierarchie

Die Verwaltung ist – schon um der politischen Verantwortlichkeit der Verwaltungsspitze willen – weisungsunterworfen. Nachgeordnete Beamte haben die Weisungen ihrer Vorgesetzten zu befolgen. Doch kann dies praktisch zur Farce werden, wenn weisungsunterworfene Beamte erhebliches parteipolitisches Gewicht haben. Dann läßt sich das formal bestehende Weisungsrecht gerade in wichtigen Dingen oft kaum noch praktizieren.

Änderungen der Denkweise

Die zunehmende Verquickung zwischen der politischen Klasse und denjenigen Institutionen, die sie eigentlich kontrollieren sollten, wie zum Beispiel Gerichte und Rundfunkanstalten, die zunehmende parteipolitische Kolonisierung von Staat und Gesellschaft also, führt zu strukturellen Änderungen in den Köpfen aller Beteiligten. Der tägliche Anschauungsunterricht im eigennützigen Agieren bei der Postenbesetzung muß die »Moral«

der davon positiv und negativ Betroffenen auf Dauer immer stärker zersetzen und Opportunismus und politische Willfährigkeit fördern. Diese Situation wird durch das übliche Bild von der Aufteilung der Beute unter die siegreichen Eroberer der Staatsmacht noch nicht einmal voll erfaßt, weil es nicht zum Ausdruck bringt, in welchem Maß die Parteien hier die Substanz unserer Demokratie aufzuzehren drohen. Treffender wäre es, an Sumo-Ringer zu denken, die im Porzellanladen um dessen Inhalt kämpfen. Wenn die von den Parteien an die Spitze öffentlicher Unternehmen gesetzten Personen sich dann ihrerseits erkenntlich erweisen, indem sie größere Summen auf Kosten ihres Unternehmens an ihre Partei zurück »spenden« lassen – so etwa geschehen im Fall der Stadtwerke Bremen –, dann scheint aus der Sicht der politischen Klasse geradezu eine Art Perpetuum mobile der Parteienfinanzierung gefunden zu sein, das sich aus der Patronage fortwährend regeneriert.[104]

Reformunfähigkeit von Verwaltung und öffentlichem Dienst

Die Verquickung von Politik und öffentlichem Dienst erschwert Reformen der Verwaltung und des öffentlichen Dienstes außerordentlich. Die Reformunfähigkeit ist um so mißlicher, als gerade in diesem Bereich Reformen derzeit besonders wichtig wären. Darüber besteht fast so etwas wie ein Konsens, wobei die Reformbedürftigkeit sich nur bedingt aus Umfragen ableiten läßt,[105] die durch die erforderliche Raschheit der Antworten oft nur Vorurteile reproduzieren,[106] als vielmehr aus sachlichen Gegebenheiten und Notwendigkeiten.

Die Notwendigkeit von Reformen der Verwaltung und des öffentlichen Dienstes geht in zahlreiche Richtungen, und praktisch überall besteht die selbstgemachte Politikblockade. Das gilt zum Beispiel für das Abschmelzen der Altersversorgung der Beamten und Angestellten des öffentlichen Dienstes in Höhe von derzeit 75 Prozent vom letzten Gehalt (nicht etwa vom Durchschnitt der Bezüge früherer Jahre); die Absenkung der Gehälter in den Eingangsstufen des höheren Dienstes, wo zum Beispiel auf jeden eingestellten Junglehrer Hunderte von arbeitssuchenden Lehrern kommen; die generelle Überprüfung des Lohn- und Gehaltsniveaus im öffentlichen Dienst, nachdem die Arbeitsplatzsicherheit – angesichts der zunehmenden Arbeitslosenzahlen in der Wirtschaft und der noch viel größeren und schneller wachsenden Zahl von Menschen, die um ihren Arbeitsplatz bangen müssen – einen völlig neuen wirtschaftlichen Stellenwert bekommen hat; die Einschränkung der Zahl der Stellen in Verwaltung und öffentlichem Dienst, ganz zu schweigen von der Überprüfung des Streikrechts und von Maßnahmen zur Eindämmung der Verbeamtung der politischen Klasse selbst.[107] Diese und andere Reformansätze stoßen auf den Widerstand der parlaments-, regierungs- und verwaltungsinternen und der externen Lobby des öffentlichen Dienstes, so daß sich fast nichts Wesentliches mehr bewegen läßt. Entsprechend dürftig ist auch das »Dienstrechtsreformgesetz« von Anfang 1997 ausgefallen, auf das sich Bundestag und Bundesrat im Vermittlungsausschuß geeinigt hatten.[108]

Die Reform des öffentlichen Dienstes wird dadurch zusätzlich erschwert, daß die politische Klasse ihre eigene Bezahlung und Versorgung strukturell am öffentlichen Dienst ausgerichtet (und darauf dann quantitativ noch erheblich draufgesattelt) hat (siehe oben S. 254 ff.). Eine Beseitigung der Privilegien des öffentlichen Dienstes würde also erst recht die Beseitigung der finanziellen Privilegien der politischen Klasse voraussetzen. Das bedeutet, daß die Wiederherstellung der Reformfähigkeit in diesem Bereich zunächst eine durchgreifende Parlamentsreform verlangt. Das hat der bekannte Verwaltungswissenschaftler und vielfach erprobte Berater bei Verwaltungsreformen Thomas Ellwein sehr klar festgehalten:

»Das Dilemma der Verwaltung ist ihre Verflechtung mit der Politik. Sie bewirkt, daß Politik und Verwaltung zugleich verändert werden müßten. Da daran nicht zu denken ist, verfestigen sie wechselseitig ihre Zustände. Die deutschen Landtage könnten ›Politik‹ bequem in zwei kürzeren Sitzungsperioden im Jahr betreiben. Verwaltung mit Einzelfallentscheidungen, Mittelverteilung, Lobbytätigkeit in den Ministerien gewährleistet dagegen eine Dauertätigkeit mit der entsprechenden Besoldung und Versorgung. Kritik an der Verwaltung richtet sich deshalb in Wahrheit meist gegen die Politik. Der wirksamen Verwaltungsvereinfachung müßte die Politikvereinfachung vorausgehen. Diese Kombination gewährleistet, daß das meiste so bleibt, wie es ist. Es ist keine resignierte Prognose, sondern (meine) fatale Gewißheit: Wir werden uns in Deutschland auch weiterhin eine Verwaltung leisten, die wir uns nicht leisten können. Das Ende davon ist abzusehen.«[109]

Der Diagnose Ellweins kann man nur zustimmen. Ob auch seine Skepsis hinsichtlich möglicher Therapien zutreffen muß, wird in Kapitel 7 zu behandeln sein. Schon hier aber ist festzuhalten: Das Hauptproblem der Reform der Verwaltung und des öffentlichen Dienstes ist nicht die Entwicklung gutgemeinter Reformvorschläge, sondern – wie bei den Privilegien der politischen Klasse generell – die Frage der politischen Durchsetzbarkeit von Reformen gegen den Widerstand der Betroffenen, die an den Hebeln der politischen Macht sitzen und deshalb eine besonders starke Position innehaben. Diese Feststellung erübrigt die Entwicklung von durchdachten Abhilfevorschlägen zwar keineswegs. Doch bleiben sie Makulatur, wenn sie nicht von einer plausiblen Durchsetzungsstrategie flankiert werden.

5
Hand in Hand mit Lobbyisten

Der Bundestag: von Lobbyisten durchsetzt

Der Bundestag ist in einem für Außenstehende überraschend hohen Maße von Interessenten durchsetzt. Angesichts der Kompetenzverteilung zwischen Bund und Ländern konzentrieren sich die Interessenverbände auf den Bund. Dagegen tauchen auf den Bänken der Landtage – außer den hier allerdings besonders stark vertretenen Verbänden des öffentlichen Dienstes – »kaum noch wirtschaftliche Interessenverbände auf«.[1] Im Bundestag stellen Verbandsvertreter nach den Abgeordneten aus dem öffentlichen Dienst die zweitstärkste Gruppe von Abgeordneten dar. Man könnte allerdings auch öffentliche Bedienstete selbst als Interessenten ansehen. Doch werden beide Gruppen herkömmlicherweise getrennt genannt. Für die Interessentenfärbung des Bundestags ist weniger die sehr hohe Zahl von Abgeordneten, die einfache Mitglieder von Verbänden sind, relevant; bloße Mitgliedschaft braucht noch keine Verbandsgefolgschaft nach sich zu ziehen. Ein zuverlässigeres Indiz sind hauptberufliche oder ehrenamtliche *Funktionen* in einem Interessenverband. Abgeordnete mit solchen Funktionen machten im 1990 gewählten 12. Bundestag rund 40 Prozent aus,[2] wobei dieser Prozentsatz allerdings dadurch vorübergehend heruntergedrückt sein dürfte, daß Abgeordnete aus den neuen Ländern bislang noch eine sehr viel geringere Verbandsgebundenheit aufweisen als die aus der alten Bundesrepublik. Etwa ein Viertel der Bundestagsabgeordneten sind Verbandsgeschäftsführer.[3] Die Fraktionen weisen typische Unterschiede hinsichtlich ihrer Interessentennähe auf: Während zum Beispiel Vertreter von Unternehmensverbänden, Mittelstandsorganisationen und Bauernverbänden besonders in den Fraktionen der

CDU/CSU und der FDP vertreten sind, konzentrieren sich Vertreter der Gewerkschaften in der SPD-Fraktion und Vertreter von Umweltorganisationen in der Fraktion von Bündnis 90/Die Grünen.[4]

Da die tatsächliche parlamentarische Willensbildung, soweit die Fragen nicht schon auf höchster Ebene vorentschieden sind, in spezialisierten Parlamentsausschüssen und Fraktionsarbeitsgruppen erfolgt, die im Rahmen des arbeitsteiligen parlamentarischen Verfahrens die Beschlüsse des Parlamentsplenums weitgehend präjudizieren, nimmt die Verbandsdichte in diesen parlamentarischen Schaltzentralen noch weiter zu. Wie im Innenausschuß des Bundestags Beamte dominieren, so sind im Ausschuß für Arbeit und Soziales Gewerkschaftsfunktionäre fast unter sich und im Landwirtschaftsausschuß Landwirte und Bauernverbandsfunktionäre. Sie entscheiden dann häufig über ihre eigenen Angelegenheiten, sind sich über die Fraktionsgrenzen hinweg einig und haben auf diese Weise beste Chancen, ihre Belange durchzusetzen. So war zum Beispiel Friedrich-Adolf Jahn (CDU) bis 1994 Vorsitzender des Bauausschusses des Bundestags und gleichzeitig Präsident des Zentralverbands der Haus-, Wohnungs- und Grundeigentümer. Der SPD-Abgeordnete Hermann Rappe, Mitglied des Bundestagsausschusses für Wirtschaft, war gleichzeitig auch Vorsitzender der Industriegewerkschaft Chemie-Papier-Keramik.

Der Einfluß der Interessenten erhöht sich noch dadurch erheblich, daß Verbände nicht nur durch solche »eingebauten Lobbys« von innen, sondern gleichzeitig auch von außen Einfluß nehmen. In welchem Umfang das geschieht und daß hier inzwischen geradezu eine Art Lobby-Wirtschaftszweig entstanden ist, signalisieren bereits die Bonner Zahlen. Offiziell sind beim Bundestag 1572 Verbände registriert mit Tausenden von hauptberuflich tätigen Lobbyisten, die bei öffentlichen Anhörungen befragt werden, aber natürlich auch inoffiziell bei allen Bonner Stellen Einfluß nehmen. 1974 waren es erst 635 Orga-

nisationen. Ihre Zahl ist seitdem also auf das Zweieinhalbfache gestiegen.[5] Einige haben über hundert hauptamtliche Mitarbeiter.[6]
Einige Beispiele für organisationsstarke *Spitzenverbände der Wirtschaft* sind:

- Bundesverband der Deutschen Industrie (BDI),
- Bundesvereinigung der Deutschen Arbeitgeberverbände (BDA),
- Deutscher Industrie- und Handelstag (DIHT),
- Zentralverband des Deutschen Handwerks (ZDH).

Daneben gibt es zahlreiche *Fachverbände* der Industrie, der Kredit- und Versicherungswirtschaft etc., zum Beispiel

- Verband der Automobilindustrie (VDA),
- Bundesverband deutscher Banken (BdB),
- Gesamtverband der Deutschen Versicherungswirtschaft (GDV),

wobei fast jedes Großunternehmen zusätzlich eine eigene Lobbystelle in Bonn unterhält.
Beispiele für *Berufsverbände* sind:

- Deutscher Bauernverband (DBV),
- Deutscher Beamtenbund (DBB),
- Ärzteverbände, zum Beispiel Hartmannbund (Verband der Ärzte Deutschlands).

Auf der *Arbeitnehmerseite* ist zu nennen der

- Deutsche Gewerkschaftsbund (DGB) mit seinen Einzelgewerkschaften, zum Beispiel der
- Gewerkschaft Bergbau und Energie.

Ferner seien erwähnt der

- Zentralverband der Deutschen Haus-, Wohnungs- und Grundeigentümer

oder der

- Allgemeine Deutsche Automobilclub (ADAC).

Wie Interessenten sich durchsetzen, haben die beiden Gruppen Bergbau und Bau im Frühjahr 1997 gezeigt. Beide machten nicht nur durch ihre bezahlten Lobbyisten Druck, sondern gingen auch auf die Straße und wurden dafür belohnt: Die Bauarbeiter erhielten ein – wenngleich wahrscheinlich wirkungsloses – Konjunkturprogramm. Den Bergleuten, deren Wirtschaftszweig nach allgemeiner Auffassung keine Zukunft hat, wurden zusätzliche Milliarden bewilligt, obwohl Kohl schon vorher sagen konnte: »Niemand hat soviel für den Bergbau getan wie ich.« Daß der Vorsitzende der Gewerkschaft Bergbau und Energie Hans Berger auch Mitglied des Bundestags und Vertrauter von Kohl ist, hat dabei sicher nicht geschadet.

Will man die Verwurzelung der Interessenverbände in der politischen Klasse und die Verquickungen zwischen beiden in ihrem vollen Umfang erfassen, muß man sich vergegenwärtigen, wie das Wahlrecht und das zweistufige Kandidatenaufstellungsverfahren bereits die Nominierung von Verbandsvertretern als Abgeordnete begünstigt. Die starke Verbandsfärbung der politischen Klasse hängt damit zusammen, daß die Parteien Verbandsvertreter, besonders bei Aufstellung der Landeslisten, zu bevorzugen pflegen. Bisweilen werden ihnen sogar feste Kontingente reserviert.[7] Die politische Klasse kooptiert die Vertreter von Verbänden, weil sie sich von solchen Bündnissen besondere Vorteile beim Kampf um Macht, Posten und Geld, also eine Förderung ihrer Berufs- und Machtinteressen, verspricht. Dazu wird dreierlei benötigt: Geld, Sachverstand und letztlich natürlich auch Wählerstimmen. Interessenverbände und ihre Funktionäre können solche politischen Ressourcen in relativ hohem Maße anliefern, weil sie im allgemeinen über eine stärkere Organisation und über sehr viel mehr Mitglieder mit häufig sehr viel größerer wirtschaftlicher Potenz verfügen als die Parteien. So haben die Wirtschaftsverbände in der Bundesrepublik um ein Vielfaches mehr Mitglieder als die Parteien.

Die mangelnde Leistungsfähigkeit der politischen Klasse in bezug auf die Aufgaben, deretwegen sie eigentlich in die Parlamente gewählt wird, ihr mangelnder Sachverstand, machen sie von Interessentenvertretern geradezu abhängig, wenn sie nicht ganz dumm dastehen und vor ihren Aufgaben offensichtlich versagen will. Der Grund, daß die politischen Aktivisten auf den Sachverstand von Interessenten angewiesen sind, liegt also darin, daß sie selbst sich primär darauf verstehen, »wie man politische Gegner bekämpft« (Richard von Weizsäcker). Daß ihre Politik als Folge der Interessenfärbung dann eine Schlagseite in Richtung auf bestimmte, besonders organisations- und durchsetzungsstarke Interessen bekommt, scheint kaum jemanden wirklich zu kümmern, solange es nur den Eigeninteressen der Akteure nützt.

Die enge Zusammenarbeit ist letztlich Ausdruck einer gewissen Wesensverwandtschaft. Interessenvertreter und Parlamentarier empfinden sich als kongenial, weil sie beide sozusagen auf derselben Welle funken. Beide sind Funktionäre, der eine seines Verbandes, der andere seiner Partei (»Parteisoldat«), beide denken und handeln primär macht- und interessentenorientiert, auch wenn zwischen Parteien und Interessenverbänden der konzeptionellen Idee nach ein großer Unterschied besteht, weil nur die Parteien um die Regierungsmacht kämpfen und nur ihre politische Klasse die innersten Schaltzentralen des Staates besetzt.

Nur vor diesem Hintergrund läßt sich auch der für Außenstehende völlig unverständliche Tatbestand nachvollziehen, daß Abgeordnete in Deutschland gegenüber Einflußnahmen von Interessenten praktisch völlig schutzlos sind. Es gibt weder Unvereinbarkeitsbestimmungen noch sonst irgendwelche wirksamen rechtlichen Barrieren, die die integre Willensbildung der Abgeordneten sichern. Die Unabhängigkeit von Interessentendruck wird in der von der politischen Klasse beherrschten Praxis überhaupt nicht als schutzwürdiges Gemeinschaftsgut anerkannt. Das hängt gewiß auch mit der erwähnten Tatsache zusammen, daß nicht nur die Interessenverbandsvertreter selbst das Verständnis für den Wert der Unabhängigkeit der Mandatsträger verloren haben, sondern auch viele andere Abgeordnete, sind sie doch ihrerseits immer mehr zu Funktionären ihrer Partei, das heißt zu abhängigen »Parteisoldaten«, geworden.

Abgeordnete: Bestechung freigestellt

Die Schutzlosigkeit besteht selbst gegenüber *finanziellen* Einflußnahmen, bis hin zur regelrechten Korruption. Zahlungen von Interessenten an Parteien oder an einzelne Abgeordnete sind nach deutschen Gesetzen erlaubt. Bezeichnenderweise hat die politische Klasse die Problematik solcher Zahlungen meist nur dann bemüht und in die öffentliche Diskussion gebracht, wenn es darum ging, argumentative Munition für die Einführung oder Erhöhung *staatlicher* Zahlungen an Parteien oder Politiker zu sammeln. Durch die Staatsfinanzierung solle, so wurde behauptet, der Einfluß des privaten Kapitals auf die Politik zurückgedrängt werden. Das hätte allerdings ein gleichzeitiges Verbot von Spenden verlangt, und so war es anfangs auch gedacht. So hatte im Jahre 1954 der seinerzeitige Bundesfinanzminister Fritz Schäffer öffentlich gefordert, den »wachsenden Einfluß der Interessenten« dadurch zu bekämpfen, daß den Parteien die Annahme von Spenden gesetzlich verboten wird und sie dafür durch Zuwendungen aus öffentlichen Mitteln entschädigt würden.[8] Auch eine vom Bundesminister des Innern eingesetzte Parteienrechtskommission ging in ihrem Bericht von 1957 ausdrücklich davon aus, staatliche Subventionen kämen allenfalls dann in Betracht, wenn gleichzeitig Spenden unterbunden würden.[9] Eine ganz ähnliche Vorstellung liegt der in den siebziger Jahren eingeführten Finanzierung des amerikanischen Präsidentschaftswahlkampfs zugrunde: Die staatlichen Zahlungen sind gleichzeitig mit engen gesetzlichen Grenzen für Spenden verbunden.[10] Wir werden auf die amerikanischen Regelungen noch zurückkommen. In der Bundesrepublik hat die in eigener Sache entscheidende politische Klasse diese gedankliche Voraussetzung für die Staatsfinanzierung, die den ursprünglichen Vorschlägen zugrunde lag, später jedoch nicht mehr wahrhaben wollen. Bei uns gibt es überhaupt keine Grenze für Spenden an Parteien, nicht einmal für Spenden von juristischen Personen. Im Gegenteil, Spenden von natürlichen Personen genießen auch noch überhöhte Steuervorteile. Die steuerbegünstigten Spendenbeträge sind weit höher festgesetzt, als ein durchschnittlicher Steuerzahler ausschöpfen kann, und überschreiten damit die Vorgaben des Bundesverfassungsgerichts um das Dreifache.[11]

Auch Abgeordneten ist ihre Unabhängigkeit meist nur dann als Argument eingefallen, wenn es um Erhöhungen ihrer Besoldung ging, nicht aber als Argument zur Beseitigung der Quelle von Abhängigkeiten, also zur Begrenzung von Interessentenzahlungen. Bei uns können Abgeordnete direkt an sie gerichtete Zahlungen[12] nach wie vor in völlig unbegrenzter Höhe entgegennehmen – und das auch noch einkommensteuerfrei. Spenden unterfallen auch dann, wenn der Abgeordnete sie für private Zwecke verwendet, keiner der sieben Einkunftsarten des Einkommensteuergesetzes, sondern nur der meist viel niedrigeren Schenkungsteuer. Seit dem Flick-Skandal und den Aktionen bestimmter Wirtschaftszweige wissen wir, daß es solche Spenden »zur Pflege der Bonner Landschaft« in beträchtlichem Maße gibt.[13] In dem 1987 vor dem Landgericht Bonn beendeten Flick-Prozeß hatten die Beschuldigten, Flicks Generalbevollmächtigter von Brauchitsch und die beiden ehemaligen Bundesminister Friedrichs und Graf Lambsdorff, zu ihrer Verteidigung offenbart, in welchem Umfang auch andere Politiker Bargeld entgegengenommen hatten (so ausweislich der Angaben im Urteil auch Helmut Kohl in den Jahren 1975 bis 1980 insgesamt 515 000 Mark und Franz Josef Strauß 950 000 Mark).[14]

Der vor wenigen Jahren eingeführte strafrechtliche Tatbestand der Abgeordnetenkorruption (§ 108 e StGB) ist nur symbolische Gesetzgebung und wird aufgrund seiner extrem engen

Fassung wohl nie zur Anwendung kommen.[15] Er bezieht sich nur auf den Stimmenkauf, das heißt auf ein bestimmtes Abstimmungsverhalten des Abgeordneten im Parlamentsplenum, und derartiges wird aller Voraussicht nach nie verabredet werden und erst recht nicht nachweisbar sein. Das Verhalten von Abgeordneten bei der Beratung und selbst bei Abstimmungen in den besonders wichtigen Parlamentsausschüssen und Fraktionen fällt von vornherein nicht darunter. Der strafgesetzliche Rahmen ist so weit gesteckt, daß ein Lobbyist einem Bundestagsabgeordneten einen ganzen Sack voll Geld für geneigtes politisches Verhalten anbieten kann, ohne andere Sanktionen befürchten zu müssen, als vom Abgeordneten hinausgeworfen zu werden. Und falls der Abgeordnete das Geld dennoch annimmt, tut er dies ungestraft und braucht darauf nicht einmal Einkommensteuer zu bezahlen.

Auch was die Publizität anlangt, besteht eine große Lücke. Die Interessentenzahlung des Scheinarbeitgebers oder des nur zum Schein Beratenen braucht nicht publiziert zu werden. Spenden an Bundestagsabgeordnete sind, wenn sie 10 000 DM jährlich überschreiten, lediglich dem Bundestagspräsidenten anzuzeigen und nur, wenn sie 20 000 DM jährlich überschreiten, von diesem mit dem Namen des Spenders zu veröffentlichen. (Daß überhaupt eine Veröffentlichungspflicht besteht, hat das Bundesverfassungsgericht mit seinem Urteil von 1992 erzwungen.) Damit gilt für Spenden an einzelne Abgeordnete eine gleich hohe Veröffentlichungsgrenze wie für Spenden an Parteien, obwohl Abgeordnete natürlich sehr viel leichter beeinflußbar sind als Parteien als Ganze. Gewiß gibt es gelegentlich Skandale, wenn doch einmal etwas an die Öffentlichkeit kommt. Doch reicht das nicht aus, um ein so wichtiges Gut wie die Integrität von Abgeordneten wirksam zu schützen.

Die Ungeschütztheit vor massiven finanziellen Einflüssen durch Lobbyisten illustrieren auch Fälle, in denen amtierende und vollbezahlte Bundestagsabgeordnete sich gleichzeitig als hauptberufliche Geschäftsführer von Interessenverbänden anstellen und mit den dort üblichen hohen Gehältern bezahlen lassen, wobei der jeweilige Verband seinen Einfluß unmittelbar auf den Bereich zu richten pflegt, in dem der Abgeordnete parlamentarisch tätig bleibt. Ein Beispiel ist die Bundestagsabgeordnete und frühere Parlamentarische Staatssekretärin beim Bundesministerium für Bildung, Wissenschaft, Forschung und Technologie, Cornelia Yzer. Sie wurde im März 1997 Hauptgeschäftsführerin beim Verband Forschender Arzneimittelhersteller. Dafür mußte sie zwar ihr Amt als Staatssekretärin aufgeben, hat ihr Bundestagsmandat aber weiterhin beibehalten.[16] Dabei ist im vorliegenden Zusammenhang weniger das Übergangsgeld, das sie aus dem aufgegebenen Staatssekretärsamt noch zusätzlich erhält, interessant, auch nicht die Pension, die sie aus diesem Amt ab dem 55. Lebensjahr beziehen wird, auch nicht die zusätzliche spätere Pension aus dem Abgeordnetenmandat. Hier steht vielmehr die Problematik im Vordergrund, die in der ungenierten Entgegennahme einer hohen Bezahlung für Lobbytätigkeit trotz ihres Status als Abgeordnete liegt. Dieser Status verpflichtet sie, »Vertreter des ganzen Volkes« (Art. 38 I 2 GG) zu sein. Nach dem ausdrücklichen Wortlaut des Grundgesetzes wird die Abgeordnetenbezahlung zu dem Zweck gewährt, die Unabhängigkeit des Abgeordneten zu sichern (Art. 48 III 1 GG). Damit sind derartige Doppelbezüge nicht vereinbar.

Sie beeinträchtigen im übrigen nicht nur die Unabhängigkeit, sondern sind auch eine gleichheitswidrige Bevorzugung gegenüber anderen Abgeordneten, die ihre Unabhängigkeit nicht verkaufen und nur *ein* Gehalt beziehen, nämlich die Abgeordnetenbezahlung. Doch hat der Bundestag gegen derartige Fälle bisher nichts Wirksames unternommen, ebensowenig gegen Zahlungen an Abgeordnete im Wege von Scheinarbeitsverträgen oder Scheinberatungsverträgen, obwohl das Bundesverfassungsgericht schon im Diätenurteil von 1975 ein derartiges

Ausschlachten des Mandats untersagt und gesetzliche Vorkehrungen dagegen angemahnt hatte.[17] Statt dessen dienen die hohen Zusatzverdienste solcher Abgeordneter als Argument, die Diäten aus der Staatskasse im Interesse der »Nur-Abgeordneten« noch weiter anzuheben, was dann aber den Verbandsvertretern ebenfalls zugute kommt, den alten Abstand wiederherstellt und damit wieder ein Argument für eine weitere Erhöhungsrunde liefert.

Die Laxheit des Bundestags gegenüber Interessentenzahlungen hängt natürlich damit zusammen, daß viele Abgeordnete sich andernfalls den Ast absägen würden, auf dem sie so komfortabel sitzen. Gelegentlich vorkommende halbherzige Anläufe ihrer Kollegen, wirksame Barrieren zu errichten, werden von den (aktuell oder potentiell) Betroffenen aus ganzem Herzen abgeblockt. Die Initiative der Bundestagsabgeordneten Norbert Gansel und Peter Conradi, die im Herbst 1995 versuchten, die Abgeordneteneinkommen transparent zu machen, scheiterte vor allem am Widerstand von Verbandsabgeordneten. Frau Yzer ist in Bonn ja keineswegs ein Einzelfall. Nur ein weiteres der zahlreichen Beispiele sei hier genannt: Im Herbst 1996 wechselte der frühere Parlamentarische Staatssekretär im Bundeswirtschaftsministerium Reinhard Göhner als Hauptgeschäftsführer zur Bundesvereinigung der Arbeitgeberverbände – ebenfalls ohne sein Bundestagsmandat abzugeben.[18] Gewiß, es gibt auch Abgeordnete, die in ähnlicher Lage Interessenkollisionen vermeiden wollen und ihr Mandat aufgeben, wie der frühere Staatssekretär im Bundeswirtschaftsministerium Rudolf von Wartenberg. Doch machen selbstgemachte Gesetze dies vom Stilgefühl und dem guten Willen des Abgeordneten abhängig – und darauf kann man sich eben nicht immer verlassen. Die politische Klasse hat nicht selbstverständlich auch Klasse. Das Schlimmste aber ist, daß innerhalb der politischen Klasse kaum einer etwas dabei findet und Anstoß nimmt. Bundesforschungsminister Rüttgers gratulierte seiner

Staatssekretärin Yzer gar noch öffentlich als Festredner auf einer Tagung ihres neuen Brötchengebers.[19]

Hier bestätigt sich die oben getroffene Feststellung, daß der politischen Klasse schlicht das Verständnis für den Wert der Unabhängigkeit von Abgeordneten fehlt. Wie sollte sie dieses Verständnis auch besitzen? Haben doch hohe und höchste Politiker die angebliche Vereinbarkeit von Parlamentsmandat und Lobbyamt vorgelebt. So wurde Helmut Kohl auch dann noch als »Referent« beim Verband der Chemischen Industrie in Ludwigshafen geführt (1959–1969), als er längst Vorsitzender der CDU-Fraktion im Landtag von Rheinland-Pfalz (1963–1969) und Vorsitzender des CDU-Landesverbandes (seit 1966) geworden war. Die praktisch totale gesetzliche Schutzlosigkeit deutscher Abgeordneter selbst vor massiven finanziellen Einflußversuchen interessierter Kreise ist für die daran Beteiligten zwar lukrativ, für das Gemeinwesen aber um so schädlicher, und die dadurch ermöglichten »ganz legalen« Auswüchse sind für das Ansehen der politischen Klasse um so vernichtender.

Bei der Beurteilung ist auch zu berücksichtigen, daß die Abgeordnetenfunktion inzwischen im Bund und in fast allen Bundesländern zu einem »vollalimentierten« Hauptberuf ausgebaut worden ist, so daß die Wahrnehmung eines zweiten vollbezahlten Hauptberufs daneben nur noch möglich ist, wenn beide so miteinander verwoben sind, daß der Abgeordnete auch bei Wahrnehmung seines Mandats die Interessen seines Verbandes miterfüllt, also letztlich Geld für den Verkauf seines Einflusses und seiner Insiderkenntnisse erhält.

Anders ist die Gesetzeslage in den Vereinigten Staaten. Dort hatte der Watergate-Skandal enthüllt, auf welch skrupellose Weise im Wahlkampf getrickst worden war, damit Nixon als amerikanischer Präsident wiedergewählt würde. Dabei hatten auch hohe verdeckte Barzuwendungen eine wichtige Rolle gespielt. Die Enthüllungen führten in den siebziger Jahren zu durchgreifenden Gesetzesänderungen. Spenden von juristischen Personen sind seitdem gänzlich verboten, für Spenden von natürlichen Personen bestehen enge Grenzen. Steuerliche Begünstigungen gibt es nicht. Soweit Spenden überhaupt zulässig sind, bestehen strenge Publikationsvorschriften, die – wie auch die Einhaltung der gesetzlichen Begrenzungen – durch eine eigens dafür bestellte Kommission, die Federal Election Commission, überwacht werden. Jeder Kandidat und jedes sogenannte politische Aktionskomitee müssen Spenden über 200 Dollar und Ausgaben über 250 Dollar vierteljährlich und kurz vor und kurz nach der Wahl offenlegen. Seit jüngerer Zeit sind den Mitgliedern des Kongresses auch Nebeneinnahmen grundsätzlich verboten. Sie dürfen höchstens 15 Prozent der derzeit 133 000 Dollar ausmachenden Abgeordnetenbezahlung betragen. Honorare für Auftritte, Vorträge und Artikel sind gänzlich untersagt.[20] Amerikakenner haben vorgeschlagen, daraus auch für Deutschland Lehren zu ziehen und bei uns entsprechende Reformen durchzuführen.[21] Doch ist es dazu bisher nicht gekommen. Der Flick-Skandal blieb – anders als der Watergate-Skandal in den USA – bisher ohne gesetzgeberische Konsequenzen. Zu sehr absorbierte das Strafverfahren gegen die früheren Bundesminister Friedrichs und Graf Lambsdorff und den Flick-Generalbevollmächtigten von Brauchitsch, die schließlich aber nur wegen Steuerhinterziehung verurteilt werden konnten, die öffentliche Aufmerksamkeit, obwohl damit das couvertweise an Abgeordnete gegebene Geld gar nicht erfaßt wurde.[22]

Lobbyverbände sind normal – Korruption auch?

Die Beurteilung von Interesseneinflüssen auf die Politik und sogar von Geldzahlungen an Abgeordnete ist in Deutschland merkwürdig unsicher. Eine Mischung aus Eigeninteresse der Politiker, Ideologie und mißverstandener pluralistischer Pseudotheorie hat es geschafft, den Eindruck zu erwecken, als seien finanzielle Einflußnahmen von Lobbyisten auf die Politik der pluralistischen Demokratie wesenseigen und jedenfalls harmlos.

An sich ist nichts dagegen einzuwenden, daß sich Verbände konstituieren, um gleichgerichtete Interessen ihrer Mitglieder in den wirtschaftlichen und politischen Prozeß einzubringen. Interessenverbände sind nicht selten das einzige Medium, mittels dessen der Bürger in der Massendemokratie seinen Interessen überhaupt Gehör verschaffen kann. Was unorganisiert ist, bleibt unberücksichtigt. Die Existenz und die Aktivitäten von Interessenverbänden als Ausfluß grundrechtlicher Freiheiten grundsätzlich zu akzeptieren bedeutet aber noch lange nicht, daß die Unabhängigkeit der Politiker nicht schützenswert sei, und schon gar nicht, daß auch *finanziell-materielle* Einflußnahmen von Interessenten auf Abgeordnete zu akzeptieren wären. Die Gegenmeinung von der angeblichen Harmlosigkeit solcher Aktivitäten beruft sich auf die These, jedes Interesse könne sich entsprechend seiner Bedeutung verbandlich organisieren und werde sich im Konzert der sich gegenseitig im Zaum haltenden Interessen dadurch sozusagen von selbst die erforderliche Geltung verschaffen.[23] Drohe ein wichtiges Anliegen zu kurz zu kommen, bilde sich eine entsprechende Gegenmacht (»countervailing power«), die die Dinge wieder ins Lot bringe. Auf diese Weise werde eine angemessene Berücksichtigung *aller* Interessen gewährleistet. Diese in den Schul- und Lehrbüchern noch verbreitete pluralistische Harmonielehre, die auf angloamerikanischen Pluralismustheoretikern[24] beruht, unterstellt also, im pluralistischen Kräftespiel werde das Gerechte, das materiell Richtige, schon von selbst herauskommen.[25] In unserer Demokratie orientiere sich die Politik damit quasi automatisch am Wohl des Volkes. In dieser Sicht ist die Einflußnahme von Interessenten, ja selbst die *finanzielle* Einflußnahme, nicht nur unbedenklich, sondern erscheint geradezu als Voraussetzung für eine ausbalancierte gemeinwohlorientierte Politik. Nach dieser Vorstellung könnten die Abgeordneten in letzter Konsequenz eigentlich sogar *alle* Interessenvertreter sein, ohne daß dies gemeinwohlschädlich wäre, eben weil man glaubt, darauf vertrauen zu können, daß die Interessen sich im freien Spiel der politischen Kräfte auspendeln und daß im Parallelogramm der Kräfte ein angemessener Kompromiß zustande komme.[26]

Doch ist eine solche pluralistische Harmonielehre heute nicht mehr haltbar. Aus verbandssoziologischen, politikökonomischen und verfassungstheoretischen Analysen wissen wir: Je allgemeiner Interessen sind, je mehr Menschen sie teilen, desto schwieriger ist ihre verbandliche Organisation und desto geringer sind meist ihre Durchsetzungschancen im Gesetzgebungsverfahren (und auch sonst in der Politik).[27] Diese Auffassung ist allerdings nicht ganz neu. So hatte schon der Staatsrechtslehrer Ernst Forsthoff darauf hingewiesen, daß in der Wirklichkeit unserer politischen Willensbildung gerade die allgemeinsten Interessen »keinen gesellschaftlichen Patron finden können«, weil sie so allgemein sind, daß sie »die Grenzen gesellschaftlicher Patronage« übersteigen.[28] Der Staatsrechtslehrer Joseph Kaiser[29] hatte als Hauptbeispiele die Interessen der Steuerzahler[30] und der Verbraucher angeführt; Steuerzahler (zumindest von indirekten Steuern) und Verbraucher sind wir ja alle. Die Frage, welches die eigentlichen tieferen Ursachen für die mangelnde verbandliche Organisationsfähigkeit allgemeiner Interessen sind, blieb allerdings lange offen. Hier setzt nun der politische Ökonom Mancur Olson an; er hat in seinem Buch *Logik des kollektiven Handelns* (1967) schlüssig nachgewiesen, warum sich zwar enge Partikularinteressen, nicht aber allgemeine, weite Bevölkerungskreise umfassende Interessen in ausreichender Stärke verbandlich organisieren lassen. Olson legt dar, daß große Gruppen selbst bei vollständiger Übereinstimmung nicht im Gruppeninteresse handeln, »denn wie vorteilhaft die Erfüllung von Funktionen auch sein mag, die man von großen freiwilligen Vereinigungen erwartet, es besteht für ein einzelnes Mitglied einer latenten Gruppe dennoch kein Anreiz, einer solchen Gruppe beizutreten«.[31] (Näheres dazu siehe S. 300 f.) Olsons Thesen verbinden sich mit der Analyse von Anthony Downs, der – auf Vorarbeiten Schumpeters aufbauend – schon 1957 in seinem Buch *Ökonomische Theorie der Demokratie* dargelegt hatte, daß die Verfolgung allgemeiner Interessen auch für Parteien oft nicht lohnend erscheint. In der Wirklichkeit der Gesetzgebung kommen deshalb bestimmte machtvoll organisierbare Interessen regelmäßig eher zum Zuge, und allgemeine Interessen kommen häufig genug zu kurz.[32] Es fehlt am Gleichgewicht der organisierten Kräfte. Die von der Macht der organisierten Interessen bestimmte pluralistische Wirklichkeit weist deshalb eine Schlagseite zu Lasten nichtorganisierbarer, insbesondere allgemeiner Interessen auf.[33]

Schaut man genauer hin, so ergibt sich allerdings ein differenzierteres Bild: Sonderinteressen lassen sich in der Regel schlagkräftiger organisieren als allgemeine Interessen, Gegenwartsinteressen sind politisch virulenter als Zukunftsinteressen, wirtschaftliche sind stärker als ideelle, Einkommenserwerbsinteressen werden nachdrücklicher vertreten als Ausgabeninteressen. Da aber auch die wichtigsten Ausgabeninteressen solche der

Allgemeinheit (der Konsumenten und der Steuerzahler) sind und man auch Zukunftsinteressen in einem weiteren Sinn als allgemeine Interessen ansehen kann, bleibt die Feststellung von der Schwäche der Allgemeininteressen typischerweise richtig. Das Gewicht dieser Feststellung kann man schwerlich übertreiben.[34] Wenn Interessen desto weniger politische Berücksichtigung finden, je größer der Kreis der Betroffenen ist, läuft das praktisch auf einen »Mechanismus umgekehrter Demokratie«[35] hinaus.[36]

Daß diese Pluralismusdefizite in jüngster Zeit immer stärker in Erscheinung treten, ist kein Zufall. Solange das Sozialprodukt stark wuchs und deshalb der Zugriff der Partikularinteressen immer noch genug für die Erfüllung allgemeiner Interessen übrigließ, solange der Wettbewerb der politischen und gesellschaftlich-wirtschaftlichen Systeme die Partikularismen zur Zurückhaltung mahnte und die politischen Herausforderungen des Gemeinwesens als Ganzes sich im übrigen in Grenzen hielten, ließen sich die Mängel des Systems noch leichter überspielen. Doch die früheren Bedingungen sind in den letzten Jahren entfallen. Das wirtschaftliche Wachstum stagniert, der äußere Druck hat sich gelöst, und die inneren Herausforderungen haben ungeheuer zugenommen.

Verfassungsgericht und Bundesbank: gesondert von Parteien und Verbänden

Daß die verfassungsrechtliche Ordnung der Bundesrepublik in Wahrheit selbst gar nicht von einem demokratischen Automatismus ausgeht, bestätigt die Existenz zweier Institutionen, die den politischen Prozeß ergänzen. Sie machen deutlich, wie begrenzt in Wirklichkeit unser Vertrauen in die Problemlösungsfähigkeit der sich selbst überlassenen Parteien und Verbände ist. Die eine Institution ist die Rechtsprechung, besonders die des *Bundesverfassungsgericht*s. Die Rechtsprechung ist immer mehr an die Stelle der Politik getreten und hat teilweise die Rolle eines Ober- und Ersatzgesetzgebers angenommen.[37] Die Ersetzung der Politik durch Richterrecht, die politische Korrekturrolle der Justiz kommt immer unverhüllter zum Vorschein. Erinnert sei nur an die Urteile des Bundesverfassungsgerichts zur Schwangerschaftsunterbrechung,[38] zum Maastricht-Vertrag[39] und zum internationalen Einsatz der Bundeswehr.[40] Diese Rechtsprechung wird nach demoskopischen Umfragen von zunehmenden Vertrauenswerten für das Gericht und abnehmenden Vertrauenswerten für das Parlament begleitet; sie entspringt weniger einem usurpatorischen Anspruch der Karlsruher Richter, sondern ist für jeden, der ein Gespür für Gewichtsverlagerungen zwischen den Verfassungsorganen hat, ein unübersehbarer Indikator für zunehmendes Versagen der Politik. Die zweite Institution ist die *Deutsche Bundesbank* in Frankfurt. Sie ist in Sachen Geldpolitik weisungsfrei und von Regierung und Parlament unabhängig.[41] Der Hauptgrund ist: Man will die Bundesbank vom Spiel der politischen Parteien und der Interessenverbände separieren, da man diesen die Sicherung des Geldwerts vor Inflation – in Anbetracht der Versuchung zu kurzfristiger und partikularer Politik – nicht zutraut. Die offizielle Begründung für die Unabhängigkeit der Bundesbank lautet:

»Die Verselbständigung der meisten Aufgaben der Währungspolitik bei einer unabhängigen Zentralbank löst staatliche Hoheitsgewalt aus unmittelbarer staatlicher oder supranationaler parlamentarischer Verantwortlichkeit, um das Währungswesen dem Zugriff von Interessentengruppen und der an einer Wiederwahl interessierten politischen Mandatsträger zu entziehen.«[42]

Wo könnte das – strukturell bedingte – Versagen der Politik deutlicher zum Ausdruck kommen als in dieser Konstruktion? Auch auf Europaebene mißtraut man der Leistungsfähigkeit des von den Parteien und Verbänden dominierten pluralistischen Prozesses: Zur Sicherung der Stabilität der in Maastricht beschlossenen zukünftigen europäischen Währung setzt man wiederum auf eine unabhängige Zentralbank – diesmal eine europäische.[43]

Warum eigentlich erkennen wir die strukturellen Bedingungen mangelhafter Politik aber nur bei der Geldpolitik und nehmen andere Politikbereiche aus? Wirken dort nicht ganz ähnliche Kräfte? Müssen wir die in der geldpolitischen Verfassung – höchst offiziell – zum Ausdruck kommende Skepsis gegenüber dem derzeitigen politischen System nicht beispielsweise auch auf die Finanz- und Sozialpolitik erstrecken?[44] (Um Mißverständnisse zu vermeiden: Der Verfasser plädiert nicht für Politik durch unabhängige Gremien, möchte aber doch das Augenmerk auf die zentrale Frage der Leistungsfähigkeit unseres politischen Systems lenken, eine Frage, von der sehr viel mehr abhängt als ihre öffentliche und leider zum Teil auch wissenschaftliche Nichtbehandlung glauben macht. Meist wird zu sehr auf mögliches individuelles Versagen abgehoben und der

Schwarze Peter herumgereicht: von den Bürgern zu den Politikern und von diesen zurück zu den Bürgern und von beiden zur Verwaltung und zu den Medien, statt – viel grundsätzlicher – die *System*frage zu stellen.)

Erweist sich nun aber die pluralistische Harmonie- und Gleichgewichtslehre als unrealistischer Mythos, dann kommt es offenbar darauf an, die – systemimmanenten – Gegengewichte gegen derartige Pluralismusdefizite zu aktivieren und zu stärken. Dazu gehört es, die verlorengegangene Verantwortlichkeit der Politik gegenüber der Allgemeinheit der Wähler zu stärken und zu diesem Zweck die abgeschotteten Nominierungs- und Wahlverfahren zu öffnen. Dazu gehört es auch, die Interessentenabhängigkeit der Abgeordneten, insbesondere die durch materielle Zuwendungen hervorgerufene, möglichst zu verringern. Das Grundgesetz und die Länderverfassungen mit ihren die Unabhängigkeit der Abgeordneten postulierenden Bestimmungen (siehe für den Bund Art. 38 I 2, 48 III 1 GG) sind deshalb nicht Ausdruck eines überholten »frühkonstitutionellen« oder »frühpluralistischen« Verfassungs- und Parlamentsverständnisses, wie parlaments- und politikernahe Autoren formulieren, sondern steht auf der Höhe der aktuellen verfassungstheoretischen Entwicklung. Das gilt auch für das Verbot von Interessentenzahlungen an Abgeordnete, das das Bundesverfassungsgericht aus den genannten Verfassungsbestimmungen entnommen hat, ohne daß der Bundestag dies aber bisher vollzogen hätte.[45]

Derartige Zahlungen und ihre rechtliche Zulassung sind nicht nur geeignet, das Vertrauen der Menschen in ihren Staat zu erschüttern, weil sie eine Erscheinungsform der Korruption darstellen, sondern sie verschaffen den Amtsinhabern beim Kampf um die Wiedernominierung auch noch einen weiteren Vorsprung gegenüber Herausforderern und tragen zur Versteinerung des Systems bei. Es ist eine jahrhundertealte Erkenntnis, daß in der Demokratie, soll sie nicht zur Plutokratie entarten, wirtschaftliches Kapital nicht unbegrenzt in politische Macht transformiert werden darf. Es wäre wirklich überraschend, wenn diese Erkenntnis für deutsche Abgeordnete plötzlich nicht mehr gültig sein sollte.

Blockierte Reformen – unbewältigte Probleme

Das Kernproblem liegt darin, daß die starken Einflußverbände dazu neigen, dringend notwendige Einschränkungen zu blockieren und die Interessen der Allgemeinheit, die von solchen Neuerungen profitieren würde, sich kaum wirkungsvoll organisieren lassen, um ein Gegengewicht darstellen zu können.[46] Die Blockademacht gut organisierter Partikularinteressen läßt sich an vielen konkreten Fällen nachweisen. Geht es zum Beispiel darum, wie die oft unendlich lange und den Betroffenen eigentlich unzumutbare Dauer gerichtlicher Prozesse abgekürzt werden kann – etwa durch Straffung des Verfahrens, durch Beschränkung der Rechtsmittel, Verkürzung der Instanzenzüge und erhöhte Leistungsanforderungen an Richter –, so erhebt sich der lautstarke Protest der Verbände der rechtsberatenden Berufe und der Richter, die wie ein Mann dagegen Front machen.[47] Solange die Bundesrepublik sich in verhältnismäßig ruhigem Fahrwasser befand, erschien dies alles noch wenig gravierend. Dramatisch wird die Reformunfähigkeit unserer Systeme erst mit den neuen grundlegenden Herausforderungen, die – bei Strafe des Untergangs – eine Anpassung fast aller Bereiche verlangen.

Vereinfachung des Rechts – hoffnungslos

Ein weiteres Beispiel für die daraus entstehende Problemlösungsschwäche unseres politischen Systems, daß allgemeine Interessen keine Lobby haben, ist die ausstehende Vereinfachung unseres überkomplizierten Rechts. Ob Sozialrecht, Bau- und Planungsrecht oder Umweltrecht, die Regelungen sind inzwischen so kompliziert geworden und ändern sich in so schneller Folge, daß selbst die professionelle Verwaltung oft ganze Gesetzesbereiche kalkuliert außer Anwendung läßt, um überhaupt noch entscheiden zu können.[48] Für die Bürger hat die Unverständlichkeit und Undurchsichtigkeit des von der Politik verursachten Gesetzesdickichts eine geradezu entdemokratisierende Wirkung.

Alle Besserungsversuche stoßen allerdings wieder auf die typischen Blockademechanismen der pluralistischen Demokratie: Das Interesse an Einfachheit und Verständlichkeit ist so allgemein, daß es die Möglichkeit schlagkräftiger verbandlicher Organisation sprengt und deshalb gegen die vielen Partikularverbände, die von der Komplizierung profitieren und für ihre jeweiligen Mitglieder Vorteile durchzusetzen suchen, kaum eine Chance zu besitzen scheint. Hinzu kommt, daß politischer Aktionismus immer mehr zu einer Art symbolischer Gesetzgebung neigt und in der Zahl der erlassenen Gesetze einen Leistungs- und Erfolgsnachweis erblickt – ohne Rücksicht auf die Frage der Vollziehbarkeit.

Steuerreform – gescheitert

Die Schwäche allgemeiner Interessen zeigt sich auch bei der Blockierung einer wirklichen Steuerreform. Daß eigentlich eine grundlegende Vereinfachung und Durchforstung des Steuerrechts unerläßlich wäre, ist in der Bundesrepublik inzwischen allgemein anerkannt. Die Durchsetzung einer solchen Reform ist gleichwohl besonders schwierig, wie die aktuelle Diskussion zur Genüge zeigt. Das Wort »Steuerreform« ist inzwischen geradezu zum Sinnbild für die Politikblockade in Deutschland geworden, so daß der Bundespräsident bei seiner Berliner Rede im Frühjahr 1997 bereits resignierte und ihm zu diesem Thema »überhaupt nichts mehr« einfallen wollte.[49]

In der Tat ist die Einstellung politischer Beobachter zu einer Steuerreform nach amerikanischem Muster, die die Tarife senkt und gleichzeitig die Steuervergünstigungen abbaut und auf diese Weise mehr Einfachheit *und* mehr Gerechtigkeit schafft, ambivalent: Obwohl sich dem Charme dieser Idee in der Theorie kaum jemand entziehen kann – auch der Vorsitzende der SPD-Fraktion im Bundestag Rudolf Scharping empfahl ausdrücklich eine Steuerreform nach amerikanischem Vorbild –, galt ihre Durchsetzung doch lange als utopisch. Wer Steuervergünstigungen abbauen will, sieht sich mit zahlreichen Partikularverbänden konfrontiert, deren Funktionäre die Steuervergünstigungen früher erkämpft haben und in ihrer Aufrechterhaltung den Nachweis der eigenen Existenzberechtigung sehen. Sich mit allen Interessenverbänden gleichzeitig anzulegen – »nur« um der besseren Steuerpolitik willen –, gilt den meisten Praktikern aber als machtpolitisch töricht. So auch Bundesfinanzminister Waigel. Als die sogenannte Bareis-Kommission 1995 empfahl, eine große Zahl von Steuervergünstigungen abzubauen, bekam der Minister derart Panik, daß er die Vorschläge sogleich verwarf und die von ihm selbst eingesetzte Kommission desavouierte. Doch gute Ideen haben ihre eigene Logik. Ausgehend von dem CDU-Abgeordneten Uldall und unterstützt vom Bund der Steuerzahler gewann die Steuerreformidee innerhalb der Union und der FDP immer stärkeres Gewicht, so daß auch der zuständige Minister nicht länger abseits stehen konnte, sondern sich die früher verworfenen Vorschläge nun zu eigen machen mußte. Doch wurde die Verantwortung möglichst weit gestreut. Es wurde nicht nur eine Koalitionskommission unter seinem eigenen Vorsitz eingesetzt, sondern auch eine Parteikommission unter dem Vorsitzenden der CDU/CSU-Fraktion im Bundestag Wolfgang Schäuble. Die in diesen Kommissionen entwickelten Vorschläge waren insgesamt so schlecht nicht. Die Richtung stimmte jedenfalls. Der Finanzminister vertrat sie aber nicht etwa offensiv, sondern überließ den Verbänden das Terrain. Die aber konzentrierten sich darauf, den Abbau von Steuervergünstigungen zu kritisieren, ohne die gleichzeitigen Tarifsenkungen mitzuberücksichtigen. Ein Beispiel ist die Steuerfreiheit von Zuschlägen für Sonn-, Feiertags- oder Nachtarbeit. Hier wird die zusätzliche Arbeitsbelastung durch hohe Zuschläge abgegolten, und dabei soll es auch in Zukunft bleiben. Doch die *Steuerfreiheit* dieser Zuschläge ist durch nichts zu rechtfertigen. Wer Überstunden macht oder sonst feiertags oder nachts arbeitet, muß sein Einkommen ja gleichfalls voll versteuern. Auch der massive Protest gegen die angebliche Besteuerung der Renten war nur dadurch zu erklären, daß die Menschen schlecht informiert sind. Die Steuerpflicht soll ja erst ab einer Rentenhöhe einsetzen, die die allermeisten Rentner überhaupt nicht betrifft. Andere kritisieren die Senkung des Spitzensteuersatzes, obwohl dies nicht nur der globale Wettbewerb nahelegt, sondern auch der Umstand, daß der hohe Tarif weitgehend in der Luft hängt, weil die Hälfte der eigentlich darunterfallenden Einkommensbezieher ihm durch Steuerhinterziehung oder die legale Inanspruchnahme von Steuervergünstigungen entgeht. Im übrigen zahlt, wie der Bund der Steuerzahler ermittelt hat, bereits ein Durchschnittsverdiener mehr als die Hälfte seines Einkommens an Abgaben.[50]

Natürlich sah auch die parlamentarische Opposition keinen Anlaß, die Kohlen für die Koalition aus dem Feuer zu holen, sondern hatte es im Gegenteil in der von Kritik an der Reform beherrschten Ambiance um so leichter, sich auf die Seite der schlagkräftigen organisierten Verbände zu schlagen und die Reform im Bundesrat abzublocken.

Immerhin, *möglich* ist eine solche Reform. Das haben die USA gezeigt, die 1986 eine radikale Beseitigung der Steuervergünstigungen und eine ebenso radikale Senkung der Steuertarife fertiggebracht haben. Doch pflegte der seinerzeitige amerikanische Präsident Ronald Reagan, der die Steuerreform zum

Wahlkampfthema gemacht hatte, eine völlig andere Informationspolitik als die deutsche Regierung. Er hielt am Vorabend der Steuerreform eine landesweite Fernsehansprache und erläuterte den Amerikanern die Vorteile der Reform. Reagan mahnte seine Mitbürger, der am nächsten Tag zu erwartenden vielstimmigen Kritik der Verbände keinen Glauben zu schenken. Er hatte sich mit dem Vorhaben identifiziert und sein ganzes Gewicht in die Waagschale geworfen, so daß die Reform am Ende doch zustande kam. Der Gegensatz zu Deutschland, wo der Finanzminister (und die sonstige politische Führung) förmlich zum Jagen getragen werden mußte, könnte nicht krasser sein.

Arbeitslosigkeit – keine Perspektive

Die zunehmende Arbeitslosigkeit ist das offensichtlichste und drängendste Problem der Bundesrepublik. Hier wird inzwischen immer deutlicher, daß der frühere Zusammenhang zwischen Wachstum, Konjunktur und Beschäftigungsstand nicht mehr besteht: Auch Wachstum und Hochkonjuktur sind kein Garant mehr für Vollbeschäftigung, im Gegenteil: Die im internationalen Wettbewerb stehenden Unternehmen sind gezwungen, durch immer weitere Rationalisierungen die Produktivität zu erhöhen. Das bedeutet eine immer stärkere »Freisetzung« von Arbeitskräften, die dann versuchen müssen, in weniger produktiven Branchen unterzukommen.[51] In den Dienstleistungsbereichen könnte an sich ein erheblicher Arbeitskräftebedarf bestehen; würde in der Bundesrepublik ein ähnlich großer Teil der Menschen im Dienstleistungsbereich beschäftigt wie beispielsweise in den USA und in Schweden, so gäbe es, wie der Politikwissenschaftler Fritz Scharpf ermittelt hat, sechs Millionen zusätzliche Arbeitsplätze.[52] Daß dieser Bereich bei uns nicht floriert, hängt nicht nur mit dem hohen

Niveau der Löhne und Lohnnebenkosten zusammen, sondern auch mit der besonderen Struktur unseres Sozialstaats, der die Beschäftigung von Arbeitslosen häufig nicht fördert, sondern die Anreize auf beiden Seiten, also bei den möglichen Arbeitgebern und den potentiellen Arbeitnehmern, oft eher in die falsche Richtung setzt. Um hier ins Gewicht fallende Verbesserungen zu erzielen, wären, wie uns andere westliche Länder vorgemacht haben, umfassende Reformen erforderlich, unter denen die genannte Steuerreform nur eine von vielen ist. Aber nicht einmal die läßt sich politisch durchsetzen. In der Unfähigkeit, etwas Wirkungsvolles gegen Arbeitslosigkeit zu unternehmen und die Weichen in die erforderliche Richtung zu stellen, spiegelt sich die Handlungsunfähigkeit unseres politischen Systems in besonders zugespitzter Weise wider.

Geradezu dramatisch ist die wirtschaftliche Situation im Osten. Hier haben die Interessenverbände ganz unmittelbar gesündigt. Die Arbeitslosigkeit beträgt, bezieht man auch die verdeckte Arbeitslosigkeit mit ein, hier inzwischen 25 Prozent. Besonders beängstigend ist der Einbruch des Wirtschaftswachstums, das 1994 in den neuen Ländern noch fast 10 Prozent betragen hatte, 1996 aber auf unter 2 Prozent gefallen ist. 1997 wird die ostdeutsche Wachstumsrate voraussichtlich sogar unter der des Westens liegen, womit der Prozeß der Erneuerung und Anpassung an den Westen zu einem Stillstand gekommen ist. Und es ist nicht auszuschließen, daß dies nicht nur eine vorübergehende Aufholpause ist, sondern lang andauernde Stagnation im Osten bedeutet.

Dafür gibt es mehrere Ursachen. Ein Grund für das Nachlassen der wirtschaftlichen Dynamik im Osten sind konjunkturelle Schwächen im früheren Bundesgebiet und in anderen Ländern der Europäischen Union. Ein anderer Grund war das Wegbrechen der Absatzmärkte in Osteuropa, das einerseits aus dem Zusammenbruch der dortigen Länder, andererseits daher rührte, daß die schnelle Umstellung auf die Deutsche Mark die Exporte so stark verteuerte, daß sie für die Länder des ehemaligen Ostblocks unbezahlbar wurden. Ein besonders gravierender Grund für das Nachlassen des Wirtschaftswachstums im Osten ist die Lohnentwicklung. Die Löhne sind sehr viel schneller gestiegen als die Produktivität, was dazu beigetragen hat, daß die Lohnstückkosten dort im Durchschnitt etwa 30 Prozent höher liegen als im Westen. Seit 1993 gibt es hier keine Verbesserung mehr. Diese sich verfestigende Entwicklung beeinträchtigt die Wettbewerbsfähigkeit und veranlaßt potentielle Investoren zur Zurückhaltung. Damit droht aber ein Teufelskreis, denn gerade solche Investitionen sind nötig, um die Produktivität zu verbessern. Vor diesem Hintergrund erweist sich eine zurückhaltende Lohnpolitik als »Dreh- und Angelpunkt der ostdeutschen Entwicklung«, wie die wirtschaftswissenschaftlichen Forschungsinstitute 1997 in ihrem Frühjahrsgutachten erneut hervorgehoben haben.[53]

Aufschlußreich ist die Frage, wie es dazu kommen konnte, daß die Löhne der Produktivität davongelaufen und in nicht mehr rentable Größenordnungen »ausgerissen« sind. Die ersten Anpassungen waren zweifellos »politisch bedingt«. Doch wie kam es, daß die Tarifparteien in der Folgezeit nicht behutsamer vorgingen, um die ostdeutschen Betriebe zu erhalten? Normalerweise setzen sich Unternehmer gegen Lohnsteigerungen, die sie zu strangulieren drohen, mit aller Macht zur Wehr. Warum ist dies im Osten nicht geschehen? Die Antwort ist niederschmetternd: Wirtschaftspolitische Beobachter gehen davon aus, daß die Tarifautonomie nicht funktioniert hat, weil die eigentlich Betroffenen lange Zeit nicht mit am Tisch saßen. Die Verhandlungen wurden nämlich von West-Arbeitgebern und West-Gewerkschaften *stellvertretend* für den Osten geführt. Beide waren aber an einer zurückhaltenden Lohnentwicklung im Osten nicht interessiert, die Arbeitgeber nicht, weil sie die Konkurrenz durch erstarkte ostdeutsche Unternehmen fürchteten, die Gewerkschaften nicht, weil sie nach unten gerichtete

Lohnkonkurrenz aus dem Osten möglichst verhindern wollten.[54] Horst Siebert, Präsident eines großen Wirtschaftsforschungsinstituts, spricht mit Recht von »einem historischen Versagen der Lohnpolitik«.[55] Auch die Bezahlung im öffentlichen Dienst hat hier nicht gebremst, sondern war sogar noch Vorreiter der Entwicklung.

Allerdings wird dieses Kernproblem der ostdeutschen Wirtschaftspolitik von der politischen Klasse der Bundesrepublik bisher weitgehend totgeschwiegen – ganz im Gegensatz übrigens zur ausländischen Publizistik.[56] Die Tabuisierung des zu hohen östlichen Lohnniveaus hat handfeste Gründe: Die CDU/CSU scheut sich, die Probleme zu thematisieren, weil sie als Regierungspartei für ihre Entstehung mitverantwortlich ist. Die SPD glaubt von ihrer ideologischen Grundposition her nicht für ein Einfrieren der Löhne eintreten zu können. Für die im Osten starke PDS gilt dies in noch gesteigertem Maße. Ohnehin ist es schwer, bei den Menschen im Osten Verständnis für die Probleme der Lohnkosten und für die Zusammenhänge zwischen Lohnhöhe, Investitionen, Wirtschaftswachstum und Beschäftigungsstand zu finden. Dazu bedürfte es zuallererst einer ausgeprägten wirtschaftspolitischen Aufklärungsarbeit, an der es eben weitgehend fehlt.

Abgesehen von der vielbeklagten geringen wirtschaftspolitischen Kompetenz der politischen Führung in der Bundesrepublik stehen sich hier die Politiker auch aus einem anderen Grund selbst im Weg. Schneller noch als die Einkommen in der privaten Wirtschaft sind nämlich die im öffentlichen Bereich gestiegen: während die (inzwischen erheblich unter den Tarifen liegenden) Effektivverdienste von Arbeitnehmern in der Privatwirtschaft im Osten etwa 74 Prozent des Westniveaus betragen,[57] erhält der öffentliche Dienst im Osten 84 Prozent des Westniveaus (ab Herbst 1997 sogar 85 Prozent), läuft also der allgemeinen Einkommensentwicklung weit voraus. Die Löhne im öffentlichen Dienst spielen für die Lohnentwicklung im

Osten mithin eine verhängnisvolle Vorreiterrolle.[58] Und an dieser Relation von 84 Prozent des Westniveaus hängen auch die Bezüge von Ministern und Abgeordneten. Minister erhalten in den neuen Ländern 84 Prozent des Westniveaus. Und auch die Abgeordneten hängen sich an dieses von der politischen Klasse selbst hochgedrückte Niveau an – ohne Rücksicht auf die verheerenden Signale, die davon wirtschafts- und sozialpolitisch ausgehen. So hat zum Beispiel der Landtag Brandenburg im März 1997 beschlossen, die (steuerpflichtige) Entschädigung seiner Mitglieder in drei Stufen um insgesamt 22 Prozent anzuheben, um dadurch auf 85 Prozent der durchschnittlichen Entschädigung der Abgeordneten westlicher Flächenländer zu kommen. Dies geschah entgegen den ausdrücklichen Warnungen einer vom Landtag selbst berufenen Sachverständigenkommission.[59] Eine allgemeine Aufklärungskampagne über die Auswirkungen der Lohnhöhe auf die Arbeitsplätze im Osten würde somit voraussetzen, daß die politische Klasse selbst mit gutem Beispiel vorangeht und ihre Bezüge senkt. Genau das Gegenteil ist aber der Fall. Hier zeigt sich geradezu exemplarisch, wie die Eigeninteressen der politischen Klasse ihr Verhalten dominieren und wie dies der Wahrnehmung ihres Regierungsauftrags entgegenstehen kann.

Erst Politisierung schafft den nötigen Handlungsdruck

Das wichtigste Mittel, die Schwäche allgemeiner Interessen zu kompensieren, ist ihre gezielte Politisierung. Das unterschiedliche Schicksal der Steuerreform in Deutschland und in den USA macht dies besonders deutlich. Die Steuerreform scheitert in Deutschland, weil es nicht gelingt, die Schlüsselfragen einer radikalen Senkung des Steuertarifs und eines gleichzeitigen umfassenden Abbaus von Steuersubventionen zum öffentlichen Thema zu machen. Dagegen gelang gerade dies 1986 in den USA, weil dort der amerikanische Präsident die Steuerreform zum Wahlkampfthema machte und sich in mehreren landesweiten Fernsehansprachen direkt an die Bürger wandte. Gelingt es, bestimmte Allgemeininteressen zu einem zentralen Politikum zu machen, so kann ihre Durchsetzbarkeit beträchtlich erhöht werden. Das belegt das Thema »Subventionen« auch ganz allgemein.[60] Ein ähnlicher Effekt läßt sich auch am »Umweltschutz« aufzeigen, dessen Durchsetzungskraft mit dem Aufkommen der Grünen als neuer Partei, denen eine nachhaltige Politisierung des Themas gelang, erheblich zunahm. Der Erfolg der Grünen zwang die etablierten Parteien dazu, sich ebenfalls des Themas verstärkt anzunehmen, wollten sie nicht allzu viele Stimmen an die Grünen verlieren. Aus ganz ähnlichen Gründen gelang es den etablierten Parteien erst dann, das Asylproblem in den Griff zu bekommen, als die Partei »Die Republikaner« das Thema zum Gegenstand von Wahlkämpfen machte und drauf und dran war, damit ins Gewicht fallende und die Eigeninteressen der politischen Klasse empfindlich treffende Stimmanteile zu ergattern. Auch die Bekämpfung der Benachteiligung von Frauen dürfte ein Beleg dafür sein, daß gezielte Politisierung ein ansonsten bestehendes Durchsetzungsdefizit kompensieren kann.

Daß »Politisierung« das Mittel ist, um die chronische Durchsetzungsschwäche allgemeiner Interessen zu kompensieren und notwendige Reformen auch gegen den Widerstand organisierter Interessen durchzusetzen, bestätigt sich auch, wenn man sich Mancur Olsons Analyse genauer ansieht, also desjenigen Autors, der den stringenten politikökonomischen Beweis für die geringe verbandliche Organisationsfähigkeit allgemeiner Interessen geliefert hat. Olsons Gedankengang ist folgender: In einer großen Gruppe entfällt auf den *einzelnen* nur ein geringer Anteil an den Aufwendungen, die die Gruppe zur Erreichung ihres Ziels benötigt, so daß es von s*einem* Beitrag nicht abhängt, ob dieses Ziel erreicht wird oder nicht. Da der einzelne nur einer von sehr vielen potentiellen Gruppenangehörigen ist, wird sein Verhalten (Leistung oder Nichtleistung seines Beitrags) auf die anderen auch kaum einen Nachahmungseffekt haben. Auf der anderen Seite partizipiert er von einer Erreichung des Gruppenziels *unabhängig* davon, ob er selbst dazu beigetragen hat, weil er davon nicht ausgeschlossen werden kann. So profitiert der Steuerzahler von einer allgemeinen Steuersenkung oder Steuerrechtsvereinfachung, der Konsument und der Sparer profitieren von Preisstabilität auch dann, wenn sie die dafür jeweils »zuständigen« Verbände nicht unterstützt haben. Wenn der Verbandserfolg, den Nichtorganisierten aber auch ohne ihre Mitgliedschaft zufällt, lohnt es sich offenbar nicht, Verbandsmitglied zu werden oder zu bleiben. Was ist dann – sofern der einzelne die freie Wahl hat und der Verband keine »selektiven Anreize« anbietet, das heißt Leistungen (zum Beispiel besondere Dienstleistungen, Informationen usw.),[61] von denen Nichtmitglieder ausgeschlossen werden können – für ein vom eigenen Interesse geleitetes Individuum naheliegender, als den Verband *nicht* zu unterstützen? Aus diesen Zusammenhängen erklärt Olson, warum allgemeine Interessen sich nicht in Verbänden organisieren lassen und von diesen vertreten werden können, es sei denn, die Verbände bieten ihren Mitgliedern neben den unteilbaren Kollektivgütern auch teilbare, private Güter, deren Preis sozusagen über den Mitgliedsbeitrag gezahlt wird, oder die Mitgliedschaft kann erzwungen werden.

Anders können die Dinge bei *kleineren* Gruppen mit gleichen Interessen liegen, da hier das Verhalten des einzelnen sehr wohl Einfluß auf die Erlangung des erstrebten politischen oder sonstigen kollektiven Vorteils hat, macht doch in diesem Fall der einzelne Beitrag einen *spürbaren* Anteil der vom Verband benötigten Mittel aus. Zusätzlich können bei kleinen Verbänden alle Faktoren wirksam werden, die die Soziologie als für den Zusammenhalt von Gruppen bedeutsam erkannt hat.

Olsons ganzer Ansatz beruht also auf der Annahme, daß der Mensch sich wie ein homo oeconomicus verhält. Das trifft in beruflichen Dingen in der Regel zu, also dort, wo es um den Einkommenserwerb geht, nicht aber unbedingt auch in der Politik, jedenfalls dann, wenn sie aus der Perspektive der Bürger (im Gegensatz zu den Berufspolitikern) erfolgt. Olson betont im übrigen selbst, daß seine Analyse für staatsbürgerlich motivierte Aktionen von vornherein nicht gilt. Und daß es staatsbürgerliches Verhalten durchaus gibt, belegt das einfache Beispiel, daß die Menschen zur Wahl gehen, obwohl dies mit dem Kalkül des homo oeconomicus nicht vereinbar ist: Die Gefahr, daß der einzelne irgendeinen Nachteil hätte, wenn er nicht zum Wahllokal ginge und die dafür aufgewendete Zeit für anderes verwendete, ist praktisch gleich null. Auch andere Vertreter der politischen Ökonomie wie Anthony Downs müssen anhand dieses empirischen Beweises einräumen, daß die Menschen nicht nur vom engeren ökonomischen Kalkül motiviert werden, sondern daß in der Praxis auch staatsbürgerliche Impulse eine Rolle spielen können. Es wohnen eben zwei Seelen in unserer Brust: neben dem auf seine ökonomischen Interessen erpichten

Bourgeois auch der am Gemeinwesen und dessen Florieren interessierte Citoyen.

Das zentrale, in der öffentlichen Diskussion bisher viel zu wenig beachtete Problem besteht darin, daß die staatsbürgerliche Seite, also der Citoyen, immer mehr durch den Bourgeois erdrückt zu werden droht. Denn unsere Bourgeois-Seite ist durch gut organisierte Verbände und ihre Funktionäre, durch Unternehmer-, Bauern-, Beamtenverbände oder Gewerkschaften, um nur einige besonders wichtige zu nennen, überstark vertreten. Diese aber leben davon, daß sie für ihre Mitglieder möglichst hohe Forderungen an die öffentliche Hand stellen und nach Möglichkeit durchsetzen, auch wenn die Mitglieder an anderer, den Verbänden und ihrem Wirken nicht zugerechneter Stelle dafür bezahlen müssen.[62] Dagegen bleibt unsere Citoyen-Seite unterentwickelt, weil die Allgemeinheit der Bürger keine adäquate Äußerungsform hat. Die schweigende Mehrheit kommt überall zu kurz. Demgegenüber ist die Strategie der »Politisierung« von Pluralismusdefiziten ein Ansatz, derartigen Ungleichgewichten entgegenzuwirken und der staatsbürgerlichen Perspektive zu mehr Gewicht zu verhelfen. Zu ihrer Förderung bedarf es auch der wohlüberlegten institutionellen Unterstützung.

Schon früh hat der Politikwissenschaftler Karl Loewenstein die Notwendigkeit, die Gruppeninteressen unter Kontrolle des Gemeinwesens zu halten, als Kardinalproblem der zweiten Hälfte des 20. Jahrhunderts bezeichnet. Berücksichtigt man, daß dieses Problem sich hinsichtlich der Eigeninteressen der politischen Klasse noch drastischer stellt, so muß man ihm erst recht zustimmen.

6
Politische Klasse ohne Kontrolle

Es gibt in der Demokratie besonders wichtige Regelungen: die Spielregeln des politischen Kampfs um Macht und Posten. Und ausgerechnet diese Regeln, die für das befriedigende Funktionieren der Demokratie und ihre Legitimationswirkung absolut grundlegend sind, sind in die Hand der Spieler selbst gelegt, die ein Interesse daran haben, sie sich nach ihren eigenen Interessen zuzuschneiden.

Zieht man eine Parallele zum *wirtschaftlichen* Wettbewerb, so wäre das einer Situation vergleichbar, in der es in die Hand der Unternehmen gelegt wäre, sich ihr Wettbewerbsrecht selbst zu zimmern. Was dabei herauskäme, hat schon Adam Smith, der Vater der marktwirtschaftlichen Theorie, vor mehr als zwei Jahrhunderten beschrieben: Wenn zwei oder mehr Unternehmer zusammen seien, dächten sie als erstes darüber nach, wie der Wettbewerb beschränkt und die Verbraucher ausgebeutet werden könnten, das heißt, sie errichten Kartelle. Es ist klar, daß eine Instanz *oberhalb* der Spieler und unabhängig von ihnen nötig ist, die die Spielregeln festlegt und die Aufrechterhaltung des Wettbewerbs – etwa durch Antikartellgesetze – sichert. Beim wirtschaftlichen Wettbewerb ist dies der Staat, der sich von Abhängigkeiten von der Wirtschaft möglichst freimachen muß.[1] Im *politischen* Kräftespiel aber fehlt eine solche übergeordnete und von den Spielern unabhängige Instanz. Hier hat die politische Klasse selbst den Staat besetzt und *ist* quasi der Staat, ein Phänomen, mit dem der Staatsrechtler Gerhard Leibholz auch theoretisch ernst macht, indem er Staat und Parteien in eins setzt. Was dann dabei herauskommt, liegt für jeden, der sich seinen unbefangenen Blick erhalten hat, auf der

Hand: Gewaltenvereinigung, Kontrollosigkeit und Interessenverquickung an der wichtigsten und empfindlichsten Stelle unseres Gemeinwesens, im Kern der politischen Willensbildung. Gleichwohl scheut man sich, dieser brisanten Konstellation ins Auge zu blicken, und will sie einfach nicht wahrhaben. In diesem Buch aber soll sie nicht verdrängt, sondern ungeschminkt klargelegt und analysiert werden, weil sich nur dann abschätzen läßt, ob überhaupt und, wenn ja, welche Möglichkeiten der Therapie in Betracht kommen.

Die Regeln des Kampfs um Macht und Posten

Zu den Spielregeln des politischen Kampfs um Macht und Posten gehören nicht nur das Wahlsystem einschließlich aller seiner Modalitäten, sondern auch die Regeln der Wahl*vorbereitung*, die – angesichts des Vorentscheidungscharakters der Kandidatennominierung – natürlich auch die *Nominierungs*regeln mit umfassen müssen. Dazu gehört aber auch der ganze Komplex der Politik*finanzierung*, die große Auswirkungen auf die Nominierungs- und Wahlchancen von Kandidaten und Parteien haben kann. Für das Gemeinwesen schlechthin grundlegend sind ferner die Regeln über die Bestellung und Beförderung von Beamten. Auch sie rechnen deshalb zu den hier behandelten Regeln des Kampfs um Macht und Posten.

Die Schlüsselfunktion des *Wahlrechts* ist offenkundig; es bildet den Kern – und zugleich den verwundbarsten Punkt – der Demokratie. Von den Parlamentswahlen hängt in der parlamentarischen Demokratie alles andere ab: die Wahl der Regierung bzw. des Regierungschefs und anderer Amtsträger, der Erlaß der Gesetze und Haushaltspläne. Beim Wahlrecht geht es unmittelbar um den Erhalt oder Erwerb von Macht und Posten im Staat, ja, möglicherweise um die Existenz von Parteien und Politikern überhaupt. Die Einführung des Mehrheitswahlrechts oder die Einführung oder Verschärfung von Sperrklauseln im Rahmen des Verhältniswahlrechts kann kleinen Parteien den Einzug ins Parlament verlegen und sie zur politischen Bedeutungslosigkeit verurteilen. Für große Parteien kann die Ausgestaltung des Wahlrechts darüber entscheiden, ob sie die wenigen Stimmenprozente gewinnen oder behalten, die in der Bundesrepublik Deutschland oft über Regierungsmehrheit oder

Opposition entscheiden. Angesichts des hochpolitischen Charakters des Wahlrechts liegt seine besondere Anfälligkeit für machtmotivierte Manipulationen auf der Hand. Umgekehrt ist die angemessene Ausgestaltung des Wahlrechts zentral für die Legitimation des ganzen demokratischen Systems. Den Entscheidungen der Politik, ihrer Regierungs- und Gesetzgebungsmacht ist nicht nur der Teil des Volkes, welcher die Regierung gewählt hat, unterworfen, sondern auch die Minderheit. Dies ist aber nur unter der Voraussetzung zu ertragen, daß das Wahlrecht angemessen gestaltet ist, offener und unverfälschter Wettbewerb besteht und alle Parteien und Kandidaten faire Chancen besitzen.

Von ähnlich grundlegender Bedeutung sind die Regeln der *Nominierung*. Ja, sie sind für die betroffenen Kandidaten meist noch wichtiger als das eigentliche Wahlrecht. Wir haben oben bereits gesehen, daß die eigentliche Entscheidung darüber, wer ins Parlament kommt, häufig bei der parteiinternen Nominierung fällt und daß die Volkswahl dann nur noch Formsache ist. Die Nominierungsprozesse müssen deshalb unbedingt einbezogen werden, wenn es um die Regeln des Kampfs um Macht und Posten geht. Wie wir gesehen haben, sind die Nominierungsprozesse beispielsweise zugunsten bestimmter Berufsgruppen, wie der öffentlichen Bediensteten und der Verbandsvertreter, verzerrt, woraus sich die extreme Verbeamtung und Interessentenfärbung der politischen Klasse – mit allen ihren Konsequenzen – ergibt.

Nicht weniger grundlegend ist der ganze Bereich der *Politikfinanzierung*. Die Regeln der Politikfinanzierung können entscheidenden Einfluß auf die Verteilung der Nominierungs- und Wahlchancen von Parteien und Kandidaten haben. Darüber hinaus kommen, wenn Geld im Spiel ist, mit den Stichworten politische Korruption und Selbstbereicherung aus der Staatskasse (»Selbstbedienung«) weitere, für die Legitimation der Demokratie besonders gefährliche Aspekte hinzu. Wie dargestellt, ist es allen Interessenten rechtlich freigestellt, Abgeordnete zu bezahlen – bis hin zur regelrechten Korruption. Die delegitimierenden Wirkungen, die aus einem Zuviel an Staatsleistungen an die politische Klasse erwachsen können, hat das Bundesverfassungsgericht folgendermaßen beschrieben:

> »Gewönne der Bürger den Eindruck, die Parteien ›bedienten‹ sich aus der Staatskasse, so führte dies notwendig zu einer Verminderung ihres Ansehens und würde letztlich ihre Fähigkeit beeinträchtigen, die ihnen von der Verfassung zugewiesenen Aufgaben zu erfüllen.«[2]

Nichts würde deshalb der Problematik weniger gerecht, als wenn die Wissenschaften von Staat und Politik das Thema »Politikfinanzierung« als Ausfluß einer bloßen Neiddiskussion abtäten oder es nach der Devise »Über Geld spricht man nicht – und schon gar nicht über das der Mächtigen im Staat« als »unfein« (und den eigenen Beziehungen zu diesen abträglich) unter den Teppich kehrten oder auch nur gering achteten. Bei den Regeln der Finanzierung von Parteien und Politikern geht es – anders als naive Stellungnahmen gelegentlich suggerieren – in erster Linie also nicht um fiskalische Belastungen. Auf dem Spiel steht vielmehr auch hier etwas, was man nicht mit Geld kaufen kann: das Vertrauen des Volkes in die Gewählten und deren Regierungsfähigkeit, und damit die Legitimation unserer repräsentativen Demokratie insgesamt.

Auch die Regeln, nach denen *Beamtenstellen* (und sonstige Positionen im öffentlichen Dienst) vergeben werden, gehören von alters her zu den wesentlichen Festlegungen des Gemeinwesens. Angesichts der unbestreitbaren Machtstellung, die die Verwaltung innehat, geht es auch hier um Regeln des Machterwerbs. In der Geschichte der Demokratie hat es zwei ganz unterschiedliche Systeme der Beamtenrekrutierung gegeben. In den Vereinigten Staaten bestand im 19. Jahrhundert das sogenannte Beutesystem (»spoils system«), wonach der bei Wahlen siegreichen politischen Partei zugleich alle Beamtenstellen zur Besetzung überlassen wurden (»to the victor belongs the spoils« – »dem Sieger gehört die Beute«). Dies hatte in der Praxis jedoch zu derart unerträglichen Mißständen geführt, daß auch die USA um die Wende zum 20. Jahrhundert dazu übergingen, ein auf Leistung beruhendes Berufsbeamtentum (»merit system«) einzuführen.

Ämterpatronage ist tatsächlich so alt wie der öffentliche Dienst selbst. Es hat sie zu allen Zeiten gegeben, auch im Deutschen Reich vor dem Ersten Weltkrieg und im alten Preußen. Damals wurde sie nicht von den Parteien ausgeübt. Der monarchische Staat beherrschte den Staatsapparat und sein Beamtentum durch ein anderes System der Patronage – ein gesellschaftlich-ständisch-militärisches. Eben gegen diese Privilegierung einer bestimmten Schicht beim Zugang zu öffentlichen Ämtern richtete sich eine zentrale Stoßrichtung der demokratischen Bewegung. Die Ämter sollten in Zukunft nach persönlicher und fachlicher Qualifikation vergeben werden. So sah es die französische Erklärung der Grund- und Menschenrechte von 1789 vor, und so bestimmt es heute auch Art. 33 II GG. Parteipolitische Gesichtspunkte dürfen dabei von Verfassungs wegen keine Rolle spielen. Gleichwohl nehmen, wie wir gesehen haben, die Mißstände in der Bundesrepublik immer mehr zu, so daß es entschieden gegenzuhalten gilt, wenn der öffentliche Dienst nicht vollends zur Beute der politischen Klasse degenerieren soll.

Die offene Flanke der Verfassung

Aus der Schlüsselfunktion der Regeln des politischen Kampfs um Macht und Posten und ihrem unmittelbaren Bezug zur demokratisch-rechtsstaatlichen Legitimation des gesamten politischen Systems folgt, daß sie eine andere, höhere Kategorie des Rechts darstellen als das normale einfache Gesetzesrecht. Wenn es irgendwo Sinn macht, von materiellem Verfassungsrecht,[3] das heißt von besonders bedeutsamem, grundlegendem Recht zu sprechen, dann hier.[4] Das Grundgesetz und die Landesverfassungen legen die Regeln des Kampfs um Macht und Posten allerdings nur teilweise und höchst bruchstückhaft fest. So enthält das Grundgesetz zum Beispiel lediglich die fünf Wahlgrundsätze der Allgemeinheit, Gleichheit, Freiheit, Unmittelbarkeit und Geheimheit der Wahl (Art. 28 I 2, 38 I 1 GG), eine Bestimmung über die Gleichheit des Zugangs zum öffentlichen Dienst (Art. 33 II GG) und das Recht von Abgeordneten auf eine angemessene, ihre Unabhängigkeit sichernde Entschädigung (Art. 48 III GG). So wichtige Fragen wie nach dem Wahlsystem und über eventuelle Sperrklauseln bleiben dagegen offen, ganz zu schweigen von der Finanzierung der Parteien, Fraktionen und Parteistiftungen, zu der das Grundgesetz, abgesehen vom Transparenzgebot (Art. 21 I 4 GG), keinerlei ausdrückliche Regelungen enthält. Soweit einfache Gesetze (wie zum Beispiel das Parteiengesetz, die Wahlgesetze und die Abgeordneten- und Ministergesetze) Regelungen enthalten, sind diese nicht Teil der formalen Verfassung, so daß ihre Änderung keiner qualifizierten Mehrheiten bedarf, obwohl eine solche Änderung sehr viel weitergehende Auswirkungen haben kann als fast alle der über 40 bisherigen Änderungen des Grundgesetzes. Hier weist die Verfassung gerade an der empfindlichsten Stelle unseres Gemeinwesens eine offene Flanke auf, die zum Mißbrauch geradezu herausfordert. Und – das droht die staatsrechtliche Konzentration auf die Frage, wo die Materie geregelt ist, zu übersehen – die Offenheit jener Flanke ist bis zu einem gewissen Grad davon unabhängig, ob die jeweilige Regelung in der formalen Verfassung steht oder nicht, weil die politische Klasse gemeinsam sogar über die qualifizierten Mehrheiten verfügt, um auch die formale Verfassung zu ändern. Wir werden darauf noch zurückkommen (vgl. auch S. 348 f.).

Recht und Wirklichkeit klaffen auseinander

Bei den Regeln des Machterwerbs ist zwischen der formalen Rechtslage und der Rechtswirklichkeit zu unterscheiden. Beides braucht keinesfalls übereinzustimmen. Das wissen wir auch aus anderen Rechtsgebieten. Im Bereich des politischen Staatsrechts ist, bedingt durch die besondere Machtaffinität dieses Gebiets, das Auseinanderklaffen von formalem Recht und Wirklichkeit aber meist besonders groß, sei es, daß die Praxis formalrechtlich überhaupt nicht (rechtliche Nichtregelung) oder nur grob geregelt ist, sei es, daß Recht und Wirklichkeit nur schwer oder gar nicht in Einklang zu bringen sind.
Eine befriedigende, die tatsächliche Situation einigermaßen widerspiegelnde Analyse kann sich deshalb nicht auf das formale Recht beschränken, sondern verlangt auch die Ermittlung der Rechts*realien*. Es geht darum, die faktischen Bedingungen, unter denen Entscheidungen getroffen werden, mit im Auge zu behalten, weil sie die Richtung der Entscheidungen wesentlich determinieren können – und dies regelmäßig auch tun. So muß zum Beispiel bei der Analyse, wie Abgeordnete rekrutiert werden, auch festgestellt werden, wie die vorentscheidenden Nominierungsprozesse tatsächlich ablaufen, wie die Macht verteilt ist und welche Personengruppen typischerweise zu den sogenannten Vorentscheidern gehören, die die Fäden in der Hand halten.
Die faktischen Bedingungen, unter denen Politik stattfindet, bilden für den einzelnen Politiker einen von seinem Willen unabhängigen Rahmen, den er vorfindet und von dem er, wenn er reüssieren will, ebenso ausgehen muß wie von rechtlichen Grenzen. Um bei dem genannten Beispiel zu bleiben: Zum um-

fassend verstandenen materiellen Verfassungsrecht gehören nicht nur die formalen Nominierungsregelungen, es sind auch die faktischen Verhältnisse der Nominierung zu beachten; diese werden damit zum (potentiellen) Gegenstand des (materiellen) Verfassungsrechts. Wenn die Verfassung es hier unterläßt, unbefriedigende Verhältnisse angemessen zu ordnen, ist dies auch ein Zustand von materiell verfassungsrechtlicher Qualität – nur eben ein unbefriedigender. Es ist auch sonst von der Rechtswissenschaft anerkannt, daß krasse Ungleichgewichte in der Machtverteilung Einfluß auf die Interpretation von Rechtsinstituten haben können. So setzt zum Beispiel die rechtliche Anerkennung von Verträgen als bindend voraus, daß ein Mindestmaß an Gleichgewicht zwischen den Vertragsparteien besteht – die Vertragslehre spricht von »Vertragsparität« – und nicht die eine Seite der anderen den Vertrag oktroyieren kann.

Die Regeln als Spielball der Machtpolitik

Die Machtaffinität der Regeln des politischen Kampfs macht sie in besonderer Weise zum Gegenstand machtpolitischer Ambitionen. Kaum irgendwo sonst wird die Spannung von verfassungsrechtlichem Gemeinwohlgebot und tatsächlicher Machtorientierung der Politik so deutlich wie in der Geschichte des Wahlrechts[5] und der Politikfinanzierung.[6]

Der Satz »Zwei Seelen wohnen, ach, in meiner Brust« trifft auf Regierungsmitglieder, Abgeordnete und andere Amtsträger in besonderer Weise zu: Einerseits die amtsimmanente Verpflichtung, dem Besten für die Allgemeinheit nachzustreben, andererseits das Interesse an der (Wieder-)Wahl der eigenen Person und Partei und der möglichst guten Ausstattung der (in der eigenen Verfügungsmacht stehenden) Ämter.[7] Und soweit sich beide Anforderungen widersprechen, macht die Praxis besonders klar, in welchem Ausmaß die Spannung zugunsten der machtpolitischen Interessen aufgelöst zu werden pflegt.

Das Auseinanderfallen der machtpolitischen Motivation der Akteure und der verfassungsrechtlichen Anforderungen schlägt sich auch in einer gespaltenen Diskussion einschlägiger Fragen nieder: In nichtöffentlichen *Parteigremien* pflegen die Gesichtspunkte des Machtgewinns und Machterhalts zu dominieren – nach der Devise »right or wrong – my party«. In der öffentlichen Diskussion wird dies aber nach Möglichkeit verschleiert, indem statt machtorientierter Motive wertorientierte Argumente vorgeschoben werden.[8]

Entscheidung in eigener Sache

Die dominante Ausrichtung der Akteure an ihren eigenen Regierungs- und Berufsinteressen ist um so dramatischer, als die Akteure bekanntlich selbst über die Regeln entscheiden können, denen sie unterliegen. Die politische Klasse entscheidet hier »in eigener Sache«. Diese treffende Formulierung hat das Bundesverfassungsgericht zuerst im Diätenurteil von 1975 gebraucht[9] und sie dann sinngemäß auch auf die Parteienfinanzierung erstreckt.[10] Entscheidungen in eigener Sache liegen aber zum Beispiel auch bei Beschlüssen des Parlaments über Fraktionszuschüsse und Zahlungen an Parteistiftungen vor.[11] Beschließende und Begünstigte sind entweder dieselben oder stehen sich sehr nahe. Dies aber ist das Kernproblem. Es entspricht uralter Erfahrung entwickelter Rechtsordnungen, daß in eigener Sache Beschließende versucht sind, sich »selbst zu bedienen«. Zumindest besteht ein dahingehender böser Schein. Deshalb sucht unser Recht ansonsten Entscheidungen von Amtsträgern in eigener Sache möglichst zu unterbinden (siehe S. 82 f.). Bei der Regelung der Politikfinanzierung ist dies allerdings, jedenfalls nach geltendem Verfassungsrecht, nicht möglich, weil das Grundgesetz ausdrücklich eine Regelung etwa des Parteien- und des Abgeordnetenrechts durch Bundesgesetz vorsieht (Art. 21 I, 48 III 3 GG), Gesetz aber – mangels Zulässigkeit von Volksbegehren und Volksentscheid im Bund – dort nur das Parlamentsgesetz sein kann.

Wegfall der Oppositionskontrolle

Noch dramatischer wird das Kontrolldefizit, wenn auch die parlamentarische Opposition als Gegengewicht entfällt. Dann pflegt auch von der Kontrolle durch Öffentlichkeit und Wähler nicht viel übrigzubleiben, denn beide leben entscheidend von der Mobilisierung durch die Opposition. Solange die Parlamentsmehrheit damit rechnen muß, die Opposition werde Mißbräuche öffentlich herausstellen und kritisieren, wird es ihr erschwert, die Möglichkeit, in eigener Sache zu entscheiden, zu mißbrauchen. Andernfalls müßte sie befürchten, bei der nächsten Wahl Stimmen an die Opposition zu verlieren, und dadurch ihre Regierungsmehrheit aufs Spiel setzen. In diesem Fall bremst das Stimmenmaximierungsinteresse der Mehrheit ihr Interesse an der Erhöhung des Einkommens. Erfüllt die Opposition also ihre Aufgabe, politische Mängel und die dafür verantwortliche Regierungsmehrheit öffentlich anzuprangern und sich den Wählern als bessere Alternative zu präsentieren, veranlaßt dies die Regierung schon per Vorwirkung, sich möglichst keine Blöße zu geben. Solange die Opposition ihre Funktion wahrnimmt, besteht daher ein natürlicher Kontrollmechanismus, der die Regierungsmehrheit auch bei Entscheidungen in eigener Sache tendenziell daran hindert, ihre Macht zu mißbrauchen. Wird die Opposition dagegen durch wettbewerbsbeschränkende Absprachen eingebunden, kann die Regierungsmehrheit ihren beruflichen Status verbessern, *ohne* befürchten zu müssen, Stimmen an die Opposition zu verlieren. Das Zustandekommen eines solchen Kartells setzt natürlich voraus, daß es beiden Seiten nützt, das heißt, daß auch die Macht- oder Berufsinteressen der Opposition mit befriedigt werden müssen. Beide Seiten einigen sich dann also auf Kosten der Steuerzahler und Wähler. Der sinnvolle Mechanismus verliert seine Wirksamkeit, und die Kontrolle entfällt.

Um zu ermitteln, wo ein Ausfall auch der Oppositionskontrolle aufgrund wettbewerbsbeschränkender Absprachen zu erwarten ist, müssen mehrere Situationen unterschieden werden. Bei Entscheidungen des Parlaments in eigener Sache sind typischerweise drei Gefahren denkbar:

- daß die Parlamentsmehrheit sich auf Kosten der parlamentarischen Opposition Vorteile verschafft,
- daß die Parlamentsmehrheit und die parlamentarische Opposition sich zusammentun und sich auf Kosten außerparlamentarischer Kräfte begünstigen oder
- daß die Politik sich in eigener Sache insgesamt zuviel bewilligt.

Im zuerst genannten Fall pflegt die Opposition auf die Barrikaden zu gehen. Da die Maßnahme der Regierungsmehrheit der Opposition das Wasser abgraben soll, also unmittelbar gegen sie gerichtet ist, hat die Opposition nicht den geringsten Grund stillzuhalten, sondern wird im Gegenteil mit ganzer Kraft versuchen, die Öffentlichkeit zu mobilisieren, und auch die Gerichte anrufen. Im zweiten und dritten Fall dagegen ist die Opposition regelmäßig mit im Boot und verliert damit ihren Oppositionscharakter. Man einigt sich im beiderseitigen Interesse auf Kosten des Systems. Dann ermangelt das Gesetzgebungsverfahren, wie das Bundesverfassungsgericht formuliert hat, »des korrigierenden Elements gegenläufiger politischer Interessen«.[12] Die Parlamentsparteien bilden ein »politisches Kartell«, ein Ausdruck, den zuerst der Politikwissenschaftler Otto Kirchheimer gebrauchte.[13] Dadurch erschweren sie – darauf sei erneut hingewiesen – auch die Kontrolle durch die Öffentlichkeit und die Wähler. Diese können dann mit dem Stimmzettel nichts mehr gegen Mißstände ausrichten: Welche Partei auch immer sie wählen, (fast) alle sind in das Kartell eingebunden.[14]

Die Gefahr, die Kartelle für ein politisches System darstellen, wird auch im Begriff angedeutet, wenn man sich klarmacht, daß es sich – soweit das Kartell reicht – um ein (Kollektiv-)Monopol handelt. Denn, daß Monopolparteien von Übel sind, dürfte allen klar sein. Es entsteht der Eindruck eines »Einparteienstaats mit mehreren Parteien«.[15]

Die überkommene Wettbewerbstheorie der Demokratie war noch davon ausgegangen, die Verwirklichung der Berufsinteressen der Politiker hätte zur Voraussetzung, daß sie (bzw. ihre Partei oder Koalition) die Wahlen gewönnen, weil allein *siegreiche* Parteien und ihre Führungen in der Lage seien, einträgliche Posten wie Ministerämter und politische Beamtenstellen zu vergeben. So unterstellten Schumpeter und Downs als selbstverständlich, der Erwerb nicht nur von Macht, sondern auch von Status und Einkommen sei notwendigerweise an den Erfolg bei der Stimmenmaximierung geknüpft (siehe S. 63 f.). Diese Annahme hatte auch durchaus der Wirklichkeit entsprochen, solange es keine staatliche Parteienfinanzierung und keine übergreifende parteipolitische Ämterpatronage gab (oder diese auf die Regierungsparteien beschränkt war) und solange das Parlamentsmandat als Ehrenamt angesehen und folglich der politische Wettbewerb noch nicht durch Absprachen über Politikfinanzierung und Postenverteilung gebremst wurde. Mit der Einführung und dem Anschwellen der staatlichen Politikfinanzierung aber, an der – schon aus verfassungrechtlichen Gründen – auch die Opposition beteiligt werden muß, hat sich die Ausgangssituation grundlegend verändert, weil die Anreize zu Kooperation und Kollusion sich entsprechend vermehrt haben.

Das trifft sich mit der Beobachtung, daß solche Formen des einvernehmlichen Zusammenwirkens zu Lasten Dritter früher noch selten waren. Vor dreieinhalb Jahrzehnten hatten Herbert Wehner und andere Oppositionspolitiker im Bundestag noch vehement gegen die Einführung und Ausweitung der staatlichen Parteienfinanzierung durch die Regierungsmehrheit gewettert, und die SPD-geführte hessische Landesregierung hatte Normenkontrollanträge in Karlsruhe gestellt. Heute hat sich – aufgrund des Salonfähigwerdens der Staatsfinanzierung – die politische Ambiance insoweit völlig verändert: Die großen Parteien stimmen Projekte der Politikfinanzierung regelmäßig vorher miteinander ab, bringen sie gemeinsam ein und suchen Kritik dagegen gemeinsam abzublocken.

Solche Kartelle werden dadurch doppelt problematisch, daß die Auswüchse nicht auf einen Bereich beschränkt bleiben, sondern einander wechselweise anstecken. Die Opposition will oft andere Beute als die Regierung. Beides schaukelt sich dann gegenseitig hoch. Dies war gut zu beobachten, als der seinerzeitige Ministerpräsident Helmut Kohl in Rheinland-Pfalz im Jahre 1970 nicht nur die Ministerversorgung mißbräuchlich aufstockte, sondern, um die Opposition einzubinden, auch einer mißbräuchlichen Verdoppelung der staatlichen Fraktionsfinanzierung zustimmte, von der – aufgrund eines ebenfalls neu eingeführten Oppositionsbonus – die Opposition besonders profitierte. Bei Oskar Lafontaine im Saarland geschah 1972 das gleiche, nur mit umgekehrten Vorzeichen: Lafontaine war damals in der Fraktionsführung der Opposition. Und die politische Klasse des einen Landes hatte sich die Vorgehensweise vom anderen abgeguckt. Wie die Länder sich hier wechselseitig und über die Föderalismusgrenzen hinweg anstecken, wird jetzt wieder deutlich, wo die Landtage im Osten sich an den Durchschnitt der Abgeordnetenbezahlung in westlichen Flächenländern anlehnen und mit dieser Begründung gewaltige Erhöhungen ihrer Diäten durchzusetzen suchen, so zum Beispiel Anfang 1997 in Brandenburg. Darüber hinaus tragen solche gemeinsamen Fischzüge dazu bei, daß der Wettbewerb auch in anderen, die gemeinsamen Interessen der politischen Klasse nicht unmittelbar berührenden Bereichen in der Tendenz nachläßt und sich insgesamt eine kollusive Atmosphäre immer mehr verbreitet.

Ein Beispiel für Kollusionen haben Bundestagspräsidentin Süssmuth (CDU) und Vizepräsident Klose (SPD) gegeben: 1995 hatten beide sich beim Bonner Diätencoup die Bälle zugeworfen, um den Medien ihre Version der Fakten zu vermitteln und Kritik abzuwehren (siehe S. 77 f.). Die dabei etablierte fraktionsübergreifende Gemeinsamkeit bewährte sich dann ein Jahr später, als Frau Süssmuth die Affäre mit der Bundeswehr-Flugbereitschaft am Halse hatte und sicher nicht nur zufällig Herrn Klose bat, zur »Aufklärung« dieser Sache einen Bericht für den Ältestenrat des Bundestags zu schreiben, wobei man dann aber schon vorher wußte, zu welchem Ergebnis er kommen würde.

Zum Begriff des »politischen Kartells«

Allerdings ist der Begriff »politisches Kartell« insofern schief, als die aus der Wirtschaft übernommene Kartellvorstellung die Probleme von Kollusionen der politischen Klasse noch nicht einmal voll erfassen kann. Beim wirtschaftlichen Kartell wird zwar auch der Wettbewerb beschränkt, in diesem Fall zu Lasten der *Verbraucher*, und insofern stimmt die Analogie: Beim politischen Kartell treten an die Stelle der Verbraucher die *Wähler*, zu deren Lasten der Wettbewerb durch das politische Kartell beschränkt wird. Doch während in der Wirtschaft das Kartell zwar die Bedingungen für die Verträge einseitig festlegt, bleibt der Gegenseite wenigstens immer noch die Wahl, zu diesen Bedingungen abzuschließen oder nicht (»take it or leave it«). Den Verbrauchern bleibt also eine Alternative. Das hat zum Beispiel die praktische Folge, daß das Kartell etwa bei einer Preiserhöhung die Möglichkeit eines Absatzrückgangs einkalkulieren muß. Auch insoweit verfügt das marktwirtschaftliche Konkurrenzmodell also noch über wirksame, die Ausbeutung der Verbraucher begrenzende Mechanismen.
Beim *politischen* Kartell besteht dagegen eine derartige Bremse gegen den Machtmißbrauch nicht. Die politische Klasse setzt die ihren Status betreffenden Regelungen vielmehr unmittelbar fest, ohne daß es dazu noch eines Willensentschlusses der Gegenseite, also hier der Wähler, bedürfte. Während das

wirtschaftliche Kartell dem Verbraucher also immerhin die Freiheit läßt, *nicht* zu kaufen oder auf Ersatzgüter auszuweichen und sich dadurch dem Kartell zu entziehen, können sich die Bürger und Steuerzahler dem *politischen* Kartell nicht entziehen – es sei denn durch Auswanderung. Zudem müssen wirtschaftliche Kartelle damit rechnen, daß der Staat gegen sie vorgeht und seine Bürger schützt, etwa durch Antikartellgesetzgebung und Mißbrauchsaufsicht.[16] Etwas Entsprechendes kommt gegen politische Kartelle kaum in Betracht: Hat die politische Klasse sich erst des Staates bemächtigt, würde ein Vorgehen des Staates gegen politische Kartelle auf Maßnahmen der politischen Klasse gegen sich selbst hinauslaufen, also auf das Münchhausen-Kunststück, sich am eigenen Schopf aus dem Sumpf zu ziehen.

Diese Unterschiede zeigen, daß der Begriff des politischen Kartells die eigentlichen Probleme nicht voll widerspiegelt, sondern sie – aufgrund seiner suggestiven Anlehnung an den Begriff des wirtschaftlichen Kartells – eher verharmlost. Wenn wir hier gleichwohl an dem Begriff »politisches Kartell« festhalten, so deshalb, weil er einprägsam ist und immerhin die Richtung der Problematik zum Ausdruck bringt. Doch müssen wir uns dabei immer bewußt bleiben, daß hier eine andere und noch gefährlichere Konstellation besteht als bei seinem wirtschaftlichen Zwillingsbegriff.

Begrenzte Kontrolle durch die Öffentlichkeit

Wegen der krassen Einseitigkeiten des Verfahrens und des Fehlens wirksamer Gegengewichte hat das Bundesverfassungsgericht im Diätenurteil von 1975 die Bedeutung einer Kontrolle durch die Öffentlichkeit betont.[17] Bei Entscheidungen des Parlaments in eigener Sache sei Öffentlichkeit »die einzige wirksame Kontrolle«.[18] Andererseits wäre es nach aller Erfahrung eine Übertreibung, in der Öffentlichkeit allein eine *ausreichende* Kontrolle zu sehen. Die öffentliche Kontrolle hat zwar eine Reihe spektakulärer Erfolge bei der Aufdeckung und Verhinderung von einzelnen Mißgriffen bei der Politikfinanzierung gehabt.[19] Dadurch hat sie wohl auch ihre generalpräventive Wirkung als »fleet in being« verstärkt. Doch betrifft diese vornehmlich die offen ausgewiesene Bezahlung und selbst diese nicht immer (siehe die Bezahlung von Landtagsabgeordneten, insbesondere in Hessen und von deutschen Europaabgeordneten). Bei den schwer durchschaubaren, wirtschaftlich aber oft viel stärker ins Gewicht fallenden Regelungen wie steuerfreien Kostenpauschalen, Altersversorgungen, Übergangsgeldern und Doppelalimentationen aus öffentlichen Kassen ist es der öffentlichen Kontrolle bisher nur sehr viel schwerer gelungen, ungerechtfertigte Privilegien zu beseitigen. Dies gilt erst recht hinsichtlich der Wettbewerbsvorteile, die die politische Klasse sich selbst bewilligt und die ihre Chancen beim Kampf um die Wiedernominierung in den Parteigremien gegenüber jedem Herausforderer ins Uneinholbare steigert. Hier hat die Öffentlichkeit bisher gar nicht *gemerkt*, in welchem Ausmaß die politische Klasse Wasser auf die eigenen Mühlen schaufelt (siehe S. 123 ff.). Insgesamt konnte jedenfalls die schwerpunktmäßige Richtung der Entwicklung nicht entscheidend geändert werden.

Die Wirksamkeit der Öffentlichkeitskontrolle hängt, wie erwähnt, wesentlich von einer funktionierenden Opposition ab, die in der parlamentarischen Demokratie normalerweise das eigentlich treibende Moment der öffentlichen Kontrolle darstellt. Wird die Opposition bei Entscheidungen des Parlaments in eigener Sache aber eingebunden und fällt deshalb aus, bleibt dem Wähler keine Alternative. Zudem sieht sich jeder Kritiker der Übermacht von Regierungs- *und* Oppositionsparteien gegenüber, die einen großen und immer weiter zunehmenden Einfluß auch auf den vorparlamentarischen Raum besitzen, insbesonre auf die öffentlich-rechtlichen Medien, und kann schon deshalb meist nicht viel ausrichten.

Selbst wenn es gelingt, grob unangemessene Regelungen zum Gegenstand öffentlicher Erörterung zu machen und die in eigener Sache entscheidenden Politiker zur Rücknahme des einen oder anderen Gesetzes zu veranlassen, läuft dies doch bisweilen lediglich auf ein Überbordwerfen von Ballast hinaus, um wesentliche Teile der Beute zu sichern. Es hat sich auch gezeigt, daß Politiker, denen es gelingt, öffentliche Kritik auszusitzen, oft ungeschoren davonkommen. Die Medien sind eben vornehmlich an Neuigkeiten interessiert. So scheinen zum Beispiel diejenigen Landesregierungen, die sich gegenüber der öffentlichen Kritik als dickfellig gezeigt, ihre Überversorgung beibehalten und sie nicht auf die Versorgung von Bundesministern abgesenkt haben, die Sache erst einmal durchgestanden zu haben. Ein anderes Beispiel: In Hessen wurde die einmalig hohe Entschädigung – trotz ihrer offensichtlich mangelhaften Begründung (siehe S. 325 f.) – von den Medien kaum noch moniert. Nach über einem Jahr öffentlicher Auseinandersetzung um die hessischen Diäten waren die Medien des Themas müde geworden. Und beim Bonner Diätencoup ließen die Medien sich von dem Gespann Süssmuth/Klose, die – auch unter Mitwirkung anderer Abgeordneter – mit verteilten Rollen arbeiteten, zum Teil regelrecht einseifen. Eine interessante Erfahrung war auch, daß das öffentlich-rechtliche Fernsehen eine deutlich unterschiedliche Kontrollintensität zeigte, je nachdem, ob es um *Landes*themen oder um *Bundes*themen ging. Während das ZDF bei Landesskandalen besonders aktiv war, waren es bei Bundesskandalen vor allem die Landesanstalten der ARD, wogegen das ZDF sich dort eher zurückhielt. Daraus läßt sich die plausible These ableiten, daß die Kontrolle der politischen Klasse durch die öffentlich-rechtlichen Medien umgekehrt proportional zu ihrer Nähe zu den Kontrollierten ist.

Insgesamt ist festzuhalten, daß die öffentliche Kontrolle die

Einseitigkeit und mangelnde Ausgewogenheit des Gesetzgebungsprozesses nicht kompensieren kann. Ähnliches gilt für Sachverständigenräte.

Verschlimmbesserung durch Sachverständigenkommissionen

Auch Sachverständigenkommissionen können nur eine beschränkte Kontrolle ausüben. Ihre ambivalente Rolle zeigt sich vor allem bei der Politikfinanzierung. Der Politikwissenschaftler Theodor Eschenburg hatte schon im Jahre 1959 vorgeschlagen, eine unabhängige Kommission in den Prozeß der Entscheidung über Diäten einzubeziehen. Sie sollte mit ihren Empfehlungen der öffentlichen Meinung Orientierungspunkte geben, dadurch die öffentliche Kontrolle verstärken und Entscheidungen der Parlamente in eigener Sache durchschaubarer machen und besser legitimieren.[20] Diesen Gedanken hat auch das Bundesverfassungsgericht aufgegriffen.[21] Doch darf man sich von derartigen Kommissionen keine Wunderdinge erwarten. Sie können unter bestimmten Umständen sogar umgekehrt eher schaden. Die Probleme sind vielfältig und beginnen damit, daß die politische Klasse versucht, Einfluß auf die Auswahl der Kommissionsmitglieder zu nehmen und ihr besonders gewogene Sachverständige zu bestellen. Zudem weiß die Kommission, daß die politische Klasse im Parlament in eigener Sache ohnehin das letzte Wort hat und neigt deshalb leicht dazu, dieser Situation schon bei der Abfassung ihrer Empfehlungen Tribut zu zollen und von wirklich einschneidenden Vorschlägen, die der politischen Klasse wehtun könnten, abzusehen. Geht die Kommission jedoch unabhängig und sachlich vor, ohne Rücksicht auf die Sonderwünsche der politischen Klasse zu nehmen, läuft sie Gefahr, daß ihre Vorschläge ignoriert oder jedenfalls nicht berücksichtigt werden.

Hessische Kommission 1989

Ein Beispiel für kommissionsgeförderte Fehlentwicklungen ist die Entwicklung der Entschädigung in Hessen. Im Jahre 1988 hatte sich der Landtag in Wiesbaden kräftige Diätenerhöhungen und versteckte Doppelbezüge, die zum Teil auch noch steuerfrei waren, bewilligt – und dies damit begründet, hessische Abgeordnete bildeten im Vergleich mit anderen deutschen Parlamenten das finanzielle Schlußlicht. In Wahrheit waren sie bereits in der Spitzengruppe und übernahmen nach der Gesetzesänderung die alleinige Spitze, teilweise noch vor Bundestagsabgeordneten. Als dieser Sachverhalt vier Monate später vom Bund der Steuerzahler aufgrund einer Untersuchung des Verfassers publik gemacht wurde, mußte das Gesetz zurückgenommen werden, und der Präsident und der Vizepräsident des Landtags mußten ihren Hut nehmen.[22]

Der Parlamentsskandal hatte die Öffentlichkeit hellhörig gemacht. Das Abgeordnetengesetz mußte völlig überarbeitet und eine Reihe von weiteren Privilegien abgebaut werden. Das Gesetz trat in der neuen Fassung im Herbst 1989 in Kraft. Es enthielt aber wiederum anfechtbare Regelungen. Die steuerpflichtige Entschädigung, die die hessischen Abgeordneten neben der Erstattung mandatsbedingter Kosten erhielten, war nämlich auf 10 200 DM monatlich hochgesetzt worden. (Heute beträgt sie 11 266 DM.) Das ist weit mehr als alle anderen Landesparlamentarier sich genehmigt haben – und war bis Ende 1995 sogar mehr als Bundestagsabgeordnete erhalten[23] –, und das alles für ein Mandat, das sich von den Aufgaben her durchaus auch als Teilzeitbeschäftigung organisieren ließe (siehe Kapitel 2, S. 94 ff.). Der Landtag hatte sich zur Begründung der Höhe der Entschädigung und der daran anknüpfenden Versorgung an die Empfehlungen einer von ihm selbst berufenen Kommission gehalten und war davon auch dann nicht abgegangen, als sich herausstellte, daß der Bericht der Kommission schwere logische und methodische Fehler aufwies, die die Vorschläge völlig diskreditierten. Die Kommission hatte ihren Vorschlag nämlich damit begründet, auch Freiberufler verdienten im statistischen Durchschnitt genau 10 200 DM im Monat; sie hatte dabei aber übersehen, daß Freiberufler aus diesem Bruttoverdienst noch ihre gesamte Versorgung für Alter, Invalidität, Krankheit und Hinterbliebene selbst finanzieren müssen, während Abgeordnete diese Leistungen ohne eigene Beiträge zusätzlich aus der Staatskasse finanziert bekommen.[24]

Parteienfinanzierungskommission 1983

Ein weiteres negatives Beispiel war die Parteienfinanzierungskommission 1983. Ihre Mitglieder waren zwar formal vom Bundespräsidenten bestellt, tatsächlich aber von den Parteien ausgewählt worden. Sie empfahl 1983 eine gewaltige – im internationalen Vergleich einmalige – Ausdehnung der steuerlichen Begünstigung von Spenden an Parteien, die Einführung des wahrhaft monströsen »Chancenausgleichs«[25] und eine massive Anhebung der staatlichen »Wahlkampfkostenerstattung«. Diese Vorschläge wurden vom Bundestag – unter Einfügung noch weiterer Vergünstigungen und Nichtbeachtung einiger von der Kommission empfohlener Einschränkungen – trotz massiver Kritik[26] alsbald realisiert. Das Gesetz wurde zwar 1986[27] und 1988[28] vom Bundesverfassungsgericht wegen Verstoßes gegen den Gleichheitssatz in Teilbereichen für verfassungswidrig erklärt. Auch der »Chancenausgleich« mußte 1988 geändert werden, weil er, wie sich inzwischen herausgestellt hatte, in der von der Kommission vorgeschlagenen Form einen schweren Systemfehler aufwies (und wurde bei Gelegenheit der Änderung stark ausgeweitet). Zudem zeigte sich, daß das Gesetz seinen eigentlichen Hauptzweck, Umgehungen überflüssig zu machen, nicht erfüllen konnte. Gleichwohl wurde die Substanz des Gesetzes und damit die enorme steuerliche Begünstigung von Parteizuwendungen zunächst aufrechterhalten, bis das Bundesverfassungsgericht sie 1992 für verfassungswidrig erklärte. Doch auch dann blieb das Gesamtniveau der direkten Staatsfinanzierung gleich, obwohl es durch verfassungswidrige Leistungen wie den Chancenausgleich und den sogenannten Sockelbetrag erreicht worden war.

Parteienfinanzierungskommission 1993

Nach dem Urteil von 1992 wurde erneut eine Kommission eingesetzt. Ihre auf der Basis des Urteils ergangenen Empfehlungen[29] wurden von den Parteischatzmeistern aber als zu einschneidend empfunden. Das neue Gesetz geht in wesentlichen Punkten über das Urteil des Bundesverfassungsgerichts und die Vorschläge der Kommission hinaus. Um die öffentliche Kritik in Grenzen zu halten, veranstaltete der zuständige Ausschuß des Bundestags im Oktober 1993 ein Hearing, dessen Verfahren eher einem Schauprozeß ähnelte.[30] Von den fünfzehn zur Anhörung Geladenen waren sechs die Schatzmeister der Parteien selbst. Andere »Sachverständige« standen den vom Gesetz begünstigten Parteien übermäßig nahe. Noch anderen blieb angesichts der kurzen Ladungsfrist nicht die nötige Zeit, sich in die hochkomplizierte Materie einzuarbeiten. So kam am Ende das von den meisten Parteien in »demokratischer Einigkeit« gewünschte Ergebnis heraus, und sie konnten sagen, die Mehrheit der angehörten Sachverständigen hätte dem Gesetz seine Unbedenklichkeit bescheinigt. Der Bundespräsident unterschrieb das Gesetz zwar schließlich, weil er sich bei der Verfassungsüberprüfung nicht an die Stelle des Bundesverfassungsgerichts setzen wollte, aber nur unter größten Bedenken, die er in einer gleichzeitig veröffentlichten Presseerklärung näher begründete – ein bisher einmaliger Vorgang in der deutschen Verfassungsgeschichte.

Bayerische Kommission 1995

Nachdem spektakuläre Fälle von Interessenkollisionen bei Mitgliedern der bayerischen Regierung öffentlich geworden waren, hatte der bayerische Ministerpräsident Edmund Stoiber eine Kommission unter dem Vorsitz des Politikwissenschaftlers Heinrich Oberreuter eingesetzt, die in ihrem Bericht auch zu Fragen der Abgeordnetenbezahlung Stellung nahm. Die Kommission, der unter anderem der Staatsrechtslehrer Walter Leisner und der Präsident des bayerischen Bundes der Steuerzahler Rolf von Hohenau angehörten, hatte neben einer gewissen Anhebung der Entschädigung für bayerische Landtagsabgeordnete mehrheitlich eine massive Einschränkung der gerade in Bayern besonders hohen steuerfreien Aufwandspauschale (von damals schon 4711 DM monatlich) empfohlen, ein Vorschlag, der diese Vergünstigung auch »Ministerabgeordneten« genommen hätte. Des weiteren hatte die Kommission eine Eingrenzung des überhöhten Übergangsgeldes und eine Absenkung der ausdrücklich als »überzogen« und »nicht angemessen« bezeichneten Altersversorgung von Abgeordneten empfohlen.[31] Mit diesen Vorschlägen zog die Kommission sich aber den Unwillen der politischen Klasse zu, besonders des Ministerpräsidenten, was zur Folge hatte, daß die Vorschläge auf keiner Pressekonferenz vorgestellt und nicht öffentlich diskutiert wurden. Der der CSU zumindest sehr nahestehende Kommissionsvorsitzende wollte nicht riskieren, in Ungnade zu fallen, und fügte sich. Dies erleichterte es dem bayerischen Landtag, die Vorschläge völlig zu ignorieren und die Privilegien aufrechtzuerhalten. Der Landtag führte im Dezember 1995 sogar eine verfassungsrechtlich kaum haltbare automatische Dynamisierung der Entschädigung und der steuerfreien Kostenpauschale ein,[32] womit die von der Kommission vorgeschlagene Einzelabrechnung der Kosten geradezu ins Gegenteil verkehrt wurde.

Schwächung der parteiinternen Kontrolle

Von einiger Bedeutung könnte allerdings die parteiinterne Kontrolle sein. Die Basis der Parteien könnte durchaus eine Kontrolle ihrer politischen Klasse ausüben. Sie nimmt die Kandidatenaufstellung vor, die Voraussetzung für die Wahl ist, und verfügt damit über einen an sich sehr wirksamen Hebel, um die politische Klasse, die ja – soweit es sich um Parlamentsabgeordnete handelt – wiedergewählt werden will, unter Kontrolle zu halten. Helmut Kohl hatte in seiner Verteidigung gegen die Parteienkritik von Weizsäckers mit Recht darauf hingewiesen, die Kritik an Mißständen und Machtmißbrauch sei »oft innerhalb der Parteien am schärfsten« (vgl. S. 33). Die einfachen Mitglieder der Parteien und ihre örtlichen Repräsentanten haben häufig eine ganz andere Auffassung als ihre Berufspolitiker und kein Verständnis für Machtmißbrauch. Sie waren es denn auch, durch deren Protest letztlich eine Revision der Regelungen in jenen Fällen erzwungen wurde, in denen die Bekämpfung von Mißbräuchen der Politikfinanzierung durch öffentliche Kritik Erfolg hatte (Beispiele bieten Diäten- und Versorgungsfälle in Hessen [1988], in Hamburg [1991] und im Bund [1995]). Wenn Parteimitglieder ihre Parteibücher massenweise zurückschicken und die Abgeordneten vor Ort mit entrüsteten Fragen konfrontieren, kann das erhebliche Wirkungen haben. Insofern kann die parteiinterne Kontrolle also durchaus funktionieren.

Doch darf die Wirkung parteiinterner Kritik andererseits auch nicht überschätzt werden. Notwendige Voraussetzung auch für parteiinterne Kontrolle ist, daß die Auswüchse erst einmal aufgedeckt werden. Die Einbindung der parlamentarischen Opposition erleichtert es, Auswüchse zum Beispiel im Bereich der Politikfinanzierung nicht nur vor der Öffentlichkeit im allgemeinen, sondern auch vor den eigenen Parteifreunden geheimzuhalten.

Wie hier die parteiinterne Kontrolle ausgehebelt werden kann, läßt sich wiederum an einem Beispiel zeigen: Mitte der siebziger Jahre legte ein SPD-Parteitag in Hessen fest, kein hessischer Landtagsabgeordneter solle mehr als 5000 DM monatlich erhalten. Dieser Parteitagsbeschluß wurde vom Landtag, in dem die SPD die Mehrheit hatte, scheinbar streng eingehalten: Das hessische Abgeordnetengesetz von 1978 setzte das steuerpflichtige Gehalt aller Abgeordneten einschließlich der Präsidenten und Vizepräsidenten auf monatlich 4900 DM fest. Insgeheim wurde der Parteitagsbeschluß aber dadurch völlig unterlaufen, daß die Abgeordneten zusätzlich eine steuerfreie »Aufwandsentschädigung« von monatlich 3000 bis 4000 DM (je nach Entfernung des Wohnorts des Abgeordneten von Wiesbaden) erhielten, die für Präsidenten und Fraktionsvorsitzende auch noch verdoppelt wurde.[33] Ferner hat der hessische Landtag kurz darauf (1981) und als erstes Parlament in Deutschland ein 13. Gehalt für Abgeordnete eingeführt, obwohl dafür nach allgemeiner Meinung bei Abgeordneten eigentlich kein Raum ist. Auch das hatte zunächst niemand bemerkt.[34]

Immer wieder ist es auch Angehörigen der politischen Elite durch Einsatz ihres ganzen persönlichen Gewichts gelungen, ihre Parteien auf Parteitagen oder anderen Foren zur Billigung selbst völlig unhaltbarer Regelungen zu bewegen. Die Geschichte der Politikfinanzierung kennt dafür viele Beispiele. So konnte Henning Voscherau, der Bürgermeister von Hamburg, im Herbst 1991 einem Hamburger SPD-Parteitag durch Drohung mit persönlichen Konsequenzen und Regierungskrise die Zustimmung zum geplanten Hamburger Diätengesetz abringen, wenn diese mit 156:153 Stimmen auch knapp ausfiel. Daß Voscherau dann später doch das vom Hamburger Landesparlament schon beschlossene Gesetz durch ein Senats-Veto noch anhielt, dürfte – neben den vielen Protestbriefen aus der eigenen Partei – auch mit dem andernfalls drohenden, von den Grünen und einem FDP-Abgeordneten bereits angekündigten Verfassungsprozeß zusammengehangen haben.

Im Herbst 1995 ließen die Akteure des Deutschen Bundestags das durch ein Veto des Bundesrats scheinbar erledigte Vorhaben, die Diäten und die Versorgung der Bundestagsabgeordneten massiv zu erhöhen, ganz bewußt so lange ruhen, bis der SPD-Bundesparteitag in Mannheim vorüber war. Einen neuerlichen Gesetzentwurf, der keine Grundgesetzänderung mehr vorsah und deshalb auch keine Zustimmung des Bundesrats benötigte, legten sie erst nach Beendigung des Parteitags vor und verabschiedeten ihn dann rasch. Man wollte verhindern, daß der Parteitag das Thema aufgreift, einen Beschluß dazu faßt und der SPD-Fraktion im Bundestag dadurch die Hände bindet. Flankenschutz für diese Strategie gab eine Öffentlichkeitskampagne, an der fast die gesamte Bundestagsspitze beteiligt war, allen voran Bundestagspräsidentin Süssmuth (CDU) und Vizepräsident Klose (SPD), und durch die versucht wurde, den wahren Inhalt des Vorhabens vor der Öffentlichkeit und damit vor allem vor den eigenen Parteimitgliedern zu verschleiern.[35]

Hier bestätigt sich, was in der einschlägigen politikwissenschaftlichen Literatur beschrieben wird, daß nämlich die politische Klasse bestrebt ist, »die politischen Parteien als Legitimations- bzw. Transmissionsagenturen für ihre Entscheidungen zu mißbrauchen«.[36] Es gelingt der politischen Klasse zunehmend, durch fraktions- und parteiübergreifende Regie die Parteigremien zu lenken und auf diese Weise die parteiinterne Kontrolle zu entschärfen. Der Politikwissenschaftler Rudolf Wildenmann hat schon früh erkannt, daß Parteiorganisationen ihren Zweck allmählich ändern, zu Instrumenten der Herrschaft der politischen Klasse werden und daß der politische Prozeß weitgehend durch Entscheidungen, Koalitionen und machtpolitische Absprachen innerhalb der politischen Klasse determiniert wird, deren Ergebnisse direkt durch die Massenmedien oder indirekt durch die Parteiorganisationen in die Gesellschaft hineingetragen werden.[37]

Die parteiinterne Kontrolle wird auch deshalb immer schwächer, weil die politische Klasse selbst immer mehr dazu übergeht, die Schlüsselpositionen in den örtlichen und regionalen Parteigremien zu besetzen. Die Parlamentsabgeordneten verbleiben aus Gründen des Machterhalts in den Orts- und Kreisvorständen der Parteien und in den kommunalen Volksvertretungen. Zugleich gebrauchen sie ihre Schlüsselposition im Parlament dazu, ihre regionalen Positionen noch weiter zu verbessern. Ihre immer massivere selbstbewilligte Aufrüstung mit Geld und Personal, die auch vor Ort im Kampf um die (Wieder-)Nominierung gut einsetzbar ist, macht ihren Vorsprung vor allen Herausforderern fast uneinholbar. Diese immer weiter ausgebaute machtvereinigende Mehrfachrolle der politischen Klasse steht ihrer eigenen wirksamen Kontrolle durch die Parteibasis natürlich im Wege.

Die politische Klasse hat darüber hinaus noch weitere Methoden ersonnen, der ohnehin begrenzten Kontrolle durch die eigene Partei die Zähne zu ziehen. Auch dazu ein Beispiel: Neuerdings gehen die Parlamente dazu über, Erhöhungen der staatlichen Politikfinanzierung am Anfang einer Wahlperiode, also möglichst weit weg vom nächsten Votum der Wähler und der parteiinternen Nominierungsgremien, für die vier oder fünf folgenden Jahre stufenförmig zu beschließen (so hinsichtlich der Abgeordnetenbezahlung und Versorgung 1995 im Bund, 1997 in Brandenburg und ab 1998 in Bayern)[38] oder eine Indexierung vorzunehmen (so wiederum hinsichtlich der Abgeordnetendiäten in Thüringen und Bayern).[39] Sie hoffen auf diese Weise ihre Entscheidungen über Politikfinanzierung aus den Themen des Wahlkampfs und der parteiinternen Wiedernominierung eher heraushalten zu können.

Die politische Klasse emanzipiert sich immer mehr von den sie tragenden Parteien, so daß diese ein immer geringeres Gewicht besitzen und immer weniger wirksame Kontrolle ausüben können. Indikatoren und Faktoren dieses Prozesses der Verselbständigung der politischen Klasse sind auch die (im Verhältnis zu den Parteien) enorme Aufwertung der Parlamentsfraktionen, die inzwischen hauptberuflich tätigen Abgeordneten mit ihren staatsbezahlten, ihrer persönlichen Disposition unterstehenden Mitarbeitern und die rasant gewachsenen Parteistiftungen, in deren Leitungsgremien ebenfalls Mitglieder der politischen Klasse versammelt sind. (Das wurde in Kapitel 2, S. 123 ff., im einzelnen nachgewiesen.) Diese »Umkehr der Verhältnisse« hat der Politikwissenschaftler Wilhelm Hennis am Beispiel der explosionsartig zugenommenen Staatsmittel für die Fraktionen und der von ihnen und den Abgeordneten beschäftigten Mitarbeiter gebrandmarkt:

»Nicht die Parteien nehmen Einfluß auf das Parlament, sondern das Parlament in Gestalt seiner Fraktionen nimmt Einfluß auf die politische Entwicklung in den Parteien. ›Parlamentarische Bedienstete‹ dürften inzwischen die größte Berufsgruppe sein, die sich an der ›Willensbildung‹ der Parteien beteiligt. Kein Gründungsvater hätte sich das vorstellen können.«[40]

Die Abgehobenheit der politischen Klasse oder Das »Je näher, desto ferner«-Gesetz

Die zunehmende Nähe der Angehörigen der politischen Klasse untereinander, ihr immer engeres Zusammenwirken in eigener Sache und die Bildung von fraktions- und föderalismusübergreifenden politischen Kartellen bewirkt – fast mit der Notwendigkeit eines sozialwissenschaftlichen Gesetzes – die zunehmende Entfernung der politischen Klasse von ihrer eigenen Basis, ihren Parteimitgliedern und Bürgern. Die in Kartellabsprachen mit der parlamentarischen Opposition beschlossenen Regelungen laufen fast durchweg darauf hinaus, die politische Klasse autonom und unabhängig zu stellen. Das zeigt sich zum Beispiel im Wahlrecht, wo Sperrklauseln die politische Klasse vor der Konkurrenz durch neue Parteien schützen, so daß sie sich mangelnde Sensibilität gegenüber Wählerwünschen eher leisten können. Je näher die politische Klasse also zusammenrückt, desto mehr rückt sie von ihrer Basis ab.

Dieses »Je näher, desto ferner«-Gesetz wird besonders deutlich in allen Bereichen der staatlichen Politikfinanzierung. Die von den parlamentarischen Kartellen im Laufe der Zeit durchgesetzten Regelungen haben die politische Klasse nur immer weiter von ihrer Basis entfernt. Die staatliche Parteienfinanzierung macht von Anstrengungen der Mitglieder und Sympathisanten unabhängig. Das Bundesverfassungsgericht hat diese Gefahr zwar erkannt und versucht, ihr entgegenzuwirken. Die staatlichen Zahlungen richten sich jetzt zu mehr als 60 Prozent nach den eingeworbenen Mitgliedsbeiträgen und Spenden. Dadurch sollen die in den Parteien Verantwortlichen motiviert werden, sich verstärkt um Mitglieder und Sympathisanten zu kümmern und gezielt auf diese zuzugehen. Doch ist diese gute Absicht des Verfassungsgerichts durch die Parteischatzmeister vereitelt worden, die dem Gesetzgeber die Feder geführt haben: Sämtliche auf die Beiträge und Spenden entfallenden Staatsmittel fließen nämlich nunmehr an die Bundeszentralen der Parteien, so daß die für Beiträge und Spenden primär zuständigen lokalen und regionalen Parteiebenen leicht das Interesse daran verlieren. Die ursprüngliche Idee, das finanzielle Eigeninteresse in den Dienst der Bürgernähe der Parteiaktivitäten zu stellen, läuft auf diese Weise leer. Da auch der nach den Wählerstimmen bei Bundestags- und Europawahlen berechnete Teil der Staatsfinanzierung den Bundeszentralen zufließt, erhalten diese von den 230 Millionen DM Staatsmitteln nicht weniger als 191 Millionen, das heißt 83 Prozent.[41] So kommt es, daß die Parteizentralen sich fast ausschließlich aus Staatsmitteln finanzieren können und die staatliche Parteienfinanzierung sich im wesentlichen als eine Finanzierung der Partei*zentralen* darstellt.

Eine noch viel gravierendere Verschiebung der öffentlichen Mittel auf die politische Klasse und ihre Führungen resultiert daraus, daß die Staatsmittel seit einigen Jahrzehnten in großem Umfang umgeleitet werden: weg von den Parteien im engeren Sinn und hin zu deren Ersatzorganisationen, den Fraktionen und den Parteistiftungen. Darüber hinaus werden die öffentlichen Mittel auch unmittelbar den Abgeordneten und anderen Mitgliedern der politischen Klasse zugewendet. Das hängt natürlich damit zusammen, daß die Begrenzungen, die das Verfassungsgericht entwickelt hat, sich nur auf die Parteien beziehen. Die Folge der großangelegten Ausweichmanöver aber ist, daß all die rasch zunehmenden Mittel, die der politischen Klasse nun unmittelbar zufließen, diese von ihrer Basis immer unabhängiger werden lassen.

Die Entfernung der politischen Klasse von der Basis nimmt dadurch noch weiter zu, daß sie immer mehr in die Abhängigkeit von Berufspolitikern gerät. Die gewaltig aufgeblähten finanziellen und personellen Ressourcen der Parteizentralen, der

Fraktionen, der Abgeordneten und sonstigen Mitglieder der politischen Klasse ermöglichen es ihnen, vor Ort in den Parteigremien eine immer dominantere Rolle zu spielen und alle Fäden in der Hand zu behalten. Statt daß die Parteien ihre Berufspolitiker kontrollieren, wie es der Idee ihrer Rückbindung an die Basis eigentlich entspricht, kontrolliert die politische Klasse nun umgekehrt ihre Parteigremien und erstickt nach Möglichkeit jeden echten Wettbewerb, der ihre eigene Stellung gefährden könnte.

Damit bestätigen sich in drastischer Weise die Gefahren, vor denen weitblickende Wissenschaftler und Staatsmänner wie Theodor Eschenburg,[42] Dolf Sternberger[43] und Herbert Wehner[44] bereits bei Einführung der staatlichen Parteienfinanzierung gewarnt hatten: Daß die Parteien allmählich ihren Charakter veränderten, weil sie auf die materielle und immaterielle Unterstützung der Bürger immer weniger angewiesen seien und deshalb deren Wünschen und Interessen auch immer weniger Beachtung schenkten; daß sie deshalb ihre eigentliche Funktion als Sprachrohre der Bürger zunehmend verlören und immer mehr zu Staatsparteien würden, die ihren Führungsgruppen die Teilhabe an der staatlichen Macht, am staatlichen Geld und an den staatlichen Posten sicherten und sich im übrigen bemühten, die Bürger von oben fügsam zu halten. Mögen die frühen Warner ursprünglich auch als Schwarzmaler erschienen sein, so erstaunt ihre kassandrahafte Klarsicht doch im selben Maße, und dies um so mehr, als die neuen Strukturen, wenn auch zunächst nur undeutlich und schemenhaft, Gestalt anzunehmen beginnen.

Diese dramatisch zunehmende Distanz der politischen Klasse von ihrer Basis hat der Rechtsprechung lange große Schwierigkeiten bereitet, weil ihr die methodischen Instrumente fehlten, um den Sachverhalt angemessen zu erfassen. Mangels Besserem operierte die Rechtsprechung mit dem Grundsatz der *Staatsfreiheit* der Parteien. Dieser Grundsatz aber traf den

Sachverhalt nicht oder jedenfalls nicht voll: Schließlich galt es nicht, die Parteien vor dem Staat zu schützen, sondern vor sich selbst, nämlich davor, daß sie die Staatsmittel für eigene Zwecke instrumentalisieren und sich dadurch von ihrer Basis entfernen.[45]

Nimmt man den Grundsatz der Staatsfreiheit der Parteien ernst, so müßte man eigentlich am Kern ansetzen und der politischen Klasse die Befugnis entziehen, selbst über die ihnen zufließenden staatlichen Mittel (und die Regeln des politischen Kampfs generell) zu entscheiden. Das Bundesverfassungsgericht hat diese Konsequenz bisher nicht gezogen, sondern lediglich versucht, die Bürgernähe der Parteien zu erhalten. Dieser Versuch ist, wie dargelegt, aber gescheitert.

Bewertung: Die politische Klasse hebelt demokratische Grundsätze aus

Der dargestellte Befund steht in Widerspruch zu grundlegenden Prinzipien unserer Verfassungsordnung: der Gewaltenteilung, des Rechtsstaats und der Demokratie.

Gewaltenvereinigung statt Gewaltenteilung

Das Prinzip der Gewaltenteilung gehört seit den klassischen Werken von John Locke und Alexis de Tocqueville zu den Kernbestandteilen westlichen Verfassungsdenkens.[46] Es ist, mit den Worten des Staatsrechtslehrers Werner Kägi, die Antwort auf das uralte und doch ewig aktuelle »Gesetz der Macht« – Montesquieu spricht von einer »expérience éternelle« –, wonach die Mächtigen im Staat dazu neigen, ihre Macht so lange auszuweiten und ihre Belange so weit zu fördern, bis sie an Grenzen des Widerstandes stoßen. Wie grundlegend dieses Prinzip für den neuzeitlichen Rechtsstaat ist, brachte schon die französische Erklärung der Menschen- und Bürgerrechte von 1789 mit der Feststellung zum Ausdruck, ohne Gewaltenteilung gebe es überhaupt keine Verfassung (Art. 16). Auch nach dem Grundgesetz gehört die Gewaltenteilung zu den tragenden Organisationsprinzipien.[47]

Das Prinzip der Gewaltenteilung ist nicht Selbstzweck, sondern soll bewirken, daß durch Aufteilung der Macht auf Träger unterschiedlicher Interessenrichtung die politischen Akteure sich im Wege wechselseitiger »checks and balances« kontrollieren und gegenseitig zu größerer Richtigkeit steigern.[48] Daß die Gewaltenteilung darauf abzielt, »daß staatliche Entscheidungen möglichst richtig« getroffen werden, hat auch das Bundesverfassungsgericht hervorgehoben.[49]

Die überkommene Vorstellung von einer Aufteilung der Gewalten auf Parlament und Regierung ist in der parlamentarischen Demokratie zwar grundsätzlich geschwächt, weil die Mehrheitsparteien und ihre Fraktionen, die die Regierung gewählt haben und politisch von ihrem Erfolg leben, diese eher zu stützen als öffentlich zu kritisieren und zu kontrollieren geneigt sind.[50] Dafür wächst aber der parlamentarischen Opposition die eigentliche Überwachungsfunktion zu. Sie hat – in Verbindung mit der Öffentlichkeit und den Wählern – die Kontroll- und Gegengewichtsaufgabe zu übernehmen.[51] Insofern erhält die Gewaltenteilung im System der parlamentarischen Demokratie einen gewandelten Inhalt.

Entscheidet aber die fraktionsübergreifende politische Klasse, wie in den vorstehend geschilderten Konstellationen, über die Regeln des politischen Kampfes, so fällt auch noch die Opposition als Kontrolleinrichtung aus. Angesichts der »großkoalitionären Parteieneintracht«[52] zwischen Regierung und Opposition entfällt für die Wähler jegliche Alternative, womit auch der Kontrolleffekt der Wahlen stumpf wird. Da die öffentliche Kontrolle von der Aktivierung durch die parlamentarische Opposition lebt, wird sie durch deren Ausfall ebenfalls empfindlich geschwächt, was seinerseits wiederum die Wirksamkeit der parteiinternen Kontrolle dämpft.

Entscheidet die politische Klasse also über die Regeln des politischen Kampfs, bleibt von der Idee der Gewaltenteilung regelmäßig fast nichts mehr übrig.[53] Statt dessen ergibt sich das genaue Gegenteil: Aus Gewaltenteilung wird Gewaltenvereinigung – und das in einem Bereich, der nicht nur für das Gemeinwesen von größter Bedeutung ist, sondern in dem die politischen Akteure auch massive Eigeninteressen besitzen, die denen der Bürger häufig direkt entgegenlaufen.

Verkehrung der vertikalen Gewaltenteilung

In Bundesstaaten wie der Bundesrepublik Deutschland wird auch dem Prinzip Föderalismus eine (vertikal) gewaltenteilende Funktion zugeschrieben.[54] Die Aufteilung der Kompetenzen zwischen Bund und Ländern soll machthemmende Wirkung entfalten.[55] Doch setzt das Prinzip der Gewaltenteilung, soll es seine Funktion erfüllen, auch hier eine gewisse Eigenständigkeit und Gegensätzlichkeit der Interessen der politischen Akteure voraus, an der es bei Entscheidungen über die Regeln des politischen Kampfes aber gerade zu fehlen pflegt. Der Idee nach soll die Verschiedenheit der politischen Einheiten im Bundesstaat eine fruchtbare Konkurrenz um möglichst innovative und problemadäquate Antworten auf die jeweiligen Herausforderungen auslösen, denen das Gemeinwesen sich gegenübersieht. Bezogen auf die Regeln des politischen Kampfs müßte es also darum gehen, zu Systemen zu kommen, welche die Qualität der rekrutierten Politiker fördern, die Problemlösungsfähigkeit der Politik erhöhen und die Mitwirkungsmöglichkeiten für die Bürger verbessern.

Doch würde das voraussetzen, daß hinsichtlich der Regeln des politischen Kampfs wirklich Wettbewerb besteht, woran es jedoch gerade fehlt. Die Gleichgerichtetheit der Eigeninteressen der Berufspolitiker im Bund und in den Ländern, die Einflußlosigkeit der Wähler und die in den Bundesländern meist *noch* ausgeprägtere Schwäche der öffentlichen Kontrolle begünstigen in Wahrheit eher einen Wettlauf unter den Ländern und mit dem Bund um immer zahlreichere und ausgeprägtere Privilegien. Die Qualität und Leistung der Politiker bleiben ebenso ausgeklammert wie die Problemlösungsfähigkeit der Politik und die Bürgerpartizipation.

Da das Volk wenig zu sagen hat und auch sonst keine wirksame Kontrolle besteht, sondern die politische Klasse in eigener Sache entscheidet, wird ihre Argumentation nicht so sehr von der Leistung dominiert und davon, in welchem Verhältnis diese zur Bezahlung steht, sondern einzig und allein vom Kriterium der Einkommenshöhe. In dieser Perspektive pflegen höhere Bezahlungen im Bund oder in anderen Ländern als Argument zu dienen, auch im eigenen Bereich eine Erhöhung zu verlangen. Wie im deutschen Bundesstaat allgemein eine Tendenz zum gleichen Leistungsniveau (»gleiche Lebensverhältnisse«) besteht, so auch hinsichtlich des Status der politischen Klasse. Bloß, da sie selbst entscheidet, laufen die praktisch wirksamen Argumente und Entscheidungen nicht auf einen Durchschnitt hinaus, sondern auf eine Angleichung an die jeweils höchsten Beträge, also auf ein gegenseitiges Hochschaukeln. Die den Entscheidungen in eigener Sache immanente Einseitigkeit der Betrachtungsweise bewirkt, daß regelmäßig diejenigen Argumente, die für eine Erhöhung sprechen, in den Vordergrund treten und die politische Praxis bestimmen – während die nicht weniger zahlreichen und gewichtigen Gegenargumente systematisch ausgeblendet werden. Insbesondere die Länder haben oft geradezu Schrittmacherdienste für die Ausweitung des finanziellen Status der Politiker geleistet. So gingen die Länder und nicht etwa der Bund bei der Einführung der Altersversorgung für Abgeordnete voran. Nordrhein-Westfalen (1965) und Schleswig-Holstein (1967) führten als erste eine Versorgung ein, obwohl die Belastung eines Landtagsabgeordneten durch das Mandat sehr viel geringer ist als die seiner Kollegen im Bund und obwohl damals Landtagsabgeordnete neben ihrem Mandat regelmäßig noch ihren Beruf ausübten. Der Bund folgte dann 1968, wobei die damalige große Koalition die Einführung natürlich erleichterte.

Die politische Klasse pflegt die tiefgestaffelte Struktur eines föderalistischen Staates denn auch primär unter dem Blickwinkel der Vermehrung attraktiver Positionen und finanzieller Posten zu sehen.[56] Nicht zuletzt deshalb erfordert es derart herkulisch anmutende politische Kraft, die Zahl der Bundesländer, die Größe von Regierungen und Parlamenten oder den Kreis der politischen Beamten zu verkleinern, mag das sachlich auch noch so angezeigt sein.

Auf Kollisionskurs zum Rechtsstaatsprinzip oder Das »Gesetz unrichtiger Entscheidungen«

Daß das Entscheiden in eigener Sache elementaren Grundsätzen unseres Rechtssystems widerspricht, wurde schon hervorgehoben. Es ist das Charakteristikum des modernen Staates und seiner Organe, daß sie nicht für sich selbst tätig werden dürfen, sondern Treuhänder der ihnen anvertrauten Belange der Bürger sind. Wilhelm Henke, einer der großen Parteienrechtler, die sich *nicht* in die Abhängigkeit von Parteien begaben, hielt deshalb Entscheidungen des Parlaments in eigener Sache – über das Diätenurteil des Bundesverfassungsgerichts hinaus – wegen Verstoßes gegen das Rechtsstaatsprinzip für verfassungswidrig.[57] Henkes Feststellung, Entscheidungen in eigener Sache führten »zu politisch oder sachlich unerträglichen Ergebnissen«, hat sich als außerordentlich produktiv erwiesen und dazu beigetragen, dem Kernproblem in der jüngeren Diskussion den Stellenwert zu geben, den es verdient, auch wenn wir die Frage, ob derartige Entscheidungen tatsächlich als verfassungswidrig anzusehen sind oder ob es sich hier nicht um ein verfassungspolitisches und verfassungstheoretisches Problem handelt, eher im letzteren Sinne beantworten möchten.

Unübersehbar ist jedenfalls, daß hier die Grundidee des Rechtsstaats, das faire Abwägen von Argument und Gegenargument und, daraus resultierend, die relative Richtigkeit von Entscheidungen durch Ausschalten von Kontrollen und Gegengewichten an der Wurzel getroffen wird. Die Unausgewogenheit der Kräfte, wie sie in der Pervertierung der Gewaltenteilung zur Gewaltenvereinigung zum Ausdruck kommt, findet ihre Ent-

sprechung in der Unausgewogenheit der Argumente. Gerechte Abwägung verlangt Unvoreingenommenheit und Unbefangenheit, die natürlich fehlen, wenn die Entscheidenden persönliches Interesse am Ergebnis der Entscheidung haben. Dann muß es zwangsläufig zu verzerrten Argumentationen und einseitigen Entscheidungen kommen. Oft genügt der kleinste Anhaltspunkt als Vorwand für Verbesserungen der eigenen Lage. Ermächtigungen des Verfassungsrechts und des Verfassungsgerichts, den Eigeninteressen der politischen Klasse förderliche Regelungen zu treffen, werden so verstanden, als *müßte* man von ihnen Gebrauch machen. Werden Privilegien für verfassungswidrig erklärt, wird das zum Anlaß genommen, die Vorteile auch allen anderen zugute kommen zu lassen. Wenn *ein* Parlament ein neues Privileg einführt, wird das zum Argument dafür, daß auch andere Parlamente nachziehen, ohne noch nach der sachlichen Berechtigung des Privilegs selbst zu fragen.
Wer unkontrollierte Macht hat, kann es sich leisten, auch kraß einseitig zu argumentieren. Geht es um Eigeninteressen der politischen Klasse, so kommt es geradezu zwangsläufig zu einseitigen und damit typischerweise unrichtigen Entscheidungen.

Aushebelung des Demokratieprinzips

Der Grundgedanke der Demokratie besteht darin, daß die Herrschenden von den Beherrschten abhängen und sich bei ihnen zumindest rückkoppeln müssen. Hinsichtlich der Regeln des Kampfs um die Macht fehlt es aber an einer solchen Rückkoppelung, obwohl sie gerade hier besonders wichtig wäre. Dadurch, daß sich politische Kartelle – über die Fraktionsgrenzen und die verschiedenen Ebenen des föderalistischen Staates hinweg – zwischen den Mitgliedern der politischen Klasse bilden, werden die Wähler entmachtet und die Kontrolle durch die Öffentlichkeit geschwächt. Welche Partei (der gemeinhin als wählbar angesehenen Parteien) auch immer man wählt, alle sind in das Kartell eingebunden. Durch Sperrklauseln im Wahlrecht und mancherlei wettbewerbsverzerrende Maßnahmen, die den etablierten Parteien einen normalerweise uneinholbaren Vorsprung verschaffen, werden Offenheit und Chancengleichheit des politischen Wettbewerbs beeinträchtigt. Daß außerparlamentarische Konkurrenten weder Fraktionen noch Parteistiftungen noch Abgeordnete und Abgeordnetenmitarbeiter haben, mag in der Natur der Sache liegen. Doch wird die Benachteiligung dann zur massiven Diskriminierung, wenn jene Hilfskräfte und Hilfsorganisationen der Parteien staatlich übermäßig alimentiert werden und die etablierten Parteien die staatliche Patronage- und Versorgungsmacht für ihre parteilichen Zwecke instrumentalisieren, indem sie ihre Leute in den Schlüsselstellen der öffentlich-rechtlichen Medien, der Justiz, der Bildungseinrichtungen und der Verwaltung unterbringen. Dadurch wird eine in ihrer Summierung gewaltige Privilegierung der Etablierten und eine entsprechend deutliche Diskriminierung von Newcomern bewirkt.

Chancengleichheit für alle[58] politischen Parteien und alle politischen Richtungen gehört aber zu den grundlegenden Prinzipien der grundgesetzlichen Ordnung.[59] Sie soll nicht nur die Parteien selbst vor Diskriminierung schützen. Die Offenhaltung der gleichen Chance politischer Machtgewinnung ist vielmehr notwendige Voraussetzung des Mehrheitsprinzips und der Demokratie insgesamt.[60] Werden diese Grundsätze durch Maßnahmen der politischen Klasse in immer massiverer Weise verletzt, gerät die Legitimität unseres ganzen Systems in tödliche Gefahr. Hier liegt eine – im Kern durchaus rationale – Wurzel der zunehmenden Politikerverdrossenheit.

Diese Diskriminierung betrifft nicht nur politische Parteien als Ganze, sondern auch Kandidaten innerhalb derselben Partei. Der Wettbewerb wird nicht nur zu Lasten neuer oder (aus anderen Gründen) kleiner Parteien, sondern auch zu Lasten neuer

Kandidaten der alten Parteien verfälscht. Hier fehlt es weitgehend an der vielbeschworenen Kontrolle der Führung der Parteien durch die Basis, obwohl das Grundgesetz ausdrücklich auch innerparteiliche Demokratie vorschreibt (Art. 21 I 3 GG). Aus der Willensbildung und Kontrolle von unten nach oben ist umgekehrt immer mehr eine Willensbildung und Kontrolle von oben nach unten geworden. Dadurch fehlt es an Offenheit und Chancengleichheit auch bei der Nominierung der Kandidaten für die Parlamentsmandate, von der alles andere abhängt. Die mangelnde Kontrolle leistet der Entstehung und Aufrechterhaltung von ungerechtfertigten Privilegien Vorschub, was ebenfalls der Idee der Demokratie zuwiderläuft, denn »die Demokratie des Grundgesetzes« sollte eigentlich »eine grundsätzlich privilegienfeindliche Demokratie« sein.[61]

Konstruktionsmangel
im Zentrum der Demokratie

Wenn die Eigeninteressen der politischen Klasse dominieren, ohne daß adäquate Gegengewichte bestehen, kann die politische Klasse sich ihre Regeln selbst zimmern. Die so unerhört virulenten Berufs- und Machtinteressen der Akteure setzen sich dann weitgehend ungebremst durch. Dies ist deshalb so prekär, weil die Macht der – wegen Interessenparallelität einigen – politischen Klasse sich hier nicht auf die normale Gesetz- und Haushaltsgebung bezieht, sondern auf die Festlegung der *Grundordnung* des Gemeinwesens: Die politische Klasse setzt die Bedingungen für ihren eigenen Macht- und Postenerhalt fest und bestimmt damit auch die Chancen anderer nach Macht und Posten strebender Gruppierungen. Die Regelungen erfolgen dann aus der Perspektive der Herrschenden, nicht aus der der Beherrschten, oder – wie der Politikwissenschaftler Wilhelm Hennis zugespitzt schrieb – aus der Perspektive der Täter und nicht der Opfer. Es ist dann so, als würde die Ausgestaltung des Strafrechts in die Hand der Straftäter gelegt und nicht in die der Bürger, die sich vor Tätern schützen wollen. Und das geschieht ausgerechnet auf dem für das Funktionieren der Demokratie und für ihre Legitimation wichtigsten Gebiet.

Hier zeigt sich im innersten Kern der Demokratie ein elementarer Konstruktionsmangel.[62] An die Stelle von inhaltlicher Ausgewogenheit der Willensbildung treten Einseitigkeit und tendenzielle, strukturell bedingte Unrichtigkeit. Die rechtsstaatliche demokratische Verfassung lebt aber von der Erwartung, sie werde in der Tendenz zu ausgewogenen und richtigen Entscheidungen führen.[63] Das hat der Kölner Staatsrechtslehrer Martin Kriele immer wieder betont und dafür die Formel entwickelt, bei Interessenkollisionen müßten die allgemeineren Interessen den speziellen und die fundamentaleren Interessen den weniger gewichtigen vorgehen.[64] Diese beiden Kriterien scheinen wie geschaffen für die Bewertung der hier behandelten Konstellationen: Änderungen der Regeln des politischen Kampfs um Macht und Posten, welche die Chancen der politischen Konkurrenten verfälschen, sind deshalb so besonders gravierend, weil sie gegen beide Kriterien zugleich verstoßen. Kennzeichen der pluralistischen Demokratie ist, daß es bei aller Vielfalt und Konkurrenz der Interessen und Auffassungen einen »unstreitigen Sektor« geben muß, der als Basis und Voraussetzung des befriedigenden Funktionierens des Wettbewerbs der Ideen und Interessen gesichert und über den Konsens hergestellt werden muß. Dazu gehören gewisse fundamentale Grundsätze wie Offenheit, Chancengleichheit und Bürgernähe des politischen Prozesses. Das hat der Vater der Theorie der pluralistischen Demokratie in der Bundesrepublik, der Politikwissenschaftler Ernst Fraenkel, nachdrücklich herausgestellt.[65] Gerade hier, im Kernbereich der Demokratie, hat die politische Klasse aber aus eigenen Berufs- und Machtinteressen eine schleichende Erosion jener Grundsätze bewirkt und droht damit einseitig und aus Eigennutz den Konsens mit der Bevölkerung aufzukündigen.

Die grundlegende Bedeutung der Regeln des politischen Kampfs um Macht und Posten ist selbst von der Politikwissenschaft, also derjenigen Disziplin, die sich erklärtermaßen mit dem Erwerb und der Verteilung der politischen Macht beschäftigt, lange nicht erkannt worden.[66] Der Politikwissenschaftler Rudolf Wildenmann hat seine Kölner Antrittsvorlesung von 1963 zwar dem Thema »Regeln der Machtbewerbung« gewidmet.[67] Seine frühen Ansätze, die sich damals allerdings nur auf das Wahlrecht bezogen, wurden aber lange nicht aufgegriffen, weder im deutschen Sprachraum noch, wie der bekannte amerikanische Politikwissenschaftler Herbert Alexander bemerkt, in anderen westlichen Demokratien.[68] Eine Ausnahme stellt in jüngerer Zeit Michael Greven dar.[69] Er hat erkannt, daß es »vor allem dieses Privileg« ist, nämlich, »auf den institutionellen Kontext des Entscheidungshandelns und der Machtzuweisung selbst Einfluß nehmen zu können, das politische Parteien von anderen einflußsuchenden und -nehmenden Personenzusammenschlüssen unterscheidet und das sie historisch in die Vorhand gebracht hat«. Er spricht davon, die Parteien seien »nicht nur die entscheidenden Spieler«, sondern sie verfügten »in begrenzter, aber letztlich dominanter Gemeinsamkeit ihrer Interessenlage auch mehr als jeder andere potentielle Mitspieler über die Spielregeln im Kampf um die Macht«.[70] Bei Greven kommen allerdings noch einige weitere wichtige Schritte zu kurz, etwa die Erkenntnis, daß es weniger die Parteien als Ganze sind, die diesen Einfluß nehmen, als vielmehr ihre *politische Klasse*, und daß es neben der Macht auch um *Posten* geht und man diese teilweise auch erlangen und halten kann, ohne über die Regierungsmehrheit zu verfügen.

Der Konstruktionsmangel der Demokratie wird besonders deutlich, wenn die politische Klasse darangeht, verfassungsrechtliche Barrieren zu beseitigen, die die politische Klasse begrenzen und die Bürger vor ihr schützen sollen. Der Schutzwall der Verfassung steht schließlich zur Disposition derjenigen, gegen die er eigentlich schützen soll. Dann bleibt nur noch eine psychologisch-ethische Barriere, nämlich die überkommene innere Hemmung, die formale Kompetenz auch im eigenen Interesse der politischen Klasse zu gebrauchen. Dabei verkennen wir nicht, daß die Verfassung im Verein mit der Öffentlichkeit durchaus eine Barriere bilden *kann*, wenn die Öffentlichkeit sich der besonderen Verletzlichkeit und Schutzbedürftigkeit bewußt wird, die die Verfassung gegenüber der kolludierenden politischen Klasse aufweist, und entsprechend massiv protestiert und »auf die Barrikaden steigt«, wenn solche Verletzungen anstehen. Ein Beispiel dafür haben wir im Herbst 1995 bei dem dann zunächst am Bundesrat gescheiterten Bonner Diätencoup kennengelernt. In dem Maße, in dem die politische Klasse die Hemmung verliert und das überkommene Tabu, daß ein Parlament die Verfassung nicht zum eigenen Vorteil ändert, sich verflüchtigt, ist die Verfassung dem Zugriff der politischen Klasse schutzlos ausgeliefert. Auch dafür sei ein Beispiel genannt, auf das man sich übrigens bei dem Versuch des Bundestags, den Diätenartikel des Grundgesetzes im eigenen Interesse zu ändern, berufen hatte: die Einführung eines neuen Diätenartikels in die Verfassung von Thüringen (Art. 54 II). Sie führte nicht nur zu einer Indexierung der Diäten unter Aufrechterhaltung fast aller problematischen Privilegien der Thüringer Landtagsabgeordneten, sondern auch zu einer massiven Anhebung der Entschädigung um 43 Prozent.[71]

Auch der Bundesrat, der auf Bundesebene Verfassungsänderungen zustimmen muß (Art. 79 II GG), ist meist in das Parteienkartell eingebunden und kommt deshalb kaum als zuverlässiges Gegengewicht in Betracht. Das erwähnte Veto anläßlich des versuchten Bonner Diätencoups dürfte insofern leider eher eine Ausnahme darstellen, welche die Regel (der Kollusion) bestätigt.

Vor diesem Hintergrund liegt es nicht allzufern, von einer sich allmählich anbahnenden Gefahr eines neuen Absolutismus, und zwar eines Absolutismus der politischen Klasse,[72] zu sprechen. Vergleichbar hat sich Greven geäußert, als er bemerkte, die Parteien verfügten insoweit über etwas der klassischen Souveränität Ähnliches.[73] In der Tat könnte man heute geradezu formulieren: Souverän ist, wer über die Regeln des Kampfes um Macht und Posten entscheidet (und damit den von Carl Schmitt apostrophierten Ausnahmezustand – die Entscheidung in eigener Sache – zur Regel erhebt). Souverän ist danach derjenige, der in eigener Sache selbst entscheidet, und dies ist eben grundsätzlich die politische Klasse – und nicht etwa das Volk.

Die Frage, wie die Eigeninteressen der politischen Klasse unter

Kontrolle des Gemeinwesens gebracht werden können, ist eine Verfassungsfrage par excellence, neben der Rolle der Interessenverbände, der Verwaltung und der Medien heute vielleicht *die* Verfassungsfrage überhaupt. Letztlich geht es um die uralte Frage nach der Kontrolle der Mächtigen. Wenn der berühmte Satz Lord Actons stimmt, daß Macht korrumpiert und absolute Macht absolut korrumpiert, können die hier im Gang befindlichen und immer weiter anschwellenden Fehlentwicklungen gar nicht ernst genug genommen werden.

Mögen die Gefahren eines Absolutismus der politischen Klasse sich derzeit auch erst schemenhaft zeigen und durch manche scheinbare oder tatsächliche Gegenbeispiele noch verdeckt werden, so gilt es doch, diese Entwicklungstendenzen möglichst frühzeitig zu erkennen und in die öffentliche Diskussion einzubringen, sollen die verbliebenen Chancen für wirksames Gegensteuern nicht verspielt werden.

»Kartell-Parteien«

Die Herrschenden kontrollieren die Beherrschten

Die Analysen dieses Buches werden durch zwei ausländische Autoren in einigen wesentlichen Punkten bestätigt. Der amerikanische Politikwissenschaftler Richard S. Katz und der belgische Politikwissenschafler Peter Mair haben jüngst als Quintessenz einer großangelegten vergleichenden Untersuchung in westlichen Demokratien eine generelle Veränderung der politischen Parteien festgestellt und vorgeschlagen, ihren sich wandelnden Charakter dadurch zum Ausdruck zu bringen, daß man in Zukunft nicht mehr von Volksparteien, sondern von »Kartell-Parteien« sprechen solle.[74] Mit diesem Begriff wollen sie eine im Gang befindliche und noch keinesfalls abgeschlossene Entwicklungstendenz hin zu einem neuen Typus von Partei (und damit auch zu einem gewandelten Verhältnis von Volk, Parteien und Staat) kennzeichnen. Zwar sei die Entwicklung in den westlichen Demokratien durchaus nicht einheitlich, sondern von Land zu Land unterschiedlich. Diese Unterschiede hingen wesentlich davon ab, wie ausgeprägt die Staatsfinanzierung der Parteien und die Möglichkeiten parteilicher Ämterpatronage (und sonstiger Ausbeutung staatlicher Macht für parteiliche Zwecke) seien und – damit zusammenhängend – inwieweit eine Kultur der Kooperation und Kollusion zwischen Regierung und Opposition bestehe.[75] In diesen drei Hinsichten sei, wie die Autoren vermuten, die Entwicklung in Deutschland (wie auch in Österreich und den skandinavischen Ländern) aber besonders weit fortgeschritten.[76]

Kennzeichen der »Kartell-Parteien« sei, daß fast alle politischen Äußerungsformen vom gemeinsamen Interesse der professionalisierten politischen Klasse überwölbt würden, ihre eigene Existenz zu sichern und möglichst zu verbessern.[77] An den staatlichen Mitteln und Posten hätten auch die Führungsgruppen der relevanten Oppositionsparteien teil. Insoweit seien die Regierung und die Opposition sich einig. Die Einnahme der staatlichen Ämter hänge damit nicht mehr unbedingt vom Sieg bei allgemeinen Wahlen ab. Nach früheren Vorstellungen seien die bei Wahlen siegreichen Parteien eindeutig »drin« gewesen und andere eindeutig »draußen«. Im Modell der Kartell-Parteien sei dagegen keine der größeren Parteien jemals ganz »draußen«. Damit nehme aber die Furcht ab, von den Wählern aus den Ämtern herausgeworfen zu werden, und damit auch der Anreiz für Politiker, sich nach den Wünschen der Bürger zu richten.[78] Der Einfluß der Wahlen auf die Richtung der Politik und damit auch die Möglichkeit der Wähler, Parteien zu kontrollieren und gegebenenfalls durch Stimmentzug zu bestrafen, verringere sich.[79] Die Demokratie erscheine zunehmend als Veranstaltung, durch die eher die Herrschenden die Beherrschten kontrollieren als umgekehrt.[80] Gleichwohl würden, eben um das Kartell aufrechtzuerhalten, die derart in ihrer Funktion gewandelten Wahlen als einzig legitime politische Ausdrucksform dargestellt und Volksbegehren und Volksabstimmungen abgewertet.[81]

Die Parallelen zu den Analysen in diesem Buch sind offensichtlich. Schon die Verknüpfung des Begriffs »Kartell« mit den Parteien weist auf die Beseitigung des Wettbewerbs hin und auf alles, was daraus folgt, wenn dieser Begriff auch leicht dazu verführt, die Problematik zu verharmlosen (siehe S. 320). Man vermißt bei ihnen auch die ausdrückliche Differenzierung zwischen den verschiedenen Gruppierungen innerhalb der Parteien, also zwischen politischer Elite, politischer Klasse und der Masse der Parteimitglieder, doch dürfte diese Differenzierung in der Sache auch bei ihnen angelegt sein. Ein entscheidender Unterschied liegt aber in der Bewertung des Befundes.

Nicht die Demokratie sollte sich den Parteien anpassen

Katz und Mair ziehen aus der von ihnen diagnostizierten Entwicklung weitreichende Konsequenzen für die Demokratie*theorie* und versuchen, diese so zu modifizieren, daß sie sich den Kartell-Parteien anpaßt. Durch diese »Revision des normativen Demokratiemodells«[82] wird die Entwicklung in der Sache abgesegnet. Das Kennzeichen des so umgeformten Demokratiemodells besteht dann vor allem darin, daß bisher als unverzichtbar geltende, bei politischen Kartellen aber eben nicht mehr erfüllbare Grundsätze im Sinne der normativen Kraft des Faktischen schlicht eliminiert werden. So sollen die Offenheit des Wettbewerbs und seine Ausgerichtetheit auf die Bürger praktisch aufgegeben werden. Die Essenz der Demokratie liege nach ihrem revidierten Modell darin, daß der Wähler unter einem *vorgegebenen* Set von Parteien wählen könne.[83] Parteien seien keine Vereinigungen von oder für Bürger, sondern Sozietäten von Berufspolitikern.[84] Katz und Mair weichen den Problemen also nicht aus, sondern akzentuieren sie noch nachdrücklich, suchen ihnen aber die Brisanz durch eine Uminterpretation des herkömmlichen Demokratiemodells zu nehmen, welche dadurch praktisch auf den Kopf gestellt wird.

Eine (auch) normativ anspruchsvolle und nicht die faktische Entwicklung bloß absegnende Demokratietheorie,[85] wie sie diesem Buch zugrunde liegt, muß dagegen zuerst einmal überprüfen,

- ob die beobachtete Entwicklung mit den geltenden normativen Grundsätzen vereinbar ist,
- ob diese Grundsätze nicht doch beibehalten werden sollten und
- wie Abweichungen davon gebremst werden können.

Die ersten beiden Fragen haben wir in diesem Kapitel bereits beantwortet – die erste mit nein und die zweite mit ja –, die dritte Frage wird Gegenstand weiterer Bemühungen in diesem Buch sein.

Die Parteien als Volksersatz

Eine andere extreme Auffassung hat der Staatsrechtslehrer Gerhard Leibholz viele Jahrzehnte unverdrossen propagiert. Da Leibholz von Anfang an Mitglied des Bundesverfassungsgerichts war, gewann seine Lehre trotz ihrer Einseitigkeit in den ersten beiden Jahrzehnten der Bundesrepublik erheblichen Einfluß und schlug sich in den Urteilen des Bundesverfassungsgerichts zum Teil in langen wörtlichen Passagen nieder.

Leibholz sieht in den politischen Parteien keine Instrumente, um dem Volk selbst Einfluß zu verschaffen; die Parteien seien nicht Medium und Transformator des Volkswillens, sondern sie seien selbst als das Volk anzusehen,[86] verfassungstheoretisch sei der Wille des Volkes mit dem der Parteien zu identifizieren.[87] Wenn aber die Entscheidungen der Parteien als Entscheidungen des Volkes fingiert werden und an dessen demokratischer Autorität teilhaben, läuft dies im Ergebnis auf den Satz hinaus »Parties can do no wrong« (»Parteien können keine Fehler machen«). Die natürliche Autorität des Volkswillens, die in dem klassischen Satz »vox populi – vox dei« zum Ausdruck kommt, wird durch diesen theoretischen Trick auf die Parteien übergeleitet. Dadurch wird aus der Volkssouveränität eine Art Parteiensouveränität, was auf eine wissenschaftstheoretische Immunisierungsstrategie hinausläuft und die Parteien und ihre politische Klasse im Ergebnis gegen grundsätzliche Kritik unangreifbar macht. Leibholz bereitete durch diese wissenschaftliche Konstruktion dem Traum eines jeden Herrschers den Weg: seine Gleichsetzung mit dem Volk, nun eben bezogen auf die politischen Parteien und ihre politische Klasse.

Diese Gleichsetzung hat praktische Konsequenzen. Sind die

Parteien mit dem Volk identisch, hat es keinen Sinn mehr, das Volk gegen Auswüchse des Parteiwirkens zu mobilisieren, denn beide, Partei und Volk, sind nun ja eins. Damit wird der Zugang zu der wohl einzigen wirksamen Korrektur gegen Parteienmißbrauch, der Aktivierung des Volkes, schon im Ansatz gedanklich blockiert. *Ist* die Partei das Volk, so ist für unmittelbare Äußerungen des Volkes wie Volksabstimmungen oder die Direktwahl von Exekutivspitzen kein Raum mehr.[88] Die Rolle des Volkes erschöpft sich dann darin, daß »die durch die Parteien zusammengefaßte Aktivbürgerschaft ihren politischen Willen zugunsten der von den Parteien benannten Mandatsbewerber und der von ihnen unterstützen Parteiprogramme kundgibt und über der Parteien Macht und Einfluß in den nächsten vier oder fünf Jahren entschieden wird«.[89] Darin liegen aber, wie Leibholz unumwunden zugibt, in Wahrheit gar »keine echten Wahlen mehr«,[90] sondern »plebiszitäre Akte« für oder gegen bestimmte Parteien. Gewählt werden nicht einzelne Abgeordnete, sondern die Partei, so daß auch die Wahlgrundsätze etwa der Unmittelbarkeit und Freiheit der Wahl sich nicht mehr auf die Abgeordneten, sondern nur noch auf die Partei beziehen. (Dazu muß Leibholz freilich Artikel 38 des Grundgesetzes, der die Wahlgrundsätze ausdrücklich auf die Wahl der Abgeordneten selbst bezieht und mit dessen Existenz Leibholz' Auffassung unvereinbar ist, beiseite schieben und in willkürlicher Weise für weitgehend obsolet erklären.[91])
Leibholz identifiziert aber nicht nur die Parteien mit dem Volk, sondern »im Sinne einer eigenartigen Dreieinigkeit«[92] auch mit dem Staat. Nach Leibholz konstituieren die Parteien den Staat und stehen (auch) mit ihm in einem »partiellen Identitätsverhältnis«,[93] womit aber »der bisher für das Verhältnis von Staat und Gesellschaft so charakteristische Gegensatz zwischen Staat und Gesellschaft im Bereich des Politischen im Prinzip aufgehoben« sei.[94] Faktisch trifft das in erheblichem Maße zu. Das aber ist ja gerade das Problem. Das Gefährliche des Leibholz-

schen Ansatzes liegt eben darin, daß seine Thesen den Eindruck vermitteln, das *müsse* auch so sein, und dadurch das Gemeinwesen des theoretischen Rüstzeugs berauben, um sich gegen Fehlentwicklungen überhaupt noch zur Wehr zu setzen. Ja, in Leibholz' Sicht ist es bereits unmöglich, derartige Fehlentwicklungen als solche auch nur zu erkennen. So führt seine Gleichsetzung von Partei und Staat nicht nur direkt zur staatlichen Parteienfinanzierung,[95] sondern er bringt auch die Gemeinwohl- und Amtsverpflichtung, der staatliche Organe unterliegen, zum Verschwinden und interpretiert damit auch den zweiten Ansatz (neben der Aktivierung des Volkes) weg, von dem Gegenkräfte gegen Mißbräuche der politischen Klasse ausgehen können. Dies geschieht dadurch, daß Leibholz zwischen Repräsentation und Parteienstaat einen kategorialen Unterschied macht und deshalb mit dem Aufkommen des Parteienstaats keinen Platz mehr für den Gedanken der Repräsentation sieht. Dabei verkennt er aber, daß eine gewisse für die Repräsentation kennzeichnende Unabhängigkeit der Abgeordneten und der anderen Repräsentanten auch im modernen Staat eine Bedeutung haben kann.[96]

Die einzig mögliche Kontrolle gegen Mißbräuche durch die Parteien sieht Leibholz in der möglichst weitgehenden Durchsetzung innerparteilicher Demokratie,[97] ein Grundsatz, der auch in Artikel 21 I 3 des Grundgesetzes niedergelegt und sicher von großer Bedeutung ist. Leibholz geht sogar so weit zu postulieren, die gesamte Aktivbürgerschaft müsse in die Parteien eintreten. Dies sei der »im Sinne des Parteienstaates ideale Status«. Dann wären nach seiner, Parteien und Volk in eins setzenden, Vorstellung sogar allgemeine Wahlen »entbehrlich«,[98] an deren Stelle die Möglichkeit »eines täglichen Plebiszits« innerhalb der Parteien trete.[99] Hier wird deutlich, wie weit Leibholz die *Probleme* des Parteienstaats verfehlt. Ganz abgesehen davon, ob Leibholz' Auffassung akzeptabel wäre, wenn alle Aktivbürger oder ein großer Teil von ihnen wirklich in den

Parteien organisiert wären, ist jedenfalls offensichtlich, daß die 2,3 Millionen Parteimitglieder in Deutschland nicht mit dem Volk gleichgesetzt werden können. Gleichwohl tut Leibholz in vielen seiner theoretischen Folgerungen so, als läge ein solcher Zustand vor, was praktisch zu größten Unzuträglichkeiten führt. In Wahrheit reicht parteiinterne Kontrolle offensichtlich nicht aus (siehe S. 329 ff.). Es kommt nicht nur darauf an, die 2,3 Millionen Parteimitglieder, die es in der Bundesrepublik gibt, zu aktivieren, sondern mehr noch darauf, den 60 Millionen Bürgern, die keiner Partei angehören, den politischen Einfluß zu verschaffen, der ihnen nach dem Grundgesetz – in der nicht durch Leibholz pervertierten Perspektive – zukommt.

Die Thesen von Leibholz gelten heute in Staatsrechtslehre und Verfassungsrechtsprechung mit Recht als überholt.[100] Doch hat Leibholz lange Zeit großen Einfluß ausgeübt und gerade bei der Entwicklung des Parteienstaats und der politischen Klasse in Deutschland deutliche Spuren hinterlassen. So hat er dazu beigetragen, daß die staatliche Parteienfinanzierung salonfähig gemacht wurde, ohne daß zunächst gleichzeitig Grenzen markiert wurden. Die staatliche Parteienfinanzierung wurde in der Bundesrepublik als erstem europäischen Land eingeführt – veranlaßt durch eine von Leibholz mitbeeinflußte Nebenbemerkung (obiter dictum) des Bundesverfassungsgerichts von 1958.[101] Dies wäre sogar eine Weltpremiere gewesen, hätten nicht Costa Rica (1954) und Argentinien (1955) die Staatsfinanzierung der Parteien schon vorher eingeführt. 1959 wurden für diesen Zweck zunächst 5 Millionen DM in den Bundeshaushaltsplan eingestellt, die 1964 schon auf 38 Millionen DM gewachsen waren und nach einem Gesetzentwurf der Regierungsparteien von 1964 sogar auf über 90 Millionen DM jährlich steigen sollten.[102] Diese Finanzexplosion hat das Bundesverfassungsgericht dann doch veranlaßt, in einem Urteil von 1966 die Notbremse zu ziehen und nur noch die Erstattung von Wahlkampfkosten aus der Staatskasse zu gestatten.[103] Dazu mußte das Gericht aber vorher Leibholz, der in seinem Sinne öffentlich Stellung genommen hatte, wegen Befangenheit von der Mitwirkung an der Entscheidung ausschließen.

Als weiteres Beispiel für den Einfluß von Leibholz auf die Entwicklung des deutschen Parteienstaates sei darauf hingewiesen, daß Leibholz auch dazu beigetragen hat, daß die Entschädigung von Abgeordneten – entgegen dem eindeutigen Wortlaut der Verfassung – zu einer für alle gleichen Besoldung und Alimentation umgedeutet wurde,[104] eine Fehlentwicklung, die das Gericht erst in einer Entscheidung von 1987 revidiert hat,[105] ohne daß die in eigener Sache entscheidenden Parlamente bisher aber daraus Konsequenzen gezogen hätten.

Leibholz' Thesen, die praktisch darauf hinausliefen, die Entwicklung zum totalen Parteienstaat normativ abzusegnen und zu legitimieren, waren der politischen Klasse natürlich hochwillkommen, weil sie deren Herrschaft untermauerten und gegen Kritik immunisierten. Er dürfte damit seine Wahl und mehrfache Wiederwahl ins Bundesverfassungsgericht, die ja in der Hand der politischen Klasse lag, sicher nicht erschwert haben. Im übrigen verteidigte Leibholz seine Parteienstaatskonzeption von Anfang an mit großer Aggressivität; alle, die die Dinge beim Namen zu nennen wagten und »von der Entmachtung des Volkes durch die Parteien« sprachen, bezichtigte er der »politischen Neoromantik« und warf ihnen sogar vor, sie würden dem »diktaturförmigen Einparteienstaat nationalsozialistisch-faschistischer oder kommunistischer Prägung« in die Hände arbeiten, der die einzige Alternative zu der von ihm propagierten Form des Parteienstaats sei. Da Leibholz dies schon 1929[106] formuliert hatte und 1933 tatsächlich ein nationalsozialistisch-faschistischer Einparteienstaat in Deutschland entstand, schienen seine Thesen sogar einen Anschein von geschichtlicher Plausibilität zu besitzen, so daß es um so länger dauerte, bis das Bundesverfassungsgericht sich in einem mühevollen Prozeß von ihnen abnabeln konnte.

Gegengewicht Verfassungsgericht?

Was also tun, wenn die überkommenen Institutionen im Herzen der Demokratie den Herausforderungen nicht mehr entsprechen und die an die Verfassung gestellten Erwartungen und die tatsächliche Entwicklung kraß auseinanderlaufen? Mangels anderer möglicher Kontrollen ist das Bundesverfassungsgericht selbst in die Bresche gesprungen und hat, nachdem es die Leibholzschen Immunisierungsthesen überwunden hatte, versucht, als Gegengewicht zu fungieren und Kontrolle auszuüben. Man mag die Karlsruher Rechtsprechung kritisieren und ihr eine Überdehnung ihrer herkömmlichen Funktionen oder gar die Usurpation ihr ursprünglich nicht zustehender Befugnisse vorhalten. Stichworte in diesem Zusammenhang sind »Ersatz- und Übergesetzgeber«. Doch man wird der Karlsruher Rechtsprechung nur gerecht, wenn man sie vor dem Hintergrund der konkreten Entscheidungssituation, insbesondere der grundlegenden Bedeutung befriedigender Regeln des politischen Kampfes und ihrer gleichzeitigen extremen Gefährdung, versteht. Natürlich wäre es vorzuziehen, wenn der für Verfassungspolitik primär zuständige verfassungsändernde Gesetzgeber, also das Parlament, die nötigen Vorkehrungen selber träfe. Doch scheiterte dies bisher daran, daß solche Vorhaben auch für den verfassungsändernden Gesetzgeber Entscheidungen in eigener Sache sind. Und falls es doch zu Verfassungsänderungen kommt, drohen diese wiederum zugunsten der Entscheidenden verfälscht zu werden, also genau in die verkehrte Richtung zu gehen.

Die Kontrolle durch das Bundesverfassungsgericht stellt also einen Versuch dar, mangels anderer Kontrolleinrichtungen das eigene Potential – weit über die herkömmlichen Funktionen der Rechtsprechung hinaus – zu aktivieren, um Mißbräuchen des in eigener Sache entscheidenden Parlaments möglichst entgegenzutreten.[107]

Bedenkt man, daß vom beobachteten Verfahren auch die Entscheidungsergebnisse wesentlich mit abhängen, so ist es – angesichts nur beschränkt möglicher Ergebniskontrollen – um so wichtiger, die Fairneß der Verfahrensregelungen zu sichern, die den politischen Prozeß betreffen, und zu verhindern, daß die politische Klasse die Regeln des politischen Kampfs im eigenen Macht- und Berufsinteresse manipuliert. Das aber erlaubt keine richterliche Zurückhaltung, sondern verlangt strikte Kontrolle durch die Verfassungsgerichte. Das Bundesverfassungsgericht muß hier als »Garant des demokratischen Prozesses«,[108] als »Hüter des fairen politischen Verfahrens von Machterwerb und Machterhalt«[109] fungieren, und ähnliches gilt für die Verfassungsgerichte anderer westlicher Demokratien.[110]

Vor diesem Hintergrund wird zum Beispiel die »absolute Obergrenze« für die staatliche Parteienfinanzierung nachvollziehbar, die das Gericht in seinem Urteil von 1992 festsetzte, trotz der methodischen Bedenken, die dagegen vielfach geäußert worden sind. Nach diesem Urteil dürfen die direkten staatlichen Zuschüsse an die Parteien nicht höher sein als die Subventionen, die die Parteien im Durchschnitt der Jahre 1989 bis 1992 erhalten haben, das heißt 230 Millionen DM jährlich. Daß hier in der Tat nichts anderes hilft als die genaue Festlegung der Grenze durch das Gericht selbst, wenn es wirksame Kontrolle ausüben will, bestätigt im übrigen die Gegenprobe: Bei einer anderen Begrenzung, nämlich der von Steuervergünstigungen für Spenden, hatte das Gericht sich in derselben Entscheidung darauf beschränkt, nur Grundsätze wiederzugeben, und dem Parlament die Konkretisierung überlassen. Das Gericht legte fest, daß Spenden und Beiträge von natürlichen Personen nur bis zu einer Höhe steuerbegünstigt sein dürfen, die ein Haushalt mit durchschnittlichem Einkommen ausschöpfen kann. Doch das ging bekanntlich schief (siehe auch S. 132 f.).[111] Wer in eigener Sache beschließt und sich mit der Opposition einig ist, pflegt ihm überlassene Spielräume in seinem Sinne zu nutzen und an die äußersten Grenzen zu gehen – oder sogar darüber hinaus.

Eine Parallele hatte sich übrigens schon früher bei der Festlegung einer Untergrenze, ab der Parteien an der Staatsfinanzierung beteiligt werden müssen, gezeigt. Das Gericht versäumte zunächst eine präzise Markierung und verlangte vom Gesetzgeber lediglich vage, die Grenze »weit unter 5 Prozent« festzusetzen.[112] Doch als der Gesetzgeber nur auf 2,5 Prozent herabging, mußte das Gericht nachfassen und in einer zweiten Entscheidung den sehr viel niedrigeren Satz von 0,5 Prozent positiv nennen,[113] was seinerzeit auf ähnliche methodische Einwände stieß wie später die absolute Obergrenze. Eine präzise Benennung der Grenze und eine Einengung des Konkretisierungsspielraums des Gesetzgebers durch das Gericht selbst läßt sich in Fällen dieser Art also nicht vermeiden.

Auch in Fragen des Wahlrechts geht das Bundesverfassungsgericht – wie in Sachen Politikfinanzierung – grundsätzlich von der Notwendigkeit einer strengen Angemessenheitskontrolle aus. Hier liegen entstehungsgeschichtlich sogar die Wurzeln der Entwicklung des Bundesverfassungsgerichts zum Ersatzgesetzgeber. Die strenge Kontrolle der in eigener Sache entscheidenden Parteien wurde von Rechtsprechung und Lehre zuerst am Beispiel des Wahlrechts praktiziert und erst von dort auch auf Regelungen der »Wahlvorbereitung« erstreckt.[114]

Doch insgesamt gesehen sind Rechtsprechung und Rechtslehre in diesem Kernbereich des Staatsrechts noch überraschend unsicher. Das hängt wohl auch damit zusammen, daß ein großer Teil der Staatsrechtslehre immer noch dazu neigt, die verfassungsrechtliche Gemeinwohlverpflichtung der Amtsträger einseitig zu betonen und die machtorientierten tatsächlichen Verhältnisse beziehungslos danebenstehen zu lassen, obwohl sie die Erfüllung jener Verpflichtung häufig illusorisch machen. Zudem sind die Möglichkeiten der verfassungsgerichtlichen Kontrolle von vornherein begrenzt. Das Gericht kann – anders als die Rechnungshöfe – nicht von sich aus tätig werden. Ohne Kläger kein Richter, und die Bürger haben, jedenfalls in Sachen staatliche Politikfinanzierung, zumeist keine Klagebefugnis.[115] Klagen dürfen nur die Regierungen, die Parteien, Fraktionen und Abgeordneten, also die Angehörigen der politischen Klasse selbst, die davon aber aus naheliegenden Gründen in jüngerer Zeit immer seltener Gebrauch machen. Das führt zu einer geradezu paradoxen Situation: Die Klagewilligen sind nicht befugt und die Klagebefugten nicht willens. Die Abgehobenheit der politischen Klasse findet hier auch eine prozessuale Entsprechung.

Kam es in der Vergangenheit dennoch zu Prozessen, so waren die Kläger vornehmlich kleine Parteien (vor allem die Grünen, die sich aber zunehmend etablieren, und die PDS), kommunale Wählergemeinschaften und einzelne Abgeordnete, die sich nicht in die große Politikfinanzierungskoalition einbinden ließen. Im übrigen dauern derartige Prozesse meist viele Jahre. So haben zum Beispiel rheinland-pfälzische und thüringische Abgeordnete der Grünen 1991 Antrag auf Überprüfung von Privilegien in den Abgeordnetengesetzen beider Länder beim Bundesverfassungsgericht gestellt (bisher nicht entschieden), die kommunale Wählervereinigung Weinheim hat im August 1994 Verfassungsbeschwerde beim Bundesverfassungsgericht gegen ihre Diskriminierung bei der staatlichen Parteienfinanzierung erhoben (bisher nicht entschieden), Abgeordnete der PDS des Thüringer Landtags haben 1995 Antrag auf Überprüfung der Indexierung der Diäten beim dortigen Landesverfassungsgericht gestellt (bisher nicht entschieden). Die lange Dauer der gerichtlichen Verfahren fällt um so mehr ins Gewicht, als das Gericht die Begünstigten bisher noch nie zur *Rückzah-*

lung verfassungswidrig gewährter öffentlicher Mittel verpflichtet hat, so daß den in eigener Sache Entscheidenden die Früchte von Grenzüberschreitungen verblieben, was sie nicht gerade dazu animiert hat, die vom Gericht gezogenen Grenzen streng einzuhalten, sondern es im Gegenteil schon mal »darauf ankommen« zu lassen.[116]

Auch in der Sache war das Wirken des Bundesverfassungsgerichts zwiespältig, was sich wiederum am besten an der Entwicklung der Politikfinanzierung zeigen läßt,[117] die die Politikerin der Grünen Antje Vollmer, sehr plastisch mit der Echternacher Springprozession verglichen hat: zwei Schritte zurück und drei Schritte vor.[118] Das Gericht hat sogar die Richtung seiner Rechtsprechung zur Parteienfinanzierung mehrmals grundlegend geändert, fast wie ein Chamäleon seine Farbe. Nachdem es die staatliche Parteienfinanzierung 1958 (mit Leibholz) für zulässig erklärt hatte, nahm es dies 1966 (ohne den vorher ausgeschlossenen Leibholz) zurück und ließ nur noch die Ersetzung von Wahlkampfkosten aus der Staatskasse zu, wobei es dann aber zwei Jahre später (wiederum mit Leibholz) die Kriterien für Wahlkosten so aufweichte, daß die Wahlkampfkostenerstattung praktisch zu einer staatlichen Teilfinanzierung der Parteien wurde, woraus das Gericht schließlich 1992 die Konsequenz zog und nunmehr auch ausdrücklich eine durch die »absolute Obergrenze« gedeckelte staatliche Teilfinanzierung zuläßt. Auch in der Beurteilung der Steuerbegünstigung von Zuwendungen an Parteien hat das Gericht stark geschwankt. Die zunächst engen Grenzen hat es in einem Urteil von 1987 überraschend gelockert, um sie 1992 wiederum zu straffen und zu seiner früheren Rechtsprechung zurückzukehren.

Es versteht sich, daß dieses Hin und Her die Autorität des Gerichts in Sachen Parteienfinanzierung nicht gestärkt und es den Parlamenten erleichtert hat, es mit den vom Gericht gesetzten Grenzen nicht so genau zu nehmen. Gleichwohl tut man dem Gericht Unrecht, wenn man es nur kritisiert[119] und nicht auch nach den Gründen für das Herumreißen des Ruders fragt. Die drei großzügigen Urteile von 1958, 1968 und 1987 sind unter dem Einfluß von Richtern ergangen, die vermutlich auch wegen ihrer (un-)ausgesprochen parteifreundlichen Haltung in das Gericht gewählt worden waren: Gerhard Leibholz und Hans Hugo Klein. Die übertrieben parteienstaatliche Auffassung von Leibholz wurde bereits im vorangehenden Abschnitt dargestellt. Klein war kurz vor seiner Berufung mit einem Aufsatz in Erscheinung getreten, der eine Revision der bisherigen engen Grenzen durch das Gericht empfahl,[120] so daß hier zumindest der böse Schein eines Zusammenhangs zwischen dem Erscheinen des Aufsatzes und der erfolgten Berufung besteht. Auch die Mitglieder des Bundesverfassungsgerichts verdanken den Parteien ihr Amt und müssen deshalb wohl auch als zur politischen Klasse gehörig betrachtet werden. Es wäre deshalb mehr als überraschend, wenn sie nicht gelegentlich »aus dem Geiste des Konsenses«[121] heraus entschieden. So hat das Gericht von Anfang an hingenommen, daß die Staatsmittel proportional zum Wahlerfolg bei früheren Wahlen bemessen werden, was den großen etablierten Parteien automatisch ein gewisses Übergewicht verschafft und erhält.[122] Dieses Übergewicht erhöht sich noch seit dem Urteil von 1992, wonach die Verteilung der Staatsmittel sich auch nach den eingeworbenen Mitgliedsbeiträgen und kleineren und mittleren Spenden zu richten hat, die sich in überproportionaler Weise auf die etablierten Parteien zu konzentrieren pflegen.[123] Die politische Klasse hat den darauf entfallenden Teil der Staatsmittel sehr hoch bemessen, und dieser wird auch in Zukunft noch stark zunehmen.[124]

Die Lage darf aber nicht im Sinne einer parteipolitischen Abhängigkeit der Mehrzahl der Richter mißverstanden werden. Der sogenannte Becket-Effekt, der dazu führen kann, daß Amtsinhaber von den Anforderungen ihres Amtes geprägt werden, wirkt sich beim Bundesverfassungsgericht besonders aus und sollte auch durch eine Änderung des Gesetzes über das

Bundesverfassungsgericht gefördert werden, die die Wahlperiode auf zwölf Jahre verlängerte und eine Wiederwahl ausschloß. Im übrigen ergingen die beiden begrenzenden Urteile von 1966 (das ohne Leibholz erging, der vorher wegen Befangenheit ausgeschlossen worden war) und von 1992 auch unter dem Eindruck der starken Ausweitungen der Parteienfinanzierung, zu denen die großzügigen vorherigen Urteile beigetragen hatten, sowie der massiven Kritik in der Fachliteratur.

Anzuerkennen ist auch, daß das Gericht versucht hat, die Beteiligung aller Parteien an der kostenlosen Sendezeit für Wahlpropaganda im öffentlich-rechtlichen Fernsehen offenzuhalten[125] und eine Zuteilung der Sendezeit ausschließlich nach dem letzten Wahlergebnis für verfassungswidrig erklärt hat, um nicht den bisherigen Parteien zu Lasten neu aufkommender Parteien eine Vorgabe zu geben und dadurch den Status quo zu verfestigen.[126] Ebenso suchte das Gericht durchzusetzen, daß alle ernsthaften Initiativen an der Staatsfinanzierung beteiligt werden, indem auch außerparlamentarische Parteien mit mindestens einem halben Prozent der Wählerstimmen, parteifreie Kandidaten und Wählergemeinschaften, auch kommunale Wählergemeinschaften, einzubeziehen sind.[127] Das Gericht hat weiter versucht, durch besondere Vorkehrungen für die Ausgestaltung der staatlichen Parteienfinanzierung – trotz ihres hohen Volumens[128] – die Staatsfreiheit und Bürgernähe der Parteien einigermaßen zu erhalten. Zu diesem Zweck hat es schon früh die (allerdings erst neuerdings so genannte) relative Obergrenze eingeführt, wonach die (direkte) Staatsfinanzierung nicht mehr als 50 Prozent der Gesamteinnahmen der Parteien ausmachen darf.[129] 1992 hat das Gericht weiter verlangt, daß die Staatsfinanzierung sich nicht nur nach der Zahl der erlangten Wahlstimmen, sondern, wie erwähnt, auch nach den eingeworbenen Mitgliederbeiträgen und (kleinen und mittleren) Spenden bemißt.[130] Dadurch sollen die Parteien weiterhin darauf angewiesen bleiben, »sich um die finanzielle Unterstützung ihrer Aktivitäten durch ihre Mitglieder und ihnen nahestehende Bürger zu bemühen«.[131]

Doch die genannten Kontrollansätze des Gerichts sind so löchrig wie ein Schweizer Käse. Sie betreffen im wesentlichen nur die Parteien im engeren juristischen Sinne, nicht die anderen Formen der indirekten Staatsfinanzierung parteinaher oder gar parteidominierter Einrichtungen, deren Entwicklung die Offenheit und Chancengleichheit des Wettbewerbs und die Bürgernähe der Parteien ebenfalls in hohem Maße gefährdet. Das gilt zum Beispiel für die Finanzierung der Fraktionen. Hier hat das Gericht zwar Beschränkungen der Aufgaben vorgenommen, für die die Fraktionen allein staatliche Mittel verwenden dürfen. Diese werden von der Praxis aber weitgehend ignoriert und konnten das explosionsartige Ansteigen der Zahlungen nicht verhindern. Hinsichtlich der Parteistiftungen hatte sein bisher noch nicht revidiertes Urteil von 1986[132] einen eher bestätigenden Effekt. Hinsichtlich der Bezahlung von Landtagsabgeordneten hat das Gericht durch sein mißverständliches Diätenurteil von 1975 praktisch die Schleusen geöffnet.[133] Und in einem Urteil von 1987 erweckt das Gericht gar den Eindruck, es wolle in Zukunft von seiner noch im Diätenurteil unternommenen strengen Kontrolle abweichen.[134] Den Vogel hatte aber der Bayerische Verfassungsgerichtshof in einer Entscheidung von 1982[135] abgeschossen, als er die hohe steuerfreie Kostenpauschale von 3800 DM monatlich, die bayerische Landtagsabgeordnete schon damals – neben ihrem steuerpflichtigen Gehalt und ihrer sonstigen Amtsausstattung – erhielten, mit der Begründung für verfassungsgemäß erklärte, die Konkurrenz unter den Mitgliedern des Bayerischen Landtags führe quasi automatisch dazu, daß die Abgeordneten den ihnen durch die Kostenpauschale gewährten finanziellen Rahmen auch ausschöpften. Diese Argumentation erweist sich bei genauerer Betrachtung als unhaltbar. Ließe man sie gelten, so käme dies im Ergebnis einem Freibrief gleich. Es stände den

Landtagen frei, Kostenpauschalen praktisch in beliebiger Höhe festzulegen; sie könnten immer darauf verweisen, die Konkurrenz unter den Abgeordneten würde schon dafür sorgen, daß diese den noch so üppigen finanziellen Rahmen auch ausschöpfen.

Besonders deutlich ist die bereits geschilderte Benachteiligung der kommunalen Wählergemeinschaften – seitens der etablierten Parteien wurde versucht, sie wettbewerbswidrig zu behindern: durch Sperrklauseln, durch die Beschränkung des Teilnehmerkreises an Kommunalwahlen auf Parteien im engeren Sinn, durch Nichtbeteiligung an der Staatsfinanzierung (siehe S. 140 ff.). Auch hier konnte das Gericht nicht immer ein wirksames Gegengewicht bilden. Ein Beispiel dafür ist die Fünfprozentklausel auf Kommunalebene, die es nach wie vor in einigen Bundesländern gibt und die die kommunalen Wählergemeinschaften in besonderer Weise trifft. Auch in Bayern bestand früher eine Fünfprozentklausel. Sie wurde aber vom Bayerischen Verfassungsgerichtshof wegen Verstoßes gegen die Gleichheit des Wahlrechts und die Chancengleichheit der Parteien und politischen Gruppierungen aufgehoben, unter anderem mit der Begründung, daß es insofern keiner Bekämpfung der Splitterparteien im Gemeinderat bedürfe, als der Bürgermeister nicht von diesem, sondern direkt vom Volk gewählt werde.[136] Vor diesem Hintergrund kann die Fünfprozentklausel auf kommunaler Ebene heute nicht mehr als verfassungsgemäß angesehen werden.[137] Wie das Bundesverfassungsgericht entscheiden würde, ist gleichwohl offen. Karlsruhe hat die Fünfprozentklausel nicht nur stets zugelassen, sondern auch abgesegnet, daß sie, zum Beispiel durch Bezug auf das ganze Bundesgebiet,[138] verschärft und sogar auch auf Europawahlen erstreckt wurde.

Die verfassungsrechtliche und verfassungspolitische Grundfrage geht dahin, ob die Regeln des politischen Kampfes den Kämpfern, das heißt der politischen Klasse, verfügbar gemacht werden dürfen. Daß dies in Wahrheit nicht sinnvoll ist, ja, dem demokratischen Grundgedanken im Kern widerspricht, zeigt auch ein anderer Fall von politischem »Insichgeschäft«: die Verlängerung der Wahlperiode eines Parlaments. Hier ist anerkannt, daß ein amtierendes Parlament nicht berechtigt ist, seine eigene Wahlperiode zu verlängern. Dies widerspräche »grundlegenden Prinzipien des freiheitlich-demokratischen Rechtsstaates«, wonach »die Volksvertretungen in regelmäßigen, im voraus bestimmten Abständen durch Wahlen abgelöst und neu legitimiert werden«.[139]

Der Bayerische Verfassungsgerichtshof hat dies sehr klar ausgesprochen: Das Parlament ist nicht befugt, »nach Durchführung einer Wahl die Amtsdauer der bereits Gewählten zu verändern. Denn die vom Volk hier unmittelbar getroffene Entscheidung hat zum Inhalt, daß die Vertreter *unter den im Zeitpunkt der Wahl festliegenden Voraussetzungen,* das heißt auf die in diesem Zeitpunkt gesetzlich bestimmte Dauer, gewählt werden. Diese Entscheidung des Volkes darf vom Parlament nicht nachträglich auf dem Gesetzgebungswege korrigiert werden«. Sonst würde »das Mandat des Gewählten für die überschießende Zeit nicht auf dem hier allein maßgebenden Willen des Volkes, sondern auf einem gesetzgeberischen Akt beruhen. Das aber wäre mit Art. 2 der Bayerischen Verfassung, der unmittelbare Volkswahlen vorschreibt, unvereinbar«. »Wenn die Verfassung ... die unmittelbare Entscheidung des Volkes vorsieht, ist für eine mittelbare Entscheidung durch seine Repräsentanten kein Raum.« »Zu dem gleichen Ergebnis« führe auch die folgende Erwägung: »Der Wähler muß, wenn er zur Wahlurne geht, Klarheit darüber haben, welche Bedeutung seiner Stimmabgabe zukommt, also insbesondere auch wissen, auf welche Zeitdauer er wählt. Er muß sich auf das geltende Wahlrecht, das diese Dauer festgelegt hat, verlassen können.«[140]

Dieses Urteil legt es nahe, daraus auch Konsequenzen für die Festlegung des Status der politischen Klasse zu ziehen und

»unter den im Zeitpunkt der Wahl festliegenden Voraussetzungen« nicht nur die Dauer der Wahlperiode (Wahl auf welche Zeit?) zu verstehen, sondern auch die Bedingungen, unter denen das Amt ausgeübt wird, insbesondere die Höhe der »*Gegen*«-Leistung, die der Abgeordnete dafür vom Volk erhält, daß er sich ihm zur Verfügung stellt und sich der Verfolgung seines Wohls widmet (Wahl unter welchen materiellen Konditionen?). Zu der »Bedeutung seiner Stimmabgabe«, über die der Wähler Klarheit haben muß, gehört nicht nur die in Wahlgesetzen festgelegte Zeitdauer, sondern es gehören dazu auch die im Abgeordnetengesetz festgelegten *finanziellen Konditionen*. Auch liegt die Erwägung nahe, »daß bei jeder Wahl der Abgeordnete mit seinen Wählern gleichsam einen stillschweigenden Vertrag abschließe, keine höhere Entschädigung als die zur Zeit der Wahl gesetzlich feststehende für sich entgegennehmen zu wollen«. In diese Richtung argumentiert denn auch die Verwaltungsrechtlerin Hildegard Krüger:[141] »Es ist nämlich im Verfassungsrecht allgemein anerkannt, daß kein Parlament seine Gesetzgebungsgewalt dazu benutzen darf, die Rechtsposition, unter der es angetreten ist, zu verbessern.« Auch der Appell von 86 Staatsrechtslehrern vom Herbst 1995, der sich gegen die Änderung des Diätenartikels des Grundgesetzes wandte, zog eine Linie von der Unzulässigkeit der Verlängerung der eigenen Legislaturperiode durch ein Parlament zur Verbesserung der eigenen materiellen Position durch Änderung der bestehenden Verfassung.

Vielfach haben wir uns allerdings schon so sehr an die bestehende, von der politischen Klasse immer wieder inszenierte Situation des Entscheidens in eigener Sache gewöhnt, daß wir verlernt haben, ihre eigentliche Problematik auch nur zu erkennen. Kaum irgendwo trifft das Märchen von des »Kaisers neuen Kleidern« besser zu als hier. Insofern werden das Bundesverfassungsgericht und die Landesverfassungsgerichte zu erwägen haben, ob nicht aus dem Grundgesetz und den Landesverfassungen der Grundsatz ableitbar ist, daß Veränderungen der materiellen Konditionen der Abgeordneten nur jeweils mit Wirkung für zukünftige Parlamente zulässig sind.

Wir hatten eingangs schon festgestellt, daß die Regeln des politischen Kampfs nicht in der Hand der Kämpfer liegen dürfen, will man nicht den Verlust der Richtigkeit gerade im empfindlichsten Bereich der Demokratie riskieren. Die Festlegung der Regeln und die Überwachung ihrer Einhaltung muß vielmehr einer Instanz *oberhalb* der Kämpfer anvertraut werden. Die Verfassungsgerichte, insbesondere das Bundesverfassungsgericht, stellen bis zu einem gewissen Grad eine solche übergeordnete Instanz dar. Doch hat die bisher nur ungenügende Verarbeitung der Problemlage durch die Staatsrechtslehre es auch der Rechtsprechung erschwert, ihre eigentliche Aufgabe zu erkennen. Künftige Forschungen müssen meines Erachtens von folgender Ausgangslage ausgehen: Die Regeln des Kampfs um die Macht sind das Herzstück der Demokratie. Sie sind Verfassungsrecht im materiellen Sinne, und zwar unabhängig davon, ob sie in der formalen Verfassungsurkunde niedergelegt sind oder nicht. Diese Regeln des Machtkampfs sind gedanklich streng zu trennen von den verfassungsrechtlichen Grundsätzen, nach denen sie zu beurteilen sind, also insbesondere den Grundsätzen der Offenheit und Chancengleichheit des politischen Wettbewerbs und der parteiinternen Demokratie. Diese Grundsätze eignen sich auch deshalb besonders gut für eine Kontrolle, weil sie im unabänderlichen Verfassungsrecht verankert sind (Art. 79 III GG) und deshalb von den gesetzgebenden Körperschaften nicht angetastet werden können, auch nicht mit verfassungsändernden Mehrheiten. Das Bundesverfassungsgericht sollte also den Mut haben, diese Grundsätze wirklich streng zu interpretieren, wenn es um die besonders gefährdeten, aber für die Legitimation der Demokratie besonders wichtigen Regeln des Machtkampfs geht. Zugleich sollte das Gericht die gesetzgebenden Körperschaften auch veranlassen, dort angemessene Verfahrensweisen zu erzwingen, wo es daran bisher in erheblichem Maße fehlt: bei der Kandidatennominierung für Parlamentswahlen und bei der Einstellung und Beförderung von öffentlichen Bediensteten. Die Neigung, für sich zu entscheiden, führt nicht nur dazu, daß es bei der Beschlußfassung des Parlaments zu verzerrten Entscheidungen kommt, sondern bewirkt durch das Verschaffen von Vorteilen für die Amtsinhaber auch, daß es bei den Nominierungen zu verzerrten Ergebnissen kommt. Die Verkrustungen überlagern sich.

Entgegen dieser *faktischen* Lage bleiben die gesetzgebenden Organe *verfassungsrechtlich* verpflichtet, dafür Sorge zu tragen, daß zumindest in derartigen Schlüsselbereichen Offenheit und Chancengleichheit bestehen und aufrechterhalten bleiben. Sie müßten also eigentlich dafür sorgen, daß Organisation und Verfahren so geändert werden, daß ausgewogene Entscheidungen zu erwarten sind. Doch insoweit hat man hier den Bock zum Gärtner gemacht. Um so wichtiger ist es, daß die Verfassungsrechtsprechung solche Änderungen der Organisation und des Verfahrens erzwingt. Daß dies *methodisch* möglich ist, hat die Rechtsprechung auch in anderen Bereichen gezeigt, wo sie der Gesetzgebung von Verfassungs wegen Änderungen aufgezwungen hat, so daß Organisation und Verfahren funktionieren. Und auch *faktisch* dürfte das Gericht dazu durchaus in der Lage sein.

Bleibendes Unbehagen

Trotz der Kontrolle des Gesetzgebers durch die Verfassungsrechtsprechung bereitet die formal-legale Befugnis der auf Zeit Gewählten, das Wahlrecht oder ihren sonstigen rechtlichen Status nach politischer Opportunität zu gestalten, bleibendes Unbehagen. Das Unbehagen schlägt sich in verschiedenen Überlegungen nieder, die dem einen Riegel vorschieben wollen, etwa der Forderung nach Volksabstimmung über Wahlrechtsänderungen,[142] dem Vorschlag, Wahlrechtsänderungen immer erst mit Wirkung für die übernächste Wahl wirksam werden zu lassen,[143] und dem Vorschlag, Erhöhungen der Abgeordnetenbezahlung erst mit Wirkung ab der folgenden Periode in Kraft zu setzen.[144] Zugleich hat der Übergang der Kontrolle auf die Rechtsprechung dazu beigetragen, daß sich die allgemeine und die fachlich-wissenschaftliche öffentliche Diskussion immer mehr auf die eher prognostische Frage verengte, wie das Gericht bestimmte Fälle voraussichtlich entscheiden würde. Dadurch dürften auch die Selbstheilungskräfte des demokratischen Prozesses geschwächt worden sein. Jedenfalls scheint die Behauptung der Verfassungsmäßigkeit in diesem Bereich die Diskussion der sachlich-inhaltlichen Angemessenheit immer mehr zu verdrängen.

Doch trifft eine wohlfeile Kritik am Bundesverfassungsgericht nicht den Kern. Das Gericht hat versucht, Mißbräuchen zu begegnen. Dazu ist eine als Gericht ausgestaltete Kontrollinstitution, die nur auf Antrag tätig wird, primär Einzelfälle zu entscheiden hat und nur über ein beschränktes Potential an umfassender Faktenermittlung und Analyse verfügt, jedoch nur begrenzt in der Lage. Dabei ist der Faktor, daß die Parteien durch Auswahl der Mitglieder des Gerichts indirekt auch einen gewissen Einfluß auf seine »Grundgestimmtheit« besitzen, noch gar nicht erwähnt.

Die bezeichneten hochpolitischen Probleme müssen letztlich auch politisch angegangen werden. Deshalb sind die genannten Vorschläge durchaus relevant. Doch soweit sie nur verfassungs*politischer* Art sind, also Anregungen an die Parlamente, mit Zweidrittelmehrheiten die jeweilige Verfassung zu ändern, erscheinen die praktischen Erfolgsaussichten gering – aus den dargestellten Gründen machtpolitischer Opportunität.

Es ist deshalb nach einem Alternativverfahren Ausschau zu halten, mit dem man, an den Eigeninteressen der politischen Klasse vorbei, Änderungen herbeiführen kann, auch wenn dies der politischen Klasse nicht gefällt. Solche Verfahren, mit denen man die Eigeninteressen der politischen Klasse wirksam im Zaum halten kann, existieren in der Tat auf Landesebene. Dort können Gesetze auch im Wege von Volksbegehren und Volksentscheid zustande kommen. Auf diese Weise wäre es also durchaus möglich, gegen Manipulationen der Regeln des Machtkampfs wirksam Front zu machen. Und wenn man genau hinsieht, laufen die oben genannten Vorschläge ja auch auf eine Aktivierung des Volkes gegen Mißbräuche hinaus.

Diesen Fragen werden wir im nächsten Kapitel nachgehen.

7
Das Ende der Lähmung

Die Schlüsselrolle des Volkes

In früheren Kapiteln dieses Buches wurden die wichtigsten Akteure der Politik und ihre Hauptmotive dargestellt: das Machtinteresse der politischen Elite und das Berufsinteresse der politischen Klasse; Motive, welche die Akteure wie ein mächtiger Motor antreiben. Wir haben weiter dargestellt, wie eng der öffentliche Dienst, die Verwaltung und die Interessenverbände mit der politischen Klasse (einschließlich der politischen Elite) verwoben sind: Verbeamtung und Interessentenfärbung der politischen Klasse. Wir haben schließlich dargestellt, zu welch gravierenden Fehlentwicklungen es kommt, ja geradezu mit nachweisbarer Notwendigkeit kommen *muß*, wenn die Eigeninteressen der politischen Klasse sich weitgehend unkontrolliert entfalten können. Die zum Teil aus ganz anderen geschichtlichen Epochen überkommenen, zum Teil von der politischen Klasse selbst gezimmerten verfassungsrechtlichen Schlüsselinstitutionen sind weder auf die Bändigung des Berufsinteresses der politischen Klasse noch des Machtinteresses der politischen Elite zugeschnitten. Die bestehenden Institutionen sind deshalb auch nicht in der Lage, jene Vitalinteressen der Berufspolitiker zu kanalisieren, sie in eine für das Gemeinwesen förderliche Richtung zu lenken und auf diese Weise die beiden Grundwerte der Demokratie – inhaltliche Richtigkeit und Bürgerpartizipation – möglichst weitgehend zu verwirklichen.

Entmachtung des Volkes – Allmacht der politischen Klasse

Als Quelle der zahlreichen diagnostizierten Fehlentwicklungen hat sich die Vereinigung der Gewalten in der Hand der politischen Klasse und, damit zusammenhängend, die Aushebelung des Rechtsstaats- und des Demokratieprinzips erwiesen. Die eigentliche Wurzel der Probleme ist die Ausschaltung des Bürgers, des Volkes und damit des nominellen Souveräns. In der Demokratie kommt letztlich allein das Volk als Leitlinie für richtige Politik und als Gegengewicht gegen Mißbräuche seitens der Machthaber und gegen die Gleichschaltung der kontrollierenden Institutionen in Betracht. Ist das Volk dagegen entmachtet – wie in der Bundesrepublik Deutschland – liegt es auf der Hand, daß niemand mehr die Eigeninteressen der politischen Klasse im Zaum halten kann. Hier zeigt sich, wie sehr die Allmacht der politischen Klasse nur die Kehrseite der Entmachtung der Bürger ist.

Werner Maihofer spricht also mit Recht von einem Partizipationsdefizit unserer Demokratie (siehe Kapitel 3, S. 185), ja, man muß geradezu von einer Entmündigung des Bürgers sprechen.[1] Zahlreiche Aspekte dieses Partizipationsdefizits wurden in diesem Buch bereits angesprochen (insbesondere in Kapitel 2, S. 109 ff.). Im folgenden sollen zusammenfassend die Besonderheiten des Wahlrechts und der fehlende Einfluß des Bürgers auf die »Geschäftsgrundlage« unserer Demokratie, die Bundesverfassung, skizziert werden.

Der Bürger ist in unserer Demokratie nur nominell Herr und Souverän, in Wahrheit besitzt er aber kaum Einfluß. Die Entmündigung der 60 Millionen deutschen Wähler zeigt sich besonders im Wahlrecht, jenem angeblichen Königsrecht des Bürgers in der repräsentativen Demokratie. Das bei uns vorherrschende Verhältniswahlrecht mit starren, vom Wähler nicht zu verändernden Listen nimmt ihm die Möglichkeit, die Abgeordneten tatsächlich auszuwählen. Der Bürger wird von den Parteien bevormundet, und zwar weitaus mehr, als nach den Gegebenheiten der Massendemokratie unvermeidlich wäre. Ganz ausgeprägt ist dies bei der Wahl der deutschen Europaabgeordneten und bei einigen Landtags- und Kommunalwahlen, wo der Bürger allein starre Parteilisten ankreuzen kann. Wer ins Parlament kommt, bestimmen parteiinterne Gremien. Wen sie auf einem »sicheren« Listenplatz nominiert haben, dem kann der Wähler nichts mehr anhaben.[2] Die Wahl ist dann nur noch Formsache. Bei Bundestagswahlen gibt es zwar neben der Zweitstimme für die starre Liste, die in der Summe über die Anzahl der Mandate entscheidet, noch eine Erststimme für die Wahl der Direktkandidaten, über welche die Hälfte der Bundestagsabgeordneten gewählt wird. Angesichts der durch das Verhältniswahlsystem geförderten Dominanz der Parteien gibt aber auch hier die Parteizugehörigkeit häufig den Ausschlag. Wer in einem sogenannten stabilen Wahlkreis seiner Partei aufgestellt ist, braucht um seine Wahl nicht mehr zu bangen. Im übrigen ist, wer im Wahlkreis unterliegt, meist auf der Landesliste abgesichert und kommt auf diesem Weg doch noch ins Parlament. So steht der größte Teil der Bundestagsabgeordneten schon mit der Nominierung fest. Die Behauptung, der Wähler treffe mit dem Ankreuzen einer Partei immerhin eine Entscheidung über deren gesamtes Personalangebot, ist daher reine Fiktion. Auf den Listen bei Bundestagswahlen sind die Kandidaten (mit Ausnahme der ersten fünf) denn auch nicht einmal mehr namentlich aufgeführt. In punkto Personalentscheidung ist das Partizipationsdefizit der Bürger also evident. (Sachentscheidungen im Wege des Volksbegehrens und Volksentscheids gibt es auf Bundesebene bekanntlich ohnehin nicht.) Die Entscheidung des Wählers betrifft in erster Linie die eine oder andere *Partei*. Er entscheidet allein noch über die Größe der verschiedenen Fraktionen und damit über die Herrschaftsanteile der Parteien, nicht über die Kandidaten. Doch auch damit kann er die große Richtung der Politik kaum beeinflussen. Das liegt zum einen daran, daß regelmäßig Koalitionen regieren und der Wähler vorher nicht sicher sein kann, welche Koalitionen zustande kommen. Kleine Parteien spielen Zünglein an der Waage und entscheiden durch ihre Koalitionspräferenzen darüber, wer die Mehrheit im Parlament erhält und die Regierung stellt. Auch nach der Wahl bleibt es dem Bürger – aufgrund des durch Koalitionen begünstigten Verantwortungsverlusts – meist verborgen, welcher Partei er welche politische Entscheidung verdankt. Zudem führen abweichende Mehrheiten im Bundesrat dazu, daß alle wichtigen Entscheidungen nur noch von den großen Parteien gemeinsam getroffen werden können. Dann kann der Bürger wählen, wen er will: das Ergebnis bleibt das gleiche.

Auch wenn die Führungen der großen politischen Parteien sich einig sind, ein politisches Problem *nicht* anzupacken, kann der Wähler mit dem Stimmzettel nichts ausrichten. Es gibt viele solcher Bereiche, in denen der Wettbewerb nicht funktioniert, weil die politische Klasse dazu neigt, sich bestimmte gemeinwohlwidrige Verhaltensweisen gegenseitig nachzusehen.[3] Da dabei regelmäßig gemeinsame Eigeninteressen auf dem Spiel stehen, verbündet die (partei- und föderalismusübergreifende) politische Klasse sich untereinander und verhindert gemeinsam, daß dem Wähler entsprechende Verbesserungsvorschläge vorgetragen und diese zum Gegenstand des Parteienwettbewerbs gemacht werden. Solche (ausdrücklichen oder stillschweigenden) wettbewerbsbeschränkenden Absprachen sind in der Wirtschaft grundsätzlich verboten, weil sie den Verbraucher entmachten und die Steuerungsfunktion des Wettbewerbs lahmlegen. Politische Kartelle gegen das Volk sind aber noch viel gefährlicher, weil sie die Wähler entmachten und verhindern, daß wichtige – möglicherweise überlebenswichtige – Themen angepackt werden.

Daß die mangelnde Kontrolle der politischen Klasse auf der

Entmachtung der Bürger beruht, zeigt sich auch bei der Rekrutierung der Abgeordneten und bei der Wiedernominierung der Mandatsträger: Sind die Abgeordneten von der Kontrolle durch die Wähler weitgehend entbunden und tragen sie ihnen gegenüber praktisch keine individuelle Verantwortlichkeit, so können sie sich darauf konzentrieren, die Fäden innerhalb der Partei in der Hand zu behalten. Dadurch wird dem Abgeordneten die Plattform für Kungeleien innerhalb der Parteigremien geboten, die seine Wiederwahl sichern und den »Seiteneinstieg« qualifizierter Konkurrenten praktisch unmöglich machen. Vor diesem Hintergrund ist es nur zu verständlich, daß die Bereitschaft der Abgeordneten, am bestehenden Wahlrecht etwas zugunsten der Einflußmöglichkeiten der Bürger zu ändern, gering ist.

Besonders ausgeprägt ist das Partizipationsdefizit auf der Ebene der Verfassung. Auf ihr Zustandekommen und ihren Inhalt hat das Volk in der Bundesrepublik Deutschland erst recht keinen Einfluß. So wurden bei der Reform des Grundgesetzes nach der deutschen Vereinigung die allerwichtigsten Verfassungsfragen, die zentrale Herausforderungen unseres politischen Systems markieren, ausgeblendet. Die zwei wichtigsten Themen einer Verfassung sind die Legitimierung der Staatsmacht und deren Begrenzung. Die Legitimation einer demokratischen Verfassung verlangt, daß sie auf das Volk zurückgeführt wird. Die Begrenzung der Macht verlangt, daß die politische Klasse als wichtigste Trägerin der Macht wirksam kontrolliert und soweit als möglich am Mißbrauch ihrer Macht gehindert wird. Beide Fragen wurden aber nicht behandelt, weil sie direkt die Stellung der politischen Klasse betreffen. Das hing damit zusammen, daß die Gemeinsame Verfassungskommission des Bundestags und des Bundesrats,[4] die die Verfassungsreform nach der deutschen Vereinigung vorbereiten sollte, aus Berufspolitikern, also aus Mitgliedern der politischen Klasse selbst, zusammengesetzt war.[5] Es ist nun mal schwer, sich am eigenen Schopf aus dem Sumpf zu ziehen. Das macht das Grundgesetz immer mehr zu einer Verfassung aus dem Geist und aus der Sicht der politischen Klasse, nicht aus der der Bürger.

Werner Maihofer hat die Situation auf den Punkt gebracht: Indem die Verfassungskommission glaubte, sich über die »Fundamentalkritik unseres Parteiensystems einfach hinwegsetzen und zur Tagesordnung übergehen zu können, ohne auch nur in eine systematische Analyse seiner evidenten Defizite und Diskussion seiner reformerischen Remedur einzutreten, gibt (sie) damit ein bedenkliches Zeichen der derzeitigen *Unfähigkeit dieser Parteiendemokratie zur Selbstreform*, das die Verdrossenheit auch und gerade der wohlmeinenden um die Zukunft unseres Gemeinwesens besorgten Bürger nur noch vermehren kann. Sie werden dieses insoweit festzustellende Nichtergebnis dieser Reformkommission als Ausdruck der zumindest teilweisen *Befangenheit der Parteien in eigener Sache* auffassen und nicht als das letzte Wort in dieser Sache gelten lassen.«[6]

Der fehlende Einfluß des Volkes auf das Zustandekommen der Verfassung und ihren Inhalt ist auch der zentrale Grund, warum in Deutschland bei Verfassungsfragen, so fundamental sie auch sein mögen, jede breite und tiefgehende öffentliche Diskussion fehlt. Das war bei der Beratung und Verabschiedung des Grundgesetzes 1948/49 nicht anders als beim Maastricht-Vertrag und bei den Beratungen der Verfassungskommission. Das Gefühl der politischen Klasse, die Bürger nicht überzeugen zu müssen, und das Gefühl der Bürger und Medien, doch nichts bewirken zu können, weil alles schon entschieden ist, nahm jeder großen Debatte schon im Ansatz Motivation und Relevanz. Würde die politische Klasse – bei aller gebetsmühlenartigen Wiederholung der »politischen Formeln« von der Demokratie – ganz bewußt das Ziel anstreben, den Staat ungestört zu mißbrauchen und das Volk auszubeuten, dann würde sie vorher wahrscheinlich eine ähnliche Entmündigung vornehmen, wie sie bei uns heute schon längst besteht. An die Stelle des Volkes ist die politische Klasse getreten. Diese Verkehrung ließe sich allenfalls dann rechtfertigen, wenn dadurch die Chance, daß die für die Gesellschaft getroffenen Entscheidungen *inhaltlich* richtig und ausgewogen ausfallen, wesentlich erhöht würde. Genau dies ist aber in weiten Bereichen gerade nicht der Fall.

Das vermutete Einverständnis des Volkes als Maßstab

Wenn die Allmacht der politischen Klasse auf der Entmündigung der Bürger beruht, kann umgekehrt die politische Klasse nur unter Kontrolle gebracht werden, wenn dem Bürger mehr Einfluß gegeben und das politische System dadurch durchlässiger wird für seinen Common Sense. Für Staatsphilosophen von Immanuel Kant bis John Rawls[7] und James Buchanan[8] war die Frage, ob man sich die real existierenden Verhältnisse aus dem Willen aller Bürger hervorgegangen vorstellen könnte,[9] *das* Kriterium für die Beurteilung des demokratischen Staates und seiner Organisation. Die Frage läßt sich aber kaum noch ohne Zynismus auf unsere bundesrepublikanische Wirklichkeit beziehen. Nimmt man diesen demokratischen Probierstein zum Maßstab, so muß es darum gehen, solche Regelungen zu schaffen, von denen man sich vorstellen könnte, daß das Volk sie sich geben würde, wenn es darüber zu entscheiden hätte, und umgekehrt, solche Regelungen zu beseitigen, bei denen man sich dieses Einverständnis des Volkes nicht vorstellen kann. An einige solcher Verfassungszustände, die in diesem Buch behandelt worden sind und mit denen das Volk vermutlich nicht einverstanden wäre, wenn es etwas zu sagen hätte, soll hier erinnert werden, wobei die Aufzählung keineswegs erschöpfend ist, sondern nur Beispiele gibt:

- Die Verbeamtung der politischen Klasse mit der Überrepräsentation des öffentlichen Dienstes in den Parlamenten und der Patronage der Parteien im öffentlichen Dienst und – damit zusammenhängend -
- die mangelnde Kontrollierbarkeit des öffentlichen Dienstes und der Verwaltung, vor allem ihrer Selbstwachstumstendenzen, die gerade einer besonders wirksamen Kontrolle bedürften.
- Der übermäßige Einfluß von gut organisierten Partikularinteressen, der schon bei der Rekrutierung der Parlamentskandidaten beginnt, mit der Folge, daß Allgemeininteressen sich kaum noch durchsetzen lassen, einschließlich der unbegrenzten Möglichkeit der Interessenten, Abgeordnete zu beeinflussen, sogar mit Geldzahlungen, also mit korruptiven Methoden.
- Die mangelnde Offenheit und Chancengleichheit beim Zugang zur Kaste der Berufspolitiker und deren aus den Einseitigkeiten der Nominierungsprozesse resultierende Mittelmäßigkeit. Dem entspricht als Kehrseite:
- Ein Wahlrecht, das den Wählern keine Auswahl läßt und den Wettbewerb zwischen den Personen und den Parteien in krasser Weise verfälscht.
- Die Selbstentscheidung der politischen Klasse über die Zahl ihrer Stellen, über ihre Bezahlung und Versorgung und über die Regeln des Erwerbs und Erhalts von Macht und Posten insgesamt.

Bei allen diesen Fragen handelt es sich um Verfassungsfragen. Es geht, um den früher begonnenen Faden wiederaufzunehmen, darum, die Gewaltenteilung und Ausgewogenheit (Rechtsstaatsprinzip) ebenso wiederherzustellen wie die Demokratie (Einfluß des Volkes), also all diejenigen Prinzipien, deren Verletzung oben dargestellt worden ist (siehe Kapitel 6). Die Mängel auf der Verfassungsebene erschweren zugleich notwendige Reformen auf den darunterliegenden Ebenen. Ein Beispiel ist die Steuerreform, andere Beispiele sind die Reformen der Sozialversicherungen. Überall geht es um die nötigen Anpassungen unseres Systems an aktuelle Herausforderungen wie die Massenarbeitslosigkeit, die Verschlechterung der Altersstruktur der Bevölkerung, die Globalisierung des Wettbewerbs, die Revolution des Kommunikationswesens und den Wertewandel.

Der Wertewandel als Bewußtseinsverstärker

Nun entspricht es in Deutschland immer noch weitverbreiteter Auffassung, die demokratischen Mitwirkungsmängel herunterzuspielen. Unlängst schrieb mir ein staatsrechtlicher Kollege, den ich sehr schätze, der Umstand, daß die Bürger nichts zu sagen hätten, könne schon deshalb nicht so gravierend sein, weil die Bürger von Anfang an, also seit Bestehen der Bundesrepublik, nichts zu sagen gehabt hätten. Dieser Einwand trifft zu und ist doch gleichzeitig falsch. Was sich seitdem völlig verändert hat, ist nämlich die *Bewertung* dieses Tatbestands. Und diese Neubewertung hat ihrerseits objektive Gründe. Die Herausforderungen, denen sich die Gemeinschaft heute gegenübersieht, sind gewachsen. Zugleich hat auch die Intensität des staatlichen Wirkens zugenommen, wie sich besonders im starken Anwachsen des finanziellen Staatsanteils am Bruttosozialprodukt widerspiegelt. Der Anteil der Staatsausgaben am Bruttosozialprodukt, der 1960 noch ein Drittel betragen hat, ist inzwischen auf mehr als die Hälfte angewachsen. Damit wirken sich aber auch die Mängel der staatlichen Entscheidungsbildung immer gravierender aus. Zudem hat die Neigung der politischen Klasse, sich in Ersatzhandlungen zur Sicherung von Macht, Posten und Einkommen zu ergehen, statt die Gemeinschaftsprobleme zu lösen, zugenommen, ja die verfestigten

Eigeninteressen blockieren die Problemlösungsfähigkeit des Systems immer mehr.

Zum anderen reagieren die Menschen auf diese Entwicklungen heute anders. Hier dürfte der sogenannte Wertewandel[10] – weg von den »preußischen« Pflicht- und Akzeptanzwerten und hin zu den »rheinisch-französischen« Selbstentfaltungswerten[11] – eine gar nicht zu überschätzende Rolle spielen; er hat vieles erst so richtig ans Licht gebracht und insoweit als eye-opener fungiert: Sobald nicht mehr der Glaube an überkommene Autoritäten dominiert, sondern kritische Prüfung und individuelle Einsichten für die Einstellung der Menschen zur Politik und zu den politischen Institutionen immer maßgeblicher werden, müssen die Mängel dieser Institutionen um so stärker ins Auge stechen – und die Unfähigkeit der Menschen, daran durch eigene politische Aktivitäten etwas ändern zu können. Genau das, nämlich überholte Strukturen verändern, wollen die Menschen in zunehmendem Maße. Der Wertewandel begründet also ein stärkeres Demokratiebewußtsein und zugleich ein stärkeres Demokratiebedürfnis.[12] Der Bürger ist in 50 Jahren Demokratie – nicht zuletzt durch die Bildungsrevolution, die vor über 30 Jahren begann – mündiger, selbstbewußter und reifer geworden. Die den Wertewandel untersuchende Soziologie spricht sogar von einer partizipatorischen Revolution,[13] allerdings nicht in dem Sinne, daß die Menschen an Gemeinschaftsentscheidungen wirklich stärker mitwirken *könnten*, sondern daß sie daran mitwirken *wollen*. Die Menschen sind immer weniger geneigt, sich noch als Füllmaterial für demokratische Staffage instrumentalisieren zu lassen, durchschauen den rituell-zeremoniellen Charakter der ihnen gebotenen Spielwiesen immer mehr und sind nicht mehr bereit, die angeblich so demokratischen Kleider der politischen Klasse noch zu akzeptieren, sondern blicken – wie in Andersens Märchen von des Kaisers neuen Kleidern – immer ungenierter hindurch auf die nackten Macht- und Berufsinteressen der politischen Klasse. Auch der Bundespräsident hat die gewachsene Bereitschaft der Menschen, sich zu engagieren, unterstrichen (siehe die Einleitung dieses Buches). Doch setzt die Nutzung dieses demokratischen Potentials entsprechende Institutionen voraus, an denen es bisher eben fehlt.[14]

Reformblockade durch Eigeninteressen der politischen Klasse

Die nötigen Verfassungsreformen wirklich anzupacken wird zu einem großen Teil dadurch verhindert, daß die Eigeninteressen der politischen Klasse dagegenstehen – schließlich profitiert sie von den bestehenden Verfassungszuständen. Die Eigeninteressen der politischen Klasse legen sich wie eine Lehmschicht über alle grundlegenden Änderungsinitiativen und lähmen sie. Im allgemeinen geht man davon aus, eine Rechtsordnung komme trotz der Begrenzungen der individuellen Freiheit, die sie für die betroffenen Menschen notwendig mit sich bringt, dennoch zustande, weil es dann unterm Strich allen bessergeht: Die Menschen sind zu dumm und zu leidenschaftlich, um ohne Gesetze auszukommen. Sie sind aber verständig und klug genug, um sich solche Gesetze im eigenen Interesse zu geben. Und die Jahrhunderte, ja Jahrtausende währende abendländische Rechtsentwicklung erlaubt insoweit auch durchaus einen vorsichtigen Optimismus.[15] Deshalb ist man leicht geneigt, die Vorstellung, das Gemeinwesen werde sich aus dem Eigeninteresse seiner Mitglieder heraus schon die richtigen Institutionen geben und die bestehenden Institutionen an geänderte Verhältnisse anpassen, auch auf die Verfassungsebene zu erstrecken. Doch trifft diese Annahme hier nicht mehr zu. Denn nun geht es nicht mehr um den Schutz der Menschen vor sich selbst, sondern um ihren Schutz vor der politischen Klasse. Diese aber besitzt Eigeninteressen, die den gemeinsamen Interessen des Volkes entgegenstehen, und sie sitzt zugleich im Zentrum der Macht und kann auf diese Weise die nötigen Reformen abblocken.

Es geht auch keineswegs nur um ein Nullsummenspiel, also um eine Frage der Umverteilung von Einkommenschancen in dem Sinn, daß man der politischen Klasse gibt, was man den Bürgern entzieht. Das wäre – angesichts des doch immer noch relativ geringen quantitativen Umfangs der politischen Klasse – eine begrenzte und zur Not tragbare Last. Die Lage wird erst dadurch wirklich dramatisch, daß die Eigeninteressen der politischen Klasse sich durchgreifenden Reformen widersetzen, die im Interesse des Gemeinwesens unerläßlich sind. Derartige Blockaden jedoch »kosten« das Gemeinwesen unvergleichlich viel mehr (als sie der politischen Klasse bringen), weil sie die Innovationsfähigkeit des ganzen Systems beeinträchtigen und damit die Zukunft aufs Spiel setzen. Die Eigeninteressen der politischen Klasse begründen also ungeheure Nettonachteile für das ganze Gemeinwesen, das sich durch diese Blockaden insgesamt sehr viel schlechter stellt.

Einzig mögliches und praktisch wirksames Gegengewicht kann letztlich nur das Volk selbst sein, seine Interessen und sein Wille. Bloße Appelle an die politische Klasse, man müsse sich jetzt einen »großen Ruck« geben und die nötigen Reformen durchsetzen, führen jedenfalls kaum weiter (siehe die Einleitung). Mit der Feststellung, daß die Bürger und mit ihnen das allgemeine Interesse aktiviert werden müssen, um den Eigeninteressen der politischen Klasse Paroli bieten zu können, ist allerdings nur die generelle Richtung markiert, in welche die Bemühungen gehen müssen. Zugleich steht fest, welche Verfassungszustände man verändern will. Konkrete Vorstellungen davon, was positiv an ihre Stelle treten soll, sind damit aber noch nicht aufgezeigt. Hierzu bedarf es der wohlüberlegten Fortentwicklung der überkommenen Institutionen. Sie müssen auf die eigentlichen politischen Kräfte und ihre tatsächlichen

Interessen zugeschnitten werden. Es bedarf einer Änderung der Regeln des politischen Kampfs um Macht und Posten, damit diese die Politiker stärker an die Bürger zurückbinden, die politische Klasse stärker kontrollieren und zugleich mehr politische Handlungsfähigkeit freisetzen. Das ist allerdings leichter gesagt als getan. Es setzt zumindest zweierlei voraus: das Wissen, um solche Institutionen zu konzipieren, und die Unabhängigkeit und Kraft, sie in der politischen Praxis durchzusetzen. Diese Vorstellung steckt letztlich auch hinter dem Gedanken der verfassungsgebenden Versammlung, und wir fühlen uns an das Wort des amerikanischen Präsidenten Thomas Jefferson erinnert, jede Generation müsse aufs neue über die ihren Gemeinschaftsproblemen adäquate Verfassung nachdenken. Die Volkswahl der Mitglieder einer solchen Versammlung soll ihr Unabhängigkeit geben und ihren Vorschlägen – zusammen mit der Volksabstimmung darüber – die erforderliche demokratische Legitimation vermitteln. Zugleich soll erreicht werden, daß sich möglichst hoher Sachverstand darin versammelt. Praktisch scheinen in der Bundesrepublik allerdings wenig Aussichten zu bestehen, daß es dazu kommt – und wenn doch, ist die politische Klasse in der Praxis wieder unter sich (siehe aber S. 414 ff.).

John Rawls hat versucht, dem Problem, wie auf Verfassungsebene Unabhängigkeit und Unbefangenheit hergestellt werden können, durch das Konstrukt vom »Schleier des Nichtwissens« beizukommen:[16] Diejenigen, die die Verfassung entwerfen, sollen nicht wissen dürfen, welche Auswirkungen ihre Vorschläge auf die konkrete eigene Situation haben, ob sie diese also verbessern oder verschlechtern. Der Schleier des Nichtwissens soll ihre Eigeninteressen neutralisieren und so Unbefangenheit und Objektivität freisetzen. In der gemeinsamen Verfassungskommission des Bundestags und des Bundesrats war genau das Gegenteil der Fall. Die politische Klasse war unter sich, und durch die vorherige Verabredung von qualifizierten Mehrheiten für ihre Beschlüsse wurde erst recht jede Reform blockiert.

Volksentscheide als Anstoß von Verfassungsreformen

Möglicherweise liegt die Hoffnung letztlich allein darin, daß es bei weiterer Zunahme der Mißstände schließlich zur *Revolution* kommt, wobei das nicht unbedingt so dramatisch gemeint sein muß, wie es zunächst klingt. Es gibt nämlich auch in der Bundesrepublik, jedenfalls auf der Ebene der Bundesländer, eine legale Form der Revolution: die Volksgesetzgebung, mit der die Bürger die Gesetzgebung (wieder) an sich ziehen und anstelle des Parlaments Gesetze erlassen können. Bei unmittelbaren Entscheidungen des Volkes ist allerdings zu unterscheiden zwischen direkten Entscheidungen des Volkes über *Verfassungs*fragen einerseits, also insbesondere über die Regeln des Machtkampfs, und Direktentscheidungen des Volkes über politische Einzelfragen andererseits. Die in der Bundesrepublik verbreitete Skepsis hinsichtlich Volksentscheiden betrifft in Wahrheit Direktentscheidungen über einzelne Sachfragen und läßt die Frage unberührt, ob das Volk nicht sehr wohl in der Lage ist, über seine in der – dann wirklich selbstgegebenen – Verfassung niedergelegte Grundordnung zu entscheiden und auch die Auswahl der Politiker zu treffen. Von ersterem geht jedenfalls praktisch die gesamte demokratische Verfassungstheorie aus, von letzterem die Grundidee der repräsentativen Demokratie. Die Auswahl der Repräsentanten durch die Repräsentierten ist Schlüsselvoraussetzung des ganzen repräsentativen Systems. Bloß haben wir, geblendet durch die Verhältnisse in unserer real existierenden Demokratie, anscheinend den Blick für derartige Selbstverständlichkeiten verloren. Es ist im übrigen auch offensichtlich, daß das Volk, das auf diesem

Wege zu Wort käme, das einzige wirklich potente Gegengewicht gegen die immer stärkere Dominanz der Berufs- und Machtinteressen der politischen Klasse ist.

Daß dies nicht nur Theorie ist, zeigt ein Beispiel auf kommunaler Ebene: die Verbreitung von Elementen der baden-württembergischen Gemeindeverfassung auch in anderen Bundesländern seit Anfang der neunziger Jahre. Jene Gemeindeverfassung ist bekanntlich durch dreierlei gekennzeichnet: die Direktwahl des Bürgermeisters durch das Gemeindevolk, den erhöhten Einfluß der Bürger bei der Wahl des Gemeinderats (durch die Möglichkeit, Stimmen zu kumulieren und zu panaschieren) und das Recht des Gemeindevolks, wichtige Sachfragen durch Bürgerentscheid an sich zu ziehen. Mag die baden-württembergische Gemeindeverfassung auch selbst noch verbesserungsbedürftig sein, so sind ihre generellen Vorzüge inzwischen doch bundesweit anerkannt: Sie gibt dem Bürger direkten politischen Einfluß *und* erhöht zugleich auch die Handlungsfähigkeit der von ihm direkt gewählten Repräsentanten. So ist es, um ein Beispiel zu nennen, sicher kein Zufall, daß das rigorose Programm zur Sanierung der Finanzen der Stadt Offenbach von dem ersten direkt gewählten Oberbürgermeister dieser Stadt stammt, Gerhard Grandtke, der trotz (oder gerade wegen) dieses Programms mit einer Mehrheit von 60 Prozent zum Oberbürgermeister gewählt wurde. Die süddeutsche Gemeindeverfassung hat in den letzten Jahren einen beispiellosen Siegeszug auch in allen anderen Bundesländern, den neuen und den alten, angetreten; sie ist dort inzwischen überall eingeführt, wenn auch teilweise mit gewissen Modifikationen.[17] Diese Entwicklung ist in ihrer Bedeutung als Gegenbewegung gegen strukturelle Probleme des von der politischen Klasse dominierten Parteienstaats bisher aber noch kaum erkannt worden. Das mag damit zusammenhängen, daß Fragen der Gemeindeverfassung in der Öffentlichkeit eher ein Schattendasein fristen. Es mag auch damit zusammenhängen, daß von der politischen Klasse eine offene Diskussion vermieden wird, weil dann Konsequenzen auch für die staatlichen Verfassungen in Bund und Ländern auf der Hand lägen.

Der Grundgedanke der süddeutschen Gemeindeverfassung läßt sich ja durchaus auf die Verfassungen etwa der Bundesländer übertragen. Gerade in den Ländern, deren Aufgabe vornehmlich in der Exekutive besteht, liegt es nahe, den Ministerpräsidenten als Spitze der Exekutive ebenfalls direkt zu wählen. Auch das Wahlrecht der Landtage, die zu verkleinern wären, müßte grundlegend reformiert werden (siehe dazu S. 405 ff.).

Auch hier ist wiederum nicht zu erwarten, daß die politische Klasse von sich aus derartige Reformen anstrebt, denn sie würden die Chancen des Erwerbs von Macht und Posten zu Lasten der derzeitigen Stelleninhaber natürlich verändern. Es gibt aber – gerade in den Bundesländern – einen Weg, auch an den Parlamenten vorbei grundlegende Verbesserungen durchzusetzen, nämlich durch *Volksentscheide*. Hier kommt also die schon erwähnte Volksgesetzgebung ins Spiel. Mit ihr können sogar die Landesverfassungen selbst geändert werden. Welche Dynamik in diesem Instrument liegt, hat sich 1991 in Hessen gezeigt. Dort wurde die Direktwahl der Bürgermeister durch einen landesweiten Volksentscheid eingeführt und dadurch der Startschuß für die Reform der Gemeindeverfassungen auch in anderen Ländern gegeben.[18] Das Bemerkenswerte lag nicht nur im Ergebnis der Abstimmung, sondern auch im Ausmaß der Mehrheit: 82 Prozent der Abstimmenden hatten sich für die Direktwahl ausgesprochen. Es gab in der Bevölkerung in diesem Punkt also fast so etwas wie einen Konsens, und das, obwohl die SPD und die Grünen opponiert hatten und auch die CDU durchaus nicht mit ganzem Herzen dabeigewesen war.

Das Ergebnis der Abstimmung machte auch in anderen Ländern hellhörig. Schlagartig wurde deutlich, welche Meinung die breite Mehrheit des Volkes in dieser Sache hat und daß die Gemeindeverfassungen vieler Länder davon in zentralen Punkten[19] abwichen. Damit war aber ihre Legitimation erschüttert, auch wenn die politische Klasse sich bemühte, die hessische Abstimmung möglichst nicht zum öffentlichen Thema werden zu lassen. Verfassungen verlieren in der Demokratie ihre Legitimation, wenn sie in zentralen Punkten und auf Dauer nicht mehr von der Mehrheit des Volkes getragen werden. Das gilt auch für Gemeindeverfassungen. Und eben dieses Abweichen der Verfassung vom Volkswillen war durch die Volksabstimmung in einem zentralen Punkt so kraß zu Tage getreten, daß es unmöglich wurde, etwa nur von einem »vorübergehenden Stimmungsbild eines wankelmütigen Volkswillens« oder von »populistischen Aktionen« zu sprechen, wie das die politische Klasse sonst gern zu tun pflegt, wenn es um Neuerungen geht, die ihr nicht passen. Zugleich wurde – angesichts der Tatsache, daß alle Landesverfassungen Volksbegehren und Volksentscheid auf Landesebene zulassen – auch deutlich, welches politische Potential in der Möglichkeit liegt, das Volk sprechen und den Gordischen Knoten pluralistischer Blockierung durchhauen zu lassen. Damit wurde die hessische Erfahrung zu einem wichtigen Motor für die Reform der Gemeindeverfassungen auch in anderen Bundesländern in der ersten Hälfte der neunziger Jahre.

So trug das hessische Beispiel in Nordrhein-Westfalen, wo die Reform zunächst blockiert schien, dazu bei, sie schließlich doch wieder flott zu bekommen. Obwohl über die Reformnotwendigkeit der nordrhein-westfälischen Gemeindeverfassung zunehmend Übereinstimmung unter Kommunalwissenschaftlern[20] und Praktikern bestand – man lese die beschwörenden Reden nordrhein-westfälischer Oberstadtdirektoren[21] oder die Vorträge des seinerzeitigen Vorstands der Kommunalen Gemeinschaftsstelle für Verwaltungsvereinfachung, Gerhard Banner –,[22] war gleichwohl lange nichts geschehen. Es schien so, als ob nicht einmal die sogenannte Zweiköpfigkeit der Gemeindespitze, bestehend aus Stadtdirektor als Chef der Verwaltung und Bürgermeister als Vorsitzendem des Rates, die häufig eine »hinderliche Führungskonkurrenz« zwischen beiden begünstigte und die »Regierungsfähigkeit« in Frage stellte,[23] beseitigt werden könnte, ganz zu schweigen von der Einführung der Direktwahl des Bürgermeisters oder des Kumulierens oder Panaschierens bei der Ratswahl. 1991 hatte der Hagener Parteitag der nordrhein-westfälischen SPD den Reformern in der eigenen Landesregierung, besonders Innenminister Schnoor, eine Abfuhr erteilt.[24] Damit drohte die nordrhein-westfälische Gemeindeverfassung geradezu zu einem Symbol für Politikblockaden zu werden und dafür, daß selbst dringende Reformen in unserem Lande unrealisierbar zu sein scheinen, wenn dadurch Posten wegfallen und die politische Klasse befürchten muß, Ämter zu verlieren.[25] Der damalige Bundespräsident Richard von Weizsäcker sprach von einem »klassische(n) Fall der Machtbehauptung von Parteizentralen und der Abschreckung der Bevölkerung«.[26] Die Blockade ließ sich schließlich nur dadurch aufbrechen, daß die nordrhein-westfälische CDU als Oppositionspartei ein dahingehendes Volksbegehren einbrachte, was wiederum die Führung der SPD, die das Heft des politischen Handelns nicht aus der Hand geben wollte, veranlaßte, einen Sonderparteitag anzuberaumen, auf dem der Hagener Beschluß revidiert und die Einführung der Direktwahl dann doch beschlossen wurde.[27]

Die Vorgänge in Hessen und Nordrhein-Westfalen machten in anderen Bundesländern Schule. Auch im Saarland wurde der Beschluß des Landtags von 1994, die Direktwahl der Bürgermeister und Landräte sowie des Präsidenten des Stadtverbandes Saarbrücken einzuführen, vor dem Hintergrund eines eingeleiteten Volksbegehrens getroffen. Ebenso war in Schleswig-Holstein und Niedersachsen jeweils durch Androhen eines Volksbegehrens oder einer Volksbefragung politischer Druck in Richtung Direktwahl und damit den Regierungsparteien Beine gemacht worden.[28]

Letztlich ging es darum, welche Perspektive sich durchsetzte, die der Bürger oder die der politischen Klasse.[29] Der Ablauf der Gemeindeverfassungsreformen war demokratietheoretisch so überaus spannend, weil sich hier auf einem wichtigen Feld einmal die Perspektive und die Belange der Bürger in hohem Maße durchsetzen konnten. Das lag ganz wesentlich daran, daß auf Landesebene mit der unmittelbaren Volksgesetzgebung Alternativverfahren zur Verfügung stehen, die es erlauben, der Perspektive der Bürger, ihren mehrheitlichen Interessen und Wünschen auch gegen den Widerstand der »politischen Klasse« zum Durchbruch zu verhelfen, und daß dies am Beispiel der Volksabstimmung in Hessen für alle Beobachter unübersehbar geworden war.[30]

Einen weiteren Vorgeschmack darauf, was man mit Volksbegehren und Volksentscheid auf Landesebene erreichen kann, hat dann im Herbst 1995 die bayerische Initiative gegeben, die gegen den Widerstand der dort scheinbar allmächtigen CSU Bürgerbegehren und Bürgerentscheid auf kommunaler Ebene durchgesetzt hat.[31]

Herstellung echter Wahlmöglichkeiten

Als grundlegend für das Verhältnis von Bürger und politischer Klasse hat sich die Erkenntnis herausgestellt, daß der Bürger nur Einfluß besitzt, nur dann wählen und *aus*wählen kann, wenn wirksamer politischer Wettbewerb besteht: Wettbewerb zwischen den politischen Parteien und Wettbewerb zwischen den Kandidaten innerhalb der Parteien, was seinerseits die Zurechenbarkeit politischer Entscheidungen und damit auch die Verantwortung für sie voraussetzt. An beidem fehlt es in der Bundesrepublik in einem geradezu erschreckenden Ausmaß. Der Wettbewerb ist weitgehend ausgeschaltet und der Bürger entmachtet. Er kann nicht wirklich wählen, weder in bezug auf die einzelnen Kandidaten, noch in bezug auf die Parteien (siehe S. 378 ff.). Dabei geht es nicht nur um die mangelnde Bürgerpartizipation allein. Was die Systemmängel so überaus dramatisch macht, ist der Umstand, daß auch die *Leistungsfähigkeit* des politischen Systems immer mehr in Frage steht und immer deutlicher wird, daß auch hier nur die Herstellung von wirksamem Wettbewerb helfen kann. Wettbewerb ist eben auch Vorbedingung für echte Repräsentation durch die Gewählten, das heißt für ihre Fähigkeit, im Interesse »des ganzen Volkes« zu handeln, wie es in Art. 38 Grundgesetz heißt.[32] Für den Bereich der Wirtschaft wird inzwischen nicht mehr bestritten, daß Wettbewerb unverzichtbar ist, weil er Innovations- und Leistungsfähigkeit in einem auf andere Weise nicht herstellbaren Umfang freisetzt. Warum sollte das in der Politik so völlig anders sein? Mangels wirksamen Wettbewerbs bilden sich auch hier leistungsunabhängige Pfründen. Mangels wirksamen Wettbewerbs gehen auch hier die Anreize häufig in die falsche Richtung – zum Schaden des Gemeinwesens.

Erforderlich sind also Institutionen, die auf die heutigen realen Gegebenheiten und die bestehenden politischen Akteure zugeschnitten sind. Dazu wurde in diesem Buch bereits eine Fülle von Anregungen und Vorschlägen entwickelt, die hier nicht wiederholt zu werden brauchen.

Im folgenden sollen vielmehr als Optionen für eine Systemreform, welche Zurechenbarkeit, Verantwortung, Wettbewerb und eine echte Auswahl der Repräsentanten und der politischen Programme durch die Bürger wiederherstellt, beispielhaft zwei Wege diskutiert werden, die beide an den Schlüsselstellen des politischen Machterwerbs ansetzen. Trotz des Widerstands der politischen Klasse gegen notwendige Verfassungsreformen bestehen dafür durchaus Realisierungschancen, wenn auch vorerst nur auf Länderebene.

Beispiele für Systemänderungen

Direktwahl des Regierungschefs

Der eine Weg führt zu einem System mit Direktwahl des Ministerpräsidenten, der dann also nicht mehr wie bisher von der politischen Klasse, sondern unmittelbar durch das Volk selbst gewählt würde. Angesichts der Machtverschiebung innerhalb der Bundesländer weg von den Parlamenten und hin zur Regierung (siehe Kapitel 3, S. 194 ff.) wäre es nur konsequent, die Spitze der Regierung auch direkt von den Bürgern wählen zu lassen. Die Sorge, das Volk sei verführbar und würde seine Stimme Rattenfängern oder Freibier-Ministerpräsidenten geben, ist unberechtigt. Wie Beispiele in süddeutschen Großstädten zeigen, bevorzugen die Bürger einen Typus, der praktische Verwaltungserfahrung und politische Ausstrahlung in einer glücklichen Mischung vereinigt.

Um die politischen Entscheidungsmöglichkeiten der Bürger noch zu erweitern und zugleich um die Gefahr rein machtmotivierter gegenseitiger Blockaden von Regierung und Parlament zu verringern, müßte auch das Wahlrecht zum Parlament geändert werden: Das Volk sollte nicht lediglich starre Parteilisten ankreuzen können, sondern seine Abgeordneten wirklich auswählen dürfen. Das könnte durch flexible Listen geschehen, die der Wähler durch Kumulieren (mehrere Stimmen für einen Kandidaten) und Panaschieren (Wahl von Kandidaten unterschiedlicher Parteien) verändern kann, oder durch eine noch zu behandelnde Mehrheitswahl (siehe S. 402 ff.). Die Fünfprozentklausel, die bei einer Mehrheitswahl ohnehin keinen Sinn macht, wäre auch bei der Verhältniswahl – angesichts der Wahl des Ministerpräsidenten direkt durch das Volk – entbehrlich. Auch die Zahl der Parlamentarier wäre zu verkleinern.

Diese Vorschläge, die in der Sache einen Übergang zur Präsidialdemokratie darstellen, entsprechen in gewisser Weise dem Erfolgsmodell der süddeutschen Gemeindeverfassung, eben nur übertragen auf Landesebene, und hätten weitreichende positive Auswirkungen:

- Koalitionen für die Wahl des Regierungschefs mit allen ihren mißlichen Konsequenzen würden überflüssig. Die Herrschaft nicht öffentlich tagender Koalitionsausschüsse, welche die Transparenz und Verantwortlichkeit beseitigen und Abgeordnete sowie Wähler entmachten, würde mit der Direktwahl des Ministerpräsidenten entfallen. Die Bürger erhielten wirkliche Einscheidungsrechte, sie würden als Bürger ernst- und mit in die Verantwortung genommen. Die Herrschaft der Parteien würde auf das grundgesetzliche Maß, an der politischen Willensbildung des Volkes bloß *mit*zuwirken (Art. 21 Grundgesetz), zurückgedrängt.
- Gewiß könnte kaum jemand ohne Unterstützung einer Partei im Wahlkampf zum Ministerpräsidenten gewählt werden; und doch bliebe er aufgrund der demokratischen »Salbung« durch das Volk sehr viel freier und handlungsfähiger – gerade auch gegenüber der eigenen Partei. In Baden-Württemberg mit seiner langen Erfahrung mit direkt gewählten Exekutivspitzen ist mehr als die Hälfte der Bürgermeister ohne Parteibuch, und auch der Rest stellt seine Zugehörigkeit zurück, um als Repräsentant aller Bürger anerkannt zu werden. Das Übel parteilicher Ämterpatronage würde ebenfalls zurückgedrängt: Direktgewählte brauchen sich den Personalwünschen ihrer Partei und Fraktion nicht zu fügen, weil sie nicht auf die Wiederwahl durch sie angewiesen sind.
- Die Möglichkeiten einer problem- und gemeinwohlorientierten politischen Führung würden systematisch verbessert. Die durch das neue Wahlsystem geförderte Sachbezogenheit aller Beteiligten, ihre Distanz zur eigenen Partei, würde das

überzogene parteipolitische Konfrontationsdenken abbauen, einem sachorientierten Diskussionsstil bessere Chancen geben und es auch dem Ministerpräsidenten erleichtern, mit jeweils problemorientierten Mehrheiten zu regieren, ähnlich wie dies auch in süddeutschen Gemeinden in durchaus befriedigender Weise praktiziert wird.

- Direkt gewählte Ministerpräsidenten könnten organisierten Partikularinteressen wirksam entgegentreten und notwendige Reformen auch gegen sie durchsetzen. Sie könnten als gekorene Repräsentanten des Landeswohls für nötige Einschränkungen werben und damit – wie wiederum Beispiele der direkt gewählten Bürgermeister zeigen – eine breite Mehrheit in der Bevölkerung finden.
- Direkt gewählte Regierungschefs wären auch kaum zu einer parteipolitisch motivierten Blockadepolitik im Bundesrat zu bewegen. Alles andere als ein ausschließlich auf das Wohl ihres Landes zugeschnittenes Abstimmungsverhalten im Bundesrat würde ihnen in den Augen ihrer Wähler nur schaden. Die vielbeklagte parteipolitische Instrumentalisierung des Bundesrats würde unmöglich, und dieser würde wieder zu einer echten Länderkammer werden, wie vom Grundgesetz auch konzipiert (siehe Kapitel 3, S. 190 ff.).
- Die Gewaltenteilung zwischen Regierung und Parlament und die – gerade in den Bundesländern so wichtige – Kontrolle der Verwaltung durch die Politik würden wiederhergestellt. Bisher fühlt die Parlamentsmehrheit sich regelmäßig für die von ihr gewählte Regierung verantwortlich, bildet mit ihr zusammen eine parteipolitische Einheit und scheut sich deshalb, die Regierung öffentlich zu kritisieren. Bei Wahl des Ministerpräsidenten direkt durch das Volk ändert sich dies von Grund auf. Jetzt hängen der Bestand und die Handlungsfähigkeit der Regierung nicht mehr von ihrer geschlossenen Unterstützung durch die Mehrheitsfraktion(en) ab. Das entlastet sie und ihre Abgeordneten und macht sie

frei, Mißstände der Regierung auch wirklich beim Namen zu nennen.
- Die Rolle der Abgeordneten würde aufgewertet. Derzeit sind sie oft kaum mehr als Ratifikationsorgane, die die Vorentscheidungen der »Elefanten« nur noch abnicken können, was potentielle Kandidaten mit Ideen und Tatkraft natürlich von vornherein abschreckt (siehe S. 173 f.).
- Im neuen System würde dagegen der Einfluß der Bürger auf die Auswahl des Regierungschefs und der Abgeordneten die Parteien zwingen, attraktive Kandidaten zu präsentieren, und dadurch auch den Anreiz für kompetente Personen erhöhen, sich zur Verfügung zu stellen. Die Barrieren gegen Seiteneinsteiger würden auf beiden Seiten zugleich abgebaut: bei den Betroffenen selbst, aber auch innerhalb der Parteien. Das stärker personalisierte Landtagswahlrecht würde die Chancen von Personen, die ihrer Partei alles verdanken, mindern und eher Kandidaten zum Zuge kommen lassen, die allgemeines Ansehen genießen und zumeist in Beruf und Gesellschaft erfolgreich sind. Solche Abgeordneten hätten aber kein Interesse daran, ihr Mandat um der vordergründigen Rechtfertigung einer »Vollalimentation« willen zu einer Vollzeittätigkeit auszubauen. Sie wären umgekehrt an einer Umorganisation interessiert, die ihnen einen möglichst ökonomischen Ablauf der Parlaments- und Mandatstätigkeit erlauben würde, weil sie bestrebt wären, daneben noch ihren Privatberuf einigermaßen ausüben zu können. Eine solche Umorganisation, die im bisherigen System, so notwendig sie auch ist, keine Chancen hat, würde nach der Systemänderung realisierbar. Die dringend nötigen innerparlamentarischen Reformen erhielten also bessere Chancen. Das aber käme wiederum der Unabhängigkeit der Abgeordneten von ihrer Partei zugute. Sie wären wirtschaftlich nicht auf das Mandat angewiesen und würden es deshalb nicht mit allen Mitteln verteidigen müssen. Es ergäbe sich von selbst eine

größere Mobilität, also in der Tendenz genau der Effekt, den andere Vorschläge mit einer rigiden zeitlichen Begrenzung der Mandatsdauer durch Verfassung oder Parteistatuten erreichen wollen (siehe S. 162).
- Auch im neuen System bliebe Platz für Positionen im Parlament, die vollzeitig ausgeübt werden (zum Beispiel Fraktionsvorsitz), aber die generelle Tendenz würde doch geändert in Richtung auf eine Teilzeittätigkeit, die eine Fortführung des Berufs erlaubt. Die Konzentration auf eine begrenzte Zahl von Sitzungswochen pro Jahr, in denen dann wirklich Wesentliches behandelt würde, könnte zugleich der Landespolitik in der Öffentlichkeit mehr Beachtung verschaffen.

Derartige Vorschläge hat der Verfasser dieses Buchs bereits 1993 – im Anschluß an Überlegungen des Politikwissenschaftlers Theodor Eschenburg aus den fünfziger Jahren – entwickelt.[33] In der Zwischenzeit haben sie an Aktualität noch erheblich gewonnen. Die »Frankfurter Intervention«, eine Gruppierung von bekannten Persönlichkeiten, die sich über Parteigrenzen hinweg in die öffentlichen Angelegenheiten einmischen will, hat sich diese Vorschläge zu eigen gemacht,[34] ebenso jüngst der Bundesvorsitzende der Jungen Union Klaus Escher.[35] Auch die SPD Thüringens war drauf und dran, die Vorschläge zu übernehmen, wurde dann aber von ihrer politischen Klasse im Landtag zurückgepfiffen.[36]

Mehrheitsbildendes und wettbewerbsförderndes Wahlrecht

Der zweite hier diskutierte Reformvorschlag behält das parlamentarische System bei, versucht aber, das Wahlrecht als Schlüsselinstrument für die Rückbindung der Regierenden an die Regierten entscheidend zu reformieren. Es geht hier im

Kern um die Herstellung eines mehrheitsbildenden Wahlrechts, wie es zum Beispiel in Großbritannien besteht. Das in der Bundesrepublik vorherrschende Verhältniswahlrecht mit starren Listen führt von sich aus in aller Regel nicht zu regierungsfähigen Mehrheiten. Für die Regierungsbildung sind vielmehr Koalitionen zwischen zwei oder mehr Parteien erforderlich. Dann treffen aber nur wenige »Elefanten« die Schlüsselentscheidungen, welche die Parlamente und Kabinette nur noch abnicken können. Koalitionen fördern auch die Entmachtung der Wähler (siehe oben S. 199 ff.).

Verhältniswahl oder Mehrheitswahl?

Gegen die Einführung des Mehrheitswahlrechts werden immer wieder dieselben Einwände vorgebracht. Ein Einwand geht dahin, die Verhältniswahl sei *gerechter*, weil die Zusammensetzung des Parlaments dann genau der Wahlbevölkerung entspreche. Dieses auf den ersten Blick scheinbar einleuchtende Argument hält einer Nachprüfung aber nicht stand: Ist es wirklich gerecht, daß eine kleine Partei mit 6 oder 7 Prozent der Wählerstimmen nur deshalb einen weit überproportionalen Einfluß ausübt, weil die größere Regierungspartei sie zur Sicherung der Mehrheit im Parlament benötigt? Ist es gerecht, daß jene kleine Partei auch ohne Neuwahl, also ohne einen neuen Auftrag der Wählerschaft, eine Regierung stürzen und zusammen mit den Oppositionsparteien eine neue bilden kann? Ist es gerecht, daß eine große Partei, die über 30 Prozent der Bürger gewählt haben, umgekehrt fast keinen Einfluß hat, weil die Regierung kraft ihrer Mehrheit im Parlament alles allein entscheidet? Und überhaupt: Kann man – angesichts der kraß einseitigen Zusammensetzung unserer Parlamente, die in weit überproportionalem Umfang verbeamtet und interessentengefärbt sind – noch von einer gerechten Zusammensetzung sprechen, oder geht eine derartige Spiegelbildtheorie nicht von vornherein an der Wirklichkeit vorbei? Es ist methodisch einfach unzulässig, Vorschläge zur Verbesserung des Systems mit irgendwelchen fiktiven Idealzuständen zu vergleichen statt mit den tatsächlich bestehenden Zuständen.

Das Gerechtigkeitsargument hinkt übrigens auch insoweit, als kleinere (und damit auch neue) Parteien schon wegen der Sperrklauseln auf Bundes-, Landes- und Europaebene und teilweise auch auf Kommunalebene ohnehin im Normalfall kaum Chancen besitzen. Dabei ist zu berücksichtigen, daß Sperrklauseln eine Abschreckungswirkung auf die Wähler entfalten, wodurch sogar noch eine beträchtlich höhere Hürde aufgerichtet wird, als der Satz von fünf Prozent auf den ersten Blick signalisiert: Die Gefahr, daß die eigene Stimme aufgrund der Sperrklausel unter den Tisch fällt, hält viele Wähler von der Wahl einer bestimmten Partei ab, obwohl sie sie wählen würden, wenn sie sicher wären, daß sie ins Parlament käme. Außer den Grünen und der PDS, deren Entstehung auf Sonderfaktoren beruht, ist es seit 35 Jahren denn auch keiner neuen Partei mehr gelungen, die Fünfprozentklausel auf Bundesebene zu überspringen oder statt dessen drei Direktmandate zu erlangen. Vor diesem Hintergrund verdienen auch Vorschläge Beachtung, die darauf abzielen, zumindest diesen *Über*effekt von Sperrklauseln zu beseitigen, indem sie den Wählern gestatten, neben ihrer eigentlichen Stimmabgabe noch eine Eventualstimme für eine andere Partei abzugeben, die nur gilt, falls die von ihnen primär gewählte Partei an der Sperrklausel scheitert.

Der Wettbewerb wird weiter dadurch behindert, daß die Parlamentsparteien eine Fülle von Maßnahmen ergreifen, mit denen sie ihre Wettbewerbsposition verbessern und das Aufkommen von Konkurrenten erschweren, ja praktisch fast unmöglich machen. Von einem Mehr an Gerechtigkeit als Folge der Verhältniswahl zu sprechen erscheint auch deshalb höchst zweifelhaft.

Vorzüge der Mehrheitswahl

Der angebliche Vorteil der Verhältniswahl – mehr Gerechtigkeit – greift also nicht, jedenfalls nicht in der Ausprägung, die die Verhältniswahl in der Bundesrepublik gefunden hat. Um so stärker fallen die Vorzüge der Mehrheitswahl ins Gewicht: Koalitionen werden regelmäßig überflüssig und erst recht entfällt die Gefahr, daß eine mehrheitsbildende Koalition überhaupt nicht zustande kommt, denn meist teilen bereits die Wähler einer Partei die Mehrheit der Parlamentssitze zu. Mehrheitswahlen führen zwar nicht zwangsläufig dazu, daß eine Partei die absolute Mehrheit erlangt. Es ist auch dann nicht undenkbar, daß mehr als zwei Parteien ins Parlament einziehen. Doch die Chance, daß allein der Wähler darüber entscheidet, wer Regierungspartei wird, und dazu keine Koalitionsverhandlungen nötig sind, ist denkbar groß – jedenfalls unvergleichlich viel größer als beim bestehenden Verhältniswahlsystem.

Im übrigen besteht bei Verhältniswahlen nur scheinbar eine größere Wahlmöglichkeit für die Wähler. Richtig ist zwar: Bei Mehrheitswahlen gibt es einen starken Zug in Richtung auf Parteienbündnisse, weil nur große Parteien Chancen haben, überhaupt Parlamentsmandate zu erlangen. Das führt in der Tendenz ja auch zum Zweiparteiensystem. Doch gibt es eine ähnliche, genauso zwingende Tendenz in Wahrheit auch bei Verhältniswahlen – wenn sie dort auch erst *nach* der Wahl einsetzt. Auch hier muß zur Bildung und Aufrechterhaltung der Regierung eine Mehrheitskoalition, das heißt, ein Parteienbündnis zwischen Koalitionspartnern, zustande kommen, das ähnliche Kompromisse zwischen den Koalitionspartnern verlangt, wie sie im Zweiparteiensystem schon im Vorfeld der Wahlen getroffen werden müssen. Der Hauptunterschied zwischen Mehrheitswahl und Verhältniswahl liegt also lediglich darin, daß die Kompromisse, die Parteienbündnisse verlangen, bei der Mehrheitswahl bereits *vorher* und mit Äußerungsmöglichkeit des Wählers, bei der Verhältniswahl dagegen erst *nachher* und ohne Einflußnahme des Bürgers geschlossen werden.

Die relative Programmvielfalt, die Verhältniswahlen vor der Wahl versprechen, bedeutet – so schreibt der Politikwissenschaftler und Wahlsystemexperte Eberhard Schütt-Wetschky treffend – »notwendig eine Irreführung der Wähler. Später Ärger über das ›Umfallen‹ einer Partei in den Koalitionsverhandlungen ist die verständliche Folge. Was bleibt dann noch vom Argument der größeren Programmvielfalt vor der Wahl übrig? In den Koalitionsverhandlungen nach der Wahl wird aus den profilierten Einzelprogrammen der Koalitionspartner ein relativ konturenloses Programm der Regierungskoalition, grundsätzlich ebenso wie beim Wahlprogramm einer großen Partei im offenen Zweiparteiensystem. Nur, und dies ist der entscheidende Unterschied: Im offenen Zweiparteiensystem können die *Wähler* darüber entscheiden, welches Wahlprogramm zum Regierungsprogramm wird. Die Mehrheitswahl veranlaßt die Akteure dazu, sozusagen die Koalitionsverhandlungen vorzuverlegen, sie schon vor der Wahl abzuschließen und die fertig ausgehandelten Programme den *Wählern* zur Entscheidung vorzulegen.«[37]

Die Erweiterung des Spektrums durch die Auswahl unter mehr als zwei Parteien, die immer wieder als positive Folge der Verhältniswahl hervorgehoben wird, ist somit in Wahrheit nur eine Scheinerweiterung. Tatsächlich entscheiden wenige »Elefanten« nach der Wahl im Wege von Koalitionsverhandlungen über die Bildung der Regierung und ihr Programm – und nicht die Wähler. Dagegen erlauben Mehrheitswahlen dem Bürger, wirklich auszuwählen, und geben ihm dadurch eine echte Partizipationsmöglichkeit. Dabei bezieht die Auswahl sich nicht nur auf die Partei und ihr Programm, sondern auch auf die Kandidaten. Die Mehrheitswahl macht es auch möglich, der regierenden Partei und ihren Abgeordneten ihre politischen Entscheidungen zuzurechnen, und begründet damit parteiliche und individuelle Verantwortlichkeit und macht das System insgesamt durchlässiger für den Common sense der Bürger. Der Auswahl- und Partizipationseffekt auf seiten der Bürger könnte noch verstärkt werden, wenn auch die Möglichkeit von Vorwahlen, etwa nach amerikanischem Vorbild, in Erwägung gezogen würde.

Die Abhängigkeit der Regierung von den Wählern wird dadurch noch gewaltig erhöht, daß – aufgrund des sogenannten Verstärkereffekts der Mehrheitswahl[38] – schon relativ geringe Verschiebungen in der Wählergunst die Mehrheit kippen, die Regierung aus ihren Ämtern werfen und die Opposition an die Macht bringen können.[39] Anders als bei der Verhältniswahl mit starren Listen gibt es für keinen Kandidaten »sichere Plätze« und damit schon vor der Wahl die Gewißheit, wieder ins Parlament zu kommen. Das verschiebt die Gewichte: Die Nominierung durch die Partei verliert ihre alles beherrschende Bedeutung, und der Wähler gewinnt an Einfluß. Der Verstärkereffekt wirkt zugleich wettbewerbsfördernd, weil er die Chancen der Opposition und damit auch den aus wirksamem Wettbewerb zu erwartenden Gewinn erhöht.[40]

Dies alles steht in denkbar großem Kontrast zur Verhältniswahl. Hier kann der Wähler seine Regierung praktisch gar nicht abwählen, mag er auch noch so unzufrieden mit ihr sein. Das aber ist, wie man sich viel zu selten klarmacht, geradezu fatal: Nur eine Regierung, »die man wieder loswerden kann, hat einen starken Anreiz, sich so zu verhalten, daß man mit ihr zufrieden ist. Und dieser Anreiz fällt weg, wenn die Regierung weiß, daß man sie nicht so leicht loswerden kann«. (Karl Popper) Da, wie der Wähler weiß, bei der Verhältniswahl meist ohnehin keine Partei allein die Mehrheit erlangen wird, macht es auch kaum Sinn, *gegen* irgendeine Partei zu wählen. Das hat zur Folge, daß wahlbedingte Stimmenverschiebungen sich meist in engen Grenzen halten. Auch ein Verlust von 5 oder 10

Prozent der Stimmen braucht nicht zu durchgreifenden Konsequenzen zu führen und kann – da ohnehin kein Koalitionspartner klar zurechenbare Verantwortung trägt – als vorübergehende Schwankung in der Wählergunst abgetan werden, wird also nicht als Urteil der Wähler über Erfolg oder Versagen der Regierung verstanden. Selbst wenn ausnahmsweise eine Partei bisher die absolute Mehrheit besaß und diese nun verliert, wird ihre Führung nicht automatisch aus den Ämtern geworfen; statt dessen wird sie zumeist eine kleinere Partei zu sich ins Koalitionsbett nehmen und mit ihrer Hilfe weiterregieren. Das erklärt, warum bei uns Regierungswechsel auf Bundesebene bisher noch nie durch Wahlen zustande gekommen sind, sondern immer nur durch geänderte (und durch die Wahlen keineswegs determinierte) Koalitionen, das heißt praktisch durch geänderte Koalitionspräferenzen der FDP.

Dagegen wirkt die Mehrheitswahl wie ein Gerichtstag. Das Volk als Souverän gibt ein Urteil über seine Vertreter ab. Es bestätigt sie, oder aber es entzieht ihnen sein Vertrauen. Das hat zur Folge, daß der Verlust von Wahlen für die betreffende Partei ungleich viel einschneidender ist und sie, zumal wenn es wiederholt geschieht, zum Überdenken ihrer Personal- und Programmangebote veranlaßt und zugleich für neue Ideen öffnet. Die für die Demokratie so wichtige Neigung zur Selbstkritik von Parteien nach Wahlniederlagen ist im System der Mehrheitswahl ungleich viel ausgeprägter als bei Verhältniswahlen. Das hat Auswirkungen auf die Flexibilität und Innovationsfähigkeit des ganzen Systems, die – entgegen gängigen Vorurteilen – bei Mehrheitswahlen sehr viel ausgeprägter sind als bei Verhältniswahlen.[41] Die zunehmende Entideologisierung und programmatische Angleichung der Parteien verhindert umgekehrt, daß Regierungswechsel allzu große ideologisch bedingte politische Kurswechsel bedeuten, die früher als Nachteil des englischen Systems galten.

Damit erweist sich: Die bei uns immer noch verbreitete Bewertung, welche die Verhältniswahl der Mehrheitswahl vorzieht, beruht einseitig auf der Perspektive der politischen Klasse. Die Verhältniswahl ist für die Angehörigen der politischen Klasse sehr viel bequemer und kommt ihrem auf Sicherheit zielenden Berufsinteresse entgegen, weil die Verhältniswahl sie von den Wählern abschirmt und dann alles von dem Klüngeln in kleinen Parteicliquen abhängt, das die politische Klasse so perfekt beherrscht. Dagegen kommt die Bewertung aus der Sicht der Bürger, wie dargelegt, zu einem ganz anderen Resultat, und allein diese Perspektive, bei der die Vorzüge der Mehrheitswahl überwiegen, weil die Bürger die Regierung dann selbst bestimmen und abwählen können, entspricht der Demokratie.

Möglichkeiten der Durchsetzung

Überzeugende Analysen der Probleme und ihre Einbringung in die öffentliche Diskussion sind sicher notwendige Vorbedingungen für alle Besserungen. Doch nützen noch so gut fundierte Vorschläge allein wenig, wenn sich nicht praktikable Wege aufzeigen lassen, wie sie auch um- und durchgesetzt werden können. Angesichts der Vitalität der entgegenstehenden Eigeninteressen der politischen Klasse und ihrer beherrschenden Position im System müssen ernst zu nehmende Konzepte daher auch eine Antwort auf die Durchsetzungsfrage geben. Mag der Wissenschaftler sich damit auch in Bereiche begeben, die herkömmlich als »politisch« betrachtet werden, so darf ihn das doch nicht schrecken. Denn ohne eine Perspektive in der Durchsetzungsfrage hängt alles andere weitgehend in der Luft. Die vorstehend dargestellten Systemänderungen sind durchaus nicht chancenlos, auch wenn sie zunächst einmal auf Widerstand der politischen Klasse stoßen. Wie schon bemerkt (siehe S. 383 ff.), kommt es vor allem darauf an, das Gegengewicht des Volkes[42] gegen Fehlentwicklungen der Repräsentation zu aktivieren. Die Bürger müssen die Möglichkeit erhalten, ihre Repräsentanten auch zur Befassung mit den in diesem Buch behandelten Grundfragen und zur Stellungnahme zu zwingen. In dieser Sicht sind Volksbegehren nicht gegen den Gedanken der Repräsentation gerichtet, sondern umgekehrt ein Mittel, Repräsentation unter den gegebenen Verhältnissen überhaupt erst zu ermöglichen.[43] Während auf Bundesebene die Möglichkeit des Volksbegehrens und Volksentscheids bisher grundsätzlich fehlt,[44] könnte auf Landesebene mit Volksbegehren (und notfalls mit Volksentscheiden) einiges erreicht werden.[45] Dies ist ein Weg, auch gegen den anfänglichen Widerstand der politischen Klasse grundlegende Verbesserungen durchzusetzen.[46] Mögen Initiativen und Begehren auch oft nicht ganz ohne die Unterstützung von Parteiorganisationen auskommen, so dürften, je handgreiflicher die Mängel sind, auch einzelne Minderheitsparteien genügen.[47] Sobald sich dann erste Erfolge einstellen, pflegen auch die Mehrheitsparteien sich der Thematik anzunehmen – und sei es nur, um den Initiatoren des Volksbegehrens den Wind aus den Segeln zu nehmen. Daß Volksbegehren und Volksentscheid *die* Gegenmittel der Masse der Bürger gegen parteiübergreifende Kartelle der politischen Klasse zu ihren Lasten sind, hat der Schweizer Wissenschaftler Bruno S. Frey für den Bereich der Konstitutionellen Politischen Ökonomie nachdrücklich herausgearbeitet.[48] Dies zeigt sich in der Schweiz besonders klar am Beispiel der staatlichen Politikfinanzierung. Dort hat die Möglichkeit, jedes Gesetz vom Volk überprüfen zu lassen, bewirkt, daß die staatliche Parteien- und Fraktionsfinanzierung und die Entschädigung der Abgeordneten auf einem niedrigen Niveau geblieben ist und es Einrichtungen wie staatlich alimentierte Parteistiftungen überhaupt nicht gibt. Die unmittelbaren Volksrechte verhindern – mit den Worten des Schweizer Staatsrechtslehrers Gerhard Schmid – »den Übergang der Macht an ein ›Kartell‹ der unter sich geeinten Parteien«.[49] (Umgekehrt spricht manches dafür, daß große

Teile der politischen Klasse sich nicht zuletzt deshalb so sehr gegen die überfällige Einfügung direktdemokratischer Elemente ins Grundgesetz zur Wehr setzen, weil es dann ein für allemal ein Ende hätte mit der parlamentarischen Selbstbedienung.) Empirische Studien für die Schweiz und die USA lassen darüber hinaus den Schluß zu, daß direktdemokratische Institutionen dazu beitragen, auch generell den Staatsanteil niedrig zu halten.[50]

Da auch in deutschen Bundesländern Volksentscheide auf Initiative der Bürger möglich sind und damit in vielen Bundesländern auch die Landesverfassungen geändert werden können, ließen sich mit diesen Instrumenten beispielsweise die erörterte Direktwahl des Ministerpräsidenten ebenso durchsetzen wie grundlegende Änderungen des Wahlrechts (siehe S. 397 ff.). Gelänge es, derartiges in nur einem Land durchzubringen, könnte davon so etwas wie ein demokratischer Urknall (samt nachfolgender Kettenreaktionen) ausgehen, der auf andere Bundesländer und den Bund ausstrahlen würde. Dann ließen sich vermutlich auch weitergehende Reformen, schließlich auch auf der Ebene des Bundes, durchsetzen. Die gesteigerte Reformbereitschaft würde auf andere Ebenen überschwappen, so daß dann bis dahin utopisch Erscheinendes plötzlich doch möglich würde.

Ein Beispiel für eine solche Kettenreaktion, die vorher Utopisches schließlich doch in den Bereich des Machbaren rückte, kennen wir aus den USA. Dort hatte ein Volksentscheid in einem Einzelstaat, in Kalifornien, die Steuern deutlich gesenkt. Dadurch wurde allen auf Besserung gerichteten Kräften Mut gemacht. Es entstand eine Aufbruchstimmung, eine Tax-revolt-Bewegung, die nicht nur auf viele andere amerikanische Einzelstaaten übergriff und dort Beschränkungen gegen den wachsenden Staat in die Verfassungen hineinschrieb, sondern auf deren Wogen es schließlich auch auf Bundesebene gelang, eine radikale Steuerreform durchzusetzen.

Natürlich kann man auf diese Weise unmittelbar nur solche Reformen in Angriff nehmen, zu deren Regelung die Länder im Verhältnis zum Bund nach dem Grundgesetz auch zuständig sind. Dazu könnten aber auch andere Themen als die oben genannten zählen, unter anderem zum Beispiel die Finanzierung der Landtagsfraktionen, der finanzielle Status der Landtagsabgeordneten[51] und Landesminister, der Kreis der politischen (Landes-)Beamten, ferner zum Beispiel die Regelung, daß Erhöhungen der Zahlungen an Landespolitiker oder Landtagsfraktionen nur mit Wirkung ab der nächsten Wahlperiode festgelegt werden dürfen.

Auffassungswandel in der Staatsrechtslehre

Die Auffassung, daß wohl nur das Volk ein wirksames Gegengewicht gegen Entscheidungen der politischen Klasse in eigener Sache bilden und drohende Mißbräuche und Fehlentwicklungen unter Kontrolle bringen kann, wird zunehmend anerkannt. In Wahrheit ist diese Erkenntnis so neu nicht. Der Staatsrechtslehrer Richard Thoma hat schon vor fast sieben Jahrzehnten in einem klassischen Beitrag über die Demokratie hervorgehoben, plebiszitäre Elemente entsprängen nicht unbedingt dem Glauben an die höhere Weisheit des Volkes, sondern vielmehr »dem Bedürfnis eines Korrektivs gegen Entartungen des Parlamentarismus und Erstarrungen der Parteien«[52] (und, wie man heute hinzufügen muß, der politischen Klasse).

Daß direkt-demokratische Äußerungsmöglichkeiten wirklich einen erfolgversprechenden Weg darstellen, die politische Klasse in ihre Schranken zu weisen und Mißbräuchen und Fehlentwicklungen zu wehren, belegt wohl besser als manches andere der Umstand, daß diesen Weg neuerdings selbst solche staatsrechtlichen Autoren empfehlen, die ansonsten und im allgemeinen strikt gegen die Einführung direkt-demokratischer Elemente sind. So hat der Münchner Staatsrechtslehrer Klaus Vogel vorgeschlagen, Entscheidungen überall dort, wo eigene Interessen der Parlamentarier berührt sind, von einer Bestätigung durch die Wähler abhängig zu machen.[53] Peter Lerche, ebenfalls Münchner Staatsrechtslehrer, hielt zwar erst kürzlich wieder ein vehementes Plädoyer gegen Plebiszite im allgemeinen, machte aber ausdrücklich für Fälle unserer Art eine Ausnahme: Wo im Parteienstaat »anstelle von Gewaltenbalance ... kraft überstabiler Einvernehmlichkeit der Parteien ... evidente

Übermacht« trete, erkennt Lerche »eine legitime Grundsubstanz unmittelbarer, nicht revolutionärer Volksreaktion auf Machtmißbrauch«.[54] Genau diese Situation ist inzwischen typisch für die in diesem Buch behandelten Probleme. Auch der ehemalige Richter am Bundesverfassungsgericht Ernst-Wolfgang Böckenförde macht in seinem grundsätzlichen Plädoyer gegen direkt-demokratische Elemente eine Ausnahme für Grundregeln der staatlichen Ordnung,[55] zu denen zu allererst die Regeln des Kampfs um Macht und Posten gehören; an anderer Stelle weist er ausdrücklich auch »auf die gewaltengliedernde Bedeutung von Volksbegehren und Volksentscheid als Mittel demokratischer Balancierung und Kontrolle der Parteienmacht« hin.[56]

Bei Entscheidungen über die Regeln des Kampfs um Macht und Posten liegt in der Tat eine ganz besondere Situation vor. Normalerweise gehen Demokratietheorie und Staatsrechtslehre davon aus, der parlamentarische Gesetzgeber treffe tendenziell ausgewogene, angemessene Entscheidungen. Diese Prämisse ist hinsichtlich jener Regeln aber erschüttert. Hier fehlt der politischen Klasse »die mit der Repräsentation ansonsten verbundene Distanz«.[57] Fast ist man – in Anbetracht der Fehlentwicklungen – geneigt, in solchen Fällen umgekehrt eher von einer Unrichtigkeitsvermutung zu sprechen. Hier werden sämtliche Grundsätze, die für einen demokratischen Rechtsstaat unerläßlich sind (Gewaltenteilung, Rechtsstaats- und Demokratieprinzip), ausgehebelt (siehe Kapitel 6). Um so notwendiger bedarf es hier der Kontrolle durch (Mit-)Entscheidung des Volkes. Trotz der Risiken, die sicher auch in einer Aktivierung des Volkes liegen können,[58] ist kein anderes wirksames und zugleich demokratieförderliches Gegengewicht gegen Mißbrauchsgefahren der politischen Klasse in Sicht. Jedenfalls dürften die Risiken vermutlich noch sehr viel größer und unkalkulierbarer werden, sollten die Eigeninteressen der politischen Klasse auch in Zukunft unkontrolliert weiterwuchern können.

Ansatzpunkte für Reformen auf Bundesebene: Verfassungsgebung durch das Volk

Die Erkenntnis, daß es zur Sicherung der Fundamentalgrundsätze der Demokratie, der Gewaltenteilung und des Rechtsstaats einer Aktivierung des Volkes und, damit zusammenhängend, einer Umgestaltung der Institutionen bedarf, lenkt den Blick auf die Schlußvorschrift des Grundgesetzes: Nach seinem Art. 146 verliert das »Grundgesetz, das nach Vollendung der Einheit und Freiheit Deutschlands für das gesamte deutsche Volk gilt, ... seine Gültigkeit an dem Tage, an dem eine Verfassung in Kraft tritt, die von dem deutschen Volke in freier Entscheidung beschlossen worden ist«. Diese Vorschrift zeigt, daß das Volk auch auf Bundesebene keineswegs völlig aus dem Spiel ist. Es besitzt vielmehr die Befugnis, sich jederzeit eine neue Verfassung zu geben, die dann an die Stelle des Grundgesetzes tritt. Diese Bestimmung bestätigt die dem Volk auch in der Verfassungstheorie zuerkannte Befugnis zur Verfassungsgebung und positiviert sie zugleich im Grundgesetz. Das ist nur vor dem Hintergrund verständlich, daß das Grundgesetz bei seiner Schaffung 1948/49 lediglich als Provisorium gedacht war (weshalb man auch den Namen »Verfassung« vermied) und – anders als in seiner Präambel fingiert – nicht wirklich auf der verfassungsgebenden Gewalt des Volkes beruht.

Ob – in Anbetracht dieser Geburtsmängel des Grundgesetzes und der Schwäche seiner demokratischen Legitimation – eine Verfassungsgebung unmittelbar durch das Volk nach Art. 146 Grundgesetz erfolgen *muß* oder ob es sich um eine Option handelt, von der lediglich Gebrauch gemacht werden *kann*, mag hier dahinstehen, obwohl – jedenfalls hinsichtlich der Regeln des Machtkampfs – manches für die erste Auffassung spricht.

Über die Regeln des Kampfs um Macht und Posten als besonders wichtige Bestandteile der Verfassung kann die politische Klasse und können die von ihr beherrschten Staatsorgane der Bundesrepublik selbst gar nicht unbefangen entscheiden. Das bestätigen der Ablauf und die Ergebnisse der Gemeinsamen Verfassungskommission des Bundes und der Länder (siehe S. 381 f.). Damit liegt eine Entscheidung durch das Volk um so näher. Allein das Volk kann hier wirksam gegenhalten und die erforderliche Kontrolle ausüben. Darin liegt ja auch der Grund, warum die deutsche Staatsrechtslehre in solchen Fällen fraktionsübergreifenden Einvernehmens zwischen Regierung und Opposition dem Volk zunehmend eine Restsubstanz nichtrevolutionären Widerstandsrechts attestiert, zumal, wenn es um die Grundordnung der Gemeinschaft geht (siehe S. 412 f.) – und genau das ist der Fall des Art. 146 Grundgesetz.[59] Ein solches Verfahren bietet sich besonders hinsichtlich der wichtigen Frage an, ob auf Bundesebene die Möglichkeit des Volksbegehrens und des Volksentscheids eingeführt werden soll.[60]

Art. 146 Grundgesetz enthält allerdings keine Bestimmungen darüber, wie das des näheren geschehen soll. Man kann insoweit aber auf allgemeine staatstheoretische Lehren zurückgreifen, wonach die Verfassungsgebung zweistufig erfolgt, nämlich – erstens – durch Wahl einer verfassungsgebenden Versammlung, deren Verfassungsentwurf dann – zweitens – einer Volksabstimmung unterzogen wird und – wenn er dabei die Mehrheit findet – als Verfassung in Kraft tritt.

Die weitere Frage ist, wie die Wahl einer verfassungsgebenden Versammlung und die spätere Volksabstimmung organisiert werden sollen und wer dazu die Initiative ergreifen kann. Dazu enthält das Grundgesetz ebensowenig eine ausdrückliche Aussage. Auch einfachgesetzliche Ausführungsbestimmungen fehlen bisher völlig. Darin kommt nicht zuletzt der Wunsch der politischen Klasse zum Ausdruck, am eigenen Besitzstand und am verfassungsrechtlichen Status quo möglichst nicht zu rühren, und ihr Widerstreben, ein Instrument einsatzfähig zu machen, das jenen Besitzstand gefährden könnte. Doch ist der Gesetzgeber von Verfassungs wegen verpflichtet, die nötigen institutionellen Vorkehrungen zu treffen, damit das Volk, wenn es denn will, von den ihm durch Art. 146 Grundgesetz gegebenen Möglichkeiten auch Gebrauch machen kann. Die von Art. 146 angebotene Option unmittelbarer Äußerung des Volkes bedarf zu ihrem Wirksamwerden einer angemessenen institutionellen Ordnung, deren Bereitstellung nun einmal Aufgabe des Staates ist. Allerdings ist zu befürchten, daß Initiativen der von der politischen Klasse beherrschten Staatsorgane – aus den bekannten Gründen – von vornherein Verzerrungen im Sinne der politischen Klasse enthalten würden. Deshalb ist es unerläßlich, in den von Art. 146 geforderten Ausführungsregelungen auch Initiativen aus der Mitte des Volkes zuzulassen, sei es über das *Ob* eines Verfahrens nach Art. 146 Grundgesetz, sei es über die bei der *Wahl* der verfassungsgebenden Versammlung zu beachtenden Grundsätze, sei es schließlich über den *Inhalt* der neuen Verfassung selbst.[61]

Daß es letztlich auf den Einsatz der Bürger (innerhalb und außerhalb der Parteien) ankommt und daß wir deshalb alle nicht abseits stehen dürfen, wenn es um notwendige Reformen geht, hat der Philosoph Karl Raimund Popper folgendermaßen formuliert – und sein Wort ist wie kein anderes geeignet, dieses Buch abzuschließen:

»Die Rechtsordnung kann zu einem mächtigen Instrument für ihre eigene Verteidigung werden. Zudem können wir die öffentliche Meinung beeinflussen und auf viel strengeren Anforderungen an die Machthaber bestehen. All dies können wir tun; es setzt aber die Erkenntnis voraus, daß es ... unsere Aufgabe ist und wir nicht darauf warten dürfen, daß auf wunderbare Weise von selbst eine neue Welt geschaffen werde.«

Anhang

Anmerkungen

Vorwort

1 So etwa der Oberbürgermeister von Pforzheim, *Joachim Becker*, in der Zeitschrift MUT, Februar 1998, 22, 24: Man kann der Analyse »in weiten Teilen nur zustimmen ... Besonders wichtig halte ich sein Kapitel über die mangelnde Kontrolle unserer politischen Klasse.« Siehe auch *Iring Fetscher*, Demokratie und Bürgertugend, in: Günter Lensch (Hg.), Unbehagen an der Demokratie, Akademie Forum Masonicum, Jahrbuch 1998, 19 (27 ff.); *Stefan Geiger,* Stuttgarter Zeitung vom 31.10.1997: »Alles, was von Arnim da beschreibt, trifft zu.« *Thilo Koch,* Süddeutscher Rundfunk 16.11.1997: »Von Arnim beweist mit einer Fülle von Fakten und Beispielen, daß der Stillstand, der Reformstau, die gegenseitige Blockade aus der Beschaffenheit, aus den Interessen der politischen Klasse zwangsläufig folgt.«

2 *Gerhard Stoltenberg*, Protokoll der Sitzung des Deutschen Bundestages vom 5.2.1998, S. 19796; *Wilhelm Schmidt* (SPD), ebda.

3 *Fetscher* (a.a.O., 27) nennt es »eine gewisse pädagogisch zu verstehende Übertreibung«.

4 *Stephan Wolf*, Mannheimer Morgen vom 7.4.1998: Arnim »macht seinem Ruf als unbequemer Mahner alle Ehre. Auf solche Leute kann ein Staat, der sich erneuern will, nicht verzichten.«

5 *Helmut Schmidt,* Auf der Suche nach einer öffentlichen Moral. Deutschland vor dem neuen Jahrhundert, 1998, 51 ff.

6 *Dionys Hartmann*, Schwäbische Zeitung vom 8.1.1998.

7 *Lerke von Saalfeld* in der Sendung »Buchzeit – Das politische Buch«, Südwestfunk, 2. Programm, Kultur, 2.12.1997.

8 So etwa *Bärbel Hillebrenner*, Westfalen-Blatt vom 21.10.1998: »›Ein fetter Bauch regiert nicht gern‹ sagt der Volksmund, und Professor von Arnim gibt dem recht.«

9 So *Joachim Becker*, a.a.O.

10 Darauf weist *Geiger*, a.a.O., hin.

11 *Fetscher*, a.a.O., 29: »Das hohe Gewicht der – wenn auch nicht völlig – abgeschlossenen politischen Klasse (stellt) mehr als einen Schönheitsfehler dar. Lebendigkeit, Offenheit und Lernfähigkeit unserer Institutionen werden durch diese Abschließung gefährdet.«

12 *Roman Herzog*, Ein neues Zeitalter der Demokratie, Paulskirchen-Rede vom 18.5.1998, Bulletin der Bundesregierung 1998, 401 (403 f.) Herzog listet auf, »welche Anforderungen ... das demokratische System heute erfüllen« muß, und nennt zugleich Systemmängel. Siehe auch Herzog-Interview, in: Wirtschaftswoche vom 12.6.1997, 16 (22): Auf die Frage nach einer »Reform der Institutionen« antwortete Herzog: »Bei unseren gewaltigen Problemen wie Steuern, Gesundheit, Rente und Innovation auch noch eine Verfassungsdiskussion anzufangen – da warne ich alle Neugierigen.«

13 *Friedhelm Boyken*, Neue Gesellschaft/Frankfurter Hefte 1998, 86 (88 f.): »Eine neue Qualität ist es, daß von Arnim jetzt die Systemfrage stellt ... Arnims Analyse der politischen Mißstände ist umfassend ... Ebensosehr (ist es sein) Therapievorschlag: Er führt das Volk gegen die politische Klasse ins Feld.« Siehe auch *Geiger,* a.a.O.: »Arnim zeigt Wege auf, wie das verkrustete System aufgebrochen und wiederbelebt werden kann.«
14 Antje Vollmer, zum Beispiel am 6.9.1995 in der ZDF-Fernsehsendung »Kennzeichen D« und in der Bundestagsdebatte vom 21.9.1995 (Stenographischer Bericht, S. 4606 f.).
15 Die schlimmsten Auswüchse der Versorgung nordrhein-westfälischer Minister sollen zwar jetzt nach einer rot-grünen Absprache beseitigt werden. Das aber soll nur für zukünftige Kabinettsmitglieder gelten, so daß die amtierenden Minister ihre Privilegien behalten (Westfälische Rundschau vom 9.3.1999).

Einleitung
Die Eigeninteressen der politischen Klasse drohen alle Reformbewegungen zu ersticken

1 *Roman Herzog*, Aufbruch ins 21. Jahrhundert, Rede im Hotel Adlon in Berlin am 26.4.1997, Bulletin der Bundesregierung 1997, 353 ff.
2 Ebda, 354 l.Sp.
3 Ebda, 358 l.Sp.
4 Ebda, 356 l.Sp.
5 Ebda, 357 l.Sp.
6 Ebda, 354 l.Sp.
7 Ebda, 354.
8 Ebda, 355 r.Sp.
9 Ebda, 357.
10 Ebda, 355 l.Sp.
11 Frankfurter Allgemeine Zeitung vom 18.10.1993, S. 45, und vom 19.10.1993, S. 46.
12 *Herzog*, a.a.O., 357 l.Sp.
13 Ebda, 355.
14 *Richard von Weizsäcker* im Gespräch mit Gunter Hofmann und Werner A. Perger, 1992, 164.
15 *Herzog*, a.a.O., 355 l.Sp.
16 *Max Kaase*, Demokratie im Spannungsfeld von politischer Kultur und politischer Struktur, Jahrbuch für Politik 1995, 199 (212).
17 »Demokratie als Standortfrage. Anstöße zu einer ordnungspolitischen Diskussion«, 3. Aufl., 1996, Nr. 4 der Schriftenreihe des Unternehmerinstituts e.V. der Arbeitsgemeinschaft Selbständiger Unternehmer.
18 Wirtschaftswoche Nr. 27 vom 26.6.1997, S. 16 ff.

1
Die »politische Klasse« – ein Begriff macht Karriere

1 Siehe zum Beispiel *Gerhard Leibholz*, Der Strukturwandel der modernen Demokratie (1952), in: *ders.*, Strukturprobleme der modernen Demokratie, 3. Aufl., 1967, 78 ff.; *Jürgen Habermas*, Strukturwandel der Öffentlichkeit, 4. Aufl., 1969.
2 So auch *Leibholz* selbst, a.a.O., 83 ff.
3 *Richard von Weizsäcker* im Gespräch mit Gunter Hofmann und Werner A. Perger, 1992, 164.
4 Ebda., 150 f.
5 *Helmut Kohl*, Die Parteien in der freiheitlichen Bürgergesellschaft, in: Welt am Sonntag vom 19.7.1992; abgedruckt in: Gunter Hofmann/Werner A. Perger (Hg.), Die Kontroverse. Weizsäckers Parteienkritik in der Diskussion, 1992, 240 ff.
6 *Helmut Kohl*, a.a.O., 243, Bezug auf Äußerungen von *Theodor Heuss*.
7 Siehe zum Beispiel die Titelgeschichte »Der Ab-Kanzler«, Der Spiegel vom 22.6.1992.
8 *Helmut Kohl*, a.a.O., 244.
9 *Karlheinz Niclauß*, Das Parteiensystem der Bundesrepublik Deutschland, 1995, S. 8, 196. Ebenso für den Bereich der Parteienfinanzierung *von Arnim*, Die Partei, der Abgeordnete und das Geld, 1996; *Martin Morlok*, Thesen zu Einzelaspekten der Politikfinanzierung, in: Dimitris Th. Tsatsos (Hg.), Politikfinanzierung in Deutschland und Europa, 1997, 77 ff.
10 Auf kommunaler Ebene kann dies anders sein, weil dort häufig auch kommunale Wählergemeinschaften eine Rolle spielen.
11 *Gaetano Mosca*, Die herrschende Klasse, 1. Aufl., 1895, hier herangezogen die deutsche Übersetzung der 4. Aufl. (1947) durch Borkenau, 1950, 53 ff., 271 ff., 321 ff.
12 *Vilfredo Pareto*, Allgemeine Soziologie, 1. Aufl., 1916, hier herangezogen die deutsche Übersetzung von Carl Brinkmann, bearbeitet von Hans Wolfram Gerhard, 1955.
13 Zum Begriff der »politischen Klasse« neuerdings zum Beispiel *Christine Landfried*, Parteifinanzen und politische Macht, 1990, 2. Aufl., 1994, 144 ff., 271 ff.; *Hans-Dieter Klingemann/Richard Stöss/Bernhard Weßels* (Hg.), Politische Klasse und politische Institutionen, 1991; *Leif/Legrand/Klein*, Die politische Klasse in Deutschland, 1992; *Klaus von Beyme*, Die politische Klasse im Parteienstaat, 1993; *Jens Borchert/Lutz Golsch*, Die politische Klasse in westlichen Demokratien: Rekrutierung, Karriereinteressen und institutioneller Wandel, Politische Vierteljahresschrift 1995, 609 ff.; *Hilke Rebenstorf*, Die politische Klasse, 1995.
14 Siehe die berühmte Schrift *Theodor Eschenburgs*, Der Sold des Politikers, 1959.

15 So schrieb Stefan Immerfall, ein jüngerer Politikwissenschaftler: »Sollte denn wirklich die Gefahr der Erosion der Gewaltenteilung und der Kolonisierung unabhängiger Einrichtungen durch Parteien drohen, es wäre nicht die Parteienforschung, die Alarm schlüge. Patronage und Parteienfilz ist ihr bevorzugtes Gebiet nicht. So ist es denn leider auch kein Zufall, daß es sich bei Hans Herbert von Arnim, jener Persönlichkeit, die sich große Verdienste bei der Aufdeckung und Abwehr von Tricks und Kniffs erworben hat, derer sich Parteien bedienen, um an öffentliche Gelder zu kommen, um einen Volkswirt und Juristen, jedenfalls keinen politik-soziologischen Parteienforscher handelt. Im großen und ganzen ist daher einstweilen nicht zu sehen, daß es der Parteienforschung gelungen sei, die Parteien vor der drohenden Verschärfung ihrer Defizite zu bewahren. Dabei verdienen die Parteien der Bundesrepublik – im doppelten Sinne – eine kritische Forschung.« *Stefan Immerfall*, Die letzte Dekade westdeutscher Parteienforschung. Zur Analogie der Defizite von Parteien und Parteienforschung, in: Zeitschrift für Parlamentsfragen 1992, 172 (189). Ähnlich hatte schon vorher *Göttrik Wewer*, ein anderer jüngerer Politikwissenschaftler, den Opportunismus der etablierten Parteienforschung bemängelt: »Wo einst Ernst Fraenkel getreu seiner Maxime, Politologie sei ›kein Geschäft für Leisetreter und Opportunisten‹, gegen ›Strukturdefekte der Demokratie‹ anschrieb, da blieben seine Apologeten und Gralshüter und seine inzwischen etablierte Disziplin merkwürdig still, als in den letzten Jahren der Verfassungs- und Gesetzesbruch von Parteien und Politikern bei Beschaffung ihrer Mittel und ähnliche ›Pathologien der Politik‹ ans Licht kamen.« *Göttrik Wewer*, Politikwissenschaft und Zeitdiagnose in der Bundesrepublik Deutschland, Aus Politik und Zeitgeschichte B 46/89, S. 32 (38). – Das Hinterherhinken der Politikwissenschaft als eigentlich »zuständiger« Disziplin traf einige selbsternannte Sprecher der Disziplin wie von Beyme, von Alemann und Lösche offenbar so sehr in ihrem professionellen Selbstverständnis, daß sie sich in ganz unwissenschaftlich-unsachlicher Schelte von Autoren wie von Weizsäcker, Scheuch und von Arnim ergingen, die die Aufmerksamkeit der Öffentlichkeit auf die neuen Entwicklungen gelenkt hatten.

16 Zum beklagenswerten Zustand der politikwissenschaftlichen Parteientheorie *Michael Th. Greven*, Die Parteien in der politischen Gesellschaft sowie eine Einleitung zur Diskussion über eine »allgemeine Parteientheorie«, in: Niedermayer/Stöss (Hg.), Stand und Perspektiven der Parteienforschung in Deutschland, 1993, 276 (277 ff.).

17 *Borchert/Golsch*, a.a.O., 614, 615 und 623.

18 Im kommunalen Bereich können an die Stelle der Parteien teilweise auch kommunale Wählergemeinschaften treten, mit deren Unterstützung zum Beispiel hauptberufliche Bürgermeister, Beigeordnete, bisweilen auch Landräte ins Amt gelangen können.

19 Unsere Abgrenzung der politischen Klasse weicht von Kaacks »Berufspo-

1 – Die »politische Klasse«

litiker« insofern ab, als er dazu nicht alle Abgeordneten rechnet, sondern nur diejenigen, die bereits vor Eintritt ins Parlament eine hauptberufliche Tätigkeit als Politiker ausgeübt haben. Kaacks Begriffsbildung hängt möglicherweise damit zusammen, daß die Abgeordnetentätigkeit damals, als Kaack seine Begriffe entwickelte, noch kein Hauptberuf war oder dies jedenfalls noch nicht unangefochten galt. Heute *ist* sie es (oder wird, wie im Falle der Landtagsabgeordneten, jedenfalls als solche fingiert), so daß die bloße Tatsache des Innehabens eines Parlamentsmandats den Träger zum hauptamtlichen Politiker macht. Die Divergenz könnte allerdings auch daher rühren, daß Kaack den Begriff des Berufspolitikers mit *Lebenszeit*politiker gleichsetzt.

20 *Dietrich Herzog*, Brauchen wir eine politische Klasse?, Aus Politik und Zeitgeschichte B 50/91 vom 6.12.1991, S. 3 (4); *Hilke Rebenstorf*, a.a.O., 142.
21 Die Abgrenzung folgt der Auflistung von *Borchert/Golsch*, a.a.O.
22 In Hessen wurde der Kreis der politischen Beamten im Jahre 1997 erheblich eingeschränkt, womit sich auch ihre Zahl erheblich verringert. Dies gilt aber erst für zukünftig einzustellendes Personal. In der folgenden Aufstellung ist die derzeitige Zahl angegeben.
23 *Michael Pinto-Duschinsky*, The Party Foundations and Political Finance in Germany, in: F. Leslie Seidl (ed.) Comparative Issues in Party and Election Finance, 1991, 179 ff.
24 Ist-Besetzung am 30.6.1996.
25 Ohne politische Beamte des Bundesamts für Verfassungsschutz und des Bundesnachrichtendienstes unterhalb der Ebene des Ministerialdirektors, die aus dem Bundeshaushaltsplan nicht zu ermitteln sind.
26 In Hessen wurde der Kreis der politischen Beamten im Jahre 1997 erheblich eingeschränkt, womit sich auch ihre Zahl erheblich verringert. Dies gilt aber erst für zukünftig einzustellendes Personal. In der folgenden Aufstellung ist die derzeitige Zahl angegeben.
27 Quelle: § 36 Beamtengesetz Sachsen-Anhalt und Auskunft des dortigen Innenministeriums.
28 Quelle: § 41 ThürBG und Handbuch des Landtags Thüringen.
29 Quelle: § 72 LBG Berlin und Handbuch des Landtags Berlin.
30 Ohne hauptamtliche Gemeinderatsmitglieder.
31 Bei hauptamtlichen Beigeordneten war nur die mögliche Höchstzahl verfügbar. Die tatsächliche Zahl liegt niedriger.
32 Ohne hauptberufliche Beigeordnete.
33 Ohne Amtsverweser und Ortsvorsteher.
34 Quellen: Thüringer Kommunalordnung und Staatshandbuch Thüringen, Ausgabe 1996. Bei den Beigeordneten wurde die gesetzlich zulässige Höchstzahl für hauptamtliche Beigeordnete zugrunde gelegt.
35 Hauptamtliche Ortsamtsleiter in der Stadtgemeinde Bremen und hauptamtliche Magistratsmitglieder in der Stadtgemeinde Bremerhaven.

36 Hauptamtliche Bezirksleiter.
37 Die Zahl der Mitarbeiter der Abgeordneten der Landesparlamente wären gesondert zu erheben.
38 Stand: 1991. Quelle: *Peter Schindler*, Datenhandbuch zur Geschichte des Deutschen Bundestags 1983 bis 1991, 1994, 1283. Von den 4008 Mitarbeitern war etwa ein Drittel vollzeit- und etwa zwei Drittel teilzeitbeschäftigt. Wir haben auch letztere einbezogen, weil auch bei ihnen die Mitarbeiterbezüge häufig die einzigen sein werden und sie deshalb »davon leben«.
39 Die Zahl der Mitarbeiter der Fraktionen der Landesparlamente wäre gesondert zu erheben.
40 Stand: November 1991. Quelle: *Schindler*, a.a.O., 404.
41 Stand: 1989. Quelle: *Michael Pinto-Duschinsky*, a.a.O.
42 Quelle: Angaben des Statistischen Bundesamtes vom Juli 1997, für die der Verfasser sehr dankt.
43 Von einer ähnlichen Abgrenzung von »politischer Klasse« und »politischer Elite« gehen auch *von Beyme*, Die politische Klasse im Parteienstaat, a.a.O., 30 ff., und *Borchert/Golsch*, a.a.O., 613 ff., aus.
44 *Robert A. Dahl*, Who Governs?, Democracy and power in an American city, 3. Aufl., 1963.
45 *Peter Haungs*, Aktuelle Probleme der Parteiendemokratie, Jahrbuch für Politik 1992, Halbband 1, S. 37 (50).
46 *Klaus von Beyme*, Die politische Klasse im Parteienstaat, 2. unveränderte Aufl., 1995.
47 So ist beispielsweise die übergroße Weite der Aufgabenumschreibung der Parteien im Parteingesetz, die, wie von Beyme selbst kritisch anmerkt, geradezu ein »Einfallstor« und eine »Einladung« zu »parteienstaatlicher Penetration der Gesellschaft« bilde (*von Beyme*, a.a.O., 43 f.), nicht von einem anonymen Gesetzgeber, sondern von den Parteien und ihrer politischen Klasse selbst durchgesetzt worden, die dem Gesetzgeber die Feder geführt haben. Dieses Ausblenden des Wesentlichen findet seine Fortsetzung darin, daß von Beyme kein besonderes Problem darin sieht, daß die politische Klasse in eigener Sache entscheidet, die Oppositionskontrolle ausfällt und die Öffentlichkeitskontrolle und die parteiinterne Kontrolle geschwächt werden (siehe im einzelnen Kapitel 7 dieses Buchs), sondern diese Dinge weitgehend unerörtert läßt.
48 *von Beyme*, a.a.O., 194: Auswüchse seien »relativ rasch unter Kontrolle zu bringen«, weil die politische Klasse bei Durchsetzung und Verteidigung ihrer Privilegien »ohne Bundesgenossen in der Gesellschaft«, also allein auf sich gestellt sei. Diese Behauptung geht ebenso weit an der Wirklichkeit vorbei wie der Versuch ihrer Begründung. Daß Auswüchse leicht unter Kontrolle zu bringen seien, ist schon mit von Beymes eigenen Befunden etwa bei der Ämterpatronage (*von Beyme*, a.a.O., 60, 88) nicht in Einklang zu bringen. Und daß die politische Klasse ohne Bundesgenossen sei, wäre, selbst wenn es zuträfe, nicht entscheidend, weil sie keiner Bundes-

1 – Die »politische Klasse« 425

genossen bedarf, sitzt sie doch als einzige Interessengruppe selbst direkt an den Hebeln der Macht und kann ihren Interessen durch Einkleiden in Gesetz, Haushaltsplan oder sonstige staatliche Maßnahmen zumindest äußere Legalität verschaffen, ohne daß sie dazu Verbündete bräuchte. Und daß die öffentliche Kontrolle ein ausreichendes Gegengewicht bilden könnte, verneint von Beyme selbst, wenn er an anderer Stelle die Kooperation der politischen Klasse mit vielen Medienangehörigen beispielreich beschreibt: *von Beyme*, a.a.O., 81 ff. – Hinzu kommt, daß die politische Klasse sich auch durch Ausweitung der Parteipatronage in andere Schlüsselbereiche wie politische Bildung und Verwaltung immer größere und einflußreichere Kreise verpflichtet, so daß ein Gegenhalten gegen Fehlentwicklungen, von denen immer mehr Meinungsmultiplikatoren profitieren, immer schwieriger wird. Einen wichtigen Aspekt dieser Problematik hat der Staatsrechtslehrer Jochen A. Frowein mit seiner Kritik an der Stipendiumsvergabe durch staatsfinanzierte Parteistiftungen hervorgehoben, die er als »Systembruch« erkennt: »Wenn politische Parteien mit Programmen um Anhänger konkurrieren müssen, so sollten sie nicht in der Lage sein, Abhängigkeitsverhältnisse über Geldleistungen zu erzeugen«. *Jochen A. Frowein*, Die Macht, die übers Geld gebietet, Frankfurter Allgemeine Zeitung vom 13.9.1996.

49 *von Beyme* erkennt zwar, daß das Hauptproblem der Politik in der Unfähigkeit liegt, »gewisse anstehende Probleme zu lösen« (a.a.O., 201), verkennt aber den Zusammenhang zwischen der mangelnden Problemlösungsfähigkeit und der Verfolgung von Eigeninteressen.

50 *Greven*, a.a.O., 276 (280).

51 *Arthur Bentley,* The Process of Government, Evanston/Ill. 1959 (Erstausgabe 1909); *David B. Truman,* The Governmental Process, New York 1958.

52 *Otto Stammer*, Das Elitenproblem in der Demokratie (1951), in: Wilfried Röhrich (Hg.), »Demokratische« Elitenherrschaft, 1975, 192 (216 f.); *Rebenstorf*, a.a.O., 41, 60.

53 *Eric A. Nordlinger*, On the Autonomy of the Democratic State, 1981.

54 Bei der Bestimmung und Einteilung der politischen Elite kann man zunächst von drei verschiedenen Kriterien ausgehen: der Reputation, der Beteiligung an politischen Entscheidungen und dem Innehaben bestimmter Positionen (*Kaack*, Geschichte, 664 f.). Wir verwenden im folgenden einen an der Fruchtbarkeit der Problemerschließung orientierten Kriterienmix: Bei der Abgrenzung der »Elefanten« fragen wir nach den an Elefantenrunden Beteiligten, bei der weiteren Untergliederung der politischen Elite nach den formellen Positionen.

55 *Waldemar Schreckenberger*, Veränderungen im parlamentarischen Regierungssystem. Zur Oligarchisierung der Spitzenpolitiker der Parteien, Festschrift für Rudolf Morsey zum 65. Geburtstag, 1992, 133.

56 *Kaack*, Geschichte, 663, betont, daß es zu den Kennzeichen der Führungsspitze gehört, daß sie überwiegend auf mehreren Ebenen verankert ist.

57 Inwieweit diese in Großstädten auch von der Politik leben, ist noch zu klären.
58 Siehe auch den Katalog bei *Herzog*, Politische Karrieren, 1975, 234 ff.
59 So unterteilt *Kaack* in drei Gruppen: 1. »die Führungsspitze«, die aber weiter ist als die von uns oben so genannten Elefanten, indem sie auch alle Bundesminister, den Bundestagspräsidenten und die Vizepräsidenten, alle Fraktionsvorsitzenden und ihre Stellvertreter, die Parlamentarischen Geschäftsführer der Fraktionen und die Mitglieder des engeren Fraktionsvorstandes dazuzählt. 2. »die engere Führungselite« (= Führungsspitze und Parlamentarische Staatssekretäre und die weiteren Mitglieder der Fraktionsvorstände). 3. »die gesamte Führungselite« (= engere Führungselite und Arbeitskreisvorsitzende der Fraktionen und ihre Stellvertreter, die Vorsitzenden der Bundestagsausschüsse und ihre Stellvertreter und die Obleute der Fraktionen in den Ausschüssen). (*Kaack*, Geschichte, 681.)
60 Siehe auch *Kaack*, Geschichte, 681, 683.
61 *Joseph A. Schumpeter*, Kapitalismus, Sozialismus und Demokratie, Bern 1950 (Erscheinungsjahr der amerikanischen Erstveröffentlichung 1943), 443, 449.
62 *Konrad Hesse*, Die verfassungsrechtliche Stellung der Parteien im modernen Staat (1957), Veröffentlichungen der Vereinigung Deutscher Staatsrechtslehrer, Band 17, S. 11 ff.
63 *Anthony Downs*, Ökonomische Theorie der Demokratie, Tübingen 1968 (Erscheinungsjahr der amerikanischen Erstveröffentlichung unter dem Titel »An Economic Theory of Democracy« war 1957).
64 Zu den vielen Wenns und Abers, die diese ökonomischen Modellvorstellungen schon im Bereich der Wirtschaft in der Praxis provozieren, siehe *von Arnim*, Volkswirtschaftspolitik, 6. Aufl., 1997, Kapitel B.
65 *Downs*, An Economic Theory of Democracy, 1957, 25: »Every member of the team has exactly the same goals as every other.«
66 Ebda, 30: »Politicians in our model are motivated by the desire for power, prestige, and income, and by the love of conflict, i.e., the ›thrill of the game‹ common to many actions involving risk. However, they can obtain none of these desiderata except the last unless their party is elected to office.«
67 Zur Frage, wie realistisch diese Vorstellungen sind, siehe die Auffassung des Vorsitzenden des Wissenschaftlichen Beirats beim Bundesministerium für Wirtschaft Manfred J.M. Neumann, über die in einer Zeitung berichtet wurde: »Erst heute hätte die Ökonomie im vollen Ausmaß erkannt, erklärt Neumann, daß auch Politiker ihre Eigeninteressen verfolgen und zunächst einmal wiedergewählt werden wollen.« – »Die Politik funktioniert noch primitiver und noch interessengeleiteter, als sich das ein Theoretiker überhaupt vorstellen kann. Mehr Mißtrauen ist immer besser als zuwenig.« Zitiert nach *Patrick Welter*, Ratgeber für die Politik, Handelsblatt vom 22.1.1997, S. 8.
68 Besonders ausgeprägt Herbert Krüger, Allgemeine Staatslehre, 2. Aufl., 1996.

69 Isensee, Öffentlicher Dienst, in: Benda/Maihofer/Vogel (Hg.), 1994, Handbuch des Verfassungsrechts, 2.Aufl., 1526 (1535 f.). Isensee entwickelt dort am Beispiel des öffentlichen Dienstes die Anforderungen an das Amt generell (S. 1534 f.). Siehe auch Isensee/Krichhof (Hg.), Handbuch des Staatsrechts (HStR), Bd.I, §13, S. 591 (632 f.).
70 Siehe auch von *Schütt-Wetschky*, Interessenverbände und Staat, 1997, 98.
71 *Isensee*, in: Isensee/Kirchhof (Hg.), HStR I, S. 627.
72 *Isensee*, Verfassungsrecht als politisches Recht, in: Isensee/Kirchhof (Hg.), HStR VII, § 162, S. 143 ff.
73 *Isensee* (in HStR I § 13, S. 643) zitiert hier zustimmend einen Satz *Georg Jellineks* aus: Verfassungsänderung und Verfassungswandlung, 1906, 72.
74 *Karl Albrecht Schachtschneider*, Res publica – res populi. Grundlegung einer Allgemeinen Republiklehre, 1994.
75 *Isensee*, HStR VII, § 13, S. 620 ff., 642 ff.
76 Dazu ausführlich *Crozier/Friedberg*, Macht und Organisation. Die Zwänge kollektiven Handelns, Frankfurt a.M. 1979.
77 Insofern gilt es, das Systemdenken des Bielefelder Soziologen Niklas Luhmann, der die selbstreferentielle Eigensteuerung der Systeme herausgearbeitet hat und Steuerungsmöglichkeiten aus der übergreifenden Sicht der Allgemeinheit in Abrede stellt, vom Kopf auf die Füße zu stellen. Gelingt es, die Schlüsseldeterminanten eines Systems zu ermitteln, so ist über ihre Veränderung auch eine Umsteuerung möglich (systemische Steuerung).

2
Die Berufsinteressen der politischen Klasse

1 Eingehende Analyse des Diätencoups zuletzt bei *von Arnim*, Das neue Abgeordnetengesetz. Inhalt, Verfahren, Kritik und Irreführung der Öffentlichkeit, 1997 (Speyerer Forschungsberichte 169).
2 Gesetzentwurf vom 27.6.1995, Bundestagsdrucksache 13/1825 vom 28.6.1995. Zur Kritik dieses Gesetzentwurfs *von Arnim*, »Der Staat sind wir!« Politische Klasse ohne Kontrolle? Das neue Diätengesetz, 1995.
3 BVerfGE 40, 296 (316 f.).
4 So auch *Hans-Jochen Vogel*, Nachsichten, 1996, 454. – Eine bemerkenswerte (wirtschafts-)ethische Bewertung der Diätenregelung unternimmt Werner Lachmann in seinem Vortrag »Die Diätenregelung für Abgeordnete des Deutschen Bundestags. Versuch einer (wirtschafts-)ethischen Bewertung« vor dem wirtschaftsethischen Ausschuß des Vereins für Socialpolitik 1996 (zur Veröffentlichung vorgesehen).
5 Vgl. § 124 Gerichtsverfassungsgesetz, § 10 I Verwaltungsgerichtsordnung, § 4 I Arbeitsgerichtsordnung, § 10 I Finanzgerichtsordnung und § 38 II Sozialgerichtsgesetz.

6 Daß die vorgesehene Formulierung des Art. 48 III GG dem einfachen Gesetzgeber diese Möglichkeit eröffnet hätte, mußte auch der Vorsitzende des zuständigen Bundestagsausschusses, Dieter Wiefelspütz, einräumen, wenn er natürlich auch eine spätere Erhöhungsabsicht weit von sich wies. Bremer Nachrichten vom 15.9.1995.
7 *Süssmuth*, Protokoll der Bundestagssitzung vom 29.6.1995, S. 3853 D.
8 Bundestagsdrucksache 13/1825, Vorblatt.
9 Zwar war die Entschädigung ab 1977 zu versteuern, zugleich fiel aber der vorher zu entrichtende Eigenbeitrag des Abgeordneten zur Finanzierung seiner Altersrente in Höhe von 25 Prozent der Entschädigung weg. Auch der vom Verfassungsgericht geforderte Übergang zur »Vollalimentation« war nicht geeignet, die Verdoppelung zu legitimieren, weil – nach den Worten des Gerichts selbst – auch die vorherige niedrigere Entschädigung bereits eine »Vollalimentation« dargestellt hatte (BVerfGE 40, 296 [315]). Im übrigen ist das Gericht in einer späteren Entscheidung selbst von der Auffassung abgegangen, die Entschädigung müsse eine »Vollalimentation« sein (BVerfGE 76, 256 [340 ff.]). Die von allen Seiten als zu üppig kritisierte Verdoppelung der Entschädigung im Jahre 1977, die auch erheblich über die Vorschläge einer eigens dafür eingesetzten Kommission (Beirat für Entschädigungsfragen unter Vorsitz des früheren Vorsitzenden des DGB Alfred Rosenberg, Bundestagsdrucksache 7/5531, S. 32 ff. Zu seinen Vorschlägen *von Arnim*, »Der Staat sind wir!«, a.a.O., 77 ff.) hinausging, war sicher ein wesentlicher Grund dafür, daß die Entschädigung in den folgenden Jahren zunächst nicht weiter angehoben wurde. Hinzu kam ein schlechtes verfassungsrechtliches Gewissen: Zu der Entschädigung von damals 7500 DM kamen überaus großzügige und wirtschaftlich außerordentlich wertvolle, wenn auch schwer durchschaubare sonstige Ansprüche (steuerfreie Kostenpauschale, Übergangsgeld, Altersversorgung, unzureichende Anrechnungsvorschriften bei Mehrfachbezügen aus öffentlichen Kassen) und weiterhin zulässige oder jedenfalls nicht unterbundene faktische Einnahmen (»Spenden« und Lobbygeldzahlungen aus Wirtschaft und Verbänden). Es bestand Übereinstimmung unter Verfassungsrechtlern und Publizisten, daß diese »Nebenbezüge« in jedem Fall überzogen, wahrscheinlich sogar verfassungswidrig waren, und man erwartete alsbald ein weiteres Diätenurteil (zu dem es dann aber aus verfahrensrechtlichen Hindernissen nicht kam) – alles Faktoren, die den Bundestag seinerzeit nachhaltig zur Zurückhaltung gemahnten (dazu näher *von Arnim*, »Der Staat sind wir!«, a.a.O., 71, 77 m.w.N.).
10 Bericht der Kommission der Landtagsdirektoren vom 16.5.1989, 134 ff.; von Arnim, Die Partei, der Abgeordnete und das Geld, 1996, 253 ff., 339 ff.
11 Dies räumte am Ende, als das Scheitern der Gesetzentwürfe abzusehen war, auch Vizepräsident Klose in einem Interview mit der Chemnitzer Freien Presse vom 13.10.1995 ein. In einer Presseerklärung dieser Zeitung vom 12.10.1995 über das Interview heißt es: »Scharf kritisierte Klose die

2 – Die Berufsinteressen der politischen Klasse

von Ältestenrat und Fraktionen vorgenommenen Änderungen am Gesetzentwurf der Rechtsstellungskommission, deren Vorsitzender er ist. ›Im Parlament ist nicht mehr das angekommen, was die Kommission vorgeschlagen hatte‹, beklagte Klose.«

12 Vorschläge der sog. Rechtsstellungskommission des Ältestenrats des Bundestags unter Vorsitz des Vizepräsidenten Klose, veröffentlicht in Bundestagsdrucksache 13/1803 vom 26.6.1995. Dazu *von Arnim*, »Der Staat sind wir!«, a.a.O., 17 ff.

13 Bemerkenswert aber die Kritik des FDP-Abgeordneten und Vizepräsidenten des Bundestags Burkhard Hirsch schon bei der ersten Beratung der Gesetzentwürfe am 29.6.1995 (Protokoll S. 3862): Die Koppelung würde nur »eine scheinbare Objektivität vorspiegeln, die es in Wirklichkeit nicht gibt, solange wir selbst die Beamten- oder Richtergehälter in ihrer Höhe bestimmen ... Das Bundesverfassungsgericht hat einer solchen Automatik eindringlich und wiederholt und mit sorgfältiger Begründung widersprochen. Es ist lächerlich, genau das nun in die Verfassung hineinzuschreiben, gerade um dem Verfassungsgericht zu entgehen.«

14 *von Arnim*, Die Partei, der Abgeordnete und das Geld, a.a.O., 332 ff.

15 Mehrere Bundestagsabgeordnete wollten sich so wenig auf die Sache einlassen, daß sie das einschlägige Buch des Verfassers, das ihnen der Bund der Steuerzahler vor der abschließenden Beratung des Gesetzes im Bundestag übersandt hatte, zurückschickten oder die Annahme verweigerten.

16 Dazu *Dietmar Nilgen*, Vom neuen Feudaladel entmachtetes Volk, Frankfurter Allgemeine Zeitung vom 13.10.1995 (Leserbrief): »So machen es sich auch Bundestagspräsidentin Rita Süssmuth und einige Abgeordnete zu einfach, wenn sie Hans Herbert von Arnim diskreditieren und ihm vorwerfen, er mache das Parlament verächtlich. Der Speyerer Professor schreibt sachlich, kenntnisreich, belegt jede Aussage sehr sorgfältig und wird niemals ausfällig. Böten die Debattenbeiträge im Bundestag sein Niveau, genösse das Parlament ein höheres Ansehen. Warum widerlegen unsere Volksvertreter ihn nicht einfach mit klaren Gegenthesen? Leser Hanno Kaiser hat es in seinem Brief ›Nichts gegen Ermächtigungen‹ (FAZ vom 30. September) auf den Punkt gebracht: ›Der Zustand einer Demokratie zeigt sich nicht zuletzt darin, wie der Staat mit seinen Kritikern umgeht. Ein Wissenschaftler verdient eine Antwort – keine Drohung.‹«

17 dpa-Meldung vom 13.10.1996.

18 *von Arnim*, Die Partei, der Abgeordnete und das Geld, a.a.O., 348 ff. Die genannte Erhöhung der Altersversorgung betraf amtierende und ehemalige Abgeordnete. Für Abgeordnete, die nach Inkrafttreten des neuen Gesetzes in den Bundestag eintreten, tritt möglicherweise eine Absenkung ein; endgültig läßt sich das erst absehen, wenn die für Beginn der nächsten Legislaturperiode, also ab 1998, angekündigte weitere Gesetzesänderung erfolgt sein wird.

19 Siehe auch Der Spiegel vom 6.11.1995, 36.

20 Gesetz zur Änderung des Abgeordnetengesetzes des Bundes und des Europaabgeordnetengesetzes vom 19.6.1996, BGBl. I, S. 843.
21 Der Vorschlag, die Erhöhung zu verschieben, wurde zuerst von zwei bisher unbekannten Bundestagsabgeordneten, Hans-Werner Bertl (SPD) und Ulrich Petzold (CDU), gemacht (vgl. Bild-Zeitung vom 10.4.1996). Ein Gesetzentwurf der Grünen war zunächst auf Unterstützung der Vorsitzenden der anderen Bundestagsfraktionen gestoßen, fand in den Fraktionen der Union und der SPD dann aber keine mehrheitliche Zustimmung, so daß die Grünen ihn allein einbrachten (Bundestagsdrucksache 13/4667 vom 21.5.1996), was Gerald Häfner, dem zuständigen Abgeordneten der Grünen, massive Feindseligkeiten seiner Bundestagskollegen eintrug (vgl. Der Stern vom 15.5.1996, S. 174 ff.). – Während die Grünen ursprünglich noch gefordert hatten, die zweite und dritte Erhöhungsstufe je um ein Jahr zu verschieben *und* auf die vierte Stufe zu verzichten, wurde im schließlichen Änderungsgesetz auf diesen Verzicht verzichtet.
22 BVerfGE 85, 265 (290 ff.).
23 Gesetz zur Regelung des Rechts der Allgemeinen Geschäftsbedingungen.
24 Siehe aber die im Kapitel 4 angeführten Warnungen von Eschenburg, Sternberger und Herbert Wehner.
25 Siehe auch *Werner Lachmann*, Die Diätenregelung für Abgeordnete des Deutschen Bundestags, a.a.O.
26 *Martin Kriele*, Einführung in die Staatslehre. Die geschichtlichen Legitimitätsgrundlagen des demokratischen Staates, 5. Aufl., 1994, 235 ff.
27 *Gunther Nonnenmacher*, Eine Lanze für die Politik, Frankfurter Allgemeine Zeitung vom 8.1.1997, S. 1.
28 *Michael Greven*, Parteimitglieder, 1987, 196 (Hervorhebung durch Greven).
29 *Heino Kaack*, Das System der Selbstversorger, Die Zeit vom 26.10.1984. Selbst Ende der 60er Jahre hatten Politiker bereits angegeben, daß sich bei Übernahme ihrer ersten hauptberuflichen Position in 47 Prozent der Fälle ihre finanzielle Situation verbessert habe und sie in 37 Prozent der Fälle zumindest gleichgeblieben sei (*Dietrich Herzog*, Politische Karrieren, 1975, 189). Inzwischen hat ein überproportionaler Schub jedenfalls der *Abgeordneten*bezahlung (und -versorgung) stattgefunden.
30 Siehe *von Arnim*, Die finanziellen Privilegien von Ministern in Deutschland, 1992 (Nr. 74 der Schriftenreihe des Karl-Bräuer-Instituts des Bundes der Steuerzahler).
31 Näheres bei *von Arnim*, Staat ohne Diener, Taschenbuchausg. 1995, 218 ff.
32 Lediglich in Mecklenburg-Vorpommern wurden die Änderungen mit Wirkung auch für die amtierenden Minister in Kraft gesetzt. Gleiches gilt für Hamburg, jedenfalls soweit die Privilegien im Jahre 1992 beseitigt wurden.
33 Siehe *von Arnim*, Die Partei, der Abgeordnete und das Geld, a.a.O., 123 ff., 137 ff.
34 Einige Landesverfassungen gehen auch heute noch erkennbar von der Ne-

ben- oder Ehrenamtlichkeit des Mandats aus. Dazu *von Arnim*, ebda, 213, 235.

35 In Hamburg ist durch die jüngste Verfassungs- und Gesetzesänderung zwar die Ehrenamtlichkeit aus der Verfassung gestrichen worden, jedoch bleibt es vom organisatorischen Ablauf der Parlamentsarbeit her für die Abgeordneten möglich, ihren Beruf fortzuführen.

36 Dazu, daß das Diätenurteil des Bundesverfassungsgerichts (BVerfGE 40, 296; dazu *Peter Häberle*, Freiheit, Gleichheit und Öffentlichkeit des Abgeordnetenstatus, Neue Juristische Wochenschrift 1976, 537) nicht etwa zur Einführung der staatsfinanzierten Vollversorgung und schon gar nicht zur Überversorgung nötigte, *von Arnim*, Zweitbearbeitung des Art. 48 GG im Bonner Kommentar (1980), Rn 129 ff.; *ders.*, Die Partei, der Abgeordnete und das Geld, a.a.O., 254 ff. Im übrigen hat das Gericht selbst bereits in seinem Diätenurteil die seinerzeit im Saarland bestehende Entschädigung von netto 3000 DM ausdrücklich als »Vollalimentation« charakterisiert (BVerfGE 40, 296 [315]). Darüber hinaus hat das Gericht sich in einer späteren Entscheidung auch hinsichtlich der »Vollalimentation« korrigiert und betont, es gebe selbst für Bundestagsabgeordnete nicht unbedingt einen Anspruch auf »Vollalimentation« (BVerfGE 76, 256 [340 ff.]).

37 *Hermann Eicher*, Der Machtverlust der Landesparlamente, 1988. Vgl. auch *von Arnim*, Die Partei, der Abgeordnete und das Geld, a.a.O., 227 ff.

38 *von Arnim*, ebda, 328 ff.

39 *Albert Janssen*, Der Landtag im Leineschloß – Entwicklungslinien und Zukunftsperspektiven, in: Präsident des Niedersächsischen Landtags, Rückblicke – Ausblicke, 1992, 15 (31).

40 Auch die ansonsten eher zurückhaltende Unabhängige Kommission zur Überprüfung des Abgeordnetenrechts (»Kissel-Kommission«) hat in ihrem Bericht vom 3.6.1993, Bundestagsdrucksache 12/5020, S. 10, Zweifel geäußert, »ob die Tätigkeit eines Landtagsabgeordneten generell als so umfassend anzusehen ist, daß sie als Ausübung eines ›Hauptberufs‹ gewertet werden muß«.

41 Näheres bei *von Arnim*, Die Partei, der Abgeordnete und das Geld, a.a.O., 238 ff.

42 BVerfGE 48, 64.

43 Dazu gehörte auch die Einsetzung eines Beratergremiums durch den Bundestag, das seinen Bericht 1990 vorlegte (Bundestagsdrucksache 11/7348), aber nach Organisation und Arbeitsweise vom Bundestag abhängig war, nur Erhöhungen vorschlug, ohne die Strukturmängel zu erwähnen, und auch nicht auf die Gründe für die früheren »Nullrunden« einging (Näheres bei *von Arnim*, »Der Staat sind wir!«, a.a.O., 86 ff.). Als offensichtlich geworden war, daß ein derartig einseitiger Bericht keine tragfähige Grundlage für eine Änderung des Abgeordnetengesetzes des Bundes abgeben konnte, setzte Bundestagspräsidentin Süssmuth 1992 eine zweite Diäten-

kommission unter Vorsitz des Präsidenten des Bundesarbeitsgerichts Kissel ein, die ihren Bericht 1993 vorlegte (Bundestagsdrucksache 12/5020). Der dann eingebrachte Gesetzentwurf blieb, was den Abbau von Privilegien anlangt, allerdings erheblich hinter den Empfehlungen der Kommission zurück, z.B. beim Abbau der Kostenpauschale (siehe ebda, S 349), des Übergangsgeldes (ebda, S. 339) und der Altersversorgung (ebda, S. 339 ff.), obwohl die Kommission im Bewußtsein, daß dem Bundestag in eigener Sache ohnehin das letzte Wort verbleibt, bei ihren Empfehlungen bereits erhebliche Kompromisse hinsichtlich der Wünsche des Bundestags gemacht hatte (vgl. z.B. Der Spiegel Nr. 20 vom 17.5.1993, S. 21). – Unzutreffend war die Behauptung der früheren Präsidentin des Bundes der Steuerzahler und jetzigen Bundestagsabgeordneten Susanne Tiemann, der Gesetzentwurf entspreche den Empfehlungen der Kissel-Kommission, auch wenn dies »die Bürger in diesem Land nicht so recht einsehen können« (stenographischer Bericht der Bundestagssitzung vom 21.9.1995, S. 4600).

44 *von Arnim*, »Der Staat sind wir!«, a.a.O.; *ders.*, Das neue Abgeordnetengesetz, Neue Juristische Wochenschrift 1996, 1233 ff.; *ders.*, Das neue Abgeordnetengesetz. Inhalt, Verfahren, Kritik und Irreführung der Öffentlichkeit, 1997 (Heft 169 der Speyerer Forschungsberichte); *ders.*, Misleading the German Public: The New Bundestag Law on Parliamentarians, German Politics 1997, 58 ff.

45 Näheres bei *von Arnim*, »Der Staat sind wir!«, a.a.O.; *ders.*, Das neue Abgeordnetengesetz, 1997 (Heft 169 der Speyerer Forschungsberichte).

46 Näheres bei *von Arnim*, Der Staat als Beute, a.a.O.; *ders.*, Die Partei, der Abgeordnete und das Geld, a.a.O.

47 Gesetz über die Rechtsverhältnisse der Parlamentarischen Staatssekretäre vom 6.4.1967, BGBl. I S. 396.

48 Dazu *Hans Meyer*, Die Stellung der Parlamente in der Verfassungsordnung des Grundgesetzes, in: Hans-Peter Schneider/Wolfgang Zeh (Hg.), Parlamentsrecht und Parlamentspraxis in der Bundesrepublik Deutschland, 1989, 117 (132 ff.); *von Arnim*, Der Staat als Beute, a.a.O., 200 ff.

49 Stand: Frühjahr 1996.

50 Gesetz über die Rechtsverhältnisse der Parlamentarischen Staatssekretäre (ParlStG) vom 24.7.1974, BGBl. I S. 1538.

51 FAZ-Magazin vom 8.1.1993.

52 Ähnlich der Titel des Zeitungsbeitrags: *von Arnim*, Verdienen die Politiker, was sie verdienen?, Frankfurter Allgemeine Zeitung vom 16.6.1992.

53 Die »Endstufe« der Besoldungsgruppe als Bezugsgröße wird nur bei den Gehältern der Besoldungsgruppe A, nicht aber bei den Festgehältern der Besoldungsgruppe B relevant, z.B. nicht bei höheren Ministerialbeamten.

54 *Cecior*, in: Schütz, Beamtenrecht, 5. Aufl. (Januar 1992), § 14 Beamtenversorgungsgesetz, Erläuterung 1b.

2 – Die Berufsinteressen der politischen Klasse 433

55 Bericht des Bundestagsinnenausschusses zu § 7, Bundestagsdrucksache 7/5165, S. 7.
56 *Wolfgang Junker*, Das Beamtenversorgungsgesetz – kritisch betrachtet, ZBR 1976, 293 (298).
57 Vgl. Der Spiegel vom 9.10.1995, 61 ff. – Die Überversorgung der politischen Beamten hatte auch deshalb verheerende Weiterungen, weil sie z.B. in Hessen und Hamburg Abgeordnete und Minister (Senatoren) verleitete, in eigener Sache ähnliche Übertreibungen zu beschließen. Dazu *von Arnim*, Der Staat als Beute, a.a.O., 209.
58 *Michael Greven*, a.a.O., 196.
59 *Wilhelm Hennis*, Frankfurter Allgemeine Zeitung vom 11.3.1996, S. 9 (bei Besprechung eines Aufsatzes von Hans Meyer).
60 Frankfurter Allgemeine Zeitung vom 18.6.1993.
61 Frankfurter Allgemeine Zeitung vom 15.7.1991.
62 Neue Osnabrücker Zeitung vom 21.2.1992.
63 Zum Bundestag siehe auch *Hans Apel*, Die deformierte Demokratie, 1991, 270 f.
64 Hinzu kommen die 40 Mitglieder des kalifornischen Senats.
65 Bayern kennt diese Einrichtung nicht, dafür sind dort aber Staatssekretäre Mitglieder der Regierung.
66 Siehe für den Bund *Heino Kaack*, Geschichte und Struktur des deutschen Parlamentarismus, 1971, 565, 570 f.
67 Ebda, 595 ff., 694.
68 Wenn ein Landesverband von kommunalen Wählergemeinschaften Kandidaten für Landtagswahlen aufstellt, wie dies 1997 für Bayern angekündigt wurde, wird der Verband damit nach der Definition des Parteibegriffs in § 2 Parteiengesetz automatisch zur »Partei«.
69 BVerfGE 41, 399 (402).
70 Solche Berechnungen der CDU hat für Rheinland-Pfalz Helmut Kohl vor der Bundestagswahl 1957 in einem Aufsatz behandelt: *Helmut Kohl*, Die Nominierung der Kandidaten in Rheinland-Pfalz, in: Karlheinz Kaufmann/Helmut Kohl/Peter Molt, Die Auswahl der Bundestagskandidaten 1957 in zwei Bundesländern, 1961, 147 ff.
71 *Kaack*, 1971, a.a.O., 622: »Hauptfunktion der Landeslisten ist die Absicherung derjenigen Direktkandidaten, die nicht in stabilen oder aussichtsreichen Wahlkreisen aufgestellt sind ... Etwa 200 Abgeordnete des 6. Deutschen Bundestags zogen über die Absicherung auf der Landesliste in das Parlament ein, obwohl sie im Wahlkreis unterlagen.« Dies galt für die SPD uneingeschränkt. Sie sicherte bei der Wahl zum 6. Bundestag »alle Abgeordneten, die in umstrittenen Wahlkreisen aufgestellt waren, auf der Landesliste ab«.
72 *Heino Kaack*, Wer kommt in den Bundestag?, 1969; *Marc Reichel*, Das demokratische Offenheitsprinzip und seine Anwendung im Recht der politischen Parteien, 1996, 85; *Lorenz Kaiser*, Einführung begrenzt offener

Listen für die Abgabe der Zweitstimme bei der Bundestagswahl, 1982, 116 ff.
73 *Gerhard Leibholz*, Strukturprobleme der modernen Demokratie, Neuausgabe 1974 der 3. Aufl., 109 f.
74 *Leibholz*, Die Reform des Wahlrechts, Veröffentlichungen der Vereinigung Deutscher Staatsrechtslehrer, Bd. 7 (1932), 159 (270).
75 Näheres bei *von Arnim*, Staat ohne Diener, a.a.O., Kapitel 2, Abschnitt IV.
76 So läßt z.B. *Klaus von Beyme* die Frage in seinem Buch über »Die politische Klasse im Parteienstaat«, 1993, 2. Aufl., 1995, unbehandelt. *Heino Kaack* hat in seinem monumentalen Standardwerk über »Geschichte und Struktur des deutschen Parteiensystems« (1971) zwar die Nominierungsprozesse ausführlich und in der Struktur auch heute noch gültig dargestellt, eine umfassende Bewertung des soziologischen Materials unter den Gesichtspunkten der Offenheit und Chancengleichheit des Wettbewerbs fehlt aber bisher. Ansätze immerhin bei *Göttrik Wewer* (Hg.), Parteienfinanzierung und politischer Wettbewerb, 1990; *Bernhard Boll*, Parliamentary Incumbents in Germany: No Matter of Choice?, in: Albert Somit/Rudolf Wildenmann/Bernhard Boll/Andrea Römmele (Hg.), The Victorious Incumbent: A Threat to Democracy?, 1994, 150 ff.; *Marc Reichel*, Das demokratische Offenheitsprinzip und seine Anwendung im Recht der politischen Parteien, 1996.
77 *Gallagher/M. Marsh* (Hg.), Candidate Selection in Comparative Perspective. The Secret Garden of Politics, London u.a. 1988.
78 Siehe aber das Urteil des Hamburgischen Verfassungsgerichts vom 4.5.1993 (NVwZ 1993, 1083 ff.). Dazu *Karl Albrecht Schachtschneider*, Res publica – res populi, 1994, 1120 f.
79 *Karlheinz Niclauß*, Vier Wege zur unmittelbaren Bürgerbeteiligung, Aus Politik und Zeitgeschichte B 14/97 vom 28.3.1997, 3 (9 ff.).
80 *Bodo Zeuner*, Wahlen ohne Auswahl, a.a.O., 181.
81 *Scheuch/Scheuch*, Cliquen, Klüngel und Karrieren, a.a.O., 80.; *dies.*, Bürokraten in Chefetagen, 1995, 202 ff.
82 *Rainer-Olaf Schultze*, Kandidatenauswahl, in: Kurt Sontheimer/Hans H. Röhring (Hg.), Handbuch des politischen Systems der Bundesrepublik Deutschland, 1977, 302 (308).
83 *Bodo Zeuner*, Kandidatenaufstellung, a.a.O., 1970, 100 ff.
84 *Zeuner*, ebda, 102 ff.; *Dietrich Herzog*, Politische Karrieren, a.a.O., 83 ff.
85 *Stefan Holl*, Landespolitiker: eine weitgehend unbeachtete Elite, in: Landeszentrale für politische Bildung Baden-Württemberg (Hg.), Eliten in der Bundesrepublik Deutschland, 1990, 76 (79, 88). Neuere Zusammenfassung bei Kerstin Burmeister, Die Professionalisierung der Politik, 1993, 68 f.
86 Im Durchschnitt waren es 10,4 Jahre.
87 *Rolf Paprotny*, Der Alltag der niedersächsischen Landtagsabgeordneten, 1995, 105 f.

2 – Die Berufsinteressen der politischen Klasse 435

88 *Rainer-Olaf Schultze*, a.a.O., 306. Ähnlich *Hartmut Klatt*, Die Verbeamtung der Parlamente, Aus Politik und Zeitgeschichte B 44/80, S. 25 (33).
89 *Klemens Kremer*, Der Weg ins Parlament. Kandidatur zum Bundestag, 1982, 67.
90 *Zeuner*, Kandidatenaufstellung, a.a.O., 104.
91 *Kaack*, Geschichte, a.a.O., 622 f., 637. – Inwieweit dies bei den Grünen auch heute noch anders ist (so *Burmeister*, a.a.O., 68, unter Hinweis auf Quellen von Mitte der 80er Jahre), wäre zu überprüfen.
92 *Hartmut Klatt*, Die Verbeamtung der Parlamente, a.a.O., 33 f.
93 *Theodor Eschenburg*, Staat und Gesellschaft in Deutschland, 1965, 508.
94 *Kaack*, 1971, a.a.O., 612; *ders.*, Wer kommt in den Bundestag?, a.a.O., 73; *Bodo Zeuner*, Kandidatenaufstellung, a.a.O., 91 ff.; *Bernhard Boll*, Parliamentary Incumbents in Germany: No Matter of Choice?, a.a.O., 150 (169): »If the incumbent decides to run for re-election, re-nomination is virtually a certainty.«
95 *Wolfgang Rudzio*, Das politische System der Bundesrepublik Deutschland, 4. Aufl., 1996, 170. Die Angaben beziehen sich zwar auf die Bundestagswahl 1965. Doch »obwohl es hier an neueren Untersuchungen mangelt, dürfen ähnliche Verhältnisse auch für die Gegenwart angenommen werden«. So *Rudzio*, a.a.O.
96 So z.B. *Klaus von Dohnanyi*, Parteienstaat in der Kritik: Schlechte Noten für die politische Klasse, in: Demokratie in der Krise. Ein Zeit-Symposium zum 75. Geburtstag von Helmut Schmidt. Zeit-Punkte, Nr. 1/1994, S. 53: Politik sei »der risikoreichste Beruf, den es für tüchtige junge Leute gibt, risikoreicher als Wissenschaft, als Wirtschaft, risikoreicher als jede andere Tätigkeit«.
97 *Bodo Zeuner*, Kandidatenaufstellung, a.a.O., 125-127; *Kaack*, Geschichte, a.a.O., 612 f.
98 So das Ergebnis eines seit 1994 an der Technischen Universität Dresden laufenden Forschungsprojekts von Werner J. Patzelt (dfd I/97, S. 7 f.).
99 *Hartmut Klatt*, Die Verbeamtung der Parlamente, a.a.O., 34.
100 *Paprotny*, a.a.O., 74.
101 Ebda, 74, 77.
102 Ebda, 92.
103 *Herzog*, Politische Karrieren, a.a.O., 85 ff. Für den Bereich der Landtagsabgeordneten *Holl*, a.a.O., 86 ff.
104 *Scheuch/Scheuch*, Bürokraten in den Chefetagen, a.a.O., 145.
105 *Boll*, a.a.O., 160.
106 *Werner J. Patzelt*, Das Amtsverständnis des Abgeordneten, Aus Politik und Zeitgeschichte B 21-22/1991 vom 17.5.1991, S. 25 ff.
107 *Kremer*, a.a.O., 32; *Kaack*, Parteiensystem, a.a.O., 613.
108 *Paprotny*, a.a.O., 95: »Oppositionspolitikerinnen und -politiker arbeiten in diesem Sinne weitgehend für den Papierkorb.«
109 *Kaack*, Parteiensystem, a.a.O., 613.

110 *Paprotny*, a.a.O., 92.
111 So bereits *von Arnim*, Zweitbearbeitung des Art. 48 GG im Bonner Kommentar (1980), Rn 27.
112 *von Arnim*, Die Partei, der Abgeordnete und das Geld, a.a.O., 179.
113 Ebda, 182 f.
114 Ebda, 279.
115 Ebda, 184.
116 *Steffen Reiche*, SPD 2000 – Die tapfere Illusion, 1993, in: Karlheinz Blessing (Hg.), SPD 2000, 1993, 91.
117 BVerfGE 84, 264 (Leitsatz 2b).
118 Siehe *von Arnim*, Demokratie vor neuen Herausforderungen, Zeitschrift für Rechtspolitik 1995, 340 (350).
119 *Bernhard Boll*, Parliamentary Incumbents in Germany, a.a.O., 176.
120 § 4 der Verhaltensregeln für Mitglieder des Bundestags in der Fassung der Bekanntmachung vom 20.9.1995 (BGBl. 1 S. 1246).
121 Landgericht Bonn, Urteil vom 16.2.1987, S. 428.
122 So Bericht und Antrag des Untersuchungsausschusses »Indirekte Parteienfinanzierung«, Landtag von Baden-Württemberg, Drucksache 9/4580 vom 26.6.1987, Sondervotum der SPD-Abgeordneten, S. 469.
123 Bericht und Antrag des Untersuchungsausschusses »Indirekte Parteienfinanzierung«, Landtag von Baden-Württemberg, Drucksache 9/4580, 273. Siehe auch *Christine Landfried*, Parteifinanzen und politische Macht, 2. Aufl., 1994, 144 ff.
124 BVerfGE 40, 296 (328).
125 Bundestagsdrucksache 7/5531, S. 26 f., und 7/5903, S. 7.
126 Die Rechtsprechung hat diese steuerrechtliche Benachteiligung von Herausforderern bisher gebilligt. Bundesfinanzhof, Urteil vom 8.12.1987, Bundessteuerblatt 1988 II, S. 433; Bundesverfassungsgericht, Höchstrichterliche Finanzrechtsprechung 1988, S. 532. M.E. liegt der Verstoß gegen den hier anzuwendenden strengen Gleichheitssatz auf der Hand.
127 Näheres bei *von Arnim*, Die Partei, der Abgeordnete und das Geld, a.a.O., 72 ff., 312 ff. m.w.N.
128 Die Hervorhebung der drei Wörter »und ihre Mitglieder« findet sich im Gesetzestext natürlich nicht.
129 *von Arnim*, Die Partei, der Abgeordnete und das Geld, a.a.O., 149 ff. m.w.N.
130 *Alexander Gauland*, Geschlossene Gesellschaft. Die politische Klasse sperrt sich gegen ihr eigenes Volk, Frankfurter Allgemeine Zeitung vom 31.5.1991, S. 36.
131 *Michael Th. Greven*, Parteien und politische Herrschaft, 1977, 293, 295, 296.
132 *Rolf-Peter Lange*, Auslesestrukturen bei der Besetzung von Regierungsämtern, in: Jürgen Dittberner/Rolf Ebbinghausen (Hg.), Parteiensysteme in der Legitimationskrise, 1973, 150.

2 – Die Berufsinteressen der politischen Klasse

133 *Herbert Schneider*, Parteien in der Landespolitik, in: Oscar W. Gabriel/Oskar Niedermayer/Richard Stöss (Hg.), Parteiendemokratie in Deutschland, 1997, 407 (419).

134 *Holl*, a.a.O., 91; *Herbert Schneider*, Landesparlamentarismus in der Bundesrepublik, 1979, 129.

135 *Paprotny*, a.a.O., 112.

136 *Jan Ehlers*, Regieren als Beruf?, 1997, Anlage 2. Ohne die Länder Hamburg und Bremen, in denen kraft Verfassung Unvereinbarkeit von Senatorenamt und Abgeordnetenmandat besteht. – In den Zahlen sind allerdings auch diejenigen Politiker enthalten, die ihr Abgeordnetenmandat erst nach Übernahme des Ministeramts niedergelegt haben, umgekehrt aber auch diejenigen, die sich erst nach der Ernennung zum Minister um ein Mandat bemüht haben.

137 *Schumpeter*, Kapitalismus, Sozialismus und Demokratie, 1950, 459.

138 *Theodor Eschenburg*, Staat und Gesellschaft, a.a.O., 751, 676.

139 § 17 Kommunalwahlgesetz Nordrhein-Westfalen. Siehe BVerfGE 6, 104 (114).

140 BVerfGE 11, 266; 12, 10.

141 BVerfGE 85, 264 (328).

142 Die Gewährung von 1,30 DM (statt 1 DM) für die ersten 5 Millionen Wählerstimmen fällt praktisch kaum ins Gewicht; zudem kommen auch Parlamentsparteien in ihren Genuß.

143 *Dieter Lattmann*, Die Einsamkeit des Politikers, 1982, 25.

144 *Kaack*, Geschichte, a.a.O., 599.

145 *Kaack*, Die personelle Struktur des 9. Deutschen Bundestages – ein Beitrag zur Abgeordnetensoziologie, ZParl 1981, 165 (198 f.).; *Peter Schindler*, Datenhandbuch zur Geschichte des Deutschen Bundestages, 1989 bis 1991, 267 ff.

146 *Bodo Zeuner*, Kandidatenaufstellung, a.a.O., 125 ff.; *Kaack*, Geschichte, a.a.O., 1971, 599.

147 *Kaack*, ebda, 607 f.

148 Ebda, 589 f.

149 *Lattmann*, a.a.O., 25 f.

150 Ebda, 26.

151 *Gerhard Löwenberg*, Parlamentarismus im politischen System der Bundesrepublik Deutschland, 1969, 166.

152 *Rudolf Wildenmann*, Volksparteien. Ratlose Riesen?, 1989, 123.

153 *Alexander Gauland*, Frankfurter Allgemeine Zeitung vom 31.5.1991, S. 36.

154 *Dietrich Herzog*, Politische Karrieren, a.a.O., 154 ff.

155 Zitiert nach ebda, 155.

156 BVerfGE 40, 296 (312). Vgl. auch *Willi Geiger*, Der Abgeordnete und sein Beruf, Zeitschrift für Parlamentsfragen 1978, 522 (526). Mag diese Formulierung auch übertrieben sein, da dem Abgeordneten die Unabhän-

gigkeit nur um des gewissenhaften Einsatzes für Allgemeinbelange willen gegeben ist, so ist diese Pflicht doch höchst abstrakt, und es bleibt dabei, daß es dem Abgeordneten überlassen ist zu bestimmen, wie er seinen Aufgaben gerecht werden will. Vgl. auch *von Arnim*, Zweitbearbeitung des Art. 48 GG im Bonner Kommentar (1980), Rn 49.

157 BVerfGE 40, 296 (316); 76, 256 (341 f.).
158 BVerfGE 4, 144 (150); *Seuffert*, Sondervotum zum Diätenurteil, BVerfGE 40, 330 (335).
159 *Lattmann*, a.a.O., 27.
160 *von Dohnanyi*, in: Deutschland im Umbruch. Die politische Klasse und ihre Wirklichkeit. Drittes gesellschaftspolitisches Forum der Banken (Schönhausener Gespräche) am 19.10.1995, S. 90.
161 Siehe z.B. *Alexander Gauland*, a.a.O., S. 36: »Die Parteien sind mehr zu Versorgungsunternehmen für Berufspolitiker geworden, deren Existenz allein vom Erfolg oder Mißerfolg ihrer Partei abhängt.« Diese Aussage trifft zwar regelmäßig auf die Interessen von politischen Eliten zu, nicht aber eben auf das Berufsinteresse der sonstigen politischen Klasse.
162 *Dietrich Herzog*, Politische Karrieren, a.a.O., 90.
163 Ebda, 90.
164 *Heino Kaack/Reinhold Roth* (Hg.), Parteienstrukturen und Legitimation des Parteiensystems, 1980, 195 ff.; *Scheuch/Scheuch*, Cliquen, a.a.O., 50.
165 Siehe z.B. *Patzelt*, Das Amtsverständnis der Abgeordneten, a.a.O., 25 ff.; *Scheuch/Scheuch*, a.a.O., 52 f.
166 *Derlien/Mayntz*, Einstellungen der politisch-administrativen Elite des Bundes 1987, 1988, S. 8: Politiker der politischen Führungsgruppen arbeiteten durchschnittlich 75,3 Stunden, Ministerialbeamte durchschnittlich 56,9 Stunden pro Woche.
167 *Elmar Wiesendahl*, Moderne Demokratietheorie, 1981, 73.
168 Siehe oben, S. 111 f.
169 *Hans Hirsch*, Die politischen Ideen Alexander Solschenizyns, in: Festschrift für Gerd Wolandt zum 65. Geburtstag, Vernunft und Anschauung, herausgegeben von Reinhold Breil und Stephan Nachtsheim, 1993, 83 (89).
170 *Rudolf Bahro*, Die Alternative. Zur Kritik des real existierenden Sozialismus, 1977, 134.
171 *Gerhard Banner*, Von der Behörde zum Dienstleistungsunternehmen, Verwaltung, Organisation, Personal (VOP) 1991, 6 (7).
172 Siehe zu den Einzelheiten *Peter Schindler*, Datenhandbuch zur Geschichte des Deutschen Bundestages 1983 bis 1991, 1994, 241 ff. Aufschlüsselung der Erneuerungs- und der Wiederwahlquoten für die einzelnen Parteien bei *Bernhard Boll*, a.a.O., 162 ff.
173 *Heino Kaack*, Zur Abgeordnetensoziologie des Deutschen Bundestags: Zugehörigkeitsdauer und Altersschichtung, Zeitschrift für Parlamentsfragen 1988, 169 (174 mit Tabelle 1). – Bei der ersten Bundestagswahl von

2 – Die Berufsinteressen der politischen Klasse 439

1949, aber auch noch bei der zweiten und dritten (1953 und 1957) und bei der ersten gesamtdeutschen Wahl von 1990 bestanden Sondereinflüsse, die einer Vergleichbarkeit entgegenstehen oder sie jedenfalls erschweren (*Kaack*, ebda, 177; *Boll*, a.a.O., 162 f.). Für 1994 liegen noch keine Daten vor. Deshalb beschränken sich die im Text ausgewerteten Daten auf die Bundestagswahlen 1961 bis 1987.

174 *Schindler*, Datenhandbuch 1983 bis 1991, a.a.O., 242.
175 Daß dennoch etwa jeder dritte ausscheidende Abgeordnete keinen Anspruch auf eine Abgeordnetenpension (und auch keine Anwartschaft auf eine spätere Abgeordnetenpension) hat, läßt sich einerseits mit der hohen Mobilität der Abgeordneten der Partei Die Grünen, andererseits aber auch damit erklären, daß unter diesen »vorzeitig« Ausscheidenden viele Nachrücker und »Wahlergebnisopfer« sind, die in der ersten oder zweiten Wahlperiode ihrer Bundestagszugehörigkeit stehen (*Kaack*, 1988, a.a.O., 181).
176 Ebda, 177 f.
177 *Scheuch/Scheuch*, Bürokraten, a.a.O., 121.
178 *Kaack*, 1971, a.a.O., 647.
179 *Kaack*, 1988, a.a.O., 173.
180 Ebda, 174. – Die von *Kaack* früher geäußerte Vermutung, nach viermaliger Wiederwahl (= 18 Jahre [wegen zweier verkürzter Wahlperioden 1969 bis 1972 und 1980 bis 1983]) und damit dem Erreichen des Höchstsatzes der Altersversorgung von 75 Prozent der Entschädigung (seinerzeit nach 16 Parlamentsjahren) würden weitere Wiederwahlen abnehmen, ist nicht eingetreten: Fast jeder vierte Neuling von 1969 (24,4 Prozent) ist bereits zum 6. Mal im Bundestag. Von den Neulingen von 1961 erreichte nur jeder 7. (= 8,4 Prozent) dieses Ziel (ebda, 175 mit Tabelle 1 auf S. 170).
181 Ebda, 180.
182 *John Charles Armor*, Why Term Limits?, 1994.
183 Siehe die Schilderung eines exemplarischen Werdegangs eines Mitglieds der politischen Klasse durch *Heino Kaack*, Das System der Selbstversorger, Die Zeit vom 26.10.1984. Siehe auch *Scheuch/Scheuch*, Bürokraten, a.a.O., 121 ff.
184 *Max Weber*, Politik als Beruf, in: ders., Geistige Arbeit als Beruf, 1919, 157 (169).
185 *Herzog*, Politische Karrieren, a.a.O., 187.
186 *Weber*, a.a.O., 227 ff.
187 Siehe Art. 56 I, 64 II GG.
188 *Eberhard Schütt-Wetschky*, Interessenverbände und Staat, 1997, 75 ff. Schütt-Wetschky bezieht seine Begriffe allerdings auf das (insofern analoge) Verhältnis von *Macht*streben zu gemeinwohlorientiertem Verhalten.
189 *von Arnim*, Staat ohne Diener, 1995, 50 ff.

190 *Max Weber*, a.a.O., 180.
191 *von Weizsäcker*, a.a.O., 150.
192 Ebda, 164, 178.
193 Ebda, 150 f.
194 In diese Richtung gehen z.B. die Ausführungen von *Gunther Nonnenmacher*, Eine Lanze für die Politik, Frankfurter Allgemeine Zeitung vom 8.1.1997, S. 1. Auch Wissenschaftler von großer Prominenz haben diese Tendenz übernommen, z.B. *Theodor Eschenburg*, Staat und Gesellschaft in Deutschland, a.a.O., 509: »Der materielle Anreiz im Sinne einer hohen Qualitätsauslese ist nicht groß. Mit die Folge ... ist, daß die Abgeordneten vielfach nach zusätzlichen Einkommensquellen Umschau halten, die teils ihre Unabhängigkeit einschränken, teils ihnen erheblichen Zeitaufwand verursachen ... Das jetzige System der Gewährung eines im Verhältnis zur geforderten Leistung und Anstrengung unzureichenden Einkommens fördert die Mittelmäßigkeit und drückt das Niveau der Abgeordnetenschaft.«
195 Siehe § 11 des Abgeordnetengesetzes des Bundes.
196 Auf dieser Grundlage beruht z.B. auch die Auffassung von *John Rawls*, die Gesellschaftsordnung dürfe nur dann günstigere Aussichten für Bevorzugte einrichten und sichern, wenn das den weniger Begünstigten zum Vorteil gereiche, insbes. den am schlechtesten gestellten Mitgliedern. *Rawls*, Eine Theorie der Gerechtigkeit, 1975, 95 ff.
197 Hervorhebung im Original.
198 In einer bemerkenswerten Untersuchung im Jahrbuch des Öffentlichen Rechts der Gegenwart 1973, 622 ff., erörtert *Siegfried Magiera* unter dem Titel »Vorwahlen und demokratische Kandidatenaufstellung im modernen Parteienstaat« die bei uns vielfach mißverstandenen amerikanischen Vorwahlen und ihre Übertragbarkeit auf die Bundesrepublik, die Magiera – angesichts ihrer auf die Bedürfnisse des jeweiligen Gemeinwesens zuschneidbaren Flexibilität – bejaht.
199 *Alexander Gauland*, Frankfurter Allgemeine Zeitung vom 31.5.1991, S. 36.
200 *von Arnim*, »Der Staat sind wir!«, a.a.O., 100 ff.; *ders.*, Das neue Abgeordnetengesetz, Speyerer Forschungsbericht Nr. 169, 1997.
201 Für den Bundestag: *Heino Kaack*, Die soziale Zusammensetzung des Deutschen Bundestages, in: Thaysen/Davidson/Livingston (Hg.), US-Kongreß und Deutscher Bundestag, 1988, 128 (143).
202 *von Arnim*, Die Partei, der Abgeordnete und das Geld, a.a.O., 328 ff.
203 *Morris P. Fiorina*, Divided Government in the American States: A Byproduct of Legislative Professionalism?, American Political Science Review 1994, 304 ff.
204 Hervorhebung im Original.
205 Zur Bedeutung einer angemessenen finanziellen Entschädigung von Abgeordneten für die Freiheit des Mandats, die Unabhängigkeit und die

Gleichheit der Wählbarkeit der Abgeordneten *von Arnim*, Zweitkommentierung des Art. 48 GG, Bonner Kommentar, Randnummern 44 ff.
206 Vgl. z.B. *Heino Kaack*, Das System der Selbstversorger, a.a.O. Siehe auch *Michael Th. Greven*, Parteimitglieder, 1987, 196: »Zu den wirklichen Tabus in unserer demokratischen Gesellschaft gehört, *wie* gut man *von* der Politik leben kann.«
207 Der Stern 27/97 vom 26.6.1997, S. 18 (26).
208 Die Parteienfinanzierungskommission von 1993 hatte das Verbot solcher Spenden empfohlen: Bundestagsdrucksache 12/4425, S. 31.
209 Siehe z.B. *Stefan Barton*, Der Tatbestand der Abgeordnetenbestechung, Neue Juristische Wochenschrift 1994, 1098 ff.; vergleiche auch *von Arnim*, Die Partei, der Abgeordnete und das Geld, a.a.O., 295 ff. mit weiteren Nachweisen.
210 Begründung des Gesetzentwurfs der SPD-Fraktion eines Strafrechtsänderungsgesetzes betreffend Abgeordnetenbestechung vom 21.11.1991, Bundestagsdrucksache 12/1630, S. 4 f.
211 Zu möglichen Veränderungen der Gegebenheiten etwa durch Veränderung des Wahlrechts siehe Kapitel 7.
212 *Hans Apel*, Die deformierte Demokratie, a.a.O., 231 ff.
213 Insofern treffend der verstorbene Staatsrechtslehrer und Bundesverfassungsrichter *Gerhard Leibholz*, Das Wesen der Repräsentation und der Gestaltwandel der Demokratie im 19. Jahrhundert, 3. Aufl., 1966, 99: Die Abgeordneten »sind meist nichts anderes mehr als an die Weisungen der Parteien und deren Honoratioren gebundene Funktionäre, die von den Wählern auch nur als Zugehörige einer bestimmten politischen Partei gewählt werden«.
214 *Gerhard Leibholz*, Strukturprobleme der modernen Demokratie, a.a.O., 96 f.
215 Im übrigen dürfte der Hauptkritikpunkt an der Abgeordnetenbezahlung ohnehin nicht die Höhe des offen ausgewiesenen Gehalts, sondern das unangemessene »Kleingedruckte« sein.

3
Das Machtinteresse der politischen Elite

1 Zur inhaltlichen Richtigkeit (Regierung *für* das Volk) *Hesse*, VVDStRL 17, 19 f.; *ders.*, Grundzüge des Verfassuangsrechts der Bundesrepublik Deutschland, 19. Aufl. (1993), Rdnrn. 60 ff.; *Herzog*, in: Maunz/Dürig/Herzog, Art. 20 GG, Abschn. II, Rdnr. 46. Hinsichtlich des zweiten Grundprinzips (Regierung *durch* das Volk) tendieren Rechtsprechung und herrschende Staatsrechtslehre dagegen bisher zu einer formalen Sichtweise: Im deutlichen Kontrast zur ansonsten verbreiteten Materialisierung des Verfassungsverständnisses nehmen sie die Ableitung der Staatsgewalt zum

Volk eher *formalistisch* vor – über rein formal verstandene, beliebig lange sogenannte »Legitimationsketten« (kritisch dazu *Böckenförde*, in: Isensee/Kirchhof, HdbStR I, 1987, 887 [894 ff.]). Dabei läge es an sich methodisch nahe, auch das Demokratieprinzip als echtes *Prinzip* zu verstehen, das in mehr oder weniger großem Ausmaß erfüllt sein kann (vgl. *Alexy*, Theorie der Grundrechte, 1985). Zum Ganzen näher für »den Staat«: *von Arnim*, Staatslehre der Bundesrepublik Deutschland, 1994 passim; *Dreier*, Rechtsbegriff und Rechtsidee, 1986; für die Gemeinden: *von Arnim*, AöR 1988, 1; *ders.*, DÖV 1990, 85 (90 ff.); *Banner*, in: Schimanke, Stadtdirektor oder Bürgermeister, 1989, 37 (41 f.).

2 So z.B. *Sartori*, Demokratietheorie, 1992, S. 43 ff.

3 *Abraham Lincoln*, Gettysburg Address, übersetzt und kommentiert von *Krippendorff*, 1994.

4 Die folgenden Ausführungen überschreiten bewußt die Sicht eines bestimmten Zweiges der Staatsrechtslehre, der »in normativen Gehäusen sein Wesen treibt«. Sie nehmen auch keine Rücksicht auf Auffassungen derjenigen, die die bestehenden machtpolitischen Verhältnisse als ihren Besitzstand betrachten und ihn wie ein Heiligtum verteidigen (kritisch zu solcher Tyrannei des politischen Status quo, der mit seinen Erstarrungen und Verkrustungen die Fähigkeit lähmt, die Herausforderungen der Gegenwart und Zukunft zu bewältigen, insb. *Biedenkopf*, Zeitsignale, 1989, 236 ff.). Die Wissenschaft vom Staat und von der Politik ist »kein Geschäft für Leisetreter und Opportunisten«, wie Ernst Fraenkel, einer der großen deutschen Politikwissenschaftler der Anfangszeit der Bundesrepublik, allen Kollegen ins Stammbuch schreibt (*Fraenkel*, in: ders., Reformismus und Pluralismus, 1973, S. 337 [344]). Fraenkel fährt fort: »Eine Politikwissenschaft, die nicht bereit ist, ständig anzuecken, die sich scheuen wollte, peinliche Fragen zu stellen, die davor zurückschreckt, Vorgänge, die kraft gesellschaftlicher Konvention zu arcana societatis erklärt worden sind, rücksichtslos zu beleuchten, und die es unterläßt, freimütig gerade über diejenigen Dinge zu reden, über die ›man nicht spricht‹«, habe »ihren Beruf verfehlt«.

5 *Benz*, A Forum of Constitutional Deliberation? A Critical Analysis of the Joint Constitutional Commission, German Politics 3 (1994), 99.

6 *Denninger*, Menschenrechte und Grundgesetz, 1994, 14.

7 Bericht der Gemeinsamen Verfassungskommission vom 5.11.1993, Bundestagsdrucksache 12/6000, 83 ff.

8 Ebda, 14: Probleme der Verfassung seien »letztlich politische Machtfragen«.

9 Vgl. auch *von Arnim*, Staat ohne Diener, 1993, 13 f. Dort ist als vierte These noch die Unterhöhlung des Grundsatzes der Gewaltenteilung genannt, die hier nicht expressis verbis aufgeführt wird. – Eine Auseinandersetzung mit Kritikern dieses Buches findet sich im Nachwort der Taschenbuchausgabe (1995, 369 ff.).

3 – Das Machtinteresse der politischen Elite 443

10 *Maihofer*, in: Benda/Maihofer/Vogel, Handbuch des Verfassungsrechts der Bundesrepublik Deutschland, 2. Aufl. (1994), 427 ff. und 1699 (1709 ff.). Teilweise ähnlich benennt *Zippelius* (ZRP 1993, 241 [242]) als »sattsam bekannte Fehlentwicklung ... die unser Staatsleben belasten: die Entscheidungsschwäche der Regierungen, das Ausufern des Parteieneinflusses, die Überrepräsentation einflußreicher und lautstarker Gruppen, aber auch das Wuchern staatlicher Regelungen und Bürokratien«. Davon fallen der erste, der dritte und der vierte Punkt unter unsere These 1, der zweite Punkt unter unsere These 2. Vgl. auch *Strasser*, Die Wende ist machbar, 1994, 17: »In fast allen Erhebungen zu den Motiven für Wahlenthaltung und Politikverdrossenheit werden als die wichtigsten Gründe für die Abwendung von der Politik genannt: 1. ›schlechte Politik‹; 2. ›zuwenig gute Politiker‹; 3. ›kein‹ oder ›zu geringer‹ Einfluß der Bürger auf die Politiker.«

11 Siehe *von Arnim*, Staatslehre der Bundesrepublik Deutschland, 1984, 330 ff.

12 Siehe z.B. Frankfurter Allgemeine Zeitung vom 21.3.1997.

13 Gesetz zur Änderung des Grundgesetzes von 21.12.1992. Das Nähere ist im Bundesgesetz über die Zusammenarbeit von Bund und Ländern in Angelegenheiten der Europäischen Union vom 12.3.1993 geregelt.

14 *Walter Rudolf*, Die Bedeutung der Landesparlamente in Deutschland, in: Detlef Merten (Hg.), Die Stellung der Landesparlamente aus deutscher, österreichischer und spanischer Sicht, 1997, 55 (68).

15 Ebda, S. 69 und 70.

16 Dazu *von Arnim*, Reform der Gemeindeverfassung in Hessen, Die öffentliche Verwaltung 1992, 330 ff.; *ders.*, Reform der Gemeindeordnung blieb auf halbem Wege stehen, Frankfurter Allgemeine Sonntagszeitung vom 23.3.1997, S. 4.

17 *von Arnim*, Auf dem Weg zur optimalen Gemeindeverfassung?, in: Klaus Lüder (Hg.), Staat und Verwaltung. Fünfzig Jahre Hochschule für Verwaltungswissenschaften Speyer, 1997, 297 (300 ff.)

18 Gesetz über die Entschädigung der Abgeordneten des Hessischen Landtags vom 25.6.1959 (GVBl. S. 17).

19 Zweites Gesetz zur Änderung des Gesetzes über die Entschädigung der Abgeordneten des Hessischen Landtags vom 21.12.19964 (GVBl. S. 249).

20 Zur These, daß die Dominanz von Elefanten nur bei brisanten Entscheidungen gelte, die für den Fortbestand von Regierungskoalitionen wichtig seien, *Wolfgang Rudzio*, Das politische System der Bundesrepublik Deutschland, 4. Aufl., 1996, 273 ff. Was genau zum Kreis von wichtigen Entscheidungen gehört, ist – wie bei der Frage der Richtlinienkompetenz des Bundeskanzlers – allerdings nicht von vornherein eindeutig abzugrenzen. Auch zunächst scheinbar unbedeutende Fragen können sich zu »wichtigen« auswachsen und tun dies auch oft, wie die zunehmende Detailliertheit von Koalitionsverträgen zeigt, die im folgenden behandelt wird.

21 *Waldemar Schreckenberger*, Veränderungen im parlamentarischen Regie-

rungssystem. Zur Oligarchie der Spitzenpolitiker der Parteien, Festschrift für Rudolf Morsey zum 65. Geburtstag, 1992, 133 ff.; *ders.*, Informelle Verfahren der Entscheidungsvorbereitung zwischen der Bundesregierung und den Mehrheitsfraktionen: Koalitionsgespräche und Koalitionsrunden, Zeitschrift für Parlamentsfragen 1994, 329 ff. Die folgenden in Anführungsstriche gesetzten und nicht gesondert gekennzeichneten Passagen im Text sind Zitate aus den Aufsätzen Schreckenbergers. Aus politikwissenschaftlicher Sicht auch *Wolfgang Rudzio*, Informelle Entscheidungsmuster in Bonner Koalitionsregierungen, in: Hartwich/Wewer (Hg.), Regieren in der Bundesrepublik 2 (Formale und informale Komponenten des Regierens), 1991, 125 ff.; *ders.*, Das politische System der Bundesrepublik Deutschland, a.a.O., 273 ff., 300 ff.

22 Dazu auch *Hans Hugo Klein*, Das Parlament im politischen Prozeß, Vortrag bei der Deutschen Vereinigung für Parlamentsfragen am 12.3.1997, Protokoll, S. 2 (8).

23 *Robert Leicht*, Wenn Recht zur Farce wird. Koalitionsverträge wie in Kiel untergraben die Freiheit der Abgeordneten, Die Zeit vom 24.5.1996, S. 4.

24 *Ferdinand Müller-Rommel*, The center of government in West Germany, in: European Journal of Political Research 1988, 171 (181).

25 *Rudzio*, Das politische System der Bundesrepublik Deutschland, a.a.O., 281: »Informelle Entscheidungszentren erweisen sich im Vergleich zu institutionalisierten Organen als effektiver, da sie ... ›keinen Vorschriften gewaltenteilender Art‹ unterworfen sind, welche eine optimale Sammlung der tatsächlich einflußreichsten Politiker des Mehrheitslagers ausschließen.«

26 *Gerhard Leibholz*, Strukturprobleme der modernen Demokratie, Neuausgabe 1974 der 3. Aufl., 1967, 96.

27 So *Maurice Duverger*, Le parti politique, 463, den Leibholz, a.a.O., 94, zustimmend zitiert.

28 *Leibholz*, a.a.O., 97.

29 Ebda.

30 So der Bericht über zwei aus dem Bundestag ausscheidende Abgeordnete der SPD und der CDU in: Die Zeit vom 19.11.1993, S. 2.

31 *Hildegard Hamm-Brücher*, Der Politiker und sein Gewissen. Eine Streitschrift für mehr Freiheit, 1993; *dies.*, Der freie Volksvertreter – eine Legende?, 1990.

32 Siehe dazu »Wege aus der Krise des Parteienstaates«. Thesen der »Frankfurter Intervention«, Recht und Politik 1995, 16 ff.

33 *Peter Altmaier* (Diskussionsbeitrag), in: Deutsche Vereinigung für Parlamentsfragen (Hg.), Parlament im politischen Prozeß, Veranstaltung vom 12.3.1997, Protokoll, S. 13 f.

34 Siehe auch *Alexander Fritsch*, Leistungsgrenzen politischer Institutionen in Deutschland, Aus Politik und Zeitgeschichte B 50/91 vom 6.12.1991, S. 15 (21 f.).

35 Richard S. Katz/Peter Mair, Changing Models of Party Organisation and Party Democracy, The Emergence of Cartel Party, Party Politics 1995, 5 ff.
36 *Hans Hugo Klein*, Das Parlament im politischen Prozeß, Vortrag bei der Deutschen Vereinigung für Parlamentsfragen am 12.3.1997, Protokoll, 2 (4 ff.).
37 So der Vorschlag der »Frankfurter Intervention«, Recht und Politik 1995, 16 ff.
38 *Adolf Schüle*, Koalitionsvereinbarungen im Lichte des Verfassungsrechts, 1964, 124 ff.
39 So z.B. *Ernst Ulrich Junker*, Die Richtlinienkompetenz des Bundeskanzlers, 1965, 63. Auch *Rudolf Wildenmann*, Macht und Konsens als Problem der Innen- und Außenpolitik, 1963, 97, wendet sich gegen die »Anonymität der Verantwortung«.
40 *Karl Albrecht Schachtschneider*, Res publica – res populi. Grundlegung einer Allgemeinen Republiklehre, 1994.

4
Die Symbiose von politischer Klasse und öffentlichem Dienst

1 *Hilke Rebenstorf,* Die politische Klasse. Zur Entwicklung und Reproduktion einer Funktionselite, 1995, 198. Rebenstorf spricht von der »Kooptation« des öffentlichen Dienstes durch die politische Klasse.
2 Die beste Quelle stellt immer noch der Aufsatz von *Hartmut Klatt*, Die Verbeamtung der Parlamente, Aus Parlament und Zeitgeschichte B 44/80, S. 25, dar. Vgl. auch *von Arnim*, Ämterpatronage durch die politischen Parteien, 1980; *ders.*, Staatslehre der Bundesrepublik Deutschland, 1984, 362 ff.; *Fritz Vilmar*, Gegen die Verbeamtung der Parlamente. Gutachten für die Partei »Die Graunen«, 1994.
3 *Arnold Köttgen,* Abgeordnete und Minister als Statusinhaber, in: Gedächtnisschrift für Walter Jellinek, 1955, 195 (213).
4 Soweit sich relevante Abweichungen ergeben, wird das im folgenden gesondert erwähnt.
5 BVerfGE 76, 256 (342).
6 Bundesgerichtshof, Urteil vom 26.6.1978, BGHZ 72, 70 (76).
7 Der 1994 eingeführte Straftatbestand der Abgeordnetenkorruption (§ 108e StGB) ist dagegen nur ein Alibigesetz. Er ist so eng gefaßt, daß er voraussichtlich niemals Anwendung finden wird. Siehe Kapitel 5, S. 268 f.
8 Dazu kritisch *von Arnim*, Die Haftung der Bundesrepublik Deutschland für das Investitionshilfegesetz. Zur Staatshaftung wegen schuldhaften legislativen Unrechts, 1986.
9 Überblick über die Rechte von Bundestagsabgeordneten *Hans-Josef Vonderbeck*, Die Rechte der Mitglieder des Deutschen Bundestages, ZParl

1983, 311; *Peter Schindler*, Datenhandbuch des Deutschen Bundestages 1983 – 1991, a.a.O., 177 ff.

10 *Peter Badura*, Die Stellung des Abgeordneten nach dem Grundgesetz und den Abgeordnetengesetzen in Bund und Ländern, in: Hans-Peter Schneider/Wolfgang Zeh (Hg.), Parlamentsrecht und Parlamentspraxis in der Bundesrepublik Deutschland, 1989, 489 (501 ff.).
11 Siehe Art. 48 II 1 GG: »Niemand darf gehindert werden, das Amt eines Abgeordneten zu übernehmen und auszuüben.«
12 *Isensee*, Öffentlicher Dienst, in: Benda/Maihofer/Vogel, Handbuch des Verfassungsrechts der Bundesrepublik Deutschland, 1984, 1149 (1152 f.).
13 Ebda.
14 *Graf von Westphalen*, Parlamentslehre, 2. Aufl., 1996, 389.
15 BVerfGE 4, 144 (150).
16 Bild am Sonntag vom 31.3.1996, S. 3.
17 *Hans Meyer*, Stenographische Niederschrift der öffentlichen Anhörung durch eine die Festsetzung der Höhe der Bezahlung der hessischen Abgeordneten vorbereitende Kommission des hessischen Landtags am 21.8.1989, S. 36.
18 Ausnahmen sind die Wahlbeamten, die es aber nur auf kommunaler Ebene gibt, insbesondere Bürgermeister, Landräte und Beigeordnete.
19 Das Bundesverfassungsgericht hat im Diätenurteil zwar die Entschädigung als für alle gleich hohe Vollalimentation verstanden (BVerfGE 40, 296 [315 ff.]), von dieser Auffassung aber in einer Entscheidung von 1987 (BVerfGE 76 256 [341 ff.]) wieder Abstand genommen.
20 Zum Begriff der »Opportunitätskosten« siehe Kapitel 2, S. 166.
21 Diese ist allerdings nur eine notwendige, keine auch hinreichende Voraussetzung für die Gleichheit der Wählbarkeit. Um sie herzustellen, müßten auch die krassen Wettbewerbsverzerrungen bei der Kandidatennominierung (siehe Kapitel 2, S. 101 ff.), soweit möglich, beseitigt werden.
22 Statt vieler *Eberhard Schütt-Wetschky*, Interessenverbände und Staat, 1997, 99: »Da Politik faktisch ein Machtkampf konkurrierender politischer Gruppen ist, sind Abgeordnete nicht unabhängig, sondern parteilich.«
23 *Richard von Weizsäcker* im Gespräch mit Gunter Hofmann und Werner A. Perger, 1992, 150.
24 BVerfGE 7, 155 (162).
25 BVerfGE 40, 296. Siehe oben zu Anm. 19.
26 *Schmollinger*, Abhängig Beschäftigte in Parteien der Bundesrepublik, Zeitschrift für Parlamentsfragen 1974, 58 ff.
27 *Falke*, Die Mitglieder der CDU, 1982, 93: »Unter den aktiven Mitgliedern sind die Beamten dreimal so häufig vertreten wie unter den passiven.« Angaben für alle Parteien bei *Heino Kaack*, in: Politische Parteien und öffentlicher Dienst, 1982, 79 (86).
28 Über ein Beispiel aus der baden-württembergischen Landtagswahl berichtet *Klatt*, Verbeamtung, a.a.O., 25 (34).

4 – Politische Klasse und öffentlicher Dienst

29 Ebda.
30 Ebda, 30.
31 *Stefan Holt*, Landespolitiker: eine weitgehend unbeachtete Elite, Landeszentrale für politische Bildung Baden-Württemberg (Hg.), 1990, 76 (81 ff.).
32 *Scheuch/Scheuch*, Cliquen, Klüngel und Karrieren, 1992, 46.
33 *Schindler*, Datenhandbuch des Deutschen Bundestags 1983 – 1991, a.a.O., S. 273 ff.; *ders.*, Datenhandbuch 1949 – 1982, a.a.O., S. 200 ff.
34 *Ernst Fraenkel*, Deutschland und die westlichen Demokratien, erweiterte Ausgabe 1991, 38 f.
35 *Hartwig Brandt*, Parlamentarismus in Württemberg 1819 – 1870, Düsseldorf 1987, 67.
36 *Klatt*, a.a.O., 31.
37 Ebda, 31.
38 Ebda, 29.
39 Das ist allerdings auch bei Parlamentsabgeordneten der Fall. Auch ihre Bezahlung und Versorgung ist der Struktur nach der von Beamten angeglichen, wenn auch überall »draufgesattelt« wurde.
40 Vgl. *Steinkemper*, Klassische und politische Bürokraten in der Ministerialverwaltung der Bunderepublik Deutschland, 1974, bes. 45 ff.; *Pippke*, Karrieredeterminanten in der öffentlichen Verwaltung, 1975; *Bach/Hetzler/v. Pahwel*, Die Hamburger Verwaltung im Urteil ihrer Mitarbeiter, in: Hamburg in Zahlen, 1982, 36 ff., 72 ff.
41 *Derlien/Mayntz*, Einstellungen der politisch-administrativen Elite des Bundes 1987, 1988, 16.
42 *Ellwein*, Der Weg zum »Parteienstaat«, Das Parlament, Nr. 44, 1980, S. 1.
43 *Eberhard Laux*, Vom Verwaltungsbeamten, Die Öffentliche Verwaltung 1997, 116.
44 *Steinkemper*, a.a.O., 50.
45 Vgl. auch *Walter Schmidt*, Die Öffentliche Verwaltung 1985, 1030 (1031).
46 Zum Problem der Ämterpatronage durch politische Parteien *Eschenburg*, Ämterpatronage, 1961; *von Arnim*, Ämterpatronage durch politische Parteien, a.a.O.; in jüngerer Zeit *Michael Klöpfer*, Zur Veränderung von Verfassungsinstitutionen durch politische Parteien, in: Das Parlamentarische Regierungssystem der Bundesrepublik auf dem Prüfstand, Symposium zu Ehren von August Bettermann, 1984, 53 (63 ff.); *Wilfried Berg*, Politisierung der Verwaltung: Instrument der Steuerung oder Fehlsteuerung?, in: *von Arnim/Klages* (Hg.), Probleme der staatlichen Steuerung und Fehlsteuerung in der Bundesrepublik Deutschland, 1986, 141; *Hans Heinrich Rupp*, in: Isensee/Kirchhof, Handbuch des Staatsrechts I, 1987, 1187 (1221 f.); *Thomas Wahl*, FAZ vom 12.11.1987; *Helmut Lecheler*, in: Kirchhof/Isensee, Handbuch des Staatsrechts III, 1988, 717 (756 ff.); *Peter Haungs*, Aktuelle Probleme der Parteiendemokratie, Jahrbuch für Politik 1992, Halbbd. 1, 37 ff.; dazu die Replik von *von Arnim*, Jahrbuch für Po-

litik 1993, Halbbd. 1, 53 ff., und die Duplik von *Haungs,* ebda, 59 ff.; *Wahl,* Badische Zeitung vom 10.9.1993; *Thomas Ellwein,* Das Dilemma der Verwaltung, 1994, 191 ff.; *von Münch/Kunig,* Grundgesetz II, 3. Aufl. (1995), Artikel 21 Rdnr. 42.

47 *von Arnim,* Staat ohne Diener, 2. überarb. Aufl. (Taschenbuch), 1995, 133 ff.; *Marc Reichel,* Das demokratische Offenheitsprinzip und seine Anwendung im Recht der politischen Parteien, 1996, 89 ff.

48 *Greven,* Parteimitglieder, 1987, 169.

49 Zur Ämterverteilung in der Bundeszentrale für politische Bildung, Der Spiegel Nr. 46/1993, S. 73.

50 *von Beyme,* Die politische Klasse im Parteienstaat, 1993, 60, 88. An anderer Stelle aber wird – in Übereinstimmung mit früheren Äußerungen desselben Autors – die Nutzung der »Patronagemacht der Parteien für die Verbesserung der individuellen Lebenschancen« als Anreiz für Parteimitglieder ohne jede Kritik zur Kenntnis genommen (S. 45, 49 f., 56).

51 Ebda, 43 f.

52 Der Spiegel vom 31.3.1997, S. 3 und 22 ff. – Nur vereinzelt und ausnahmsweise durchbrachen Politiker wie Burkhard Hirsch oder Cornelia Schmalz-Jacobsen das Kartell des Schweigens.

53 *Roman Herzog,* Verfassungsrechtliche Grundlagen des Parteienstaates, 1993, 34.

54 So zum Beispiel der jetzige Bundesminister für Bildung, Wissenschaft, Forschung und Technologie *Jürgen Rüttgers,* Dinosaurier der Demokratie. Wege aus der Parteienkrise und Politikverdrossenheit, 1993, 181 – 207.

55 *Michael Sachs,* Grenzen des Diskriminierungsverbots,1987, 4, 451 f., 453 f.

56 Dies ist im staatsrechtlichen Schrifttum (Fußnote 46) fast unstreitig. Dazu zuletzt *Hartmut Maurer,* in: Huber/Mößle/Stock, Zur Lage der parlamentarischen Demokratie, 1995, 149 (151). Zum Verstoß sogar gegen elementare Grundsätze der Demokratie (Art. 79 III GG) *von Arnim,* Auswirkungen der Politisierung des öffentlichen Dienstes, in: Carl Böhret/Heinrich Siedentopf (Hg.), Verwaltung und Verwaltungspolitik, 1983, 219 (223 f.). – Viele Politikwissenschaftler neigen dagegen eher dazu, die »normative Kraft des Faktischen« anzuerkennen und abzusegnen. Vgl. z.B. *Peter Haungs,* Aktuelle Probleme der Parteiendemokratie, a.a.O., 37 (50 f.): Parteiendemokratie sei »ohne ein gewisses Maß an Personalpatronage (insbesondere ›Herrschaftspatronage‹) kaum vorstellbar, so spannungsreich das Verhältnis zum Berufsbeamtentum sein mag (einschließlich parteipolitischer Aktivitäten von Beamten zur Wahrung ihrer Karrierechancen). Diese Feststellung zielt auf die grundsätzliche Notwendigkeit und Legitimität von Personalpatronage – nicht zuletzt deshalb, weil Politik ohne das Element persönlicher Loyalität nicht ›funktioniert‹«.

57 Zu entsprechenden Vorschlägen *von Arnim,* Ämterpatronage durch politische Parteien, a.a.O., 31 ff.; *Rüttgers,* a.a.O.

58 Der Begriff stammt von *Ulrich Preuß*, Rechtsprechung aus dem Geiste des Konsenses, Merkur 1987, 1.
59 *Ellwein*, Der Weg zum »Parteienstaat«, a.a.O., S. 1.
60 *Scheuch/Scheuch*, Cliquen, Klüngel und Karrieren, a.a.O., 116 ff.
61 *Horst Bosetzky*, Die Verwaltung 1974, 428 (435).
62 Dazu zuletzt *von Arnim*, Das neue Abgeordnetengesetz. Inhalt, Kritik und Irreführung der Öffentlichkeit (Speyerer Forschungsberichte 169), 1997, 5 mit Schaubild auf S. 41.
63 *Peter H. Merkl*, Die Entstehung der Bundesrepublik Deutschland, 1965, 145 f.; *Werner Sörgel*, Konsensus und Interessen. Eine Studie zur Entstehung des Grundgesetzes für die Bundesrepublik Deutschland, 1969, S. 108, 120 ff., bes. 121, 261.
64 *Dieter Johannes Blum*, Das passive Wahlrecht der Angehörigen des öffentlichen Dienstes in Deutschland nach 1945 im Widerstreit britisch-amerikanischer und deutscher Vorstellungen und Interessen, juristische Dissertation Mannheim/Göppingen, 1972, 31 ff.
65 So *Klatt*, a.a.O., 36, für den 1980 gewählten Bundestag.
66 *Heino Kaack*, Die soziale Zusammensetzung des Deutschen Bundestags, in: Thaysen/Davidson/Livingston (Hg.), US-Kongreß und Deutscher Bundestag. Bestandsaufnahme und Vergleich, 1988, 128 (139).
67 *Frido Wagener*, Öffentlicher Dienst im Staat der Gegenwart, Veröffentlichungen der Vereinigung Deutscher Staatsrechtslehrer 37 (1979), 215 (231 f.).
68 Gesetz über die Rechtsstellung der in den Deutschen Bundestag gewählten Angehörigen des öffentlichen Dienstes vom 4.8.1953 (Bundesgesetzblatt I S. 777).
69 *Klatt*, a.a.O., 38 f.
70 BVerfGE 40, 296 (321 ff.).
71 BVerfGE 40, 296 (316 f.).
72 *Franz Lutzius*, Staatsgesellschaft der Unkündbaren, 4. Aufl., 1992, 89.
73 *Frido Wagener*, a.a.O., 227.
74 Sachverständigenrat zur Begutachtung der gesamtwirtschaftlichen Entwicklung, Jahresgutachten 1972/73, Ziffer 338. Vgl. auch den Diskussionsbeitrag von *Hermann Soell*, VVDStRL 33 (1975), 166 f.
75 Die Paralysierung wird durch die Pattsituation zwischen dem Deutschen Beamtenbund und der Gewerkschaft Öffentlicher Dienst, Transport und Verkehr, CDU, FDP und SPD verstärkt, die bei der Reform des öffentlichen Dienstrechts unterschiedliche Angleichungskonzepte verfolgen: ÖTV und teilweise SPD in Richtung auf eine Arbeitnehmerlösung, DBB, CDU und FDP in Richtung auf eine Beamtenlösung. Dazu *Wagener*, a.a.O., 228.
76 Dazu *Dyson*, Die westdeutsche ›Parteibuch‹-Verwaltung, Die Verwaltung 1979, 129 (146, 148).
77 Näheres bei *Isensee*, Der Tarifvertrag als Gewerkschaft-Staat-Vertrag, in: Leisner (Hg.), Das Berufsbeamtentum im demokratischen Staat, 1975, 23

(38); *von Arnim*, Gemeinwohl und Gruppeninteressen, 1977, 109 ff.; *ders.*, Besteuerung und Eigentum, VVDStRL 39 (1981), 286 (355 m. FN 277).

78 Bei Beurteilung des Streikrechts ist – entgegen einer verbreiteten Ansicht – also nicht so sehr auf die möglicherweise besonders schädlichen direkten Folgen von Streiks in bestimmten Bereichen des öffentlichen Dienstes abzuheben wie bei politischer Leitung, Strafvollzug, Gefährdung wichtiger Güter wie Leben und Gesundheit, öffentlicher Sicherheit, verfassungsmäßiger Ordnung oder allgemeiner Gewährleistung politischer und sozialer Stabilität (statt vieler *Klaus König*, Strukturprobleme des öffentlichen Dienstes, VerwArch 68 [1977], 3 [14, 21]), sondern darauf, daß die bloße Existenz des Streikrechts – unabhängig davon, ob von ihm wirklich einmal Gebrauch gemacht wird – das Verhandlungsgleichgewicht stört, weil die Möglichkeit, davon als ultima ratio Gebrauch zu machen, stets besteht und das Verhandlungsgleichgewicht aus den Angeln hebt. Es geht weniger darum, ob Konflikte als sozial inadäquat anzusehen sind, entscheidend ist, daß das Regelungsverfahren nach seiner Struktur unausgewogen ist.

79 So die Überschrift eines Beitrags von *Rüthers*, in: Frankfurter Allgemeine Zeitung vom 14.12.1974.

80 Zur Entstehung dieser faktischen Koppelung in den 60er Jahren *Evelyn Traeger*, Beamtenbesoldung und Angestelltenvergütung, 1974, Heidelberger jur. Diss., 261 ff. – Eine Abkoppelung erfolgte erstmals 1982/83.

81 *Sachverständigenrat zur Begutachtung der gesamtwirtschaftlichen Entwicklung*, Jahresgutachten 1974, Ziff. 133.

82 Dies Einlenkenmüssen der Regierung soll sogar einer der Gründe für den wenige Monate später erfolgten Rücktritt des damaligen Bundeskanzlers Brandt gewesen sein. So *Baring*, Machtwechsel, 1982, 694 ff.

83 *von Arnim*, Gemeinwohl und Gruppeninteressen, a.a.O., 48 ff., 114, 183.

84 So treffend *Wagener*, Öffentlicher Dienst im Staat der Gegenwart, a.a.O., 233 f., 242.

85 BVerfGE 40, 296 (315 ff.).

86 BVerfGE 76, 256 (341 ff.).

87 Sondervotum *Walter Seuffert*, BVerfGE 40, 330 (335).

88 *Hans Meyer*, Das fehlfinanzierte Parlament in: Huber/Mößle/Stock (Hg.), Zur Lage der parlamentarischen Demokratie, 1995, 17 (68).

89 BVerfGE 40, 296 (316 f.); 76, 256 (341 ff.).

90 Bundestagsdrucksache 7/5531, S. 40; Bundestagsdrucksache 7/5903, S. 12.

91 Siehe *von Arnim*, »Der Staat sind wir!«, 1995, 79 ff.

92 *Süssmuth*, Protokoll der Bundestagssitzung vom 29.6.1995, S. 3853 D.

93 BVerfGE 40, 296 (321).

94 *Downs*, Why the Government Budget is too Small in a Democracy, World Politics, Bd. 12 (1960), 541 (543).

95 Zusammenfassend *Michael Weber*, Das Wachstum von Verwaltungsorganisationen, 1994.

4 – Politische Klasse und öffentlicher Dienst 451

96 Dies kommt auch darin zum Ausdruck, daß die Statistik vor den Schwierigkeiten der Messung der Verwaltungsleistungen kapituliert und in der volkswirtschaftlichen Gesamtrechnung statt dessen die Kosten der Verwaltung zugrunde legt.

97 Die populärwissenschaftliche Analyse dieser Zusammenhänge geht auf Parkinson zurück: *Parkinson*, Parkinsons Gesetz und andere Untersuchungen über die Verwaltung, 1958. Seine ironisch-sarkastischen Übertreibungen haben bisweilen dazu geführt, daß auch der darin enthaltene berechtigte Kern nicht ernst genommen wurde. So z.B. *Ule*, Parkinsons Gesetz und die deutsche Verwaltung, 1960; vgl. auch *Wagener*, Öffentlicher Dienst im Staat der Gegenwart, a.a.O., 221 (»ein Märchen«), andererseits aber *ders.*, a.a.O., S. 238 ff. Auch die Finanzwissenschaft hat die Thesen Parkinsons lange belächelt. Hier zeigt sich neuerdings ein Wandel. So gibt z.B. Albers im Handbuch der Finanzwissenschaft eine abgewogene Würdigung der Zusammenhänge. *Albers*, Ziele und Bestimmungsgründe der Finanzpolitik, HdF, 3. Aufl., Bd. 1, 1977, 123 (150 ff.). Vgl. auch schon *Schmölders*, Finanzpolitik, 3. Aufl., 1970, 113 f. Die geschilderten Zusammenhänge werden von der modernen Verwaltungssoziologie vielfach bestätigt. Nachweise bei *Greifeld*, Der Rechnungshof als Wirtschaftlichkeitsprüfer, 1981, 52 – 57. Auch die Verwaltungswissenschaft nimmt Parkinson heute ernst: *Mayntz*, Soziologie der öffentlichen Verwaltung, 2. Aufl., 1982, 71 f.

98 *Denso/Ewringmann/Hansmeyer/Koch/H.König/Siedentop*, Verwaltungseffizienz und Motivation. Anreize zur wirtschaftlichen Verwendung öffentlicher Mittel durch den Titelverwalter, 1976, 120 ff.

99 *Luhmann*, Politische Theorie im Wohlfahrtsstaat, 1981.

100 *Wagener*, Entwicklungstendenzen des Verwaltungssystems im Industriestaat, in: Bürger und Bürokratie, hrsg. v. Innenminister des Landes Nordrhein-Westfalen, 1981, 9 ff.

101 *Hans D. Jarass*, Politik und Bürokratie als Elemente der Gewaltenteilung, 1975; *Albert Janssen*, Über die Grenzen des legislativen Zugriffsrechts, 1990.

102 Seit BVerfGE 7, 155 (162) ständige Rechtsprechung.

103 Näheres bei *von Arnim*, Staatslehre der Bundesrepublik Deutschland, 1984, 203 ff., 362 ff.

104 *von Arnim*, Staat ohne Diener, 1993, S. 162 f.

105 Siehe z.B. *Elisabeth Noelle-Neumann*, Des Staates treue Diener. Zur Krise des Berufsbeamtentums, Frankfurter Allgemeine Zeitung vom 12.2.1997, S. 5.

106 Derartige Umfragen dürfen nicht mit direktdemokratischen Äußerungen des Volkes verwechselt werden. Dazu *von Arnim*, Staat ohne Diener (Taschenbuchausgabe), a.a.O., 85 f.

107 Dazu *Fritz Vilmar*, Gegen die Verbeamtung der Parlamente, a.a.O.

108 Gesetz zur Reform des öffentlichen Dienstrechts vom 24.2.1997, BGBl

I S. 322. Siehe auch Innenpolitik. Informationen des Bundesministeriums des Innern, Nr. 1/1997 vom 4.3.1997, S. 2 f. Helmut Lecheler bezeichnete bereits die vom Bundesminister des Innern vorgelegten Reformvorschläge als »eher kläglich«: *Lecheler*, Die Gliederung des öffentlichen Dienstes, in: König/Siedentopf (Hg.), Öffentliche Verwaltung in Deutschland, 1996/97, 501 (510).

109 *Thomas Ellwein*, Das Dilemma der Verwaltung, a.a.O., 121.

5
Hand in Hand mit Lobbyisten

1 *Herbert Schneider*, Parteien in der Landespolitik, in: Gabriel/Niedermayer/Stöss (Hg.), Parteiendemokratie in Deutschland, 1997, 407 (419).
2 *Schindler*, Handbuch der Geschichte und der Daten des Deutschen Bundestags 1983 – 1991, 1994, 282 ff.
3 *Klaus von Beyme*, Das politische System der Bundesrepublik Deutschland, 8. Aufl., 1996, 185.
4 *Wolfgang Rudzio*, Das politische System der Bundesrepublik Deutschland, 4. Aufl., 1996, 90.
5 Stand 1994. Siehe *Martin Sebaldt*, Interessengruppen und ihre bundespolitische Präsenz in Deutschland: Verbandsarbeit vor Ort, Zeitschrift für Parlamentsfragen 1996, 658 ff.
6 *Sebaldt*, a.a.O., 670.
7 *Heino Kaack*, Geschichte und Struktur des deutschen Parteiensystems, 1971, 451 ff., 609, 623, 628 f. und durchgehend.
8 Vergleiche auch *Theodor Eschenburg*, Probleme moderner Parteienfinanzierung, 1961, 32 f.
9 Rechtliche Ordnung des Parteiwesens, Bericht der vom Bundesminister des Innern eingesetzten Parteienrechtskommission, 1957, 212, 216, 218.
10 *Herbert E. Alexander*, Financing Politics. Money, Elections, and Political Reform, 4th edition, 1992, Kap. 3 (S. 23 ff.)
11 Zur Verfassungswidrigkeit der steuerlichen Regelungen *Horst Sendler*, Verfassungsgemäße Parteienfinanzierung, Neue Juristische Wochenschrift 1994, 365 (366); *Thomas Drysch*, Staatliche Parteienfinanzierung und kein Ende: das neue Parteienfinanzierungsgesetz, Neue Zeitschrift für Verwaltungsrecht 1994, 218 (222); *von Arnim*, Die Partei, der Abgeordnete und das Geld, 1996, 72 ff.
12 Hier sind Direktspenden, die bei den Abgeordneten verbleiben, gemeint, nicht Durchlaufspenden, die an die Partei weitergegeben werden.
13 Näheres bei *Christine Landfried,* Parteifinanzen und politische Macht, 2. Aufl., 1994, 143 ff.; *von Arnim*, Die Partei, der Abgeordnete und das Geld, a.a.O., 50 ff., 293 ff.

14 Urteil des Landgerichts Bonn vom 16.2.1987 (Aktenzeichen 27 F 7/83 LG Bonn), Seite 428.
15 Siehe die gründliche Analyse durch *Stefan Barton*, Der Tatbestand der Abgeordnetenbestechung, Neue Juristische Wochenschrift 1994, 1098 ff.
16 Frankfurter Allgemeine Zeitung vom 18.1.1997; Kölner Stadtanzeiger vom 21.1.1997.
17 BVerfGE 40, 296 (319).
18 Kölner Stadtanzeiger vom 21.1.1997.
19 Näheres zum Fall Yzer siehe *von Arnim*, in: Stern vom 6.2.1997, S. 21.
20 Desmond King/B. Guy Peters, The United States, in: Christopher Hood/B. Guy Peters (ed.), Rewards at the Top, 1994, 146 (153). Näheres in: House Ethical Manual, 102nd Congress, 2nd Session, April 1992, Chapter 3 (83 ff.).
21 Z.B. *Peter Lösche*, Probleme der Partei- und Wahlkampffinanzierung in Deutschland und den Vereinigten Staaten, Jahrbuch für Politik 1992, 1. Halbband, 65 (77 ff.).
22 Eine Erklärung dafür, daß aus der Flick-Affäre nicht stärkerer politischer Druck resultierte, gesetzgeberische Barrieren gegen Zuwendungen an Abgeordnete zu schaffen, mag auch darin liegen, daß man bei der Parteienfinanzierung zunächst darin die Lösung zu erblicken vermeinte, daß man dort alles erlaubte und auch noch in grotesker Weise steuerlich begünstigte. Siehe S. 318.
23 Fragt man Verbandsgeschäftsführer selbst, so versuchen diese, die Rolle von Verbandsabgeordneten, auch wenn sie von ihrem Verband bezahlt werden – angesichts der Korruptionsnähe dieses Sachverhalts –, natürlich herunterzuspielen. Auf solchen Befragungen beruhende Aussagen (siehe *Martin Sebaldt*, a.a.O., 683 ff.) sind deshalb nur von begrenztem Wert und bisweilen eher ein Beleg für methodenbedingte Scheuklappen gewisser Forschungsrichtungen. In Wahrheit dürften die von Interessenverbänden wirtschaftlich abhängigen Abgeordneten die eigentliche Gefahr bedeuten, weil sie die Interessen »weitaus intransingenter verfechten, als dies Nur-Mitglieder oder ehrenamtliche Funktionäre einer Berufsorganisation oder eines Interessenverbandes in der Regel tun«. So auch *Hartmut Klatt*, Die Verbeamtung der Parlamente, a.a.O., 40.
24 *Bentley*, The Process of Government, 1909; *Truman*, The Governmental Process, 1958.
25 Skizze der pluralistischen Harmonielehre bei *von Arnim*, Gemeinwohl und Gruppeninteressen. Die Durchsetzungsschwäche allgemeiner Interessen in der pluralistischen Demokratie, 1977, § 22: »Die Lehre vom pluralistischen Gleichgewicht (Pluralistische Harmonielehre)«; *ders.*, Staatslehre der Bundesrepublik Deutschland, 1984, 107 ff., jew. m.w.Nachw.
26 Insofern konsequent *Dimitris Tsatsos,* Die parlamentarische Betätigung von öffentlichen Bediensteten, 1970, der es im Vertrauen auf den »natürlichen Ablauf des gesellschaftlichen Prozesses« (S. 155) für unbedenklich hält, wenn Abgeordnete von bestimmten Interessen an der Gesetzgebung

(faktisch) abhängig sind. Ähnlich *Gerd Sturm*, Die Inkompatibilität, 1967, 115 ff.
27 *Olson*, Die Logik des kollektiven Handelns, 1968; *ders.*, in: Festschrift für Fritz W. Scharpf zum 60. Geburtstag, 1995, 23; *von Arnim*, Gemeinwohl und Gruppeninteressen, 23: »Kritik der Gleichgewichtslehre«; *Zippelius*, Allgemeine Staatslehre, 11. Aufl., 1991, § 26 V 2 (232 ff.).
28 *Forsthoff*, Der Staat der Industriegesellschaft, 1972, 25 f., 119 (120 f.); vgl. auch schon *ders.*, Rechtsstaat im Wandel, 1964, 203 f.
29 *Kaiser*, Die Repräsentation organisierter Interessen, 1956, 179. Vgl. auch schon *Röpke*, Jenseits von Angebot und Nachfrage, 3. Aufl., 1961, 212. Zur »Unmöglichkeit« einer »einheitlichen Organisierung« der Verbraucher und Steuerzahler auch *Dagtoglou*, Der Private in der Verwaltung als Fachmann und Interessenvertreter, 1964, 46 ff.
30 Dazu, daß der Steuerzahler »sehr häufig der Unorganisierte und der Unbekannte« ist, der vielfach in Gefahr gerät, »vergessen zu werden und nicht die Vertretung zu finden, die manche Interessenverbände im deutschen Volk und unter der Politik finden«, auch schon Bundesfinanzminister *Schäffer* im Jahre 1949, zit. nach: Bund der Steuerzahler, Dokumentation anläßlich seines 25jährigen Bestehens, Wiesbaden 1974, 7.
31 *Mancur Olson*, Die Logik des kollektiven Handelns, a.a.O., 57.
32 Vgl. neben den in den vorangehenden Anmerkungen Genannten *Soell*, VVDStRL 34, 120 f.
33 Zum gesamten Problem ausführlich *Hans Herbert von Arnim*, Gemeinwohl und Gruppeninteressen. Zur Durchsetzungsschwäche allgemeiner Interessen in der pluralistischen Demokratie, 1977.
34 Pluralistisch bedingte Blockierungen demokratischer Politik werden im politik-ökonomischen Schrifttum auch mit dem Begriff »Staatsversagen« gekennzeichnet. Dazu z.B. *von Arnim*, Staatsversagen: Schicksal oder Herausforderung?, Aus Politik und Zeitgeschichte B 84/1987, 17 ff. m.w.Nachw.
35 Das Zitat stammt von *Nicklas*. Vgl. *von Arnim*, Staatslehre, a.a.O., S. 313.
36 Vgl. jüngst auch *Schütt-Wetschky*, Jahrbuch für Politik 1994, Halbband 1, S. 35 ff.; *Schmitter*, in: Streeck, Staat und Verbände, Politische Vierteljahresschrift, Sonderheft 25/1994, S. 160 ff.; *Biedenkopf*, in: Mayntz, Verbände zwischen Mitgliederinteressen und Gemeinwohl, 1992, S. 273 ff.
37 Dazu besonders anregend *von Brünneck*, Verfassungsgerichtsbarkeit in den westlichen Demokratien. Ein systematischer Verfassungsvergleich, 1992, S. 168 ff.
38 BVerfGE 88, 203 ff.
39 BVerfGE 89, 155.
40 BVerfGE 90, 286 ff.
41 Statt vieler *von Arnim*, Volkswirtschaftspolitik, 6. Aufl., 1997, Kapitel F.
42 BVerfGE 89, 155 (208) im Anschluß an den Regierungsentwurf zum Bundesbankgesetz, Bundestagsdrucksache 2/2781, S. 24 f.

43 Vgl. Art. 107 EUV i.d.F. des Vertrages über die Europäische Union, Bulletin der BReg. 1992, S. 113 ff.
44 Siehe z.B. *F.A. von Hayek*, Die Verfassung eines freien Staates (1968), in: ders., Freiburger Studien, 1969, 199 ff.; *Burkhard Wehner*, Die Katastrophen der Demokratie, 1992; *Leschke*, Ökonomische Verfassungstheorie und Demokratie, 1993; *Hans Hugo Klein*, in: Festschrift für Herbert Helmrich zum 60. Geburtstag, 1994, S. 255.
45 Dies verkennen *Joachim Henkel* und *Uwe Thaysen*, wenn sie dem Bundesverfassungsgericht ein überholtes »frühkonstitutionelles« Verfassungs- und Parlamentsverständnis vorwerfen. Sie gehen vielmehr selbst von einem überholten, wenn man so will, »frühpluralistischen« Vorverständnis aus. *Henkel*, Die Öffentliche Verwaltung 1975, 819 (821); *Thaysen*, Zeitschrift für Parlamentsfragen 1976, 3 (13 ff.).
46 Dazu von Arnim, Gemeinwohl und Gruppeninteressen, 1997, 169 ff. m.w.N.
47 Dazu *Michael Kloepfer*, Steuerung und Fehlsteuerung im Rechtsprechungssystem, in: von Arnim/Klages (Hg.), Probleme der staatlichen Steuerung und Fehlsteuerung in der Bundesrepublik Deutschland, 1986, S. 121 (127 ff.).
48 Vgl. auch *Pitschas*, Verwaltungsverantwortung und Verwaltungsverfahren, 1990, S. 48, 125 m.w.Nachw.: »Ausweichen in die brauchbare Illegalität«; *Oschatz*, in Festschrift für Herbert Helmrich, 1994, S. 821: »Es verdichtet sich für den aufmerksamen Beobachter der Szene die Vermutung zur Gewißheit, daß bei Kenntnis und Beachtung aller vorhandenen Gesetze und Verordnungen, Verwaltungsrichtlinien und Satzungen alles zum Erliegen käme, das Rechtsleben quasi an sich selbst erstickte.«
49 *Roman Herzog*, Aufbruch ins 21. Jahrhundert, Bulletin der Bundesregierung vom 30.4.1997, 353 (356): »Und schließlich Beispiel Steuerreform: Dazu fällt mir nach der Entwicklung der letzten Tage überhaupt nichts mehr ein.«
50 Dabei sind auch diejenigen Steuern, die die Verbraucher im Preis von Waren mitbezahlen, und die Sozialversicherungsbeiträge, die die Arbeitgeber entrichten, die wirtschaftlich aber den Arbeitnehmern zuzurechnen sind, mitgerechnet.
51 Näheres bei *von Arnim*, Volkswirtschaftspolitik, 6. Aufl., 1997.
52 *Fritz Scharpf*, Nötig, aber ausgeschlossen. Die Malaise der deutschen Politik, Frankfurter Allgemeine Zeitung vom 5.6.1997.
53 Frühjahrsgutachten der wirtschaftswissenschaftlichen Forschungsinstitute 1997, DIW-Wochenberichte 17/97, 292 (306 f.).
54 *Juergen B. Donges*, Arbeitsmarkt und Lohnpolitik in Ostdeutschland, Wirtschaftsdienst 1991, 283 (286); *Hans-Werner Sinn*, Volkswirtschaftliche Probleme der Deutschen Vereinigung, Vorträge der Nordrhein-Westfälischen Akademie der Wissenschaften, 1996, 24 f.
55 *Horst Siebert*, Geht den Deutschen die Arbeit aus? Wege zu mehr Beschäftigung, 1994, 114.

56 Siehe z.B. »Germany«, The Economist, November 9th, 1996, 3 – 22; *Hans Martin Kölle*, »Die Blüte im Osten bleibt aus«, Finanz und Wirtschaft (Zürich) vom 10.7.1996.
57 Statistisches Bundesamt, Pressemeldung Nr. 75/97 vom 14.3.1997 und schriftliche Zusatzauskunft des Amtes an den Verfasser. Vgl. auch Frühjahrsgutachten 1997, a.a.O., 306.
58 *Donges*, a.a.O., 286; Institut für Wirtschaftsforschung Halle, Wirtschaft im Wandel 7/1996, 2.
59 Dazu *von Arnim*, Zweiundzwanzig Prozent Diätenerhöhung in Brandenburg ohne Rechtfertigung. Der brandenburgische Landtag gibt ein schlechtes Vorbild und setzt ein falsches politisches Signal (erscheint in der Zeitschrift »Recht und Politik« 1997); *ders.*, Focus vom 19.5.1997, 66.
60 Siehe *von Arnim*, Subventionen ohne Kontrolle?, Finanzarchiv 1986, 81 (89 f.).
61 So sind z.B. für den gewerkschaftlichen Organisationsgrad in der Bundesrepublik (etwa ein Viertel) die Gewährung von Rechtsschutz, Streik- und Aussperrungsgeldern und z.T. auch die Ausrichtung von gesellschaftlichen oder Forbildungsveranstaltungen von großer Bedeutung. Ähnliche selektive Anreize setzen z.B. die Vertriebenenverbände durch besondere Beratungen und Informationen für ihre Mitglieder.
62 Dazu – mit Beispielen – von Arnim, Gemeinwohl und Gruppeninteressen, a.a.O., 153 ff.

6
Politische Klasse ohne Kontrolle

1 Dies hat *Walter Eucken*, Grundsätze der Wirtschaftspolitik, 3. Aufl., 1960, XIX. Kapitel (S. 325 ff.), besonders herausgearbeitet.
2 BVerfGE 85, 264 (290).
3 *Werner Kägi,* Die Verfassung als rechtliche Grundordnung des Staates, 1945; *Brun-Otto Bryde,* Verfassungsentwicklung, 1982, 75 ff.; *Klaus Stern*, Das Staatsrecht der Bundesrepublik Deutschland, Band I, 2. Aufl., 1984, 107 f.
4 Im staatsrechtlichen Schrifttum pflegt sich die Behandlung allerdings auf die formale Frage zu konzentrieren, wo die Materie geregelt ist: *in* der Verfassungsurkunde oder *außerhalb* derselben. Die hier im Mittelpunkt stehende Frage, *warum* die Rechtsmaterien, die den Kampf um Macht und Posten regeln, zum (materiellen) Verfassungsrecht zählen, obwohl sie nicht in den formellen Verfassungsurkunden geregelt sind, wird regelmäßig vernachlässigt.
5 *Eckhard Jesse,* Wahlrecht zwischen Kontinuität und Reform. Eine Analyse der Wahlsystemdiskussion und der Wahlrechtsänderungen in der Bundesrepublik Deutschland 1949 – 1983, 1985.

6 *von Arnim,* Die Partei, der Abgeordnete und das Geld, 2. Aufl., 1996.
7 Siehe auch den Hinweis bei *Rudolf Katz,* Zur Änderung des Wahlgesetzes. Anregungen zu einer verfassungsrechtlichen Erschwerung, Festgabe für Carlo Schmid zum 65. Geburtstag, 1962, 119 (122 f.).
8 *Erhard H.M. Lange,* Wahlrecht und Innenpolitik, 1975, 771 und durchgehend. Siehe auch *Ernst Forsthoff,* Zur verfassungsrechtlichen Stellung und inneren Ordnung der Parteien, Deutsche Rechts-Zeitschrift 1950, 313 (315): Die Erfahrung zeige, »in wie hohem Maße das Wahlrecht der Gefahr ausgesetzt ist, als Instrument augenblicklicher taktischer Absichten mißbraucht zu werden. Kommt es dazu, daß jede Koalition oder Regierungspartei das Wahlrecht vor den Wahlen nach ihren Bedürfnissen regelt, dann ist die Gleichheit der Wettbewerbschancen nur noch eine Farce.«
9 BVerfGE 40, 296 (327). Vergleiche auch schon *von Arnim,* Abgeordnetenentschädigung und Grundgesetz. Ein verfassungsrechtliches Gutachten über die finanziellen Privilegien der Parlamentsabgeordneten in Bund und Ländern (Heft 32 der Schriftenreihe des Karl-Bräuer-Instituts des Bundes der Steuerzahler), 1975, 70 ff. Dazu auch *Hans Heinrich Rupp,* Legitimation der Parlamente zur Entscheidung in eigener Sache, Zeitschrift für Gesetzgebung 1992, 285; *Hans Jochen Vogel,* Entscheidungen des Parlaments in eigener Sache, Zeitschrift für Gesetzgebung 1992, 293; Empfehlungen der Kommission unabhängiger Sachverständiger zur Parteienfinanzierung, 1993, Bundestagsdrucksache 12/4425, durchgehend.
10 BVerfGE 85, 264 (292). Siehe auch schon *von Arnim,* Parteienfinanzierung, 1982, 46 ff. – Dagegen macht Hans Meyer die Schlüsselfunktion des Begriffs des »Entscheidens in eigener Sache« dogmatisch nicht nutzbar, ja, er läßt diesen Begriff selbst dort unerwähnt, wo man ihn eigentlich gerade erwarten würde, z.B. in seinen Beiträgen zur Fraktionsfinanzierung, zur Bezahlung von Abgeordnetenmitarbeitern und zur Politikfinanzierung insgesamt: *Hans Meyer,* Die Fraktionen auf dem Weg zur Emanzipation von der Verfassung, in: Däubler-Gmelin u.a. (Hg.), Gegenrede, Aufklärung, Kritik, Öffentlichkeit, Festschrift für Mahrenholz, 1994, 319 ff.; *ders.,* Das fehlfinanzierte Parlament, in: Huber/Mößle/Stock (Hg.), Zur Lage der parlamentarischen Demokratie, Symposium zum 65. Geburtstag von Peter Badura, 1995, 17 ff. Dies liegt vermutlich daran, daß die Anerkennung der Bestimmung der Fraktionsfinanzierung als Entscheidung des Parlaments in eigener Sache eine gesetzliche Regelung der Fraktionsfinanzierung verlangt, Meyer aber statt dessen eine Regelung im Wege der Geschäftsordnung des Bundestags befürwortet.
11 Zur Erstreckung des theoretischen Konzepts vom Entscheiden in eigener Sache auch auf die Finanzierung der Fraktionen und Parteistiftungen *von Arnim,* Parteienfinanzierung, a.a.O., 111 f., 118 ff.; Bericht der Parteienfinanzierungskommission 1983, 175, und auf die Finanzierung der Bezahlung und Versorgung von Ministern *von Arnim,* Die finanziellen Privilegien von Ministern in Bund und Ländern, 1992, 21 ff.

12 BVerfGE 85, 264 (292).
13 *Otto Kirchheimer*, Vom Wandel der politischen Opposition (1957), in: Schumann (Hg.), Die Rolle der Opposition in der Bundesrepublik Deutschland, 1976, 114 ff.
14 *von Arnim*, Die Partei, der Abgeordnete und das Geld, a.a.O., 368 ff. – Daß einzelne Parteien gelegentlich ihre Mitwirkung versagen, hebt das Kartell nicht auf. Der Kartelltheorie ist der Begriff des »Außenseiters« seit jeher vertraut.
15 *Michael Kloepfer*, Verfassungsänderung statt Verfassungsreform. Zur Arbeit der gemeinsamen Verfassungskommission, 1995, 138: »Wenn es ... an die eigenen Belange der Parteien geht – genannt seien etwa Parteienfinanzierung, Parteistiftungen, Ämterpatronage, Altersversorgung der Funktionsträger –, entsteht zuweilen der Eindruck, als sei Deutschland zu einem ›Ein-Parteien-Staat mit mehreren Parteien‹ geworden.«
16 Siehe in der Bundesrepublik das Gesetz gegen Wettbewerbsbeschränkungen.
17 BVerfGE 40, 296 (317, 327).
18 BVerfGE 40, 296 (327).
19 Siehe z.B. *von Arnim*, Der Staat als Beute, 1993; *ders.*, »Der Staat sind wir!«, 1995; *ders.*, Das neue Abgeordnetengesetz, 1997.
20 *Theodor Eschenburg*, Der Sold des Politikers, 1959, 85.
21 BVerfGE 85, 264 (291 f.): Da es bei Entscheidungen der Politik in eigener Sache wie »bei der Festlegung der Bezüge von Abgeordneten und sonstigen Inhabern politischer Ämter« und der staatlichen Parteienfinanzierung regelmäßig des korrigierenden Elements gegenläufiger politischer Interessen ermangelt, liegt es für den Gesetzgeber nahe, »dem durch die Einschaltung objektiven Sachverstandes abzuhelfen« und sich »des Rates unabhängiger Sachverständiger (zu) bedienen«.
22 *von Arnim*, Macht macht erfinderisch, 1988.
23 Allerdings muß man für einen Vergleich auch die anderen Teile des finanziellen Status der Abgeordneten heranziehen, etwa die Kostenpauschalen.
24 *von Arnim*, Der Staat als Beute, a.a.O., 53 ff. – Lediglich die Krankenbeihilfe der Abgeordneten deckt nur einen Teil der Krankheitskosten ab und verlangt deshalb eine gewisse Eigenbeteiligung.
25 Dazu näher *von Arnim*, Die neue Parteienfinanzierung, 1989, 17 ff. m.w.N.
26 *von Arnim*, Zur Neuregelung der Parteienfinanzierung. Kritische Anmerkungen zum Bericht der Sachverständigen-Kommission zur Neuordnung der Parteienfinanzierung, Wiesbaden, 1983.
27 BVerfGE 73, 40.
28 BVerfG, Deutsches Verwaltungsblatt 1989, 147.
29 Empfehlungen der Kommission unabhängiger Sachverständiger zur Parteienfinanzierung vom 19.2.1993, Bundestagsdrucksache 12/4425.
30 Dazu *von Arnim*, Die Partei, der Abgeordnete und das Geld, a.a.O., 109 ff.
31 Bericht und Empfehlungen der unabhängigen Kommission zur Überprü-

fung von Interessenkollisionen in Amt und Mandat vom Dezember 1995, 58 ff.
32 Gesetz zur Änderung des Bayerischen Abgeordnetengesetzes vom 23.12.1995, Bayerisches Gesetz- und Verordnungsblatt S. 848.
33 Zur offensichtlichen Verfassungswidrigkeit dieser Regelungen *von Arnim*, Zweitkommentierung des Art. 48 GG im Bonner Kommentar (1980), Randnummern 175 ff.
34 Dazu *von Arnim*, Der Staat als Beute, a.a.O., 31 ff.
35 Die Versuche, die Öffentlichkeit irrezuführen, werden im einzelnen dargelegt in *von Arnim*, Das neue Abgeordnetengesetz. Inhalt, Verfahren, Kritik und Irreführung der Öffentlichkeit, 1997.
36 *Hans-Dieter Klingemann* u.a., Zur Einführung: Politische Klasse und politische Institutionen, 1991, 9 (34).
37 *Rudolf Wildenmann*, Towards a Sociopolitical Model of the German Federal Republic, in: Rudolf Wildenmann (Hg.), Sozialwissenschaftliches Jahrbuch Band 4, 1975, 273 (284). Allerdings verwendet Wildenmann den Ausdruck »politische Klasse« noch nicht, sondern spricht statt dessen von politischer »Elite«.
38 Näheres bei *von Arnim*, Die Partei, der Abgeordnete und das Geld, a.a.O., 350, 423 f.
39 Zur verfassungsrechtlichen Problematik ebda, 220 ff.
40 *Wilhelm Hennis*, Frankfurter Allgemeine Zeitung vom 13.1.1996, S. 11 (Besprechung eines Aufsatzes von Hans Meyer).
41 Zahlen von 1995. Siehe *von Arnim*, Die Partei, der Abgeordnete und das Geld, a.a.O., 100 ff.
42 *Theodor Eschenburg*, z.B. in Stuttgarter Zeitung vom 12.5.1961.
43 *Dolf Sternberger*, Wir wollen keinen politischen Klerus (30.11.1959), in: *ders.*, Ekel an der Freiheit?, 1964, 62 ff.
44 *Herbert Wehner*, Deutscher Bundestag, 4. Wahlperiode, 122. Sitzung vom 15.4.1964, Protokoll, S. 5777 f.
45 Siehe jetzt auch BVerfGE 85, 265 (283): »Der Grundsatz der Freiheit der Parteien vom Staat enthält das Gebot der fortdauernden Verankerung der Parteien in der Gesellschaft und ihrer darauf beruhenden Staatsferne.«
46 *von Arnim*, Staatslehre der Bundesrepublik Deutschland, 1984, 33 ff., 45 ff., 500 ff.
47 BVerfGE 3, 225 (247) und ständige Rechtsprechung.
48 *Herbert Krüger*, Allgemeine Staatslehre, 2. Aufl., 1966, 269; *Roman Herzog*, Allgemeine Staatslehre, 1971, 350 ff.
49 BVerfGE 68, 1 (86).
50 Etwas überspitzt sagt *Rottmann*, Sondervotum zum Regierungs-Propaganda-Urteil, BVerfGE 44, 125, 181 (183): »Die Bundesregierung ist ... nicht ›neutrale‹, über den politischen Parteien schwebende Exekutivspitze. Die Bundesregierung ist vielmehr auch Exekutivausschuß der Regierungspartei oder der sie tragenden Regierungskoalition.« – Der generelle Eindruck der

politischen Zusammengehörigkeit von Regierung und Parlamentsmehrheit wird – auch im Umkehrschluß – durch die öffentliche Aufmerksamkeit bestätigt, die ausnahmsweise Abweichungen von der Normalität durch »Freigabe des Abstimmungsverhaltens« finden. Dazu *Hans-Jochen Vogel*, Nachsichten, 1996, 447 f., 455 f. – Der Wegfall des Gegensatzes gilt jedenfalls zumindest für das Auftreten von Regierung und Parlamentsmehrheit in der Öffentlichkeit. Hinter den Kulissen kann es in parteiinternen Gremien dagegen eher zu Spannungen zwischen der Regierung und den Abgeordneten der Regierungsfraktion kommen, die im Einzelfall sogar zum offenen Gegensatz führen können.

51 Dazu *Klaus Stern*, Staatsrecht der Bundesrepublik Deutschland, Bd. 1, 2. Aufl., 1984, 23 (S. 1023 – 1044) mit weiteren Nachweisen.

52 *Jörg-Detlef Kühne*, Parteienstaat als Herausforderung des Verfassungsstaats, Festschrift für Jeserich, 1994, 309 (326).

53 Zur Rolle des Bundesverfassungsgerichts als – allerdings nur sehr begrenzt wirksames – Gegengewicht siehe unten, S. 352 ff.

54 Statt vieler *Konrad Hesse*, Grundzüge des Verfassungsrechts der Bundesrepublik Deutschland, 20. Aufl., 1995, S. 101 (Randnummer 231). Grundlegend *ders.*, Der unitarische Bundesstaat, 1962, 27.

55 Statt vieler, ebda, S. 214 (Randnummer 496).

56 Vergleiche zu entsprechenden Überlegungen bei der Ausgestaltung der Staatsordnung Portugals *Walter Haubrich*, Frankfurter Allgemeine Zeitung vom 26.7.1996.

57 *Wilhelm Henke*, Bonner Kommentar, Drittbearbeitung des Artikels 21 GG (1991), Rn. 322.

58 Eine Ausnahme macht das Grundgesetz lediglich für Parteien, die darauf ausgehen, die freiheitliche demokratische Grundordnung zu beeinträchtigen oder den Bestand der Bundesrepublik Deutschland zu gefährden, wobei – zur Vermeidung von Mißbräuchen – nur das Bundesverfassungsgericht über das Vorliegen dieser Voraussetzungen entscheiden darf (Art. 21 II GG). Auch hier vermeidet das Grundgesetz also Regelungen, die auf Entscheidungen in eigener Sache hinauslaufen würden.

59 So ständige Rechtsprechung seit BVerfGE 2, 1 (12 f.), zuletzt BVerfGE 82, 322 (337 ff); 85, 264 (297).

60 BVerfGE 44, 125 (142).

61 BVerfGE 40, 296 (317).

62 Siehe auch *von Arnim*, Politikfinanzierung, Wahlrecht und legislative Manipulation, Festschrift für Martin Kriele zum 65. Geburtstag, 1997, 627 ff.

63 BVerfGE 5, 85 (196 ff.).

64 *Martin Kriele*, zuerst in: Kriterien der Gerechtigkeit, 1963.

65 *Ernst Fraenkel*, Der Pluralismus als Strukturelement der freiheitlich-rechtsstaatlichen Demokratie (1964), in: Nuscheler/Steffani (Hg.), Pluralismus – Konzeption und Kontroversen, 3. Aufl., 1976, 158 ff. Siehe auch

von Arnim, Staatslehre der Bundesrepublik Deutschland, 1984, 103 ff., insbes. 109 ff.
66 Das gilt selbst für ansonsten kritischere Zweige der Politikwissenschaft. Ein Beispiel: *Peter Haungs*, Aktuelle Probleme der Parteiendemokratie, Jahrbuch für Politik 1993, Halbband 1, 37 ff.
67 *Rudolf Wildenmann*, Regeln der Machtbewerbung (1963), in: *ders.*, Gutachten zur Frage der Subventionierung politischer Parteien aus öffentlichen Mitteln, 1968, 70 ff.
68 *Herbert E. Alexander*, Money and Politics: rethinking a conceptual framework, in: *ders.*, Comparative Political Finance in the 1980s, 1989, 9: »In the latter part of the twentieth century, another factor, not included in earlier analyses, needs explication. I refer to the power of the government to set the rules of electoral competition and especially to provide public funds for use in the electoral process.«
69 *Greven* greift allerdings nicht auf Wildenmann zurück und scheint dessen Ansätze gar nicht zu kennen. Auch die parallelen, besonders auf die Politikfinanzierung bezogenen früheren Ansätze des Verfassers dieses Buches nimmt er nicht zur Kenntnis.
70 *Michael Th. Greven*, Die Parteien in der politischen Gesellschaft sowie eine Einleitung zur Diskussion über die »allgemeine Parteientheorie«, in: Oskar Niedermayer/Richard Stöss (Hg.), Stand und Perspektiven der Parteienforschung in Deutschland, 1993, 277 (290).
71 Gleichzeitig entfiel allerdings die 13. Entschädigung.
72 Vgl. auch *Hans-Peter Vierhaus*, Die Identifizierung von Staat und Parteien – eine moderne Form der Parteidiktatur, Zeitschrift für Rechtspolitik 1991, 468 ff.; *von Arnim*, »Der Staat sind wir!«, a.a.O., 14 f., 137 ff.
73 *Michael Th. Greven*, a.a.O., 292.
74 *Richard S. Katz/Peter Mair*, Changing Models of Party Organization and Party Democracy. The Emergence of the Cartel Party, Party Politics 1995, 5 ff.; *dies.* (eds.), Party Organizations: A Data Handbook on Party Organizations in Western Democracies, 1960 – 1990, London 1992; *dies.* (eds.), How Parties Organize: Change and Adaption in Party Organizations in Western Democracies, London 1994.
75 Katz/Mair, Changing Models of Party Organization, a.a.O., 5 (17).
76 Ebda, 17. Dagegen bilde beispielsweise England – wegen der dort sehr viel ausgeprägteren wettbewerblichen Elemente – ein Gegenbeispiel. Zum praktischen Fehlen einer Staatsfinanzierung der Parteien in England Gordon Smith, Great Britain: Party Finance in an Unregulated System, in: Tsatsos (Hg.), Politikfinanzierung in Deutschland und Europa, 1997.
77 Ebda, 23: »Furthermore, as politicians pursue longterm careers, they come to regard their political opponents as fellow professionals, who are driven by the same desire for job security, who confront the same kinds of pressures as themselves, and with whom business will have to be carried on

78 Ebda, 22: »Central to the earlier models was the idea of alternation in office – not only were there some parties that were clearly ›in‹ while others were clearly ›out‹, but the fear of being thrown out of office by the voters was also seen as the major incentive for politicians to be responsive to the citizenry. In the cartel model, on the other hand, none of the major parties is ever definitively ›out‹.«

over the long term. Stability becomes more important than triumph; politics becomes a job rather than a vocation.«

79 Ebda, 22: »As party programmes become more similar, and as campaigns are in any case oriented more towards agreed goals rather than contentious means, there is a shrinkage in the degree to which electoral outcomes can determine government actions. Moreover, as the distinction between parties in office and those out of office becomes more blurred, the degree to which voters can punish parties even on the basis of generalized dissatisfaction is reduced.«

80 Ebda, 22: »As a result, there is an increased sense in which electoral democracy may be seen as a means by which the rulers control the ruled, rather than the other way around.«

81 Ebda, 22: »At the same time, participation in the electoral process implicates the voter and, by casting elections as the legitimate channel for political activity, other, potentially more effective, channels are made less legitimate.«

82 Ebda, 21: »The rise of the cartel-party model as an empirical phenomenon is also associated with a revision of the normative model of democracy.«

83 Ebda, 21: »In this revised model, the essence of democracy lies in the ability of voters to chose from a fixed menu of political parties« (Hervorhebung vom Verfasser dieses Buchs).

84 Ebda., 22: »Parties are partnerships of professionals, not associations of, or for, the citizens« (Hervorhebung vom Verfasser dieses Buchs).

85 Vgl. auch *von Arnim,* Zur normativen Politikwissenschaft – Versuch einer Rehabilitierung, Der Staat 1987, 477 ff.

86 *Leibholz,* Deutscher Juristentag 1950, C 2 (10): »Ja, man kann geradezu sagen, daß in dieser Form der Demokratie (das heißt, dem ›modernen demokratischen Parteienstaat‹) die Parteien das Volk ›sind‹.«

87 *Leibholz,* Das Wesen der Repräsentation und der Gestaltwandel der Demokratie im 20. Jahrhundert, 3. Aufl., 1966, 226: »Wie in der plebiszitären Demokratie der Wille der Mehrheit der Aktivbürgerschaft mit dem jeweiligen Gesamtwillen identifiziert wird, wird in einer funktionierenden parteienstaatlichen Demokratie der Wille der jeweiligen Parteienmehrheit in Regierung und Parlament mit dem Gesamtwillen identifiziert.«

88 Ebda, 232: Für Volksentscheide und Volksbegehren besteht »weder eine innere Notwendigkeit noch eine besondere Rechtfertigung«.

89 Ebda, 231.

90 Ebda.

91 Siehe zu den Grundsätzen der Unmittelbarkeit und Freiheit der Wahl *von Arnim*, Staat ohne Diener, a.a.O., 47 ff.

92 *Hans Heinrich Rupp,* Kritische Bemerkungen zum heutigen Verhältnis von Verfassungsrecht und Verfassungswirklichkeit, Festschrift für Karl Carstens, 1984, 773 (785).

93 *Leibholz*, Das Wesen der Repräsentation, a.a.O., 245.

94 Ebda.

95 Ebda, 248.

96 *Hans Herbert von Arnim,* Abgeordnetenentschädigung und Grundgesetz, 1975, 27 ff.

97 *Leibholz,* Das Wesen der Repräsentation, a.a.O., 246 ff.; ders., Deutscher Juristentag, a.a.O., C 21 ff.

98 *Leibholz,* Die Reform des Wahlrechts, a.a.O., 159 (170).

99 Ebda, 173.

100 Statt vieler Dieter Grimm, Die politischen Parteien, in: Benda/Maihofer/Vogel (Hg.), Handbuch des Verfassungsrechts der Bundesrepublik Deutschland, 1983, 317 (331 ff. mit weiteren Nachweisen).

101 BVerfGE 8, 51 (63).

102 *von Arnim,* Die Partei, der Abgeordnete und das Geld, a.a.O., 76 ff. m.w.N.

103 BVerfGE 20, 56. Das Urteil erging auf Antrag der hessischen Landesregierung. Zu diesem Urteil *Peter Häberle,* Unmittelbare staatliche Parteienfinanzierung unter dem Grundgesetz, Juristische Schulung 1967, 67; Dimitris Th. Tsatsos, Die Finanzierung politischer Parteien, ZaöRV 1966, 371.

104 BVerfGE 4, 144 (151); 32, 157 (165); 40, 296 (315 f.).

105 BVerfGE 76, 256 (341 ff.).

106 *Leibholz*, Das Wesen der Repräsentation, a.a.O.

107 *von Arnim*, Staatslehre der Bundesrepublik Deutschland, 1984, 381 ff.

108 *Brun-Otto Bryde*, a.a.O., 1982, 326 ff.

109 *Hans Meyer,* Demokratische Wahl und Wahlsystem, in: Isensee/P. Kirchhof (Hg.), Handbuch des Staatsrechts, Bd. II, 1987, 249 (265 f.).

110 *Alexander von Brünneck,* Verfassungsgerichtsbarkeit in den westlichen Demokratien, 1992, 81 ff., 166 ff.

111 In der *Übergangszeit* hat der Gesetzgeber allerdings auch die absolute Obergrenze gedehnt. Siehe *von Arnim*, Die Partei, der Abgeordnete und das Geld, a.a.O., 106.

112 BVerfGE 20, 56 (111 f.).

113 BVerfGE 24, 300 (339 ff.).

114 Siehe z.B. BVerfGE 20, 56 (116) m.w.N. Aus dieser Sicht gehören zur »Wahlvorbereitung« neben der Parteienfinanzierung und den sonstigen Staatsleistungen an Parteien (vgl. § 5 PartG), insbesondere der kostenlosen Wahlkampfpropaganda in öffentlich-rechtlichen Rundfunkanstalten, z.B. auch Anforderungen an Unterschriftenquoren.

115 Eine sogenannte Popularklage zum Verfassungsgericht gibt es nur in Bayern.
116 Hier setzt der Vorschlag *Paul Kirchhofs* an (VVDStRL 44, 153 f.), durch eine seiner Auffassung nach bereits im geltenden Verfassungsrecht angelegte Rückzahlungsverpflichtung die Bereitschaft der Parteien »zum verfassungsrechtlichen Risiko bei der Neuregelung der Parteienfinanzierung (zu) mindern«.
117 Dazu, daß die Rechtsprechung, beabsichtigt oder nicht, die Einführung oder Erhöhung der staatlichen Politikfinanzierung oft geradezu ermutigt hat, siehe *von Arnim*, Die Partei, der Abgeordnete und das Geld, a.a.O., 38, 76, 133 ff., 320 ff., 396 ff.
118 Diese Äußerung fiel allerdings, bevor die genannte Politikerin eine Wendung in ihrer Einstellung zur staatlichen Politikfinanzierung machte (dazu *von Arnim*, Der Staat als Beute, 1993, 335 f.), sie 1994 im Zusammenwirken von Union und Grünen zur Vizepräsidentin des Bundestags gewählt wurde und 1995 den Bonner Diätencoup entgegen dem Votum ihrer eigenen Fraktion mit einer Aggressivität verteidigte (Stenographischer Bericht über die Sitzung des Bundestags vom 21.9.1995, S. 4606 ff.), die allgemein überraschte. – Siehe auch *Kloepfer*, a.a.O., 138: »Die verschiedenen – im wesentlichen selbst parteipolitisch relativierten – Versuche des Bundesverfassungsgerichts in seiner Parteienfinanzierungsrechtsprechung konnten den Machtausbau der Parteien nicht nachhaltig bremsen.«
119 So z.B. der Bundestagsabgeordnete *Peter Conradi*, »Karlsruher Schlingerkurs bei der Parteienfinanzierung« (Leserbrief), Frankfurter Allgemeine Zeitung vom 27.9.1996, S. 11.
120 Dazu *von Arnim,* Parteienfinanzierung, a.a.O., 76 ff.
121 *Preuß*, Politik aus dem Geiste des Konsenses, Merkur 1987, 1 ff.
122 BVerfGE 20, 56 (118 f.); 24, 300 (344 ff.). – Diese Rechtsprechung ist auf verfassungsrechtliche Kritik gestoßen, insbesondere durch *Heinz-Christian Jülich*, Chancengleichheit der Parteien, 1967, 123 ff., 175 ff.; *Hans-Rudolf Lipphardt*, Die Gleichheit der politischen Parteien vor der öffentlichen Gewalt, 1975, 641 ff.; *Karl-Heinz Seifert*, Die politischen Parteien im Recht der Bundesrepublik Deutschland, 1975, 147 ff., 308 ff.
123 BVerfGE 85, 265 (294).
124 *Wolfgang Rudzio*, Das neue Parteienfinanzierungsmodell und seine Auswirkungen, Zeitschrift für Parlamentsfragen 1994, 390 ff; *von Arnim,* Die Partei, der Abgeordnete und das Geld, a.a.O., 105 f. – Die Erhöhung des Betrags der Staatszuschüsse von 1 DM auf 1,30 DM für die ersten fünf Millionen Stimmen (§ 18 III PartG neue Fassung) dürfte zu gering sein, als daß sie dieses Übergewicht ausgleichen könnte; im übrigen wird sie auch den großen Parteien gewährt. Zur verfassungsrechtlichen Problematik *von Arnim*, ebda, 106 f.
125 BVerfGE 7, 99 (107); 14, 121 (131 ff.). Dazu auch *von Arnim,* Der strenge

und der formale Gleichheitssatz, Die Öffentliche Verwaltung 1984, 85 (86 f.).
126 BVerfGE 14, 121 (134 ff.).
127 BVerfGE 24, 300 (341 ff.); 47, 399. Dazu auch *von Arnim*, Die Partei, der Abgeordnete und das Geld, a.a.O., 357 ff. – Die seit dem Urteil des Bundesverfassungsgerichts von 1992 verfassungsrechtlich unerläßliche Einbeziehung auch der kommunalen Wählergemeinschaften in die staatliche Parteienfinanzierung (BVerfGE 85, 264 [328]) ist immer noch nicht erfolgt, und die Verantwortung dafür wird zwischen Bund und Ländern hin- und hergeschoben.
128 Kritik an der Höhe der absoluten Obergrenze in der Abweichenden Meinung von Arnims zum Bericht der Parteienfinanzierungskommission 1993, Bundestagsdrucksache 12/4425, S. 51 ff.; *Landfried*, Parteifinanzen und politische Macht, a.a.O., 317 ff.; *Rolf Schwartmann*, Verfassungsfragen der Allgemeinfinanzierung politischer Parteien, 1995, 237.
129 BVerfGE 20, 56 (102). Dazu *von Arnim*, Verfassungsfragen der Parteienfinanzierung, a.a.O., 131.
130 BVerfGE 85, 265 (292 ff.). Dazu *von Arnim*, Die Partei, der Abgeordnete und das Geld, a.a.O., 88 ff.
131 BVerfGE 85, 264 (287).
132 BVerfGE 73, 1.
133 Näheres bei *von Arnim*, Die Partei, der Abgeordnete und das Geld, a.a.O., 217, 320 ff.
134 BVerfGE 76, 256 (339 ff.).
135 Bayerischer Verfassungsgerichtshof, Urteil vom 15.12.1982, Deutsches Verwaltungsblatt 1983, 706 (710) mit Anmerkung *von Arnim*. Siehe auch *von Arnim*, Macht macht erfinderisch, 1988, 42 ff.
136 Bayerischer Verfassungsgerichtshof, Urteil vom 18.3.1952, VerfGH 5, 66 (76).
137 Vgl. auch ein Urteil des Verfassungsgerichtshofs Nordrhein-Westfalen vom 29.9.1994, DVBl. 1995, 153.
138 Temporär allerdings für die Wahlen von 1990 zurückgenommen in BVerfGE 82, 322.
139 BVerfGE 18, 151 (154). Siehe auch *Hans Gmelin*, Die Verlängerung der Legislaturperiode des hessischen Landtags in ihrer verfassungsrechtlichen Bedeutung, Archiv des öffentlichen Rechts 1930, 230 ff.
140 Bayerischer Verfassungsgerichtshof, Entscheidung vom 13.2.1958, Die Öffentliche Verwaltung 1958, 300 (301 f.).
141 *Hildegard Krüger*, Die Diäten der Bundestagsabgeordneten, Deutsches Verwaltungsblatt 1964, 220.
142 So *Andreas Greifeld*, Volksentscheid durch Parlament, 1983, 63.
143 *Rudolf Katz*, Zur Änderung des Wahlgesetzes, Festgabe Carlo Schmid, 1962, 111 ff.
144 *Hildegard Krüger*, DVBl. 1964, 220.

7
Das Ende der Lähmung

1 Dazu *von Arnim,* Staat ohne Diener, 1993, Kapitel 2. Vgl. auch schon Wassermann, Die Zuschauerdemokratie, 1986.
2 *Zeuner,* »Wahlen ohne Auswahl«. Die Kandidatenaufstellung im Bundestag, 1973, S. 165 ff.
3 *von Hippel,* Rechtspolitik, 1992, S. 141.
4 Bericht der Gemeinsamen Verfassungskommission, Bundestagsdrucksache 12/6000 vom 5.11.1993.
5 *Hennis,* Politik ohne Beruf. Anmerkungen zur Arbeit der Verfassungskommission, Politisches Denken, Jahrbuch 1994 (hrsg. von Volker Gerhardt, Henning Ottmann und Martyn P. Thompson), 1995, S. 1 (18): »Die politische Klasse der Bundesrepublik war in dieser ›Kommission‹ ganz unter sich. Hat sie mehr nicht zu bieten?«
6 *Werner Maihofer,* Abschließende Äußerungen, a.a.O., 1699 (1721) – Hervorhebungen von Maihofer.
7 *Rawls,* Eine Theorie der Gerechtigkeit, 1975, S. 34 ff.
8 *James Buchanan,* Die Grenzen der Freiheit, 1984.
9 Dazu die klassischen an Kant angelehnten Formulierungen bei *Gustav Radbruch,* Rechtsphilosophie, 6. Aufl. (1963), 152, 244. Grundsätzlich zu den hiermit angesprochenen Fragen zuletzt Schachtschneider, Res publica – res populi. Grundlegung einer allgemeinen Republiklehre, 1994.
10 Zahlreiche Beiträge zum Wertewandel enthält die Wochenzeitung Das Parlament Nr. 50 vom 16.12.1994.
11 *Helmut Klages,* Wertorientierungen im Wandel, 1984, 39 ff.
12 *Helmut Klages,* Häutungen der Demokratie, 1993, 55.
13 *Bürklin,* in: Starzacher/Schacht/Friedrich/Leif, Protestwähler und Wahlverweigerer. Krise der Demokratie?, 1992, 18.
14 Siehe auch *von Arnim,* Politikverdrossenheit, Wertewandel und politische Institutionen, in: Volker J. Kreyher/Carl Böhret (Hg.), Gesellschaft im Übergang (Festschrift für Helmut Klages zum 65. Geburtstag), 1995, 31 ff.; Olaf Winkel, Wertewandel und Politikwandel, Aus Politik und Zeitgeschichte, B 52 – 53/96 vom 20.12.1996, 13 ff. m.w.N.
15 Siehe z.B. *Helmut Schelsky,* Die Soziologen und das Recht, 1980.
16 *John Rawls,* a.a.O., 34 ff.
17 Siehe im einzelnen *von Arnim,* Auf dem Wege zu einer optimalen Gemeindeverfassung?, in: Klaus Lüder (Hg.), Staat und Verwaltung (Festschrift zum 50jährigen Bestehen der Hochschule für Verwaltungswissenschaften Speyer), 1997, 297 ff.
18 Dazu, daß die Reform in Hessen selbst allerdings auf halbem Wege steckenblieb, siehe Kapitel 3, S. 187.
19 Zwar hatte der Volksentscheid nur in Hessen stattgefunden, und er hatte

nur die Direktwahl von Bürgermeistern und Landräten betroffen. Doch man ging – wohl nicht zu Unrecht – davon aus, daß ähnliche Ergebnisse in anderen Bundesländern ebenso zustande kämen, und zwar auch dann, wenn das Wahlrecht zum Gemeinderat (kumulieren und panaschieren statt starrer Liste) oder die Einführung von Bürgerbegehren und Bürgerentscheid zur Abstimmung ständen – eine Auffassung, die hinsichtlich des letzten Punktes im Herbst 1995 durch den Volksentscheid in Bayern bestätigt wurde.

20 Übersichtliche Darstellung durch *Dirk Ehlers*, Reform der Kommunalverfassung in Nordrhein-Westfalen, Nordrhein-Westfälische Verwaltungsblätter 1991, 397 ff.

21 Beispiele in: Peter Michael Mombaur (Hg.), Neue Kommunalverfassung für Nordrhein-Westfalen?, 1988, 48 ff.

22 Gerhard Banner, Kommunalverfassungen und Selbstverwaltungsleistungen, in: Dieter Schimanke (Hg.), Stadtdirektor oder Bürgermeister, 1983, 37.

23 Zur – entsprechenden – Strukturschwäche auch der niedersächsischen Kommunalverfassung *Jörn Ipsen,* Die neue Niedersächsische Kommunalverfassung, NdsVBl. 1996, 97 (103); *H.-H. Eilers,* in: J. Ipsen, Kontinuität oder Reform, 1990, 27 ff.

24 Hagener Parteitag der nordrhein-westfälischen SPD vom 14./15.12.1991, Frankfurter Allgemeine Zeitung vom 16.12.1991. Auf dem Parteitag wurde sowohl die Direktwahl als auch die Beseitigung der Doppelspitze mehrheitlich abgelehnt. Es sollte lediglich ein Verfahren des Bürgerbegehrens und des Bürgerentscheids eingeführt werden.

25 Vgl. auch *Ehlers,* a.a.O.: »Mitentscheidend (für das bisherige Scheitern der Reform der Gemeindeverfassung in Nordrhein-Westfalen) dürften jedoch auch Fragen der persönlichen und parteipolitischen Machterhaltung sein, da eine Konzentration der Kompetenzen auf eine Person eine Halbierung der Führungspositionen mit sich bringen wird.«

26 *Richard von Weizsäcker* im Gespräch mit Gunter Hofmann und Werner A. Perger, 1992, 153.

27 Aufgrund dieses Verfahrens gerieten die Gesetzesberatungen in Nordrhein-Westfalen allerdings unter erheblichen Zeitdruck. Dazu Janbernd Oebbecke, Die neue Kommunalverfassung in Nordrhein-Westfalen, Die Öffentliche Verwaltung 1995, 701 (702). Die gesetzgeberische Entscheidung zugunsten des Übergangs zur »eingleisigen« Kommunalverfassung und zur Direktwahl des Bürgermeisters wurde nicht auf der Grundlage eines sorgfältig vorbereiteten Regierungsentwurfs getroffen, sondern anhand von Änderungsanträgen der Mehrheitsfraktion des Landtags.

28 Siehe *Willi Blümel,* Neuere Entwicklung im Kommunalrecht der deutschen Länder, in: Festschrift für Christian Roßkopf zum 65. Geburtstag, 1995, 89 (94 f.).; *Heinrich Siedentopf,* Gedanken zum kommunalverfassungsrechtlichen »Puzzle« in Niedersachsen – Anmerkungen zum Regierungsentwurf,

Informationen des Niedersächsischen Landkreistags, Dezember 1995, 4 (6 f.). Letzterer steht der Entwicklung allerdings reserviert gegenüber.
29 Zu dieser Grundfrage, bezogen auf die Perspektive der Politikwissenschaft auch *von Arnim*, Zur normativen Politikwissenschaft. Versuch einer Rehabilitierung, Der Staat 1987, 477.
30 Näher zum Ganzen, auch zu den Mängeln und Halbheiten der Reformen in manchen Ländern, von Arnim, Auf dem Weg zur optimalen Gemeindeverfassung?, a.a.O.
31 Dazu die zahlreichen Veröffentlichungen, die die Initiative begleitet haben, z.B. *Carsten Nemitz*, Stellungnahme zum Entwurf eines Gesetzes zur Reform des niedersächsischen Kommunalverfassungsrechts: Stärkung der Bürgerbeteiligung durch Bürgerbegehren und Bürgerentscheid vom 7.2.1996 (Typoskript) mit Nachweisen; *Ralph Kampwirth*, Die Bayern begehren fleißig, Zeitschrift für Direkte Demokratie 1996/1, S. 20 f.; *Thomas Mayer*, Weniger Ohnmacht, mehr Engagement, Zeitschrift für Direkte Demokratie 1996/3, S. 26 ff.; *Franz-Ludwig Knemeyer* (Hg.), Bürgerbegehren und Bürgerentscheid in Bayern, 1996; *Roland Geitmann*, Mehr Demokratie – in Bayern und anderswo, 1997.
32 *Ulrich Scheuner*, Verantwortung und Kontrolle in der demokratischen Verfassungsordnung, in: Festschrift für Gebhard Müller, 1970, 379 ff.
33 *von Arnim*, Staat ohne Diener, a.a.O., 322 ff. Siehe auch von Arnim, »Ein demokratischer Urknall«, Der Spiegel vom 20.12.1993, 35 ff.
34 Siehe die Zeitschrift Recht und Politik 1995, 16 ff.
35 *Klaus Escher*, Für Teilzeit-Landtage und Direktwahlen. Der Föderalismus braucht einen Neuanfang, Focus 32/1997, 50 (allerdings ohne Angabe der Quellen). Anders dagegen die Bewertung eines etablierten Vertreters der politischen Klasse derselben Partei: Hans Hugo Klein, Direktwahl der Ministerpräsidenten, in: Festschrift für Martin Kriele, 1997, 573 ff. (zu Klein siehe auch oben S. 357).
36 Siehe Broschüre der SPD-Fraktion im Thüringer Landtag »Parlamentarische Reformen« (1996).
37 *Eberhard Schütt-Wetschky*, Wahlsystem und politisches System in der parlamentarischen Demokratie, in: Walter Gagel (Hg.), Wahlen und Wählerverhalten in der Bundesrepublik Deutschland, 1986 (Politische Bildung 19), 3 (12). Zur Diskussion um eine Reform des Wahlsystems auch *Max Kaase*, Demokratie im Spannungsfeld von politischer Kultur und politischer Struktur, Jahrbuch für Politik 1995, 199 ff.
38 Ebda, 5.
39 Die folgenden Ausführungen verdanken der scharfsinnigen Analyse der Problematik durch *Karl Raimund Popper* viel: The Open Society and its Enemies Revisited, The Economist April 23, 1988, S. 25 ff; ders., Über das Problem der Demokratie, in: Lahnstein/Matthöfer (Hg.), Leidenschaft zur praktischen Vernunft (Festschrift für Helmut Schmidt zum 70. Geburtstag), 391 ff.

7 – Das Ende der Lähmung

40 *Schütt-Wetschky*, a.a.O., 11.
41 *Popper*, a.a.O., 28: »In practice, then a two-party system is likely to be more flexible than a multi-party system, contrary to first impressions.«
42 Der Schwund an Mitgliedern, besonders an jungen, die kritische öffentliche Diskussion und ein bemerkenswertes Urteil des Hamburger Verfassungsgerichts vom 4.5.1993 veranlassen die Parteien in jüngerer Zeit zu beachtlichen Ansätzen, ihre Attraktivität zu erhöhen (z.B. Blessing, SPD 2000, Die Mordernisierung der SPD, 1993). Doch ist der Erfolg solcher Versuche für Volksparteien ihrer Natur nach begrenzt. Man mag zwar durchaus die Losung Heiner Geißlers unterstützen, der ausruft: »Trotz allem: Rein in die Parteien!« (*Heiner Geißler,* Trotz allem: Rein in die Parteien!, in: Gabriele von Arnim [Hg.], Politiklust, 1994, 52 ff.), besonders wenn die Parteien ernsthaft darangehen, die innere Willensbildung zu demokratisieren. Aber man darf doch nicht dem Irrtum erliegen, das wäre schon die Lösung. Denn dadurch dürften die Auswüchse und Ausbeutungstendenzen der Parteien etwa bei der Postenbesetzung und der staatlichen Finanzierung kaum gebremst, am Ende vielleicht eher noch gefördert werden. Sehr viel wichtiger erscheint es, das Volk auch außerhalb der Parteien zu aktivieren. Es bleibt ja auch jedermanns gutes Recht, nicht in eine Partei einzutreten und dennoch als Bürger ernstgenommen zu werden und demokratische Mitwirkungsrechte zu haben.
43 Daß plebiszitäre Elemente natürlich nichts Demokratiewidriges an sich haben und mit einer vornehmlich repräsentativen Demokratie vereinbar sind, betont auch *Peter Häberle,* Die verfassungsgebende Gewalt des Volkes. Das Beispiel Deutschland 1989/90/91, REDP 1991, 125 (128 f.).
44 Kritisch zu diesem Fehlen und grundlegend für die neuere Diskussion in der Rechtswissenschaft *Christian Graf Pestalozza*, Der Popularvorbehalt. Direkte Demokratie in Deutschland, 1981. – Ein unter Federführung von Hans-Jochen Vogel erarbeiteter Vorschlag der SPD, im Bund Volksinitiative, Volksbegehren und Volksentscheid einzuführen, fand in der Gemeinsamen Verfassungskommission zwar eine Mehrheit, scheiterte aber an dem dort vereinbarten Erfordernis der Zweidrittelmehrheit. Bericht der Kommission vom 5.11.1993, Bundestagsdrucksache 12/6000, S. 84.
45 *von Arnim,* Staat ohne Diener, a.a.O., 344 ff.
46 Ähnlich auch *Hans H. Rupp*, Politische Teilhabe – Politische Kultur, Bitburger Gespräche, Jahrbuch 1993/II, 111 (116 ff.); *Hartmut Maurer,* in: Huber/Mößle/Stock (Hg.), Zur Lage der parlamentarischen Demokratie, Symposium zum 60. Geburtstag von Peter Badura, 1995, 149 (151 f.).
47 Siehe auch *Zippelius,* Allgemeine Staatslehre, 12. Aufl., 1994, 23 II 7: Aus Partei-Kartellen »erwächst die Forderung, durch Volksentscheide einer parteienstaatlichen Korruption zu begegnen. Da aber Plebiszite in der Regel auch durch Parteien organisiert werden müssen, ist in solchen Fällen eine Abhilfe durch Volksentscheid nur dann zu erwarten, wenn der Unmut der Bevölkerung sich hinreichend angestaut hat und einzelne Kräfte aus

dem ›Kartell‹ ausbrechen und einen Volksentscheid organisieren, wie in Italien im April 1993.«

48 *Bruno S. Frey*, Direct Democracy: Politico-Economic Lessons from Swiss-Experience, The American Economic Review 84 (1994), 338 ff. Bemerkenswert auch die Denkschrift des Unternehmerinstituts der Arbeitsgemeinschaft Selbständiger Unternehmer »Demokratiereform als Standortfrage«, 3. Aufl., 1996.

49 *Gerhard Schmid*, Politische Parteien, Verfassung und Gesetz, 1981, 53 ff.; ders., Diskussionsbeitrag, Veröffentlichung der Vereinigung Deutscher Staatsrechtslehrer, Band 44, 135.

50 *Bruno S. Frey*, A Directly Democratic and Federal Europe, Constitutional Political Economy 1996, 267 (271 f.) m.w.N. – Dabei ist aber zu berücksichtigen, daß in der Schweiz und in vielen amerikanischen Einzelstaaten auch (und gerade) Finanz- und Steuerfragen Gegenstand direktdemokratischer Entscheidungen sein können.

51 Derartige Initiativen sind auch in bezug auf die Bezahlung der Abgeordneten durchaus zulässig. In den Landesverfassungen befinden sich zwar regelmäßig Bestimmungen, daß Initiativen über »Dienst- und Versorgungsbezüge« (so etwa Art. 76 Absatz 2 der Verfassung des Landes Brandenburg) unzulässig seien. Dieser Passus bezieht sich aber nur auf die Bezahlung und Versorgung von Beamten. Die Bezahlung von Abgeordneten fällt nicht darunter. Sie stehen eindeutig nicht in einem Dienstverhältnis und erhalten keine Dienstbezüge. Dies hat auch das Bundesverfassungsgericht wiederholt betont: »Zwischen Abgeordneten und Beamten bestehen grundlegende statusrechtliche Unterschiede.« (BVerfGE 76, 256 [314 ff.]). »Der Abgeordnete ›schuldet‹ rechtlich keine Dienste, sondern nimmt in Unabhängigkeit sein Mandat wahr.« Ebensowenig ist die Abgeordnetenentschädigung ein »Gehalt im beamtenrechtlichen Sinn«. Die Entschädigung hat »nichts mit den Regelungen des Gehalts in den Besoldungsgesetzen zu tun« und verträgt deshalb auch keine Annäherung an den herkömmlichen Aufbau eines Beamtengehalts (BVerfGE 40, 296 [316]). Es existiert auch bereits ein Präjudiz. Die Zulässigkeit eines Volksbegehrens betreffend die Abgeordnetenentschädigung wurde schon vor 20 Jahren in Nordrhein-Westfalen bestätigt, wo die Landesverfassung ebenfalls Volksbegehren über »Besoldungsordnungen« als unzulässig untersagt. Als der Landtag NRW sich Ende der siebziger Jahre zu hohe Diäten bewilligen wollte, unternahm der Bund der Steuerzahler ein Volksbegehren. Die dortige Staatskanzlei überprüfte seine rechtliche Zulässigkeit gutachtlich und bestätigte sie ausdrücklich. Zur Durchführung des Volksbegehrens brauchte es damals dennoch nicht zu kommen, weil bereits der Beginn des Verfahrens den NRW-Landtag veranlaßte einzulenken: Er setzte eine Sachverständigen-Kommission ein, die unter dem Vorsitz von Willi Weyer zu maßvollen Ergebnissen gelangte, die später auch der Landtag übernahm.

7 – Das Ende der Lähmung

52 *Richard Thoma*, Das Reich als Demokratie, in: Anschütz/Thoma (Hg.), Handbuch des Deutschen Staatsrechts, Bd. 1, 1930, 186 (192, 196).

53 *Klaus Vogel*, Das Grundgesetz für die Bundesrepublik Deutschland, Vortrag in der Katholischen Akademie in Bayern am 25.9.1992 in München, Typoskript, 18.

54 *Peter Lerche*, Grundfragen repräsentativer und plebiszitärer Demokratie, in: Huber/Mößle/Stock (Hg.), Zur Lage der parlamentarischen Demokratie, 1995, 179 (186 f.).

55 *Ernst-Wolfgang Böckenförde*, Mittelbare/repräsentative Demokratie als eigentliche Form der Demokratie, Festschrift für Kurt Eichenberger, 1982, 301 (316).

56 *Ernst-Wolfgang Böckenförde*, Demokratie als Verfassungsprinzip, in: Isensee/Kirchhof (Hg.), Handbuch des Staatsrechts, Bd. 1, 1987, § 21 Randnummer 91.

57 *Christian Starck,* Die neue Niedersächsische Verfassung von 1993, Niedersächsische Verwaltungsblätter 1994, 2 (5).

58 Die verbreitete Befürchtung, bei einer Aktivierung des Volkes würde die Macht der Medien noch weiter zunehmen, scheint mir allerdings auf einem unzutreffenden Vergleich zu beruhen. Sie argumentiert regelmäßig mit Ergebnissen demoskopischer Umfragen, und meint, diese auch auf Volksbegehren und Volksentscheide übertragen zu können, ohne aber die fundamentalen Unterschiede zwischen beiden zu beachten (vergleiche *von Arnim*, Staat ohne Diener, a.a.O., 85 f.).

59 Alle Fragen, die sich im Zusammenhang mit der Auslegung und Reichweite des Art. 146 GG stellen, sind in der Staatsrechtslehre in hohem Maße umstritten (siehe nur die Vorträge und Diskussionen auf der Berliner Tagung der Vereinigung der Deutschen Staatsrechtslehrer von 1990 zum Thema »Deutschlands aktuelle Verfassungslage« [VVDStRL Band 40] und die einschlägigen Beiträge in den Bänden VII und VIII des von Isensee und Paul Kirchhof herausgegebenen Handbuchs des Staatsrechts, jeweils m.w.N.). Doch würde es den Rahmen dieses Buches sprengen, auf den Meinungsstreit näher einzugehen. Der Ertrag für unser Thema wäre im übrigen auch begrenzt, da in der Literatur, soweit ersichtlich, die Verknüpfung der allgemeinen Problematik des Art. 146 GG mit der in diesem Buch behandelten Thematik der Kontrolle der politischen Klasse (mit der einen Ausnahme des Beitrags von *Werner Maihofer*, a.a.O.) bisher fehlt.

60 Siehe auch *Maihofer*, a.a.O., Rn. 79.

61 Irgendwelche qualifizierten Mehrheiten für die Entscheidungen des Parlaments über Ausführungsregelungen zu Art. 146 GG wären meines Erachtens nicht erforderlich. Art. 79 Abs. 2 Grundgesetz, der derartige Mehrheiten für Verfassungsänderungen, die im Wege des Art. 79 erfolgen, verlangt, ist hier nicht einschlägig, weil eventuelle Verfassungsbeschlüsse gemäß Art. 146 GG nicht auf Entscheidungen des Bundestags und des Bundesrats beruhen, sondern auf unmittelbaren Entscheidungen des Vol-

kes, und weil Art. 146 Grundgesetz dafür ausdrücklich den Weg eröffnet. Demgegenüber verkennen Konstruktionen, die Zweidrittelmehrheiten nach Art. 79 Abs. 2 GG für Vorbereitungshandlungen zum Verfahren des Art. 146 GG verlangen oder die den Weg des Art. 146 GG gar nur eröffnen wollen, wenn der des Art. 79 GG wegen Art. 79 Abs. 3 GG nicht gangbar ist, daß es sich beim Verfahren des Art. 146 GG um ein völlig anderes Verfahren handelt als das der Verfassungsänderung nach Art. 79 GG. Im übrigen besteht kein Grund, dem Volk zu mißtrauen und deshalb die Möglichkeiten des Art. 146 GG möglichst »herunterzuinterpretieren«. Wer Mißtrauen verdient, ist vielmehr umgekehrt die politische Klasse.

Knaur

Hans Herbert von Arnim

(80062)

(80021)

(80014)

(80079)

Deutschland im Blickpunkt

(77253)

(77372)

(77206)

(80062)

(77051)

(80075)

Gesamtverzeichnis
bei Knaur, 81664 München

Knaur

Bestseller von Günter Ogger

(77136)

(77206)

(77152)

(03613)